Aspectos Tributários
da Importação de Serviços

Aspectos Tributários da Importação de Serviços

2015

Gustavo Pagliuso Machado

ASPECTOS TRIBUTÁRIOS DA IMPORTAÇÃO DE SERVIÇOS
© Almedina, 2015

AUTOR: Gustavo Pagliuso Machado
DIAGRAMAÇÃO: Almedina
DESIGN DE CAPA: FBA
ISBN: 978-858-49-3022-7

Dados Internacionais de Catalogação na Publicação (CIP)
(Câmara Brasileira do Livro, SP, Brasil)

Machado, Gustavo Pagliuso
Aspectos tributários da importação de serviços
Gustavo Pagliuso Machado. -- São Paulo :
Almedina, 2015.
ISBN 978-85-8493-022-7
1. Comércio internacional de serviços -
Tributação 2. Direito internacional tributário
3. Importações - Tributação I. Título.

15-02733   CDU-34:336.2:339.5

---

1. Comércio internacional de serviços :
Tributação : Direito 34:336.2:339.5

Este livro segue as regras do novo Acordo Ortográfico da Língua Portuguesa (1990).

Todos os direitos reservados. Nenhuma parte deste livro, protegido por copyright, pode ser reproduzida, armazenada ou transmitida de alguma forma ou por algum meio, seja eletrônico ou mecânico, inclusive fotocópia, gravação ou qualquer sistema de armazenagem de informações, sem a permissão expressa e por escrito da editora.

Junho, 2015

EDITORA: Almedina Brasil
Rua José Maria Lisboa, 860, Conj.131 e 132 | Jardim Paulista | 01423-001 São Paulo | Brasil
editora@almedina.com.br
www.almedina.com.br

À Flávia Albieri

AGRADECIMENTOS

Inicialmente aos meus pais Leila e Anesio não apenas por terem me colocado no mundo, mas por terem me proporcionado os alicerces para a formação do meu caráter e pelo esforço e dedicação que me permitiram obter as melhores bases educacionais e culturais para o meu desenvolvimento profissional e pessoal.

Aos meus irmãos Vanessa e Thiago, familiares, colegas e amigos mais próximos, João Marcelo Pacheco, Diego Kashiwakura, Fábio Ramos, Maurício Terciotti e os "Fratelli" Cássio Brandão e Pitter Rodriguez pelo apoio, incentivo e suporte de sempre.

Aos Professores Gustavo Haddad, Rodrigo Maito da Silveira e Luís Eduardo Schoueri pelas orientações e por servirem de inspiração ao meu trabalho e ao Insper, na pessoa do André Antunes Soares de Camargo pelo apoio para a realização desta publicação.

E finalmente à Flavia, razão dos meus dias.

Os meus sinceros agradecimentos.

NOTA DO AUTOR

O projeto desta obra nasceu antes de tudo de uma necessidade. Isso porque uma das minhas primeiras atribuições como profissional de consultoria tributária era a análise das incidências tributárias sobre as importações de serviços. Desta atividade e do diverso leque de contratações que tive oportunidade de analisar, sentia falta de um repositório de informações que tratasse com profundidade e ao mesmo tempo discorresse sobre todas as incidências tributárias.

É importante contextualizar também que esse trabalho foi o apresentado como projeto de dissertação para obtenção do título de Especialista em Direito Tributário no Insper em São Paulo.

No que diz respeito aos temas aqui tratados, é mister ressaltar que a princípio a maior parte dos textos sobre o assunto trata da hipótese de incidência do imposto de renda na fonte sobre as importações de serviços, o que já era de se esperar, dado que esse imposto interessa bastante àqueles que exportam serviços ao Brasil e se situa no âmbito do Direito Internacional Tributário. Isso por si só já é fator de maior interesse tanto por parte das autoridades fiscais, como dos envolvidos nas contratações internacionais de serviços.

Essa observação não torna menos interessante o estudo da já rica e ampla doutrina e jurisprudência sobre alguns dos diversos temas abordados nesta obra como a teoria do resultado do serviço, que gera impactos na incidência do ISS, a referibilidade das contribuições de intervenção no domínio econômico, ou uma pretensa afronta da hipótese de incidência de Pis/Cofins-Importação ao princípio da não-discriminação advindo dos acordos firmados no âmbito da Organização Mundial do Comércio, conhecidos como GATT e GATS.

O grande desafio para a concretização de um trabalho com essa pretensão não é apenas o da seleção, coletânea e interpretação dos diversos textos legais, doutrinários e jurisprudenciais já produzidos, mas também o acompanhamento das alterações legislativas e dos rumos das decisões administrativas e judiciais a respeito do tema, algo que não é exclusividade deste trabalho, mas de qualquer obra que pretenda abordar temas que são constante objeto de processos nas mais diversas instâncias administrativas e judiciais tributárias.

Ao leitor que tiver maior curiosidade sobre algum dos temas aqui abordados, a recomendação é que faça uso das referências bibliográficas aqui anotadas, pois não se pretende aqui esgotar a matéria.

O Autor.

PREFÁCIO

As últimas duas décadas testemunharam a ascensão do Brasil a protagonista relevante no cenário econômico mundial. Impulsionada pela estabilização da moeda, crescimento da classe média e relativa liberalização dos padrões de atuação da iniciativa privada a economia brasileira cresceu e aumentou seu grau de internacionalização, a despeito de desejos de que este processo se acentue.

As trocas comerciais entre empresas brasileiras e estrangeiras passaram de USD 25,8 bilhões em 2003 a USD 120,8 bilhões em 2013[1] e se diversificaram. Embora permaneça forte o fluxo de mercadorias, particularmente commodities, as trocas internacionais de serviços e intangíveis ganharam relevo, tendo o Brasil ascendido nove e oito posições como maior importador de serviços[2].

Inclinado por uma visão que privilegia a arrecadação tributária frente à histórica posição brasileira de importador de capital, o legislador brasileiro aumentou significativamente a carga tributária sobre a importação de serviços desde o inicio da década passada, acrescendo ao Imposto de

---

[1] Conforme estudo "Tributação sobre importação de serviços: impactos, casos e recomendações políticas" elaborado pela Confederação Nacional da Indústria – CNI em 2013 cuja íntegra pode ser obtida no seguinte link: http://arquivos.portaldaindustria.com.br/app/conteudo_24/2014/12/09/518/TributaosobreImportaaodeServios-ImpactosCasoseRecomendaesdePolticas.pdf. Acesso em 27.2.15.

[2] Dados extraídos da base de dados da Organização Mundial de Comércio. Disponível no seguinte link: http://stat.wto.org/StatisticalProgram/WSDBS-tatProgramHome.aspx?Language=E. Acesso em 27.2.2015.

Renda Retido na Fonte a incidência de vários tributos indiretos, como a CIDE[3] introduzida em 2000, o ISS[4] a partir de 2004 e as Contribuições PIS-Importação e Cofins-Importação[5] também a partir de 2004.

Neste contexto, o objeto da obra de Gustavo Pagliuso Machado – o regime tributário nas importações de serviços – ganha papel fundamental na viabilização (ou desestímulo) a objetivos de política econômica.

Durante as aulas do programa de LLM em Direito Tributário do Insper o autor se mostrou extremamente diligente e articulado nas intervenções e debates mantidos. O mesmo rigor e desenvoltura foram mostrados na elaboração de seu trabalho de conclusão de curso, que tive a honra de orientar e que ora é objeto da obra que se apresenta à comunidade jurídica e empresarial brasileira.

Nela o autor disseca os aspectos da regra-matriz de incidência dos tributos incidentes na importação de serviços e explica com fluidez e elegância os vários aspectos que o operador deve levar em consideração para a aplicação de tais tributos.

Além disso, não se furta a apontar e se posicionar fundamentalmente diante de questões tormentosas e controversas envolvidas no objeto de seu estudo.

Por exemplo, no capítulo voltado ao Imposto de Renda Retido na Fonte o autor examina a histórica posição fiscal brasileira face às limitações por ventura impostas à incidência de tal tributo pelas previsões de tratados para evitar a bitributação, que culminaram recentemente com a edição do Ato Declaratório Interpretativo RFB nº 5, de 16 de junho de 2014.

Trata posteriormente do conteúdo normativo da exigência de localização do resultado no Brasil para que surja a incidência das Contribuições ao PIS-Importação e Cofins-Importação, questão que impacta diretamente diferentes tipos de contratações de serviços.

Dentre os vários méritos do trabalho, certamente um dos principais é de reunir em instrumento único de consulta, pouco visto na literatura pátria, o trato sistemático e rigoroso das diferentes incidências na importação de serviços, permitindo ao mesmo tempo a leitura contínua e sequencial do material ou a consulta isolada a pontos específicos de questionamento.

---

[3] Lei nº 10.168, de 29 de dezembro de 2000.
[4] Lei Complementar nº 116, de 31 de julho de 2003.
[5] Lei nº 10.865, de 30 de abril de 2004.

Com isto a obra se torna instrumento de estudo e consulta tanto para operadores do direito quanto para aqueles que atuam em áreas afins, como contabilidade e finanças, que muito dela vão se beneficiar.

Gustavo Lian Haddad

1. A CONTRATAÇÃO INTERNACIONAL DE SERVIÇOS

1.1. Comércio exterior e importação de serviços

Não é novidade que o comércio internacional de serviços tem crescido enormemente ao redor do mundo. Com o advento de novas tecnologias de transmissão e intercâmbio de dados e informações, esse tipo de transação se tornou ainda mais comum e simplificado. Atualmente, por exemplo, é possível que um indivíduo contrate determinado serviço desde seu escritório ou residência de um prestador de serviços localizado nas partes mais longínquas do mundo.

É sabido, também, que o comércio de serviços tem sido objeto de diversas negociações e estudos com vistas a compreendê-lo e fomentá-lo como importante instrumento de desenvolvimento em todas as nações. Prova disso é a assinatura do Acordo Geral do Comércio de Serviços ou GATS (*General Agreement on Trade in Services*) em 1995, fruto das negociações da Rodada do Uruguai. O GATS está entre os acordos mais importantes assinados no âmbito da Organização Mundial do Comércio (OMC), sendo o primeiro e único conjunto de regras multilaterais a tratar do comércio internacional de serviços.

A liberalização do comércio internacional de serviços é o objetivo a ser alcançado pelos países signatários do GATS. O comércio de serviços tem vital importância para o desenvolvimento econômico e social para os mais diversos países, em especial para aqueles em fase de expansão e crescimento, como é o caso do Brasil.

Essa questão é posta em discussão em recente texto publicado no sítio da OMC sobre o GATS que diz o seguinte[6]:

> Os serviços se tornaram recentemente o segmento mais dinâmico do comércio internacional. Desde 1980, o comércio mundial de serviços cresceu mais rapidamente, a despeito de uma base relativamente modesta, em comparação ao comércio de mercadorias. Desafiando preconceitos amplamente disseminados, países em desenvolvimento têm participado fortemente nesse crescimento. Ao passo que sua fatia nas exportações mundiais de serviços, na base da Balança de Pagamentos, correspondia a 20% em 1980, esta cresceu para 24.5% em 2000 e alcançou 31% em 2010. E essa fatia seria muito maior, na casa dos 50%, se o comércio global fosse medido em valores líquidos, desconsiderando o conteúdo importado e considerando apenas o valor adicionado (e comercializado) individualmente pelas economias.
>
> Dado o impulso continuado do comércio de serviços do mundo, como resultado, não menos importante, da proliferação de cadeias de fornecimento internacionais, a necessidade de regras reconhecidas internacionalmente tornou-se cada vez mais evidente.

Por ora, é necessário que se compreenda melhor o cenário no qual o comércio de serviços está inserido fazendo uma analogia com o comércio de bens. Missão cumprida por outro texto extraído do site da OMC[7]:

> Hoje em dia é impossível para qualquer país prosperar sob o fardo de uma estrutura cara e ineficiente de serviços. Produtores e exportadores de têxteis, tomates ou qualquer outro produto não serão competitivos sem acesso a sistemas eficientes de serviços bancários, de seguros, contabilidade, telecomunicações e transportes. Em mercados em que a oferta é inadequada, a importação de serviços essenciais pode ser tão vital como a importação de commodities básicas. Os benefícios da liberalização de serviços vão muito além da indústria de serviços propriamente dita. Seus efeitos podem ser observados em todas as outras atividades econômicas.

---

[6] Texto extraído e traduzido livremente do site da Organização Mundial do Comércio. Disponível em http://www.wto.org/english/tratop_e/serv_e/gsintr_e.pdf. Versão original: **The General Agreement on Trade in Services. An Introduction.** Página 2. Acesso em 25 de fevereiro de 2015.

[7] Texto extraído e traduzido livremente do site da Organização Mundial do Comércio. Disponível em: http://www.wto.org/english/tratop_e/serv_e/gatsfacts1004_e.pdf. **GATS - Fact and Fiction**, p. 3. Acesso em 24 de fevereiro de 2015.

A produção e distribuição de serviços, como qualquer outra atividade econômica, têm o objetivo final de satisfazer as demandas individuais e as necessidades sociais. Este último elemento – necessidades sociais – é particularmente relevante em setores como saúde ou educação, os quais – em vários países, senão em todos – são vistos como uma das principais responsabilidades governamentais. Tais setores estão sujeitos a regulação, supervisão e controle estatais intensos. Embora conceitos de política social – incluindo equidade e acesso universal – não impliquem necessariamente uma atuação dos governos como supridores dos mais eficazes desses serviços, as entidades públicas têm sido tradicionais e continuarão a ser as principais fornecedoras de serviços como educação e saúde na maioria dos países.

Em 1999 o fluxo do comércio internacional de serviços somou US$ 1,350 trilhão, ou cerca de 20% do total do comércio internacional. Esses valores subdimensionam o real tamanho do comércio internacional de serviços, pois grande parte do comércio de serviços ocorre por meio de estabelecimento de empresa ligada da real importadora no mercado exportador e não é registrada nas estatísticas de balanços de pagamentos. As estatísticas informam também que durante as últimas duas décadas o comércio de serviços tem crescido mais rapidamente que o comércio de mercadorias. Os países em desenvolvimento têm tido grande interesse em diversas áreas de serviços incluindo turismo, saúde e construção. De acordo com o Conselho Mundial de Viagens e Turismo, o turismo é o maior empregador e conta com um em cada dez trabalhadores ao redor do mundo. De acordo com dados de 1999 do Fundo Monetário Internacional (FMI), as exportações de turismo foram estimadas em US$ 443 bilhões, ou 33% das exportações de serviços globais, e 6,5% do total de exportações.

A liberalização do comércio de bens, que vem sendo promovida por meio das negociações do *General Agreement on Tariffs and Trade* (GATT) nos últimos 50 anos, tem sido um dos principais fatores para o crescimento econômico e para a diminuição da pobreza na história da humanidade.

Como resultado da catastrófica experiência da primeira metade do século 20, os governos foram abandonando cautelosamente suas políticas de nacionalismo econômico e protecionismo que tiveram efeitos desastrosos e as substituíram por uma cooperação econômica baseada no direito internacional.

O crescimento durante esse período não foi repartido uniformemente, mas não há dúvidas de que aqueles países que optaram por ter um envolvimento mais profundo no sistema de comércio multilateral por meio da liberalização beneficiaram-se enormemente disso.

Não houve nenhum movimento paralelo de liberalização multilateral do comércio de serviços até o advento das negociações do GATS e sua entrada em vigor em 1995. Como o setor de serviços é o de mais rápido crescimento da economia mundial, representativo de mais de 60% da produção mundial – e em alguns países é responsável por uma fatia ainda maior dos empregos –, a falta de um marco jurídico/regulatório para o comércio internacional de serviços constituía uma anomalia e um perigo. Anomalia, porque os potenciais benefícios da liberalização de serviços são pelo menos tão importantes quanto no setor de bens; e um perigo, porque não havia base jurídica para resolver os conflitos de interesses nacionais por ventura existentes.

Nesse contexto, a importação de serviços por empresas brasileiras é cada vez mais comum e necessária no âmbito comercial atual. O intercâmbio de informações e conhecimento, impulsionado pela globalização e pela facilidade das comunicações, é uma rotina nos mais diversos empreendimentos nacionais e multinacionais estabelecidos em nosso país. Essa troca de informações consiste também na proliferação da tecnologia ao redor do mundo, peça vital para o avanço econômico de uma nação em desenvolvimento como a nossa.

1.2. A importância do comércio de serviços

Interessante, nesse ponto, observar o texto abaixo que traz um panorama sobre o assunto[8]:

> No Brasil, o comércio de bens é preponderante na balança comercial. Entretanto, a participação do setor de serviços tem aumentado gradativamente nos últimos anos. As exportações brasileiras de bens e serviços atingiram US$ 280,7 bilhões em 2012, valor 4% menor que o registrado em 2011. Enquanto as exportações de bens caíram, as exportações de serviços cresceram 4,6%, totalizando US$ 38,1 bilhões. Entre 2008 e 2012 as exportações de serviços aumentaram 32,3%, passando de 12,7% para 13,6% do total das exportações brasileiras.
>
> As importações de bens e serviços tiveram um crescimento moderado em 2012, totalizando US$ 300,9 bilhões. No que se refere exclusivamente às importações de serviços, o valor total foi de US$ 77,8 bilhões, montante 6,5% superior ao registrado no ano anterior. Entre 2008 e 2012

---

[8] Texto extraído do site do Ministério do Desenvolvimento, Indústria e Comércio Exterior (MDIC). Disponível em: http://www.desenvolvimento.gov.br/arquivos/dwnl_1377202302.pdf, p. 21. Acesso em 25 de fevereiro de 2015.

essas importações cresceram 75,1%, passando de 20,4% para 25,8% do total importado em 2012. Como consequência, o déficit na balança de serviços tem aumentado significativamente. Entre 2008 e 2012, esse déficit se elevou em 154,5%, atingindo US$ 39,6 bilhões em 2012.

A conta de serviços no comércio internacional é historicamente deficitária, dado o crescente aumento em setores como aluguel de equipamentos, transportes e viagens internacionais. Determinados setores da economia, impulsionados pelo desenvolvimento econômico dos últimos anos, impulsionaram esses números com destaque para o aluguel de equipamentos para exploração de campos de petróleo após o advento do Pré-sal e para o turismo internacional, influenciado pela apreciação do Real e pela consolidação da classe média nos anos anteriores a 2013.

Esse cenário é complementado com outras informações específicas acerca do desempenho do Brasil no comércio internacional de serviços que denota um crescente aumento do fluxo de importações[9]:

> As importações brasileiras também cresceram acima da média mundial, e em 2012 o Brasil atingiu a 17a colocação no ranking dos maiores importadores (US$ 77,8 bilhões). Entre 2008 e 2012, a participação brasileira se elevou de 1,1% para 2% do total das importações mundiais. Em 2012, os Estados Unidos foram responsáveis por 10,6% do total das importações de serviços, com um total de US$ 405,9 bilhões. Em segundo lugar ficou a Alemanha (US$ 285 bilhões), em terceiro a China (US$281 bilhões) e em quarto o Reino Unido (US$176 bilhões), com respectivamente 7,4%, 7,3% e 4,6% do total importado em serviços.

Ainda, no que tange aos maiores setores importadores de serviços, os dados demonstram um incremento das importações de serviços relacionados aos setores de petróleo, biocombustíveis e transportes[10]:

> O setor responsável pelo maior volume de importações de serviços foi o de Fabricação de Coque, de Produtos Derivados do Petróleo e de

---

[9] Texto extraído do site do Ministério do Desenvolvimento, Indústria e Comércio Exterior (MDIC). Disponível em: http://www.desenvolvimento.gov.br/arquivos/dwnl_1377202302.pdf., p. 32. Acesso em 25 de fevereiro de 2015.

[10] Idem, p. 72.

Biocombustíveis que, em parte pelo efeito das operações de aluguel de equipamentos com subsidiárias no exterior, mencionadas no capítulo 2, registraram dispêndio de US$ 16.689 milhões, ou 42% do total registrado. O setor de Transporte Aéreo, com US$ 2.049 milhões, respondeu por 5,2% do total de importações.

Atento a essas tendências, o governo federal desenvolveu o Sistema Integrado de Comércio Exterior de Serviços, Intangíveis e Outras Operações que Produzem Variações no Patrimônio das Entidades (Siscoserv), que tem como principais objetivos disponibilizar estatísticas desagregadas e tempestivas sobre o comércio exterior de serviços do Brasil e subsidiar a gestão de políticas públicas de apoio às exportações e importações de serviços[11].

Com recursos previstos no Plano Plurianual 2008-2011, o Siscoserv constava da Política de Desenvolvimento Produtivo (PDP), lançada pelo presidente Lula em maio de 2008. Esse Sistema registrará operações de natureza comercial e fiscal relativas ao comércio exterior de serviços.

Uma das tendências é a de que sistemas como o Siscoserv venham a ser adotados por todos os países do Mercosul, dada a ausência de estudos aprofundados sobre o tema, utilização de estatísticas bancárias como norteador do setor e reconhecimento de fragilidades no mecanismo que registra entrada e saída de aportes financeiros sem a intenção de dissecar as diversas nuances do segmento.

A medição brasileira do comércio exterior de serviços por sistema informatizado é uma iniciativa pioneira no mundo, que permitirá à administração pública acessar relatórios gerenciais capazes de aprimorar os meios para as atividades de fiscalização e de formulação, acompanhamento e aferição das políticas públicas relacionadas.

Lançado em 2009 pelo MDIC, o Siscoserv contém um campo específico para o usuário (exportador/importador) identificar os instrumentos públicos das diversas naturezas (tributária, creditícia, e outros), vinculados às operações de comércio exterior de serviços e intangíveis. Os relatórios gerados pelo Sistema possibilitam aos governos federal, estadual e municipal acom-

---

[11] Conferir a esse respeito o material disponível no site do Ministério do Desenvolvimento Indústria e Comércio Exterior (MDIC). Disponível em: http://www.desenvolvimento.gov.br/portalmdic/arquivos/dwnl_1257786965.pdf. Acesso em 25 de fevereiro de 2015.

panhar as respectivas medidas de políticas públicas (incentivos) relacionadas ao comércio exterior de serviços, bem como mensurar os seus resultados[12].

Mais recentemente, diversos relatórios extraídos do Siscoserv foram publicados pelo MDIC e demonstram a comercialização de serviços entre o Brasil e diversos países do mundo. Tais relatórios, referentes ao ano de 2013, denotam um déficit na balança comercial de serviços de cerca de US$ 13 bilhões[13].

Resta claro, portanto, a partir da análise do material disponível no *site* do MDIC e referenciado nas notas de rodapé desse capítulo que o interesse da fiscalização tributária e das demais entidades governamentais é cada vez maior no tocante ao comércio internacional de serviços, o que deve servir como alerta aos empresários do setor para que se preparem e adaptem e revisem a aderência de seus procedimentos internos à legislação tributária de regência.

Por fim, é interessante que se analisem os volumes financeiros envolvidos nas remessas ao exterior por transferência de tecnologia nos últimos anos. O quadro abaixo permite ao leitor concluir acerca dos tributos incidentes e recolhidos sobre esses valores. Caso se imagine que, em média, a tributação sobre serviços com transferência de tecnologia corresponda a cerca de 40% da remuneração desses contratos, é possível verificar que nos onze anos abrangidos no quadro abaixo, foram recolhidos aos cofres públicos cerca de US$ 7.127 milhões em tributos incidentes apenas sobre os contratos de fornecimento de tecnologia e serviços de assistência técnica, que totalizaram US$ 17.818 milhões em remessas.

Remessas ao exterior por transferência de tecnologia[14] US$ milhões:

---

[12] Informações extraídas do site do Ministério do Desenvolvimento Indústria e Comércio Exterior (MDIC). Disponível em: http://www.desenvolvimento.gov.br/sitio/interna/noticia.php?area=4&noticia=9050 e http://www.desenvolvimento.gov.br/portalmdic/sitio/interna/noticia.php?area=4&noticia=8974. Acesso em 25 de fevereiro de 2015.

[13] O mais relevante desses relatórios mostra o comércio de serviços entre o Brasil e os países do G20. no seguinte endereço: http://www.desenvolvimento.gov.br//arquivos/dwnl_1407762031.pdf. Acesso em 25 de fevereiro de 2015.

[14] Informação obtida no site do INPI. Disponível em: http://www.inpi.gov.br/images/docs/dicig_contratos_estat_portal_ago_13_tabela_7.pdf. Acesso em 25 de fevereiro de 2015.

ASPECTOS TRIBUTÁRIOS DA IMPORTAÇÃO DE SERVIÇOS

Instituto Nacional da Propriedade Industrial - INPI
Assessoria de Assuntos Econômicos - AECON

Remessas ao Exterior por Transferência de Tecnologia - Segundo a Categoria Contratual

US$ milhões

Categoria Contratual	2000	2001	2002	2003	2004	2005	2006	2007	2008	2009	2010	2011	2012
Uso de Marcas (cessão e Licença)	31	28	22	27	42	65	120	180	170	173	283	340	433
Exploração de Patentes (cessão e Licença)	64	75	59	75	64	183	198	254	187	184	211	298	355
Fornecimento de Tecnologia	619	505	485	454	470	646	641	1.055	1.363	1.277	1.310	1.378	1.475
Serviço de Assistência Técnica	401	429	423	416	292	306	327	434	592 (*)	536	547	791	646
Franquia	12	11	10	14	16	25	35	54	116	105	193	219	225
Total	1.127	1.048	999	986	884	1.225	1.321	1.977	1.836	2.275	2.544	3.026	3.134

Fonte: Banco Central do Brasil - Elaboração: Diretoria de Contratos, Indicações Geográficas e Registros - DICIG
Nota: Valores remetidos ao exterior decorrente das aprovações dos contratos de tecnologia pelo INPI
(*) Dado retificado
Atualização: Junho de 2013

  Dado esse cenário, o presente trabalho buscará fazer uma análise minuciosa dos tributos incidentes nas ditas "importações de serviços", tais como imposto de renda na fonte, CIDE, Pis/Cofins-importação, ISS e IOF. Enfoque maior será dado aos temas relativos ao imposto de renda, vez que esse é o imposto que há mais tempo tem as importações de serviços em seu âmbito de incidência e contém uma gama mais variada de referências bibliográficas e jurisprudenciais a respeito. Observações menos detalhadas serão feitas sobre o Imposto sobre Operações Financeiras incidente sobre os fechamentos de câmbio para pagamento de serviços (IOF-Câmbio) que, apesar de não ter sua hipótese de incidência ligada diretamente às importações de serviços, acaba por gerar impactos tributários sobre elas.

2. CONSIDERAÇÕES E CONCEITOS PRELIMINARES

2.1. Conteúdo do conceito de serviços no direito privado

Para que se compreenda a tributação das importações de serviços de uma forma mais abrangente é necessário que se faça uma reflexão sobre o conteúdo central da relação obrigacional que origina a prestação. Por isso, antes que se parta para a conceituação dos serviços (ou da prestação de serviços) é preciso que se faça uma passagem sobre o direito obrigacional.

Além disso, já que o Direito Tributário nada mais é do que um Direito de sobreposição[15], a análise dos institutos de Direito Privado que regem a prestação de serviços entre particulares é de suma importância para a correta compreensão do alcance da expressão "serviços de qualquer natureza" (inserta no art. 156, III da Constituição), que se não está apta a conferir-lhe os respectivos efeitos tributários, ao menos serve como elemento de identificação a respeito da ocorrência ou não ocorrência do fato imponível, abstratamente descrito na hipótese de incidência tributária.

Isto porque o Código Tributário Nacional[16] (CTN), em preceito didático (artigo 110), veda expressamente ao legislador tributário a alteração

---

[15] Lourival Vilanova nos ensina: "A hipótese da norma jurídica funciona como descritor. É o descritor assente no modo ontológico da possibilidade. Prefixando 'se ocorrer o fato F (evento natural ou conduta, ou situação juridicamente já qualificada num outro descritor ou em prescritor de outra norma, mas tido por integrante na composição do fato jurídico)'. VILANOVA, Lourival. **As estruturas lógicas e o sistema do direito positivo**. São Paulo: Max Limonad, 1997, p. 88 e ss.

[16] Lei n.º 5.172/1966.

da definição, do conteúdo e do alcance de institutos, conceitos e formas de Direito Privado, utilizados, expressa ou implicitamente, pela Constituição Federal, pelas Constituições dos Estados, ou pelas Leis Orgânicas do Distrito Federal ou dos Municípios, para definir ou limitar competências tributárias, já previamente definidas pela CF.

O conceito e a definição da prestação de serviço, instituto próprio do Direito Privado, foi expressamente constitucionalizado pelo enunciado do artigo 156, inciso III, da Constituição da República[17] (CF), de modo que o conteúdo da expressão contida no enunciado constitucional se encontra carregado de sentido próprio atribuído historicamente pelo Direito Privado.

É a constitucionalização de um instituto próprio de Direito Privado, tomado pelo Poder Constituinte na qualidade de matéria-prima na elaboração do enunciado constitucional, mas carregado de sentido. O legislador tributário está sim autorizado a atribuir aos atos civis efeitos tributários próprios (art. 109 do CTN). E esse fenômeno se dá por ocasião da feitura do consequente normativo (constituição da relação jurídica). O que é vedado ao legislador tributário é confundir o que a Constituição separou. No ato de elaboração legislativa não se permite unificar ou assemelhar institutos consagrados pelo Direito. Se permitido, desconsiderar-se-ia por completo a rígida discriminação de competências tributárias que o Poder Constituinte, no alto do seu exercício pleno de soberania e representação popular, houve por bem assim positivar.

Daí a necessária busca no Direito Privado dos elementos componentes da prestação de serviços para fins de tributação, com o fito de inserir a descrição desse fato jurídico na hipótese normativa do Imposto Sobre Serviços (ISS) e dos demais tributos incidentes mais especificamente sobre as prestações internacionais de serviços, de modo a respeitar a discriminação de rendas tributárias minuciosamente repartidas pelo legislador constituinte[18].

Dessa forma, o direito das obrigações, uma das ramificações do direito privado, faz uma importante classificação das obrigações, e um dos cri-

---

[17] Constituição da República Federativa do Brasil, de 5 de outubro de 1988 (CF/88).
[18] FERNÁNDEZ, German Alejandro San Martín. **O ISSQN incidente sobre importação de serviços e o alcance da expressão "cujo resultado se verifique no País" e a isenção (heterônoma) na exportação prevista na LC 116/03**. In: Revista de Direito Tributário Internacional nº 6. São Paulo: Quartier Latin, 2007, p. 40.

térios de qualificação dessas é o que as relaciona com a natureza do seu objeto. Segundo esse critério, as obrigações classificam-se em obrigações de dar, de fazer e de não fazer; positiva e negativa[19].

A obrigação de dar é aquela em que a prestação do obrigado é essencial à constituição ou transferência do direito real sobre a coisa. Já a obrigação de fazer é a que vincula o devedor à prestação de um serviço ou ato, seu ou de terceiro, em benefício do credor ou de terceira pessoa. Por fim, a obrigação de não fazer é aquela em que o devedor assume o compromisso de se abster de algum ato, que poderia praticar livremente se não se tivesse obrigado para atender interesse jurídico do credor ou de terceiro[20].

Dentre essas qualificações a que mais se alinha à prestação de serviços é claramente a obrigação de fazer. No caso em questão, o devedor se compromete com o credor a fazer algo, a realizar uma atividade em benefício deste.

Nos dizeres de Maria Helena Diniz, a relação obrigacional de fazer tem por objeto qualquer comportamento humano, lícito e possível, do devedor ou de outra pessoa à custa daquele, seja a prestação de trabalho físico ou material (por exemplo, o de podar as roseiras de um jardim, o de construir uma ponte), seja a realização de um serviço intelectual, artístico ou científico (como o de compor uma música, o de escrever um livro etc.), seja ele, ainda, a prática de certo ato que não configura execução de qualquer trabalho (por exemplo, o de locar um imóvel, o de renunciar a certa herança, o de prometer determinada recompensa, o de se sujeitar ao juízo arbitral, o de reforçar uma garantia etc.)[21].

Além disso, distinguem-se a obrigação de dar da de fazer por algumas das seguintes razões:

a) a obrigação de dar consiste na entrega de uma coisa prometida para transferir seu domínio, conceder seu uso ou restituí-la a seu dono, e, a de fazer, na realização de um ato ou na confecção de uma coisa;
b) a de dar requer tradição da coisa, o que não ocorre com a de fazer;
c) na de dar, a pessoa do devedor fica em plano secundário, o que não ocorre na de fazer;

---

[19] Segundo critério adotado por DINIZ, Maria Helena em **Curso de Direito Civil Brasileiro**, 2º v. São Paulo: Saraiva, 2005.
[20] DINIZ, Maria Helena. Op. cit, quadro sinótico constante entre as páginas 112 e 116.
[21] Idem p. 100.

d) na de fazer, o erro sobre a pessoa do devedor pode originar anulabilidade do negócio, na de dar, raramente ter-se-á anulação por esse motivo;

e) a de dar comporta execução *in natura* e a de fazer resolve-se, em regra, havendo inadimplemento, em perdas e danos.

Ainda nesse aspecto, José Eduardo Soares de Melo ensina que o ponto fulcral da distinção (jurídica) reside não na forma de estruturação da atividade, considerada como um todo, da pessoa – mas na natureza específica de cada atuação, considerada isoladamente, enfocada[22].

Distinguindo o aspecto material da hipótese de incidência do ISS do mesmo aspecto relativo ao Imposto sobre Produtos Industrializados (IPI), Marçal Justen Filho traça uma distinção entre a obrigação de fazer, pressuposto da prestação de serviços e a industrialização, ínsita à materialização da incidência do IPI, ponderando que a nota distintiva do serviço é a sua individualidade, em que cada prestação de serviço é uma prestação de serviço, na acepção de haver em cada oportunidade, uma identidade inconfundível e irrepetível, entendendo que cada produto da prestação de serviço se configura como um próprio gênero, ainda que assemelhado a outros serviços; enquanto que a industrialização nunca conduz a essa individualidade irrepetível. Já que cada produto industrializado é uma espécie de um gênero que se destina a ser ilimitada quantitativamente[23].

É necessário também que se compreenda que muitas vezes o serviço é uma atividade meio para se atingir o fim pretendido, qual seja, a entrega de um bem ou uma obrigação de dar. Nesse aspecto um exemplo trazido por Cléber Giardino pode ser esclarecedor[24]:

> Na chamada engenharia mecânica, esse problema (da distinção entre obrigação de dar e de fazer) se coloca com uma frequência extraordinária. Todas as empresas que produzem grandes equipamentos são empresas que, paralelamente à construção da própria máquina, projetam, na verdade, esse equipamento. E aí se coloca o problema: ou vendem mercado-

---

[22] MELO, José Eduardo Soares de. **ISS Aspectos Teóricos e Práticos.** São Paulo: Dialética, 2005, p. 41.

[23] JUSTEN FILHO, Marçal. **O Imposto Sobre Serviços na Constituição. Dissertação de Mestrado.** São Paulo: Pontifícia Universidade Católica de São Paulo, 1983, p. 134.

[24] GIARDINO, Cléber. **Conflitos entre ICM, ISS e IPI.** In: Revista de Direito Tributário n.ºs. 7/8, Ano III: Revista dos Tribunais, 1979, p. 119.

rias simplesmente, ou as entregam como resultado desse projeto e dessa elaboração que manifesta um 'fazer' da empresa.

Porque se houver uma operação industrial relativa à circulação de mercadoria, nós não estaremos na área de incidência do ISS, não haverá prestação de serviços. Os conceitos se opõem e se excluem.

Em primeiro lugar, o problema é saber se a indústria que projetou e que construiu essa máquina exerceu serviços em relação aos quais a entrega da máquina é uma simples consequência, decorrência ou resultado, mas não o cumprimento de uma 'obrigação de dar'. Quer dizer, o projeto, estudo, análise e a própria elaboração dessa máquina, na verdade, constituem desenvolvimento de uma atividade de prestação de serviço. Ou se, ao contrário, a indústria que projeta, constrói a máquina, a entrega ao cliente, em verdade, vende máquinas, muito embora para realizar essa venda, deva projetar o produto, estudá-lo, etc.

A partir da identificação dos elementos de distinção entre as obrigações de dar e as de fazer e, a partir dos princípios constitucionalmente estabelecidos, pode-se propor a ideia de um *conceito constitucional de serviço*, como sendo uma "prestação de esforço humano a terceiros, com conteúdo econômico, em caráter negocial, sob regime de direito privado, tendente à obtenção de um bem material ou imaterial"[25].

No entendimento da melhor doutrina, esse conceito abrange[26]:

a) obrigações de fazer (e nenhuma outra);
b) serviços submetidos ao regime de direito privado, não incluindo, portanto, o serviço público (porque este, além de sujeito ao regime de direito público, é imune a imposto, conforme o art. 150, VI, 'a' da Constituição);
b.1) que revelem conteúdo econômico, realizados em caráter negocial – o que afasta, desde logo, aqueles prestados 'a si mesmo', ou em regime familiar desinteressadamente (afetivo, caritativo);
b.2) prestados sem relação de emprego – como definida pela legislação própria – excluído, pois, o trabalho efetuado em regime de subordinação (funcional ou empregatício), por não estar *in commercium*.

---

[25] BARRETO, Aires. **ISS – Não Incidência sobre Cessão de Espaço em Bem imóvel**. In: Revista de Direito Tributário nº 76. São Paulo: Malheiros, 1999, pp. 49 e 50.
[26] Idem p. 50

Dado esse contexto, tem-se que a prestação de serviço envolve o adimplemento de uma obrigação de fazer, que se confunde, de certa forma, com o conceito de trabalho, já que este é uma forma de prestação de serviço.

Estudando a questão sob esse prisma, Aires Barreto entende que serviço é conceito menos amplo, mais estrito que o conceito de trabalho constitucionalmente pressuposto. É como se víssemos o conceito de trabalho como gênero e o de serviço como espécie desse gênero. De toda a sorte, uma afirmação que parece evidente, a partir da consideração dos enunciados constitucionais que fazem referência ampla aos conceitos, é a de que a noção de trabalho corresponde, genericamente, a um "fazer". Pode-se mesmo dizer que trabalho é todo esforço humano, ampla e genericamente considerado[27].

Por tudo isso, pode-se concluir, também, que serviço é uma espécie de trabalho. É o esforço humano que se volta para outra pessoa; é fazer desenvolvido para outrem, pois não se presta um serviço para si mesmo. O serviço é um tipo de trabalho que alguém desempenha para terceiros. Não é esforço desenvolvido em favor do próprio prestador, mas de terceiro. O conceito de serviço supõe uma relação com outra pessoa, a quem se serve. Efetivamente, se é possível dizer-se que se fez um trabalho "para si mesmo", não o é afirmar-se que se prestou um serviço "a si próprio". Em outras palavras, pode haver trabalho, sem que haja relação jurídica, mas só haverá serviço no bojo de uma relação jurídica[28].

Serviço é qualquer prestação de fazer. Servir é prestar atividade a outrem; é prestar qualquer atividade que se possa considerar 'locação de serviços', envolvendo seu conceito apenas a *locatio operarum* e a *locatio operis*. Trata-se de dívida de fazer, que o locador assume. O serviço é sua prestação.

A relevância da distinção entre obrigação de dar e de fazer e a conceituação de "prestação de serviços" pode ser verificada nas discussões travadas em nossos tribunais com relação à tributação da locação de bens móveis pelo ISS. No início das discussões a esse respeito, a lista de serviços anexa ao Decreto-lei nº 406/68 incluía no rol dos serviços tributáveis pelo ISS a locação de bens, clara obrigação de dar, o que deu margens a inúmeras execuções fiscais por parte dos municípios.

---

[27] BARRETO, Aires. **ISS na Constituição e na Lei**. São Paulo: Dialética, 2003, p. 29.
[28] Idem p. 29.

Em alguns julgados[29] perdurou a tese de que a locação de bens móveis, se não abrangida pela hipótese de incidência do ICM (vez que ao término da locação a coisa era devolvida ao seu proprietário), deveria estar sob o manto do ISS, também porque se entendia que o que se deveria tributar era a entrega de um bem móvel a terceiro, por determinado tempo, para uso e gozo, mediante remuneração.

Essa tese se apoiava no fato de que o imposto de serviços refletia a sua anterior conceituação de imposto sobre profissões e indústrias, uma das quais é a de alugar veículos, tratores, máquinas, roupas (...) como meio de vida ou atividade habitual remuneradora[30] e também que devia ser levada em conta a realidade econômica do fato que é a atividade que se presta com o bem móvel[31] e não a mera obrigação de dar, que caracteriza a locação, segundo o art. 1.188 do Código Civil de 1916.

O embate em questão teve fim em decisão do Supremo Tribunal Federal[32] (STF), que, à época, firmou entendimento do sentido da inconstitucionalidade da tributação de locação de bens móveis pelo ISS, por não se tratar de prestação de serviço, típica obrigação de fazer, mas sim, por ser, na realidade, obrigação de dar, fora, portanto, do campo de incidência do tributo municipal[33]. Foi também reconhecido o real sentido do art. 110 do CTN, conforme acima mencionado[34].

Independente de qualquer julgamento de mérito e valor mais profundo a respeito da decisão, vale aqui a menção a uma recente solução de divergência que aborda temática parecida especificamente na análise da tributação das remessas internacionais para pagamento por utilização de *data center* no exterior, argumentando que uma prestação de serviços não pode ser segregada entre a locação de bens de um lado e prestação de serviço do outro lado. Abaixo, extrato da decisão em comento:

---

[29] Recursos Extraordinários (RE) nº 115103, 106047, 113383 e 100799.
[30] BALEEIRO, Aliomar. **Direito Tributário Brasileiro**, 11ª ed., atual. por DERZI, Misabel Abreu Machado. Rio de Janeiro: Forense, 2009, p. 497.
[31] RE 112.947-SP – Voto do Ministro Relator Carlos Madeira.
[32] RE-AgR 446003-PR.
[33] FERNÁNDEZ, German Alejandro S.M. Op. cit, p. 42
[34] Precedentes do STF a respeito da matéria: RE-AgR 446003/PR, RE-AgR 462747, AI-AgR 487120, RE 116121, AI 485707 AgR e decisão monocrática no RE 425281, p.10.

SOLUÇÃO DE DIVERGÊNCIA COSIT Nº 6, DE 03 DE JUNHO DE 2014

ASSUNTO: Imposto sobre a Renda Retido na Fonte – IRRF EMENTA: NATUREZA DAS ATIVIDADES EXECUTADAS POR DATA CENTER. PRESTAÇÃO DE SERVIÇO E NÃO LOCAÇÃO DE BEM MÓVEL. IMPOSSIBILIDADE DE SEGREGAÇÃO DAS DESPESAS COM EQUIPAMENTOS E SUA GESTÃO DAS DESPESAS COM SERVIÇOS DE APOIO. Divergência entre a SC nº 99 - SRRF/09 e a SC nº 86 - SRRF/08: A contratação de um data center não se caracteriza como uma locação de bem móvel, mas sim como uma típica prestação de serviços. Nesse sentido, sobre as remessas para pagamento dos serviços prestados por data center devem incidir o Imposto sobre a Renda Retido na Fonte (IRRF), a CIDE/Royalties e as Conrtribuições PIS-importação e Cofins-importação, nos termos da legislação aplicável. Entende-se que a atividade de prestação de serviço por um data center, tendo em vista sua própria natureza, não é passível de segregação para efeitos tributários entre os equipamentos e a gestão dos serviços de apoio que a compõe, pois estes se subsumem naqueles.

Publicado(a) no DOU de 22/07/2014, seção 1, pág. 18.

Isto posto, cabe notar que outra forma de se conceituarem os serviços diz respeito à forma de regulamentação dessa espécie contratual.

A concepção doutrinária sobre a prestação de serviços agrega elementos de distinção deste contrato em relação aos demais, tutelados por outras áreas do Direito, em especial, o trabalhista. Orlando Gomes, numa concepção estrita, define o contrato de prestação de serviços: "Sob essa denominação, designa-se o contrato mediante o qual uma pessoa se obriga a prestar um serviço a outra, eventualmente, em troca de determinada remuneração, executando-o com independência técnica e subordinação hierárquica". Afirma ainda, o mesmo autor, ser a caracterização *stricto sensu* também relativa à independência técnica. Ou seja, diferentemente do contrato de trabalho que tem na dependência técnica elemento essencial (fiscalização da forma pela qual é exercida a atividade), interessa à parte contratante da prestação de serviços (tutela civil) não a forma, mas sim a prestação realizada.

Em relação a esse tema prescreve o art. 593 do Código Civil:

> A prestação de serviço que não estiver sujeita às leis trabalhistas ou a lei especial, reger-se-á pelas disposições deste capítulo.

A partir desse enunciado, pode-se dizer que a prestação de serviço no âmbito do direito civil difere da relação de trabalho e emprego, (ambas tuteladas pela Consolidação das Leis do Trabalho [CLT]) por não apresentar os elementos fundamentais à caracterização de relação trabalhista, a saber: habitualidade, onerosidade, pessoalidade e subordinação[35].

Dessa forma, é possível conceituar serviço como todo esforço humano desenvolvido em benefício de outra pessoa (em favor de outrem). Assim, o gênero trabalho é esforço humano (em seu próprio favor ou no de terceiros) e a espécie é apenas o esforço humano desenvolvido em benefício de terceiros[36].

Mesmo no histórico embate a respeito da natureza jurídica da empreitada, se obrigação de dar ou de fazer, a conclusão mais aceitável, pelo menos no caso da empreitada mista ou de lavor e materiais, é a da existência de duas relações obrigacionais distintas; uma de dar, consistente na entrega de materiais, outra de fazer, consistente na realização da obra pactuada.

A essa altura, vale relembrar as palavras de Clóvis Beviláqua no sentido de que:

> (...) o conteúdo da obrigação não se confunde; na obrigação de dar, a prestação consiste na entrega de uma coisa; na de fazer, o objeto da prestação é um ato do devedor.[37]

Esse *facere* do devedor adquire ainda maior relevância no contrato de prestação de serviços, em especial em relação à importância da figura do devedor (prestador), quase sempre irrelevante nos casos de obrigações de dar, obrigações estas nas quais a qualidade e quantidade do objeto é o que se sobrepõe em grau de importância à figura do devedor. Já nas obrigações de fazer, mormente na prestação de serviços, em regra o devedor é escolhido em face da habilidade e *expertise* que possui, o que garante, ainda que por presunção, a qualidade do serviço requisitado pelo credor[38].

---

[35] EFING, Antonio Carlos. **Prestação de Serviços – uma análise jurídica, econômica e social a partir da realidade brasileira**: São Paulo: RT, 2005, pp. 39-40.
[36] BARRETO, Aires. Op. cit. p. 29.
[37] BEVILÁQUA, Clóvis. **Direitos das Obrigações**. Edição histórica. Rio de Janeiro, Editora Rio, 1977, p. 342.
[38] FERNÁNDEZ, German Alejandro S. M. Op. cit, p. 41.

A prestação de serviços pressupõe atividade autônoma, remunerável, e muitas vezes, de breve duração. É obrigação pactuada livremente entre partes, tanto na forma de sua execução quanto no tocante à retribuição.

De acordo com Cunha Gonçalves: "Contrato de prestação de serviços é aquele em que uma das partes se obriga a fazer algum trabalho físico ou intelectual, ou executar algum serviço pedido por outra, mediante certa remuneração"[39]. É ajuste entre particulares que visa a resultado certo.

Para Caio Mário da Silva Pereira[40], o contrato de prestação de serviços consiste em: "contrato em que uma das partes se obriga para com a outra a fornecer-lhe a prestação de uma atividade, mediante remuneração". Nessa definição dá-se ênfase à atividade, que, de acordo com Maria Helena Diniz, pressupõe o "conjunto de ações ou serviços desempenhados pela pessoa"[41].

Para Orlando Gomes[42], a prestação de serviço submetida aos princípios de Direito Privado é: "contrato mediante o qual uma pessoa se obriga a prestar serviços a outra, eventualmente, em troca de determinada remuneração, executando-os com independência técnica e sem subordinação hierárquica".

Em todas as definições encontra-se presente a existência de direitos e deveres recíprocos, de fornecimento de utilidade material ou imaterial, consistente no desenvolvimento de uma atividade humana, visando a um determinado resultado.

---

[39] CUNHA GONÇALVES, Luiz da. **Tratado de direito civil em comentário ao código civil português**. Coimbra Editora, 1934, v. VIII, pp. 539 e 540.

[40] SILVA PEREIRA, Caio Mário da. **Instituições de Direito Civil**. Rio de Janeiro: Forense, 2006, v. 3, 12.ª ed., p. 378.

[41] DINIZ, Maria Helena. **Dicionário Jurídico**. São Paulo: Saraiva, 1998, v. 4, p. 120.

[42] GOMES, Orlando. **Contratos**. 8ª ed., Rio de Janeiro: Forense, 1986, pp. 343-344.

2.2. Distinção entre serviços pessoais e não pessoais

A distinção acima, que traça uma diferenciação entre as prestações de serviços existentes sob o manto das relações trabalhistas e cíveis, é de grande importância quando da análise que se pretende nesse trabalho.

Portanto, questão que assume grande relevância nesse aspecto diz respeito ao devedor da obrigação de prestar um serviço, se um indivíduo (pessoa física) ou uma empresa (pessoa jurídica ou entidades a elas equiparadas em regime de empresa).

A remuneração das pessoas físicas é rendimento do trabalho, dependente ou autônomo, conforme a existência ou não de uma relação de emprego, incluído, no âmbito de incidência do imposto de renda das pessoas físicas, podendo gerar ainda a exigência de outras contribuições e encargos incidentes sobre a folha de pagamento, tais como, contribuições à seguridade social, FGTS, entre outras.

Já no que toca, porém, à remuneração por serviços não pessoais, prestados em regime de empresa, por pessoas jurídicas (incluídas aquelas domiciliadas no exterior), não é aplicável a conceituação como rendimento do trabalho, uma vez que a este é inerente a ligação a uma entidade individual, subjetiva, personalizada[43]. Daí resulta que a tributação incidente nas prestações de serviços prestados por pessoa jurídica, segue regime próprio.

A análise objeto do presente estudo focará a atenção nas prestações de serviços não pessoais, executados por pessoa jurídica e tutelados pelo Direito Civil, afastado, desse modo, o enfoque quanto às relações pessoais.

Com relação a esse aspecto, Alberto Xavier traça um interessante paralelo sobre as importações de bens e de serviços. O ilustre autor critica a tributação na fonte sobre a renda nas contratações de serviços (não pessoais), pois entende que o preço do serviço corresponde a uma receita bruta, não necessariamente a uma renda.

O fato de grande parte dos custos de produção das empresas estrangeiras prestadoras de serviços ser constituída por salários pagos aos seus técnicos, também residentes no estrangeiro, em nada altera a identidade de natureza entre pagamento de preço de importação de bens e pagamento de preço de importação de serviços, pois não é possível confundir o

---

[43] XAVIER, Alberto. **Direito Tributário Internacional do Brasil**. 6.ª ed. Rio de Janeiro: Forense, 2007, pp. 590 e 591.

"preço" – que é pagamento de capital recebido pela pessoa jurídica domiciliada no estrangeiro – com o "salário" que os empregados desta recebem no exterior e que aí está sujeito a imposto[44].

Dessa conclusão se extrai que, para que seja possível a incidência do imposto sobre a renda em uma contratação internacional de serviços, seria necessário que a empresa prestadora apurasse lucro, pois o pagamento do preço do serviço nada mais é do que pagamento de capital da prestadora estrangeira do serviço, e este lucro deve ser constatado mediante a comparação entre as receitas operacionais e os custos e despesas incorridos. Essa questão, no entanto, será abordada com a devida atenção no capítulo próprio relativo ao imposto de renda.

Por ora, é necessário que se extraia que o regime tributário a ser seguido nas contratações internacionais de serviços busca, de certa forma[45], equiparar o prestador estrangeiro ao prestador nacional, até como forma de proteção do setor de serviços do País. Dessa forma, os tributos incidentes nas importações de serviços são semelhantes aos pagos por empresas prestadoras de serviços residentes no Brasil, como restará demonstrado adiante.

2.3. Serviços *"cross boarder"* ou serviços prestados por não-residentes

Um aspecto dos mais importantes na análise da tributação sobre a importação de serviços é a determinação da residência do prestador dos serviços. Isto porque por trás desse conceito estão diversas questões que afetam a forma como se dá o tratamento da tributação sobre os rendimentos gerados dessa prestação. Devem, portanto, a pessoa jurídica prestadora dos serviços e o contratante atentarem para a forma e as características dos serviços prestados para que haja um correto cumprimento das obrigações tributárias principais e acessórias advindas da contratação.

Nesse ponto alguns exemplos podem elucidar a questão. Uma empresa, por exemplo, de nacionalidade estrangeira que é contratada para realizar

---

[44] XAVIER, Alberto. Ob. cit., p. 591 e 592.

[45] Usou-se a expressão "de certa forma", porque ao menos essa parecia ser a intenção do Governo Federal ao instituir, por exemplo, a incidência de contribuições sociais (Pis e Cofins-Importação) sobre serviços importados. Porém, a carga tributária sobre importações de serviços acaba por ser muito maior do que sobre a prestação local de serviços. Esse assunto será objeto do Capítulo 5 abaixo, em que será feita a análise inclusive da exposição de motivos da lei que institui essas contribuições sobre importações de serviços.

o gerenciamento de um projeto de construção de uma nova linha de produção de uma unidade fabril localizada no Brasil, demanda ampla presença de profissionais *in loco* para acompanharem a execução do projeto. Ao passo que uma contratação de serviços de manutenção de sistemas de informática de uma empresa brasileira a ser realizada por uma empresa estrangeira não demanda, necessariamente, uma grande presença de profissionais no território nacional, com exceção de visitas para acompanhamento e checagens sobre o funcionamento dos sistemas.

Os tratamentos que a legislação tributária confere às empresas prestadoras dos serviços descritos acima são distintos, pois o traço que as diferencia é a predominância da execução dos serviços ou no território nacional (no primeiro caso) ou no estrangeiro (no segundo caso). Dessa forma, a empresa que presta os serviços de gerenciamento de projetos com predominância da execução das atividades no Brasil é equiparada a uma pessoa jurídica residente, independentemente de sua nacionalidade, ao passo que a empresa prestadora dos serviços de manutenção dos sistemas de informação é considerada não-residente.

Assim sendo, os serviços *"cross boarder"* podem ser entendidos como os serviços prestados por pessoas jurídicas não-residentes no País a contratantes aqui baseados. A caracterização da pessoa jurídica como residente ou não-residente traz importantes consequências na forma como se dá a tributação dessas prestações.

Por tratar de uma reflexão que transita no território do Direito Tributário Internacional, a tributação das importações de serviços deve levar em consideração os chamados elementos de conexão, que têm por objetivo estabelecer a qualificação do rendimento e determinar o sujeito ativo do imposto (sobre a renda) e evitar a pluritributação internacional.

Os ditos elementos de conexão consistem nas relações ou ligações existentes entre as pessoas, os objetos e os fatos com os ordenamentos tributários, distinguindo-se em *subjetivos*, se se reportam às pessoas (como a nacionalidade ou a residência), ou *objetivos*, se se reportam às coisas e aos fatos (como a fonte de produção ou pagamento da renda, o lugar do exercício da atividade, o lugar da situação dos bens, o lugar do estabelecimento permanente, o lugar de celebração de um contrato)[46].

Nos dizeres de Heleno Tôrres, o conceito de residência funciona como um critério de conexão pessoal (ou subjetivo), ao lado do critério

---

[46] MÖSSNER, Jörg Manfred. **Steuerhoheit und Doppelbesteuerung.** In: MÖSSNER, Jörg Manfred et al. **Steuerrecht international tätiger Unternehmen,** Köln: O. Schmidt, 1992, pp. 41-42.

de conexão material, que deve estar sempre vinculado com o conceito de materialidade da hipótese de incidência dos tributos, como previsto constitucionalmente. Para que a obrigação tributária se constitua, exige-se a ocorrência do respectivo fato jurídico tributário que lhe serve de causa, e para que um sujeito possa ser chamado a compor o polo passivo da consequente relação jurídica, mister que ele seja identificado em relação direta e imediata com o respectivo fato jurídico tributário. O renomado mestre ensina ainda que, se o critério de conexão material presta-se à localização do fato jurídico tributário (fonte), o critério de conexão pessoal serve-se à atribuição do regime jurídico do sujeito (residente ou não-residente), com reflexos sobre a formação do objeto da relação jurídica tributária, *i.e.*, sobre a quantificação da base de cálculo e determinação da alíquota[47].

A questão da definição da residência se contrapõe à definição da fonte do rendimento. Isto porque todo não-residente (assim considerado pelo país da fonte da renda) é residente de outro país, e por isso, caso este outro Estado (de residência) utilize o princípio da universalidade, tributando todo o conjunto de rendimentos dos seus residentes, independentemente de onde tenham sido produzidos (dentro ou fora dos seus limites territoriais), surge a possibilidade de um concurso de pretensões impositivas entre o Estado de residência e o Estado da fonte do rendimento (onde o mesmo é considerado não-residente e tributado pelo princípio da territorialidade)[48].

Os mecanismos geralmente utilizados para tributar a renda dos não-residentes são a retenção na fonte e a estimativa do total das rendas derivadas de uma atividade profissional ou comercial, normalmente considerando o rendimento bruto.

Para a tributação de um sujeito não-residente mediante retenção na fonte, ensina Heleno Tôrres, que salvo os casos de responsabilidade ou substituição tributária de sujeitos residentes intermediários, a maioria dos países exige do mesmo o atendimento a certas formalidades, a exemplo:
   a) notificação de sua identidade às autoridades fiscais;
   b) fornecimento das informações suficientes e necessárias para que os rendimentos sejam adequadamente identificados ou calculados;
   c) submissão à legislação fiscal, nos moldes exigidos a um residente.

---

[47] TÔRRES, Heleno Taveira. **Pluritributação Internacional sobre as Rendas das Empresas**. 2. ed. São Paulo: RT, 2001, p. 129.
[48] TÔRRES, Heleno Taveira. Op. cit., p. 133.

Quanto ao cumprimento dos deveres formais (obrigações acessórias) de recolhimento dos créditos tributários por parte do sujeito responsável ou substituto, incidem as regras internas previstas, sem qualquer relação ou referência aos elementos de estraneidade inerentes ao sujeito não-residente, porque esta relação se dá entre um residente (pela fonte) e o respectivo Estado, territorialmente[49].

Desse modo, para os fins do presente trabalho, consideraremos como prestação de serviço *"cross boarder"* (prestada por pessoa jurídica não-residente) aquela cujos serviços são executados preponderantemente no exterior, mas que podem abranger visitas dos profissionais envolvidos ao Brasil.

Nesse ponto, cabe uma visita ao conceito de residência para fins fiscais e sua qualificação jurídica. Nas palavras de Tôrres, a qualificação jurídica de residência atribuída à localização de um dado sujeito, no direito tributário de qualquer Estado, desenvolve uma função basilar na determinação da sua sujeição ao poder de tributar de um Estado, em particular, pela definição do regime tributário aplicável com base na territorialidade pura (não-residentes) ou na universalidade (residentes)[50].

É necessário, então, que se enfrente a possível equiparação, para fins tributários, da atuação do não-residente prestador de serviços às pessoas jurídicas residentes no Brasil.

Eis que se a atividade do não-residente prestador de serviços representar uma presença no Brasil de tal nível que implique sua equiparação a uma pessoa jurídica brasileira, os rendimentos por ele auferidos serão considerados complexiva ou sinteticamente, submetendo-se o respectivo lucro, por exemplo, à tributação pelo Imposto de Renda de Pessoas Jurídicas (IRPJ), aplicável às pessoas jurídicas domiciliadas no Brasil[51]. Portanto, a questão que se busca responder é a seguinte: até que ponto determinada pessoa jurídica é considerada não-residente? Ou: quando uma pessoa jurídica passa da condição de não-residente para a de residente? E também: até que ponto poderá uma sociedade estrangeira praticar atos no Brasil sem incidir na proibição de funcionar sem autorização no País[52]? Diver-

---

[49] Ibidem, p. 134.
[50] Ibidem, p. 126.
[51] HADDAD, Gustavo Lian; VIDIGAL, Carolina Santos. **Importação de Serviços – Aspectos Tributários**. In: SANTI, Eurico Marcos Diniz de e outros. **Tributação Internacional** – Série GV Law. São Paulo: Saraiva, 2007, p. 246..
[52] TÔRRES, Heleno Taveira. Op. cit., p. 249.

sos aspectos devem ser levados em consideração para que essas questões sejam respondidas. As características dos serviços prestados e a forma de condução dos trabalhos são sobremaneira importantes para que não haja uma confusão entre os conceitos, de modo que o não-residente atue sempre sob essa condição. Do contrário, se extrapolar os limites impostos pela legislação tributária o prestador de serviços poderá ser pego de surpresa e equiparado à pessoa jurídica residente, devendo se submeter à tributação e às demais regras impostas no ordenamento local.

Deve-se, portanto, examinar quais pessoas jurídicas são consideradas residentes ou domiciliadas no Brasil ou no exterior, deixando-se claro, desde já, que a lei se utiliza sempre da expressão "residentes ou domiciliados no exterior" em verdadeira redundância, pois os conceitos de "residência" e de "domicílio", para este efeito, acabam por se igualar[53].

O domicílio tributário é regido em caráter geral pelo art. 127 do CTN, que tem a seguinte redação[54]:

> Art. 127. Na falta de eleição, pelo contribuinte ou responsável, de domicílio tributário, na forma da legislação aplicável, considera-se como tal:

---

[53] OLIVEIRA, Ricardo Mariz. **Fundamentos do Imposto de Renda**. São Paulo: Quartier Latin, 2008, p. 482.

[54] Ainda sobre essa questão o artigo 212 do Decreto n.º 3.000 de 1999, o Regulamento do Imposto de Renda (RIR/99) dispõe o seguinte:
Art. 212. O domicílio fiscal da pessoa jurídica é:
I - em relação ao imposto de que trata este Livro:
a) quando existir um único estabelecimento, o lugar da situação deste;
b) quando se verificar pluralidade de estabelecimentos, à opção da pessoa jurídica, o lugar onde se achar o estabelecimento centralizador das suas operações ou a sede da empresa dentro do País;
II - em relação às obrigações em que incorra como fonte pagadora, o lugar do estabelecimento que pagar, creditar, entregar, remeter ou empregar rendimento sujeito ao imposto no regime de tributação na fonte.
§ 1º O domicílio fiscal da pessoa jurídica procuradora ou representante de residentes ou domiciliados no exterior é o lugar onde se achar seu estabelecimento ou a sede de sua representação no País.
§ 2º Quando não couber a aplicação das regras fixadas neste artigo, considerar-se-á como domicílio fiscal do contribuinte o lugar da situação dos bens ou da ocorrência dos atos ou fatos que deram origem à obrigação tributária.
§ 3º A autoridade administrativa pode recusar o domicílio eleito, quando impossibilite ou dificulte a arrecadação ou a fiscalização do tributo, aplicando-se, neste caso, a regra do parágrafo anterior.

I - quanto às pessoas naturais, a sua residência habitual, ou, sendo esta incerta ou desconhecida, o centro habitual de sua atividade;

II - quanto às pessoas jurídicas de direito privado ou às firmas individuais, o lugar da sua sede, ou, em relação aos atos ou fatos que derem origem à obrigação, o de cada estabelecimento;

III - quanto às pessoas jurídicas de direito público, qualquer de suas repartições no território da entidade tributante.

§ 1º Quando não couber a aplicação das regras fixadas em qualquer dos incisos deste artigo, considerar-se-á como domicílio tributário do contribuinte ou responsável o lugar da situação dos bens ou da ocorrência dos atos ou fatos que deram origem à obrigação.

§ 2º A autoridade administrativa pode recusar o domicílio eleito, quando impossibilite ou dificulte a arrecadação ou a fiscalização do tributo, aplicando-se então a regra do parágrafo anterior.

Reza, então, a questão sobre a definição de residência das pessoas jurídicas, foco central do presente estudo, já que não se pretende fazer a análise das prestações de serviços pessoais, como acima delimitado[55]. Acerca dessa questão, como já mencionado acima, a doutrina utiliza algumas expressões para definir que determinada pessoa jurídica residente no exterior pode, para fins fiscais, ser equiparada a uma pessoa jurídica residente no Brasil. Ricardo Mariz de Oliveira cita, por exemplo, que uma empresa que está "*doing business in Brazil*" deve ser equiparada à pessoa jurídica residente no País para fins fiscais. Já Gustavo Haddad e Carolina Santos Vidigal utilizam a expressão "presença tributável", enquanto os acordos internacionais utilizam a expressão "estabelecimento permanente"[56].

Heleno Tôrres identifica duas formas de caracterização dos estabelecimentos permanentes: (i) mediante a atuação direta no território de interesse, com a presença de instalação material e humana – estabelecimento permanente material, ou (ii) por estipulação contratual por meio de pessoas intermediárias atuantes no território de interesse – estabelecimento permanente pessoal[57].

---

[55] Sobre a questão da residência das pessoas físicas, consultar TÔRRES, Heleno Taveira, Op. cit., pp. 135 e ss. e OLIVEIRA, Ricardo Mariz, Op. cit., pp. 482 e ss.
[56] Essas expressões são utilizadas nos textos referidos nas outras notas de rodapé que citam esses autores nesse mesmo capítulo.
[57] TÔRRES, Heleno Taveira. **Pluritributação Internacional sobre a Renda das Empresas**. 2. ed. São Paulo: RT, 2001, p. 220 e ss.

Para se descobrir, enfim, em que ocasiões ocorre a caracterização do estabelecimento permanente (ou da presença tributável) no país é necessário o exame de algumas disposições genéricas que impõem a caracterização de uma presença tributável em determinadas situações, equiparando-o a pessoa jurídica brasileira para fins tributários[58].

Ricardo Mariz entende que no tocante às pessoas jurídicas, a regência legal é mais simples, pois são consideradas domiciliadas no Brasil aquelas que, qualquer que seja a sua nacionalidade, tenham a sua sede no território nacional ou aqui instalem um estabelecimento, como, por exemplo, quando uma pessoa jurídica sediada no exterior abra uma filial (escritório de apoio e representação ou planta industrial) no Brasil com a devida autorização governamental.

Ainda aponta o autor que o único problema que se apresenta é o da prática de negócios dentro do território nacional, por pessoas jurídicas sediadas fora, sem a abertura legal de uma pessoa jurídica de cujo capital aquela participe ou sem a obtenção de autorização do Governo Brasileiro para instalação de uma filial no território nacional[59].

É a situação comumente conhecida como de "*doing business in Brazil*", que não se confunde com a obtenção de rendas ou proventos aqui em nosso território, mas mediante atividades desenvolvidas no exterior em proveito de alguma pessoa aqui residente, ou mesmo por capital emprestado a esta, ou de algum ganho de capital aqui obtido.

A situação de "*doing business in Brazil*", como a expressão reflete, é de obtenção de rendas por atividades realizadas dentro do território nacional, e nesta situação é até possível que tais atividades sejam prestadas a não-residentes, vindo, portanto, as rendas de fora do território nacional[60].

Insta lembrar, ainda, que a capacidade tributária passiva independe de estar a pessoa jurídica regularmente constituída, bastando que configure uma unidade econômica ou profissional. Esta é a previsão do inciso III do artigo 126 do CTN.

---

[58] HADDAD, Gustavo Lian; VIDIGAL, Carolina Santos. Op. cit., p. 246.

[59] O art. 64 do Decreto-Lei n.º 2.627/40 dispõe que: "As sociedades anônimas ou companhias estrangeiras, qualquer que seja o seu objeto, não podem, sem autorização do Governo Federal, funcionar no país, por si mesmas, ou por filiais, sucursais, agências, ou estabelecimentos que as representem (...)".

[60] OLIVEIRA, Ricardo Mariz. **Fundamentos do Imposto de Renda**. São Paulo: Quartier Latin, 2008, p. 488.

Sobre a autorização para funcionar no Brasil, requerida de sociedades estrangeiras, Gustavo Haddad e Carolina Santos Vidigal ensinam que o conceito de "funcionamento"[61] no Brasil tem sido entendido como o exercício no País, das atividades principais do não-residente, necessárias à consecução de seu objeto social[62].

Com relação a esse aspecto, o artigo 147 do Regulamento do Imposto de Renda (RIR/99) dispõe o seguinte:

> Art. 147. Consideram-se pessoas jurídicas, para efeito do disposto no inciso I do artigo anterior:
> (...)
> II - as filiais, sucursais, agências ou representações no País das pessoas jurídicas com sede no exterior;

Esta é, portanto, uma das disposições que impõem a equiparação acima mencionada. Além disso, e seguindo na mesma esteira do disposto no artigo 126, III do CTN, o § 1º do artigo 146 do RIR/99 prevê que as disposições relativas às pessoas jurídicas e firmas individuais aplicam-se a todas as firmas e sociedades, formalmente registradas ou não.

Para Heleno Tôrres, somente o recurso ao art. 126 do CTN pode justificar a atribuição do regime de residência à pessoa jurídica não-residente, entendendo que se trata de uma situação que se reveste de uma grave discricionariedade, com limitada certeza do direito, pela sua amplitude conceitual[63].

Para o referido autor, essa amplitude da regra geral do art. 126 somente pode ser restringida quanto à identificação de "estabelecimentos permanentes" nas relações com pessoas jurídicas residentes de países com os

---

[61] Sobre o conceito desse "funcionamento" ver TÔRRES, Heleno Taveira, Op. cit., pp. 249 e ss.
[62] HADDAD, Gustavo Lian; VIDIGAL, Carolina Santos. Op. cit., p. 247
[63] Reflete o autor nesse sentido (op. cit., p. 250), porque o art. 147 do RIR/99 equipara às pessoas jurídicas (residentes) apenas:
  i) as pessoas jurídicas de direito privado domiciliadas no país, sejam quais forem seus fins, nacionalidade ou participantes no capital;
  ii) as filiais, sucursais, agências ou representações no país das pessoas jurídicas com sede no exterior; e
  iii) os comitentes domiciliados no exterior, quanto aos resultados das operações realizadas por seus mandatários ou comissionários no país.

quais o Brasil mantenha convenção internacional (para evitar a dupla tributação).

Já para os demais países, com os quais o Brasil não mantenha tratados contra a dupla tributação internacional, far-se-á necessário recorrer às disposições legislativas internas relativas à *equiparação de pessoa jurídica não-residente às pessoas jurídicas residentes*, para que seja possível individualizar o tratamento correspondente à instalação, prevalecendo, por isso, o art. 147, RIR/99, ou o art. 126, CTN. Nesse caso, o sujeito não-residente, visando a afastar essa equiparação deverá demonstrar que sua presença no país não foi suficiente para caracterizar qualquer hipótese de estabelecimento permanente[64].

Gustavo Haddad e Carolina Santos Vidigal colocam uma questão que comumente se apresenta na prática: o não-residente, que pratica negócios no Brasil de forma contínua e habitual, mas sem a constituição formal de filial, sucursal ou agência, poderia ser equiparado a uma pessoa jurídica brasileira e, portanto, sujeito a tributação como tal no País? Ou referida equiparação exigiria, necessariamente a constituição formal de filial no País?

Entendem os mencionados autores que a aplicação das disposições dos arts. 146 e 147 do RIR/99 interpretadas em conjunto com o art. 40 do DL nº 2.627/40, autoriza a conclusão de que as autoridades fiscais brasileiras têm elementos para, em verificando a atuação habitual da sociedade estrangeira em território brasileiro, mediante a alocação no País, de recursos humanos e materiais para tanto, caracterizar a existência de uma filial de fato, sujeita à tributação no País por equiparação a uma pessoa jurídica aqui constituída[65].

Concluem que a caracterização da filial de fato depende do exame das circunstâncias factuais presentes no caso concreto[66].

---

[64] TÔRRES, Heleno Taveira. Op. cit., pp. 250 a 252.

[65] Heleno Tôrres ensina que o "funcionamento" não se basta com o reconhecimento da personalidade jurídica das sociedades estrangeiras, para permitir que estas exerçam no país os direitos próprios do seu objeto social. Neste caso, o reconhecimento não é automático, e a sociedade que pretenda "funcionar", não se limitando ao mero exercício isolado, deverá obter prévia autorização governamental (art. 11, § 1º, LICC, e art. 64, Dec.-lei 2.627/40). Op. cit., pp. 249 e 250.

[66] HADDAD, Gustavo Lian; VIDIGAL, Carolina Santos. Op. cit., p. 248.

Por fim, a Lei nº 3.470/58 incorporou ao ordenamento jurídico a prescrição de serem tributados, como obtidos por pessoas jurídicas aqui domiciliadas, os resultados obtidos por filiais, sucursais, agências ou representações no País, de pessoas jurídicas com sede no exterior (estabelecimento permanente material), e também pelos comitentes domiciliados no exterior em operações realizadas por seus mandatários ou comissionários no País[67] (estabelecimento permanente pessoal). Nesse aspecto, interessante notar o art. 539 do RIR/99 que dispõe sobre vendas diretas realizadas por estabelecimento permanente pessoal nesses termos:

> Vendas Diretas do Exterior
> Art. 539. No caso de serem efetuadas vendas, no País, por intermédio de agentes ou representantes de pessoas estabelecidas no exterior, quando faturadas diretamente ao comprador, o rendimento tributável será arbitrado de acordo com o disposto no art. 532.

O estabelecimento permanente pessoal[68] caracteriza-se pela realização de negócios pelo não-residente de forma indireta, por intermédio de outras pessoas físicas ou jurídicas residentes no território de interesse, mediante a utilização de arranjos contratuais como mandato (em que o mandatário atua em nome e por conta do não-residente), comissão mercantil (em que o comissionário atua em nome próprio, mas por conta do não-residente) ou contrato de agência (em que o agente apenas realiza a intermediação em benefício do não-residente)[69].

Desta forma, na prestação de serviços *"cross boarder"* (ou prestados por não-residentes) devem ser afastadas as hipóteses de equiparação da pes-

---

[67] OLIVEIRA, Ricardo Mariz. **Fundamentos do Imposto de Renda**. São Paulo: Quartier Latin, 2008, p. 488.
[68] HADDAD, Gustavo Lian; VIDIGAL, Carolina Santos. Op. cit.,p. 248.
[69] O RIR/99, seguindo a previsão legal da Lei 3.470/58 dispõe:
Art. **398.** As normas deste Decreto sobre determinação e tributação dos lucros apurados no Brasil pelas filiais, sucursais, agências ou representações das sociedades estrangeiras autorizadas a funcionar no País alcançam, igualmente, os rendimentos auferidos por comitentes domiciliados no exterior, nas operações realizadas por seus mandatários ou comissários no Brasil (Lei no 3.470, de 1958, art. 76).
Parágrafo único. O disposto neste artigo aplica-se aos rendimentos auferidos por comitentes residentes ou domiciliados no exterior em virtude de remessa para o Brasil de mercadorias consignadas a comissários, mandatários, agentes ou representantes, para que estes as vendam no País por ordem e conta dos comitentes, obedecidas as seguintes regras:

soa jurídica não-residente às pessoas jurídicas estabelecidas em território nacional acima referidas, para que o regime jurídico tributário aplicado seja o adequado.

2.4. Diferenciação dos "serviços puros" de figuras afins

Ao analisar a tributação sobre as transações de serviços é necessário que se distingam os chamados "serviços puros", dos serviços de assistência técnica e administrativa, dos *royalties* e dos contratos de *know-how*.

A linha de fronteira que separa os serviços de assistência técnica dos "serviços puros" está em que, enquanto neste último caso a prestação de serviços é o *objeto principal* do contrato, no primeiro a prestação de serviços é meramente *instrumental* relativamente ao objeto principal do contrato, que é a transmissão de uma informação tecnológica (*know-how*, assim considerado o contrato que tem por objeto a transmissão de informações tecnológicas preexistentes e não reveladas ao público, na forma de cessão temporária ou definitiva de direitos, para que o adquirente as utilize por conta própria, e sem que o transmitente intervenha na aplicação da tecnologia cedida ou garanta seu resultado). No contrato de prestação de serviços em geral, as partes querem a própria execução de um determinado serviço e não uma "assistência" na aquisição de uma informação tecnoló-

---

I - o intermediário no País que for o importador ou consignatário da mercadoria deverá escriturar e apurar o lucro da sua atividade separadamente do lucro do comitente residente ou domiciliado no exterior (Lei no 3.470, de 1958, art. 76, § 1o);
II - o lucro operacional do intermediário será a diferença entre a remuneração recebida pelos seus serviços e os gastos e despesas da operação que correrem por sua conta;
III - o lucro operacional do comitente será a diferença entre o preço de venda no Brasil e o valor pelo qual a mercadoria tiver sido importada acrescido das despesas da operação que correrem por sua conta, inclusive a remuneração dos serviços referidos no inciso anterior;
IV - na falta de apuração, nos termos dos incisos anteriores, os lucros do intermediário e do comitente serão arbitrados na forma do disposto neste Decreto;
V - o intermediário no País cumprirá os deveres previstos para as filiais de empresas estrangeiras autorizadas a funcionar no País e será responsável pelo imposto devido sobre o lucro auferido pelo seu comitente.
Art. 399. No caso de serem efetuadas vendas, no País, por intermédio de agentes ou representantes de pessoas estabelecidas no exterior, o rendimento tributável será arbitrado de acordo com o disposto no art. 539 (Lei nº 3.470, de 1958, art. 76, § 3º).

gica; no contrato de assistência técnica[70], as partes querem uma informação tecnológica por meio da prestação de um serviço complementar ou instrumental à transmissão do *know-how*[71].

Assim, por exemplo, um contrato de serviço de gerenciamento, engenharia, *design* de *software* e instalação referente a um sistema de controle de automação industrial que implica transferência de tecnologia, não pode ser equiparado para esses fins a um contrato de consultoria mercadológica relativa ao lançamento de determinado produto. Isto porque o escopo do contrato de gerenciamento e engenharia é instrumental à transmissão do *know-how* relativo às automações industriais, ao passo que o contrato de consultoria mercadológica é o centro da contratação e não acessório à transmissão de conhecimentos.

Outro aspecto muito importante ao se tratar da tributação incidente no comércio internacional de serviços é a diferenciação entre os serviços com e sem transferência de tecnologia. Esse detalhe, aparentemente simples, tem consequências nas incidências e questionamentos tributários adiante tratados. Mister se faz, de início, que se diferenciem os serviços tidos pela lei como aqueles que embutem em seu escopo a transferência de tecnologia e aqueles que não têm essa característica.

Nesse passo é necessário que se socorra da legislação de propriedade intelectual que determina o registro no Instituto Nacional da Propriedade Intelectual (INPI) dos contratos que impliquem transferência de tecnologia. A redação do art. 211 da Lei 9.279/96 expressa que:

> Art. 211. O INPI fará o registro dos contratos que impliquem transferência de tecnologia, contratos de franquia e similares para produzirem efeitos em relação a terceiros.

O registro dos contratos que impliquem transferência de tecnologia no INPI é o critério atualmente utilizado pela legislação tributária para diferenciar os contratos administrativos e os sem transferência de tecnologia daqueles que impliquem transferência de tecnologia.

---

[70] Nesse sentido, o inciso II, "b" do § 1º do art. 17 da IN 1.455/14 dispõe que: "considera-se assistência técnica a assessoria permanente prestada pela cedente de processo ou fórmula secreta à concessionária, mediante técnicos, desenhos, estudos, instruções enviadas ao País e outros serviços semelhantes, os quais possibilitam a efetiva utilização de processo ou fórmula cedido".
[71] XAVIER, Alberto. Op. cit., p. 604.

Os efeitos da averbação dos contratos de transferência de tecnologia podem ser listados como sendo[72]:

- Legitimar remessas de divisas ao exterior, como pagamento pela tecnologia negociada;
- Permitir dedutibilidade fiscal, quando for o caso, para a empresa receptora da tecnologia das importâncias pagas a título de *royalties* e assistência técnica;
- Produzir efeitos perante terceiros.

O INPI averba/registra, conforme o art. 2.º e parágrafo único da Instrução Normativa n.º 16/2013, os contratos que impliquem transferência de tecnologia, assim entendidos os de licença de direitos de propriedade industrial (exploração de patentes e de desenho industrial e uso de marcas), os de aquisição de conhecimentos tecnológicos (fornecimento de tecnologia e prestação de serviços de assistência técnica e científica), os contratos de franquia, os contratos de licença compulsória para exploração de patente e os contratos de cessão de direitos de propriedade industrial, quando o titular desse direito for domiciliado no exterior.

Importante, desde já, que se defina no âmbito de um trabalho de análise da tributação sobre serviços, o conceito de contratos de aquisição de conhecimentos tecnológicos mediante o fornecimento de tecnologia e prestação de serviços de assistência técnica e científica. Isso contribuirá para a diferenciação acima pretendida.

O contrato de fornecimento de tecnologia pode ser definido como sendo aquele que estipula as condições para a aquisição de conhecimentos e de técnicas não amparados por direitos, incluindo conhecimentos e técnicas não amparados por propriedade industrial depositados ou concedidos no Brasil (Know How)[73].

Já os contratos de prestação de serviços de assistência técnica e científica (SAT) podem ser definidos como sendo os contratos que incluem a

---

[72] Informação extraída do site do INPI. Disponível em: http://www.inpi.gov.br/portal/acessoainformacao/artigo/contrato_de_tecnologia_1351692514525#4. Acesso em 25 de fevereiro de 2015.

[73] Informação extraída do site do INPI. Disponível em: http://www.inpi.gov.br/portal/artigo/guia_basico_contratos_de_tecnologia. Acesso em 25 de fevereiro de 2015.

obtenção de técnicas para elaborar projetos ou estudos e a prestação de alguns serviços especializados[74].

Outro método auxiliar para se determinar quais contratos efetivamente implicam transferência de tecnologia é por exclusão. Ou seja, é possível que se definam quais tipos de contratos são sujeitos à averbação no INPI, e por consequência implicam transferência de tecnologia, sabendo-se quais contratos não são averbáveis nesse instituto.

A Diretoria de Contratos, Indicações Geográficas e Registros – DICIG Diretoria de Transferência de Tecnologia do INPI (braço responsável por analisar e decidir quanto à averbação de contratos, na forma da Lei nº 9.279/96) já fez publicar a Resolução n.º 54 de 18 de março de 2013, mencionando exemplificativamente alguns dos contratos não sujeitos a averbação no INPI[75]:

> Art. 1º Divulgar a lista dos contratos de Serviços de Assistência Técnica que não são averbáveis, por não implicarem em transferência de tecnologia:
> 1. Agenciamento de compras incluindo serviços de logística (suporte ao embarque, tarefas administrativas relacionadas à liberação alfandegária, etc...);
> 2. Serviços realizados no exterior sem a presença de técnicos da empresa brasileira, que não gerem quaisquer documentos e/ou relatórios, como por exemplo: beneficiamento de produtos;
> 3. Homologação e certificação de qualidade de produtos;
> 4. Consultoria na área financeira;
> 5. Consultoria na área comercial;
> 6. Consultoria na área jurídica;
> 7. Consultoria visando à participação em licitação;
> 8. Serviços de marketing;
> 9. Consultoria remota, sem a geração de documentos;
> 10. Serviços de suporte, manutenção, instalação, implementação, integração, implantação, customização, adaptação, certificação, migração, configuração, parametrização, tradução ou localização de programas de computador (software);
> 11. Serviços de treinamento para usuário final ou outro treinamento de programa de computador (software);
> 12. Licença de uso de programa de computador (software);

---

[74] Idem.
[75] Disponível em: http://www.inpi.gov.br/images/docs/resolucao_54-2013_0.pdf. Acesso em 25 de fevereiro de 2015..

13. Distribuição *de programa de computador (software);*
14. Aquisição de cópia única de programa de computador (software).

A leitura mais detida dos aspectos acima destacados leva o intérprete a concluir que contratações de serviços, como, por exemplo, de consultorias, *marketing*, estudos de viabilidade econômica, dentre outros, podem ser entendidas como "serviços puros" que não implicam transferência de tecnologia.

Outra modalidade de serviços que se contrapõe aos "serviços puros" são os serviços administrativos e semelhantes, que nos dizeres de Alberto Xavier são uma modalidade de serviços de caráter complementar ou instrumental de uma transferência de tecnologia, que se caracteriza por ter por objeto a própria organização da empresa destinatária, com vista à sua racionalização e ao aumento de produtividade[76].

Realmente, essa distinção é feita com certa lógica, já que a própria Instrução Normativa 1.455/14 trata dos serviços "em geral" no seu art. 16, disciplinando a tributação sobre a renda, e no artigo seguinte dispõe sobre os serviços técnicos, assistência técnica e administrativa e *royalties*, o que é um indicativo de como a Receita Federal trata as modalidades de serviços em questão.

Uma crítica deve ser feita no tocante ao tratamento dado pela legislação tributária aos chamados "serviços técnicos", pois essa conceituação é feita de forma extremamente vaga e sem coerência. Isto porque não faz sentido que se tratem os "serviços técnicos" como se fossem serviços de assistência técnica, administrativa e semelhantes. Em verdade, os "serviços técnicos" não complementares de uma transferência de tecnologia devem ser tratados como "serviços puros", se não forem complementares a uma transferência de tecnologia.

De início, quer parecer que a legislação tratava os serviços técnicos como complementares às operações de assistência técnica[77]. Porém, mais

---

[76] XAVIER, Alberto. Op. cit., p. 604.
[77] Nesse aspecto é interessante a leitura do Ato Normativo nº 16/2013 do INPI, da Circular nº 2.816/98 e da Carta Circular nº 2.795/98, essas últimas do BACEN, que tratam dos serviços técnicos sempre como modalidade de serviços complementares às operações de transferência de tecnologia ou de assistência técnica. Também o Decreto 3.949/01 que regulamenta a CIDE em seu art. 8º, II considerou os serviços técnicos especializados juntamente com os serviços de assistência técnica, como subespécie de um conceito de "prestação de assistência técnica".

recentemente o entendimento adotado pela Receita Federal expandiu o conceito em questão, considerando, como serviços técnicos aqueles em que: "a execução de serviço que dependa de conhecimentos técnicos especializados ou que envolva assistência administrativa ou prestação de consultoria, realizado por profissionais independentes ou com vínculo empregatício ou, ainda, decorrente de estruturas automatizadas com claro conteúdo tecnológico"[78].

É de se questionar a finalidade dessa conceituação, pois parece abarcar todos os serviços "puros" ou "serviços em geral" como serviços técnicos. Questionável também qual seria o serviço, cuja execução não dependa de conhecimentos técnicos especializados. De fato, que parecer que invariavelmente qualquer serviço que seja objeto de uma contratação depende de conhecimentos técnicos minimamente especializados.

A IN 1.455/14 adota o critério do conteúdo para definir o serviço técnico, baseando-se na existência de conhecimentos profissionais, o que deixa completamente sem sentido o conceito de serviços "puros".

Por ora, convém citar a brilhante conclusão de Alberto Xavier sobre o tema que considera que a distinção entre serviços puros e serviços técnicos complementares deve se dar não pelo conteúdo de um ou de outro, mas pelo objeto do contrato.

A distinção entre serviços puros e serviços técnicos complementares de uma transferência de tecnologia deve, pois, descortinar-se não na existência de conhecimentos especializados, mas sim no objeto do contrato: no contrato de prestação de serviços, ainda que envolvam conhecimentos especializados, estes não se destinam a ser *transmitidos* ao contratante, mas meramente *aplicados*, por sua solicitação, ao caso concreto[79].

Andaria melhor, no entanto, a legislação se classificasse os serviços dessa forma:

- Serviços em geral (ou "puros"): são aqueles serviços que são objeto central de uma contratação;
- Serviços equiparados aos *royalties* e acessórios: o objeto central do contrato é a transmissão de uma informação tecnológica. Englobam os serviços com ou sem transferência de tecnologia, de assistência

---

[78] IN 1.455/14, art. 17, § 1º, II, "a".
[79] XAVIER, Alberto. Op. cit., p. 606.

técnica, administrativa e semelhantes instrumentais à transferência da tecnologia.
- Poderiam ser citados como elementos diferenciadores de "serviços" e *royalties*, os seguintes aspectos:
a) prestação: a ideia de serviço envolve uma prestação, um fazer, como já explanado acima;
b) utilização de um direito: uso, fruição ou exploração de direitos de propriedade industrial[80].

Nessa esteira, tem-se que o conceito de *royaties* é dado, no âmbito da legislação tributária, pelo art. 22 da Lei nº 4.506/69 nos seguintes termos:

> Art. 22. Serão classificados como "*royalties*" os rendimentos de qualquer espécie decorrentes do uso, fruição, exploração de direitos, tais como:
> a) direito de colher ou extrair recursos vegetais, inclusive florestais;
> b) direito de pesquisar e extrair recursos minerais;
> c) uso ou exploração de invenções, processos e fórmulas de fabricação e de marcas de indústria e comércio;
> d) exploração de direitos autorais, salvo quando percebidos pelo autor ou criador do bem ou obra.

Por ora, é interessante observar que, diferentemente do que sucede com as Convenções Modelo da Organização para Cooperação e Desenvolvimento Econômico (OCDE) e Organização das Nações Unidas (ONU) para evitar a dupla tributação, a legislação brasileira, para fins de caracterização do *royalty*, distingue: (i) o pagamento feito diretamente ao autor da obra do (ii) pagamento feito a terceiro. Ou seja, contrariamente à prática internacional, a lei brasileira, ao definir a figura do *royalty*, exclui o direito do autor[81].

Nos dizeres de Alberto Xavier, *royalty* é a categoria de rendimentos que representa a remuneração pelo uso, fruição ou exploração de determinados direitos, diferenciando-se dos aluguéis (*lease*), que representam a retri-

---

[80] Nesse caso, os serviços equiparados aos *royalties* "acompanham" o direito industrial (no caso, a tecnologia) transmitido.

[81] VASCONCELLOS, Roberto França de; RIBEIRO, Ricardo Pereira. **Aspectos Tributários da Transferência de Tecnologia**. In: SANTI, Eurico Marcos Diniz de e outros. **Tributação Internacional** - Série GV Law. São Paulo: Saraiva, 2007, p. 5.

buição do capital aplicado em bens corpóreos e dos juros, que exprimem a contrapartida do capital financeiro[82].

Em sentido estrito, a expressão *royalties* refere-se exclusivamente a direitos de propriedade industrial relacionados com transferência de tecnologia[83].

A análise mais profunda acerca da tributação e da dedutibilidade das despesas com *royalties* não é o escopo do presente trabalho, porém, essas reflexões se fazem necessárias, pois as convenções contra a dupla tributação submetem a tratamentos diferenciados os serviços em geral (lucros das empresas) dos *royalties* e serviços técnicos e de assistência técnica e semelhantes (*royalties*), como restará demonstrado adiante.

É importante, sob esse aspecto, a correta qualificação dos rendimentos para a devida aplicação das normas dispostas nos tratados para evitar a dupla tributação, como será demonstrado com mais vagar no capítulo que trata do imposto de renda retido na fonte (IRRF).

Por fim, vale ressaltar que nas convenções contra a dupla tributação assinadas pelo Brasil, o conceito de *royalties* designa as remunerações de qualquer natureza pagas pelo uso ou pela concessão do uso de direitos de autor sobre obras literárias, artísticas ou científicas – *royalties intelectuais* –, de patentes, marcas de indústria ou de comércio, desenhos ou modelos, planos, fórmulas ou processos secretos – *royalties industriais* –, bem como pelo uso ou concessão do uso de equipamentos industriais, comerciais ou científicos e por informações correspondentes à experiência adquirida no setor industrial, comercial ou científico (art. 12 do Modelo OCDE)[84].

---

[82] XAVIER, Alberto. Op. cit., p. 603.
[83] Idem, nota de rodapé da p. 603.
[84] XAVIER, Alberto. Op. cit., p. 767.

2.5. Tributos incidentes na importação de serviços

De uma forma geral os serviços prestados por não-residentes podem sofrer as seguintes incidências tributárias:

Tributo	Alíquotas	Previsão Legal
Imposto de Renda na Fonte	15,00% ou 25%	L. 9.779/99, art. 7º
CIDE	10,00%	L. 10.168/00 art. 2º, § 2º
ISSQN	2,00% a 5,00%	LC 116/03, art. 6º, § 2º, I
PIS/PASEP – Importação	1,65%	L. 10.865/04, art. 1º
COFINS – Importação	7,60%	L. 10.865/04, art. 1º
IOF – Câmbio	0,38%[1]	L. 8.894/94 art. 5º

Levando-se em consideração todos os tributos listados acima e incidentes nas importações de serviços, podemos propor as seguintes simulações de cálculo[85]:

- Cenário sem o *gross-up* do IRRF e do ISS, supondo-se o valor dos serviços de R$ 1.000. Nesse caso o valor remetido ao prestador dos serviços será de R$ 800 (excluindo os R$ 150 do IRRF e R$ 50 do ISS):

Tributos	Valor original da operação	Base de cálculo (ajustada)	Alíquotas nominais	Alíquotas efetivas	Montante efetivamente pago
IRRF	R$ 1.000,00	R$ 1.000,00	15,00%	15,00%	R$ 150,00
CIDE-Remessas exterior	R$ 1.000,00	R$ 1.000,00	10,00%	10,00%	R$ 100,00
PIS-Importação	R$ 1.000,00	R$ 1.157,02	1,65%	1,91%	R$ 19,09
COFINS-Importação	R$ 1.000,00	R$ 1.157,02	7,60%	8,79%	R$ 87,93
IOF-Câmbio	R$ 1.000,00	R$ 800,00	0,38%	0,30%	R$ 03,04
ISSQN-Importação	R$ 1.000,00	R$ 1.000,00	5,00%	5,00%	R$ 50,00
TOTAL			39,63%	41,08%	R$ 410,06

---

[85] Confederação Nacional da Indústria. **Tributação sobre importação de serviços: impactos, casos e recomendações de políticas**. Brasília: CNI, 2013, pp. 25 a 27.

CONSIDERAÇÕES E CONCEITOS PRELIMINARES

- Cenário com *gross-up* do IRRF e do ISS, supondo-se os mesmos R$ 1.000 como valor dos serviços, sem o desconto do IRRF e ISS do valor remetido:

Tributos	Valor original da operação	Base de cálculo (ajustada)	Alíquotas nominais	Alíquotas efetivas	Montante efetivamente pago
IRRF	R$ 1.000,00	R$ 1.250,00	15,00%	18,75%	R$ 187,50
CIDE-Remessas exterior	R$ 1.000,00	R$ 1.250,00	10,00%	12,50%	R$ 125,00
PIS-Importação	R$ 1.000,00	R$ 1.446,28	1,65%	2,39%	R$ 23,86
COFINS-Importação	R$ 1.000,00	R$ 1.446,28	7,60%	10,99%	R$ 109,92
IOF-Câmbio	R$ 1.000,00	R$ 1.000,00	0,38%	0,38%	R$ 3,80
ISSQN-Importação	R$ 1.000,00	R$ 1.250,00	5,00%	6,25%	R$ 62,50
TOTAL			39,63%	51,26%	R$ 512,58

- Cenário com *gross-up* do IRRF e do ISS, supondo-se os mesmos R$ 1.000 como valor dos serviços, sem o desconto do IRRF e do ISS do valor remetido e com prestador de serviços situado em paraíso fiscal, com aumento da alíquota de IRRF de 15% para 25% e demais reflexos nas bases de cálculo dos demais tributos:

Tributos	Valor original da operação	Base de cálculo (ajustada)	Alíquotas nominais	Alíquotas efetivas	Montante efetivamente pago
IRRF	R$ 1.000,00	R$ 1.428,57	25,00%	35,71%	R$ 357,14
CIDE-Remessas exterior	R$ 1.000,00	R$ 1.428,57	10,00%	14,29%	R$ 142,86
PIS-Importação	R$ 1.000,00	R$ 1.652,89	1,65%	2,73%	R$ 27,27
COFINS-Importação	R$ 1.000,00	R$ 1.652,89	7,60%	12,56%	R$ 125,62
IOF-Câmbio	R$ 1.000,00	R$ 1.000,00	0,38%	0,38%	R$ 3,80
ISSQN-Importação	R$ 1.000,00	R$ 1.428,57	5,00%	7,14%	R$ 71,43
TOTAL			49,63%	72,81%	R$ 728,12

Constata-se com essa análise que as importações de serviços são oneradas em 41% do valor dos serviços, podendo essa carga chegar a 51% quando o importador assume o ônus do IRRF e do ISS, até beirar os 73% nas remessas a paraísos fiscais.

Importa ressaltar, desde já, que, em que pese o IOF-Câmbio não incidir diretamente sobre as importações de serviços, mas sobre as operações de câmbio realizadas para o pagamento daqueles, optou-se pela inclusão desse imposto no escopo do trabalho, vez que o objeto da obra é a análise dos aspectos tributários das importações de serviços, não apenas a análise das incidências tributárias diretamente aplicáveis a elas.

Isto posto, deve-se salientar que pode haver variações no que tange às incidências acima indicadas em determinadas situações por causa das características da prestação de serviços ou de peculiaridades das regras de incidência cabíveis. Tais variações nas incidências desses tributos são o objeto dos capítulos adiante. Pretende-se adentrar nas questões mais relevantes e controversas do ponto de vista jurídico-tributário que giram em torno dessas incidências tributárias, à luz da doutrina e jurisprudência recentes.

3. IMPOSTO DE RENDA

3.1. Imposto retido na fonte sobre importação de serviços e seu âmbito de incidência

Desde o início do presente capítulo é importante que se ressalve que o foco central deste trabalho é a análise da tributação sobre a prestação de serviços no Brasil por pessoas jurídicas não-residentes. Convencionou-se, para esses fins, batizar essa situação de "importação de serviços".

Sendo assim, cabe aqui uma análise acerca da origem da tributação sobre a renda das importações de serviços ao país.

Esta discussão provavelmente surgiu no passado, pois, em tese, é plenamente questionável se um rendimento produzido exclusivamente no exterior deveria sofrer a incidência da tributação do imposto de renda no Brasil. Vejamos por quê.

Referida questão começou a ser mais amplamente debatida e tomou os contornos atuais nos idos de 1975. Eis que antes da edição do Decreto-Lei nº 1.418/75 a doutrina preponderante sustentava que, caso os serviços fossem integralmente executados no exterior, não poderia haver tributação no Brasil, uma vez que os rendimentos respectivos não seriam imputáveis a fontes localizadas no País[86]. A razão de ser da dúvida resulta da própria ambiguidade da expressão "fonte", pois ela pode ser e é adotada no duplo sentido de "fonte de produção" e de "fonte de pagamento". Para uns, bastava que o pagamento fosse originado no território nacional para que hou-

---

[86] HADDAD, Gustavo Lian; VIDIGAL, Carolina Santos. Op. Cit., p. 250.

vesse a incidência do imposto na fonte. Porém, a maioria da jurisprudência daquela época considerava que deveria prevalecer o critério econômico da produção da renda. Em outras palavras, identificando-se a fonte de produção de um rendimento com o local da prestação dos serviços e sendo estes prestados preponderantemente no exterior não poderia haver tributação no Brasil, pelo fato de os rendimentos em causa não serem imputáveis a fontes aqui localizadas[87].

Até então parecia que a questão caminhava bem, de modo que o critério econômico era o que realmente importava para a geração da incidência do imposto sobre a renda nessa determinada situação. Esse posicionamento tinha tamanha força naquela época, que foi enunciada a Súmula 585 do Supremo Tribunal Federal que assim dispunha:

> Não incide o imposto de renda sobre a remessa de divisas para o pagamento de serviços prestados no exterior, por empresa que não opera no Brasil.

Outra prova da solidez que essa tese tinha é a existência da Portaria MF nº 184, de 08.06.1966, que dispunha que:

> Se os serviços previstos (...) forem vendidos por empresas domiciliadas no exterior que não possuam dependência no país e sejam produzidos pelas empresas vendedoras mediante atividade exercida exclusivamente no exterior, o preço pago na importação do serviço não constitui rendimento sujeito à tributação do imposto de renda.

Mesmo assim, dita Portaria se aplicava apenas a serviços previstos em uma lista taxativa e tinha sua aplicação subordinada a contratos previamente aprovados no Banco Central.

Nesse ponto, para que essa discussão seja ampliada com a devida atenção, é interessante que se traga à baila um dos precedentes da criação da Súmula 585 que explica claramente a questão em debate. Trata-se do Recurso Extraordinário (RE) 72.190, de 25 de agosto de 1971, que julgava recurso interposto pela União Federal contra acórdão exarado pelo então Tribunal Federal de Recursos que havia confirmado a segurança em mandado interposto pelo Instituto de Estudos Sociais e Econômicos para

---

[87] XAVIER, Alberto. Op. cit., p. 593.

eximi-lo do pagamento do imposto de renda sobre a remessa de divisas em pagamento de serviços técnicos contratados com firmas estabelecidas no estrangeiro.

O Presidente do Tribunal Regional Federal (TRF) (cujo acórdão fora objeto do recurso extraordinário em questão) havia assim resumido a controvérsia:

> Discute-se, na divergência sob exame, se a remessa de numerário ao estrangeiro, por firma brasileira, para pagamento de serviços técnicos realizados por organização sediada fora do País e mediante atividade desenvolvida igualmente no exterior, está sujeita ao imposto de renda, na forma de desconto na fonte.
> Sustenta a firma nacional a não incidência do tributo, baseada em que a simples remessa de fundos para o estrangeiro não constitui fato gerador do imposto de renda, desde que não signifique rendimento produzido no País e percebido por pessoa física ou jurídica residente ou domiciliada no estrangeiro.
> O Fisco entende ao contrário, com apoio na legislação existente.
> (...)
> No Tribunal Federal de Recursos, de quando em quando, vem à tona a controvérsia sobre a remessa de dinheiro em pagamentos de serviços técnicos, prestados no exterior por empresas ali situadas. A jurisprudência ainda não se firmou, pois existem decisões em ambos os sentidos.
> Temos votado pelo não pagamento do imposto, achando que, na espécie, não ocorre o fato gerador: – a importância remetida corresponde à atividade produzida fora do País, por organização sediada, também, no exterior. Relacionado com o País somente o ato de pagar do devedor nacional, o que, entretanto, como despesa, não é tributável. Reestudamos, nesta oportunidade o assunto, mas confirmamos o modo de pensar exposto, trazendo a mais, em seu apoio a própria interpretação oficial constante da Portaria nº 184, de 8 de junho de 1966, do Senhor Ministro da Fazenda, item VII:
> "Se os serviços previstos nesta Portaria forem vendidos por empresas domiciliadas no exterior que não possuam dependência no país e forem produzidos pela empresa vendedora mediante atividade exercida exclusivamente no exterior, o preço pago na importação do serviço não constitui rendimento sujeito a tributação do imposto de renda, quer na incidência sobre o lucro das pessoas jurídicas domiciliadas no país, quer na incidência sobre rendimentos de pessoas residentes ou domiciliadas no exterior (Decreto-lei nº 5.844, art. 97; Regulamento do Imposto de Renda, art. 292)."

Dir-se-á que a portaria aludida disciplinou, por completo, a matéria e impôs vários requisitos para o gozo de suas regalias. Estamos de acordo em que, de fato, a portaria estabelece uma disciplina, mas replicamos: – a observância das regras, previamente, torna o fato, quando se apresentar, extreme de dúvida: contudo, sendo a disposição do item VII, de caráter geral, deve beneficiar a todos que preencham as condições respectivas, mesmo sem guardar todas as formalidades da portaria e isso, pela simples razão de que se a lei tributária incidisse, realmente, o ato ministerial não poderia excluir ninguém, de seu alcance; se excluiu, é porque, na verdade, não incide, isto é, o fato gerador não existe, não podendo, dessa forma, alguém, cumpra ou não todo o esquema da portaria, estar sujeito ao tributo. Bulhões Pedreira, cujo livro "Imposto de Renda" é das mais importantes contribuições dos últimos tempos ao estudo do problema tão difícil e especializado, aplica a Portaria nº 184 à ocorrência, sem qualquer preocupação de distinguir, como se vê na seguinte passagem:

"2.ª Hipótese – Serviço vendido por empresa estrangeira sem estabelecimento no País e por ela produzido mediante atividade exercida exclusivamente no exterior – É o caso extremo oposto do anterior. Na 1.ª hipótese o serviço é vendido e produzido exclusivamente no Brasil. Nesta 2.ª hipótese o serviço é vendido e produzido exclusivamente no exterior, por empresa que não mantém estabelecimento no País. Trata-se, portanto, de simples importação de serviços produzidos no estrangeiro.

O tratamento fiscal desta 2.ª hipótese está regulado no item VII da Portaria nº 184, o qual declara que "o preço pago pela importação dos serviços não constitui rendimento sujeito à tributação do imposto de renda, quer na incidência sobre o lucro das pessoas jurídicas domiciliadas no País (RIR, art. 248), quer na incidência sobre rendimentos de pessoas residentes ou domiciliadas no exterior" (RIR, art. 292).

Não há incidência do imposto sobre o lucro das pessoas jurídicas domiciliadas no País porque a empresa que vende e produz o serviço não exerce atividade funcional no País. Não há, também, incidência do imposto sobre rendimento de pessoas residentes ou domiciliadas no exterior porque:

a) o preço da importação de serviços não constitui rendimento, porém, receita bruta, e a lei somente sujeita à incidência em questão "os rendimentos" percebidos no País;

b) o lucro operacional porventura contido no preço do serviço importado não está sujeito a tributo brasileiro porque corresponde exclusivamente à atividade exercida exclusivamente no exterior.

Na mesma ordem de ideias, o Supremo Tribunal, por um de seus eminentes Juízes, o Senhor Ministro Djaci Falcão, negou recentemente que prosseguisse o Agravo de Instrumento nº 48.085, da União Federal, contra a negativa de recurso extraordinário em processo sobre a mesma tese de imposto de renda sobre remessas para o estrangeiro, em pagamento de serviços. Entendeu o Sr. Ministro Relator que a decisão impugnada interpretou razoavelmente a lei, pois "nenhuma renda foi auferida no Brasil" (DJ de 23 de outubro de 1963, fls. 4.983)."

Já o voto do relator desse caso (Sr. Ministro Oswaldo Trigueiro), mantendo o raciocínio acima, dispõe o seguinte:

> Trata-se de transferência de divisas para pagamento do preço de serviços contratados e realizados em Estado estrangeiro.
> O impetrante contratou com firmas especializadas, de vários países, pesquisas de mercado, visando à possibilidade da exportação de produtos da indústria nacional. Os contratos foram firmados no exterior, onde as pesquisas foram realizadas, e onde são devidos os pagamentos.
> (...) O que a espécie configura é apenas o pagamento do preço pela compra de um serviço, nas mesmas condições em que se realizaria, por exemplo, a remessa para o pagamento a um hospital, a uma escola, a uma alfaiataria, cujos serviços houvessem sido utilizados por um brasileiro em viagem pelo exterior.
> Nestas condições, não há o que censurar na decisão recorrida que, de resto, se inspirou na doutrina da própria administração Federal, tal como compendiada na Portaria 184, de 8.6.66. Neste ato está dito que, se os serviços são vendidos por empresa domiciliada no exterior, e produzidos mediante atividade exercida exclusivamente no exterior, o preço pago na importação dos mesmos serviços não constitui rendimento sujeito à tributação do imposto de renda.
> Por não configurada a negativa de vigência da lei federal, nem comprovado, adequadamente, o alegado dissídio de jurisprudência, tenho como incabível o recurso extraordinário, do qual não conheço.

Com isso, prevalecia a tese de que a renda (economicamente) gerada no exterior só lá poderia ser tributada, afastando-se a incidência do imposto no Brasil, o que guarda lógica com o espírito da hipótese de incidência do imposto de renda. Tributa-se a renda se e onde ela é gerada e o sujeito passivo é aquele que a auferiu.

Alberto Xavier entende que esse entendimento estava correto, pois só o exercício no país da atividade de prestação de serviços, através de estabelecimento permanente, permite a tributação de um "lucro de empresa" ou "rendimento de empresa" resultante da comparação entre a totalidade das receitas e dos custos e despesas. Ao invés, se os pagamentos efetuados se destinam a retribuir serviços realizados no exterior, eles têm a natureza de preço, de receita operacional da empresa estrangeira, mas não de rendimento[88].

Deveras, não há cabimento na incidência do imposto sobre a renda sobre esses pagamentos, pois nem se sabe no momento do pagamento pela prestação do serviço, se referida empresa gerará lucro real tributável pelo imposto de renda.

A despeito de tudo isso, foi editado em 3 de dezembro de 1975 o Decreto-lei nº 1.418, cujo art. 6º estabeleceu a incidência do imposto de renda na fonte sobre os rendimentos de serviços técnicos e de assistência técnica, administrativa e semelhantes derivados do Brasil e recebidos por pessoas físicas ou jurídicas residentes ou domiciliadas no exterior, **independentemente da forma de pagamento e do local e data em que a operação tenha sido contratada, os serviços executados ou a assistência prestada** (grifo nosso). Criada estava, então, a hipótese de incidência aqui estudada.

Dessa forma terminou desrespeitada a regra anterior de considerar o local da produção do rendimento como fonte para se prestigiar a regra da fonte de pagamento, não importando para tanto onde se daria a efetiva produção da prestação ou do rendimento. Ao que parece a intenção do legislador era a de se equipararem os serviços técnicos e de assistência técnica, administrativa e semelhantes aos contratos de transferência de conhecimentos tecnológicos (*know-how*) e aos contratos para pagamento de *royalties*. Porém, a tributação do imposto de renda na fonte passou a incidir indistintamente sobre a importação de quaisquer tipos de serviços onde quer que fossem prestados, como se demonstrará adiante.

Além da disposição citada acima (DL 1.418/75), a Portaria nº 184/66 fora revogada pela Portaria nº 347/75. Com isso, o Brasil passou a tributar a remessa financeira do país para pagamento de serviços técnicos e de assistência técnica, administrativa e semelhantes prestados no exterior.

Ensina Alberto Xavier que se retornou à antiga interpretação que defendia, em homenagem ao conceito de fonte de pagamento, a tributabilidade de tais proventos sempre que pagos mediante a remessa feita do Brasil,

---

[88] XAVIER, Alberto. Op. cit., p. 593.

arvorando em "elemento de conexão" com a ordem jurídica brasileira, não o lugar da produção do rendimento, mas o lugar da origem dos fundos que irão remunerar os serviços[89].

Após a edição do DL 1.418 a jurisprudência passou a afastar a aplicação da Súmula 585 do STF nessas situações[90]. Passou-se a considerar como tributáveis os rendimentos da prestação dos mais diversos tipos de serviços executados no exterior, voltando-se à aplicação do art. 97 do Decreto-Lei 5.844/43 que assim dispunha:

> Art. 97. Sofrerão o desconto do imposto à razão de 15% os rendimentos percebidos:
> a) pelas pessoas físicas ou jurídicas residentes ou domiciliadas no estrangeiro.

Com isso, voltava-se à sistemática antiga que considerava os valores remetidos ao exterior para pagamento de serviços importados como renda auferida por não-residente no Brasil. O RE 104225 é exemplo da alteração da orientação trazida pelo DL 1.418. Tratando de um mandado de segurança interposto por empresa que buscava afastar a incidência do imposto de renda sobre importação de serviço, o Vice-Presidente do então Tribunal Federal de Recursos defendia mesmo assim a aplicação da Súmula nº 585, expondo a questão dessa maneira:

> Tributário. Imposto de renda. Remessa de numerário para o exterior. Súmula nº 585 do STF; validade mesmo após a edição do Decreto-lei nº 1.418, de 3.9.75. Inconstitucionalidade do citado decreto-lei e do Decreto-lei nº 1.446, de 13.2.76, não configurada.
> (...)
> III – não incide o imposto de renda sobre a remessa de divisas para o pagamento de serviços prestados no exterior, por empresa que opera no Brasil, continuando a subsistir a Súmula nº 585 do Excelso Pretório, mesmo após a vigência do Decreto-lei nº 1.418/75.
> Não há como sustentar a negativa de vigência da lei federal, se ela vem expressamente citada e interpretada no acórdão recorrido, conforme se infere do seguinte trecho do voto condutor, *verbis*:

---

[89] XAVIER, Alberto. Op. cit., p. 594.
[90] Vide a esse respeito os seguintes julgados: RE 101066, RE 104225, RE 103566 e RE 100275.

"Aduzo que, quanto à matéria de fundo, o voto que então proferi, na qualidade de Relator originário, foi unanimemente adotado por este Egrégio Colegiado. Naquele ensejo disse:

"Contudo, examinando a sentença sobre o aspecto do duplo grau de jurisdição, discordo da tese do citado parecer em prol da inaplicabilidade da Súmula nº 585 do Excelso Pretório, a partir da vigência do Decreto-lei nº 1.418/75, cujo art. 6º dispõe:

"O imposto de 25% de que trata o artigo 77 da Lei nº 3.470, de 28 de novembro de 1985, incide sobre os rendimentos de serviços técnicos e de assistência técnica, administrativa e semelhantes derivados do Brasil e recebidos por pessoas físicas ou jurídicas residentes ou domiciliadas no exterior, independentemente da forma de pagamento e do local e data em que a operação tenha sido contratada, os serviços executados ou a assistência prestada".

A meu ver, o transcrito preceito só se refere a rendimentos de serviços técnicos cuja fonte de produção esteja localizada no Brasil.

Outra interpretação violaria o princípio da territorialidade fiscal, pois a exigência do Fisco estaria a coagir a quem paga e não a quem recebe o rendimento no exterior.

Na verdade, o de que se cuida, no caso, é de importação de serviços, prestados exclusivamente no exterior por empresa lá sediada, que não possui dependência no Brasil.

Por outro lado, a controvérsia foi decidida de conformidade com a jurisprudência do Supremo Tribunal Federal, expressa na sua Súmula 585.

Assim sendo, não admito o recurso."

Porém, no julgamento do recurso extraordinário no STF foi afastada a aplicação da Súmula 585, por conta da vigência do Decreto-lei 1.418, nestes exatos termos:

Este Tribunal já tem entendido que, após a vigência do Decreto-lei nº 1.418/75 não mais subsiste a jurisprudência fixada na mencionada Súmula 585. Assim, por exemplo, no RE nº 100.275, e em que figurava como recorrente a mesma empresa BASF – Brasileira S.A. – Indústria Química, esta C. 2.ª Turma (...), não conheceu do recurso extraordinário por ela interposto, à base de fundamentação assim sintetizada na ementa do respectivo acórdão:

"Tributário. Imposto de renda sobre remessa de numerários para pagamento de serviços prestados no exterior, por empresa que não opera no

Brasil. Não se aplica ao caso a Súmula 585 do STF, ante a superveniência do Decreto-lei nº 1.418, de 02.9.75 (D.J. de 15.02.85)."

Todavia, após a edição do Decreto-lei 1.446/76 buscou-se retomar a tese anterior de tributação do rendimento na fonte de produção.

Esse decreto veio reafirmar a isenção do imposto de renda retido na fonte relativo aos rendimentos recebidos do Brasil por residentes ou domiciliados no exterior correspondentes aos serviços a que se refere o seu art. 2º, se preenchidos determinados requisitos, a saber: a) serem prestados exclusivamente no exterior; b) serem contratados a preço certo ou a preço baseado em custo demonstrado; c) serem relativos a projetos de relevante interesse nacional, que tenham sido aprovados pelo Conselho de Desenvolvimento Industrial, ou por outro órgão de desenvolvimento regional ou setorial da União; d) serem decorrentes de contratos averbados no Instituto Nacional da Propriedade Industrial e registrados no Banco Central do Brasil[91].

O mesmo Alberto Xavier mostra que o regime isencional do Decreto-lei nº 1.446/76 foi objeto de revogação expressa pelo art. 32 do Decreto-lei nº 2.433/88, pelo que vigora hoje na plenitude o art. 6º do Decreto-lei nº 1.418, de 3 de novembro de 1975.

Com isso voltou a vigorar inteiramente o art. 6º do Decreto-lei nº 1.418/75 e, como consequência, passou-se a tributar indistintamente a importação de serviços, independentemente de comportarem contratos de serviços técnicos e de assistência técnica, administrativa e semelhantes ou não.

Deveria ter prevalecido, no entanto, a não tributação pelo imposto de renda dos serviços "em geral", ideia constante do Recurso Especial 51.725-7-SP que assim explicita em sua ementa[92]:

> TRIBUTÁRIO. IMPOSTO DE RENDA NA FONTE. DECRETOS-LEIS 1.418/1975 E 1.446/1976. SERVIÇOS DE FORNECIMENTO DE NOTÍCIAS, ARTIGOS ANALÍTICOS E CRÔNICAS ASSINADAS.
>
> I - Não incide o imposto de renda sobre a remessa de divisas para o pagamento de "serviços noticiosos" prestados no exterior por empresa que não opera no Brasil, por não se incluírem no conceito de "serviços

---

[91] XAVIER, Alberto. Op. cit., p. 596.
[92] Recurso Especial (REsp) 51.725-7-SP.

técnicos e de assistência técnica, administrativa e semelhantes", a que se refere o art. 6º do Decreto-Lei 1.418, de 1975.
II - Recurso especial conhecido e provido.

Com isso, os serviços que não se enquadrassem no conceito acima descrito não deveriam sofrer a incidência da tributação no imposto de renda, uma vez que a remessa dos valores a título de pagamento por sua contraprestação não configurava "renda", mas tão somente preço do serviço, como já discutido.

Concluímos esse ponto mais uma vez com Alberto Xavier[93] que assim explica:

> A norma do art. 6º do Decreto-lei reveste, por conseguinte, a natureza de uma norma excepcional, devendo aplicar-se nos seus precisos termos apenas ao círculo restrito de serviços a que se refere.
> E que serviços são esses? Como adiante veremos mais detalhadamente, trata-se de serviços que têm caráter complementar ou instrumental em relação a contratos de transferência de capital tecnológico, como é o caso dos contratos de *"know-how"*. Ora, é precisamente o caráter complementar ou instrumental desses serviços que conduziu o legislador a dar-lhes o mesmo tratamento tributário da remuneração principal, *"royalty"*, sujeita a retenção na fonte, e não o tratamento tributário de puro serviço, apenas tributável no país de domicílio do prestador. Como é precisamente a mesma razão que levou algumas convenções contra a dupla tributação celebradas pelo Brasil a incluir expressamente, por via de protocolo, no conceito de *"royalties"* os serviços técnicos e de assistência técnica, precisamente os mesmos a que se refere o art. 6º do Decreto-lei nº 1.418/875.
> Entendemos, assim, que em relação aos demais serviços, situados fora do círculo restrito dos serviços complementares e instrumentais de operações de transferência de tecnologia, não incidia imposto de renda no Brasil.

Todavia, desde 1999 os rendimentos pagos ou creditados a não-residentes em decorrência da prestação de serviços (independentemente de seu caráter técnico) estão sujeitos à incidência do imposto de renda na fonte. Isto porque a partir de 19 de janeiro daquele ano foi publicada a regra do art. 7º da Lei nº 9.779, segundo a qual:

---

[93] XAVIER, Alberto. Op. cit., p. 596.

Art. 7° Os rendimentos do trabalho, com ou sem vínculo empregatício, e os da prestação de serviços, pagos, creditados, entregues, empregados ou remetidos a residentes ou domiciliados no exterior, sujeitam-se à incidência do imposto de renda na fonte à alíquota de vinte e cinco por cento.

Dadas essas considerações históricas, conclui-se que atualmente a tributação dos serviços prestados por não-residentes observa o regime de tributação definitiva sobre os rendimentos provenientes de fontes nacionais. Nesse caso os rendimentos produzidos são considerados isolada ou analiticamente, a exemplo do que ocorre nas remessas para pagamento de juro, *royalty*, aluguel, dividendo ou salário. Afastada, portanto, a aplicação da hipótese de pessoa jurídica estrangeira que está na condição de equiparada à pessoa jurídica nacional, por estar *"doing business in Brazil"*, como anteriormente explicitado e também a aplicação dos regimes especiais cabíveis para certos tipos de operações em que o residente no exterior é equiparado ao residente no País[94]. Ao que parece essa questão acabou definida mais por razões de política fiscal, do que propriamente por uma definição mais bem embasada juridicamente.

Após a explanação sobre a origem do imposto de renda na fonte sobre serviços prestados por não-residentes e antes que se olvide fazê-lo, é necessário que se delimitem as bases constitucional, da legislação complementar, ordinária e regulamentar por trás dessa exação.

A Constituição Federal (CF/88) assim delimita o campo de incidência do imposto de renda:

> SEÇÃO III – Dos Impostos da União
> Art. 153. Compete à União instituir impostos sobre:
> (...)
> III - renda e proventos de qualquer natureza;
> § 2° O imposto previsto no inciso III:
> I - será informado pelos critérios da generalidade, da universalidade e da progressividade, na forma da lei;

---

[94] É o caso dos rendimentos tributáveis na forma prevista no art. 685, I do RIR/99: ganhos de capital na alienação de bens e direitos e rendimentos oriundos de operações financeiras em geral.

Dada a previsão constitucional, cabe demonstrar a previsão da Lei Complementar sobre esse imposto. A Lei Complementar em questão é o CTN previsto na Lei nº 5.172/66, que assim dispõe sobre o imposto de renda:

> LEI nº 5.172/66
> TÍTULO III - Impostos
> CAPÍTULO III - Impostos sobre o Patrimônio e a Renda
> SEÇÃO IV - Imposto sobre a Renda e Proventos de Qualquer Natureza
> Art. 43. O imposto, de competência da União, sobre a renda e proventos de qualquer natureza tem como fato gerador a aquisição da disponibilidade econômica ou jurídica:
> I - de renda, assim entendido o produto do capital, do trabalho ou da combinação de ambos;
> II - de proventos de qualquer natureza, assim entendidos os acréscimos patrimoniais não compreendidos no inciso anterior.
> § 1º A incidência do imposto independe da denominação da receita ou do rendimento, da localização, condição jurídica ou nacionalidade da fonte, da origem e da forma de percepção.
> § 2º Na hipótese de receita ou de rendimento oriundos do exterior, a lei estabelecerá as condições e o momento em que se dará sua disponibilidade, para fins de incidência do imposto referido neste artigo.

Além disso, restam considerar a previsão genérica contida no art. 682[95] e as previsões mais específicas do art. 685[96] e do art. 708[97], todos do RIR/99, sobre a hipótese de incidência do imposto de renda das pessoas físicas ou jurídicas domiciliadas no exterior:

> Art. 682. Estão sujeitos ao imposto na fonte, de acordo com o disposto neste Capítulo, a renda e os proventos de qualquer natureza provenientes de fontes situadas no País, quando percebidos:
> I - pelas pessoas físicas ou jurídicas residentes ou domiciliadas no exterior.

Já o art. 685, que trata da tributação sobre a renda incidente sobre os serviços "puros" tem a seguinte redação:

---

[95] Cuja fundamentação legal está calcada no Decreto-Lei nº 5.844, de 1943, art. 97, alínea "a".
[96] Fundamentado no Decreto-Lei nº 5.844, de 1943, art. 100, na Lei nº 3.470, de 1958, art. 77, na Lei nº 9.249, de 1995, art. 28, e na Lei nº 9.779, de 1999, arts. 7º e 8º.
[97] Esse sim fundamentado no Decreto-Lei nº 1.418, de 3 de setembro de 1975, art. 6º, como mencionado acima e também na Lei nº 9.249, de 1995, art. 28, e na Lei nº 9.779, de 1999, art. 7º.

IMPOSTO DE RENDA

> Art. 685. Os rendimentos, ganhos de capital e demais proventos pagos, creditados, entregues, empregados ou remetidos, por fonte situada no País, a pessoa física ou jurídica residente no exterior, estão sujeitos à incidência na fonte:
> (...)
> II - à alíquota de vinte e cinco por cento:
> a) os rendimentos do trabalho, com ou sem vínculo empregatício, e os da prestação de serviços;

Por fim, temos o art. 3º da MP nº 2.159-70/2001[98] (cuja redação será objeto de análise no tópico 3.1.6 adiante) e o art. 708 do RIR/99 que tratam especificamente dos serviços técnicos e de assistência técnica, administrativa e semelhantes:

> Art. 708. Estão sujeitos à incidência do imposto na fonte, à alíquota de vinte e cinco por cento, **os rendimentos de serviços técnicos e de assistência técnica, administrativa e semelhantes derivados do Brasil e recebidos por pessoa física ou jurídica residente ou domiciliada no exterior**, independentemente da forma de pagamento e do local e data em que a operação tenha sido contratada, os serviços executados ou a assistência prestada (grifo nosso).

Delimitada está, assim, a base legislativa da tributação da renda incidente sobre as importações de serviços, restando a seguir delimitarem-se o aspecto material, o espacial, o temporal, o pessoal e o quantitativo da hipótese de incidência do IRRF, distinguindo-se anteriormente os conceitos relativos aos rendimentos oriundos de serviços técnicos dos "serviços em geral", também chamados de "serviços puros".

3.1.1. Tributação sobre a renda dos serviços técnicos e dos serviços "puros"

Importante ponto para que ocorra a correta delimitação da tributação sobre a renda incidente nas importações de serviços é a diferenciação dos

---

[98] Art. 3º Fica reduzida para quinze por cento a alíquota do imposto de renda incidente na fonte sobre as importâncias pagas, creditadas, entregues, empregadas ou remetidas ao exterior a título de remuneração de serviços técnicos e de assistência técnica, e a título de *royalties*, de qualquer natureza, a partir do início da cobrança da contribuição instituída pela Lei nº 10.168, de 29 de dezembro de 2000 (Medida Provisória nº 2.062-60).

rendimentos oriundos de serviços técnicos daqueles provenientes dos demais serviços, já batizados de "serviços puros"[99].

Já foi dito acima que a linha de fronteira que separa os serviços de assistência técnica dos "serviços puros" está em que, enquanto neste último caso a prestação de serviços é o *objeto principal* do contrato, no primeiro a prestação de serviços é meramente *instrumental* relativamente ao objeto principal do contrato, que é a transmissão de uma informação tecnológica[100]. O traço de distinção entre esses contratos está no caráter complementar dos serviços de assistência técnica, ao contrário dos serviços "puros" em que o foco do contrato é determinado pela prestação de serviço.

De início é necessário destacar que a tributação sobre a renda dos serviços "puros" se submete à alíquota de 25%, ao passo que no caso dos serviços técnicos, de assistência técnica, administrativa e semelhantes os rendimentos se subsumem à alíquota de 15%. Eis que os serviços puros se submetem à regra disposta no art. 685, II e os serviços técnicos, de assistência técnica, administrativa e semelhantes submetem-se ao art. 708 do RIR/99.

É muito confusa a distinção acima, pois é praticamente impossível de se conceberem serviços que possam ser prestados sem a aplicação de conhecimentos técnicos, por mais simples que possa ser a atividade objeto da prestação de serviços.

Para buscar dirimir dúvidas a esse respeito, a Instrução Normativa nº 1.455/14 buscou definir os serviços técnicos dessa forma:

> Art. 17. As importâncias pagas, creditadas, entregues, empregadas ou remetidas a pessoa jurídica domiciliada no exterior a título de *royalties* de qualquer natureza e de remuneração de serviços técnicos e de assistência técnica, administrativa e semelhantes sujeitam-se à incidência do imposto sobre a renda na fonte à alíquota de 15% (quinze por cento).
> § 1º Para fins do disposto no caput:
> (...);
> II - considera-se:
> a) serviço técnico a execução de serviço que dependa de conhecimentos técnicos especializados ou que envolva assistência administrativa ou prestação de consultoria, realizado por profissionais independentes ou com vínculo empregatício ou, ainda, decorrente de estruturas automatizadas com claro conteúdo tecnológico;

---

[99] V. item 2.4.
[100] V. item 2.4.

Nesse ponto a IN 1.455 buscou delimitar melhor o conceito de serviços técnicos, pois a sua instrução normativa antecessora e agora revogada, a IN 252/02 conceituava serviço técnico como sendo:

> a) (...) o trabalho, obra ou empreendimento cuja execução dependa de conhecimentos técnicos especializados, prestados por profissionais liberais ou de artes e ofícios;

Ao tentar clarear o critério de diferenciação dos serviços técnicos dos demais serviços "puros" a IN 1.455 acabou por complicar ainda mais a questão. A definição de "conhecimentos técnicos especializados" é demais vaga e ampla. Qualquer serviço que se imagine depende de conhecimentos técnicos especializados. Um sapateiro, por exemplo, para realizar um conserto deve ter conhecimentos técnicos a esse respeito. É complicado imaginar a prestação de um serviço de conserto de sapatos por um não-residente, porém, não seria essa uma situação impossível. Já a contratação internacional de serviços de contabilidade, por mais que requeiram conhecimentos técnicos, não são instrumentais ou acessórios a uma transferência de tecnologia, devendo ser tratados como "serviços puros" e não como serviços técnicos, de assistência técnica, administrativa ou semelhantes.

Andou mal também a IN 1.455 ao expressamente mencionar o serviço "que envolva assistência administrativa ou prestação de consultoria, realizado por profissionais independentes ou com vínculo empregatício ou, ainda, decorrente de estruturas automatizadas com claro conteúdo tecnológico", pois incluiu serviços puros no mesmo conceito de serviços acessórios às transferências de tecnologia. A prestação, por exemplo, de serviço de consultoria, quando não acessória à transferência de tecnologia deve ser tida como um serviço cujo objeto principal é a própria prestação. Devendo ser conceituada como serviço puro, da mesma maneira como exemplificado acima no caso de contratação internacional de serviços de contabilidade.

O ponto tratado aqui será importante também quando da aplicação de tratados internacionais para evitar a dupla tributação. Veremos adiante que a correta qualificação do rendimento terá consequências na forma como se dará a tributação da renda entre países signatários desses tratados.

3.1.2. O aspecto material

De início, cumpre a volta ao conceito já explicitado acima e oriundo do art. 43 do CTN, que conecta a ocorrência do fato gerador do imposto de renda à disponibilidade econômica ou jurídica da renda. Em seguida, caberá a análise mais acurada acerca dos conceitos previstos no art. 7.º da Lei 9.779/99 que encerram ações que consistem os fatos caracterizadores do aspecto material do IRRF sobre rendimentos de não-residentes.

Eis que, como restará mais claro abaixo, a ocorrência do fato gerador do IRRF e a respectiva incidência do imposto ocorrerão no momento do pagamento, crédito, entrega, emprego ou remessa em favor do beneficiário, por fonte situada no país. Somente nascerá a obrigação tributária quando se puder identificar e quantificar o benefício do não-residente, caracterizado por fatos que revelem a efetiva aquisição da disponibilidade econômica ou jurídica de renda.

Essa é a lição de Mary Elbe Queiroz que explorando a hipótese de incidência do imposto de renda de pessoas físicas não-residentes, cujos ensinamentos para os fins aqui buscados também podem ser aplicados, mostra que[101]:

> Apesar de a lei expressamente designar fatos que aparentemente não ensejam o efetivo recebimento ou percepção, haja vista a impossibilidade fática e física de se caracterizar tal momento, em face de a efetiva aquisição de disponibilidade ocorrer com relação à pessoa não-residente, impende esclarecer que, na verdade, os fatos elencados na lei são indícios que levam à presunção de que, com o ato da fonte de pagar, remeter, creditar ou empregar, houve a percepção do rendimento pelo beneficiário e, portanto, configurou-se e foi revelada a efetiva aquisição da disponibilidade econômica ou jurídica com relação ao rendimento.

É válido aqui lembrar Roque Antônio Carraza que nos mostra que[102]:

---

[101] MAIA, Mary Elbe Gomes Queiroz. **Imposto sobre a renda e proventos de qualquer natureza: princípios, conceitos, regra-matriz de incidência, mínimo existencial, retenção na fonte, renda transnacional, lançamento, apreciações críticas.** Barueri: Manole, 2004, p. 200.

[102] CARRAZZA, Roque Antônio. **Curso de Direito Constitucional Tributário.** São Paulo: Malheiros, 29ª ed., 2013, p. 534.

(...) a rigidez de nosso sistema constitucional tributário não permite a adoção de qualquer *presunção absoluta* que venha em detrimento do contribuinte.

Deveras, em face do que dispõem os arts. 146, III, "a", 150, I e 154, I, todos da CF, os tipos designados para os vários tributos exigem expressa identificação de suas hipóteses de incidência, bases de cálculo e contribuintes.

Dada essa lição, é possível concluir-se que a presunção da hipótese de incidência do IRRF é relativa e, nesse caso, em não se completando nenhum dos atos que levam à ocorrência do fato gerador, o tributo não se torna devido. O mesmo se pode dizer da ocorrência de fato impeditivo que venha ocorrer em momento posterior, mas que crie obstáculo a que se complete qualquer dos atos que levem ao nascimento da obrigação tributária principal. É o que nos ensina Mary Elbe Queiroz, ressaltando também que os atos que encerram o aspecto material previstos em lei devem ser entendidos como condição suspensiva, pois, se restar comprovado que não houve o auferimento da renda por parte do não-residente, não se pode falar em exigência do imposto. Veja-se abaixo o entendimento exposto[103]:

> Caso se verifique, a *posteriori*, a ocorrência de qualquer fato impeditivo ou que crie óbice ao pagamento, remessa, emprego etc. do rendimento em benefício do não-residente, não se poderá dar como ocorrido o fato gerador, não incidindo, por conseguinte o imposto.
> Os fatos descritos na lei, como a remessa do rendimento para o exterior, por exemplo, deverão ser entendidos como sob condição suspensiva, jamais resolutória. Destarte, caso posteriormente haja a comprovação de que o não-residente verdadeiramente não auferiu renda ou adquiriu a respectiva disponibilidade, portanto, não obteve o benefício, não se pode considerar como ocorrido o fato gerador, por ele não se enquadrar na previsão da hipótese de incidência da lei.

Importa lembrar ainda que o rendimento auferido pelo não-residente não pode estar submetido a qualquer condição, pois isso também impediria a efetiva disponibilização para o beneficiário da renda econômica ou jurídica daquele. Ressalta, nesse passo, a doutrinadora citada que[104]:

---

[103] MAIA, Mary Elbe Gomes Queiroz. Op. cit., p. 201.
[104] Idem.

Destarte, somente se configura a disponibilização prevista para a materialização da hipótese de incidência se não existirem quaisquer dúvidas acerca do rendimento, devendo a respectiva percepção ser incondicional, não sujeita a termos, e encontrar-se o rendimento inteiramente à disposição do beneficiário.
(...)
Se não ocorre o fato gerador do tributo (fato no mundo concreto) exatamente como previsto na norma, não nasce a obrigação tributária.
(...)
Ocorrida qualquer uma dessas hipóteses, a traduzirem atos que revelam disponibilização, uso ou fruição do beneficiário, nasce, infalivelmente, a obrigação tributária (...).
É importante acrescentar, como reforço, que para haver o enquadramento em qualquer das hipóteses e se dê por ocorrido o respectivo fato gerador é imprescindível que sejam, sempre, identificadas e qualificadas a percepção, a aquisição e a disponibilidade do rendimento pelo beneficiário, sobre o qual recai o ônus financeiro do imposto e nasce a obrigação tributária.

Passando a tratar dos atos definidos em lei e que encerram o fato gerador do IRRF, é mister a análise de cada uma das ações elencadas no art. 7.º da Lei 9.779/99, quais sejam, o pagamento, o crédito, a remessa, a entrega e o emprego.

Comecemos pelo "pagamento", tal qual definido na obra de Plácido e Silva[105]:

> Derivado de *pagar*, em sentido jurídico e geral, é o vocábulo tomado na significação da *solutio* dos romanos, isto é, como todo fato jurídico que tem o efeito de extinguir uma obrigação.
> Mas, em sentido próprio, entende-se a execução da obrigação, ou a sua extinção, operada pelo cumprimento da prestação, que forma seu objeto.
> Neste sentido, evidenciando um pagamento efetivo, tanto se refere à entrega de uma soma em dinheiro, correspondente ao objeto da obrigação, como ao cumprimento da prestação de outra espécie que não seja representada por dinheiro.

---

[105] SILVA, De Plácido; SLAIBI FILHO, Nagib; CARVALHO, Gláucia (Atual.). **Vocabulário jurídico conciso**. 2.ª ed. Rio de Janeiro: Forense, 2010, p. 563.

Sendo assim, e para a finalidade desse trabalho, deve-se entender que o pagamento do rendimento auferido pelo residente como contraprestação pela realização do serviço, mediante a entrega da soma em dinheiro correspondente ao objeto da obrigação, enseja a ocorrência do fato gerador. Possibilidade mais remota, porém, ainda possível de ocorrer, desde que quantificável em dinheiro, seria o pagamento mediante a prestação de outra espécie que não seja representada em dinheiro.

Avançando para o termo "crédito", temos o seguinte[106]:

> O vocábulo *crédito* deriva do latim *creditum*, de *credere* (confiar emprestar dinheiro). Crédito significa o direito subjetivo do sujeito ativo (credor) de uma obrigação que lhe possibilita poder exigir o objeto prestacional do sujeito passivo (devedor).
>
> O vocábulo crédito é multívoco e comporta várias significações: i) em sua acepção econômica, é a confiança que uma pessoa deposita em outra, a quem entrega coisa sua, para que, em futuro, receba dela coisa equivalente; ii) sob a ótica jurídica, seria o direito que tem uma pessoa de exigir de outra o cumprimento de obrigação contraída - tanto serve para indicar o direito de cobrar uma dívida ativa, como pode significar o próprio crédito ou o título de crédito; iii) na técnica da escrituração mercantil, é utilizado como o lançamento de haver, feito em qualquer conta de uma escrita comercial ou a soma líquida (resultado balanceado) anotado no haver da mesma conta; iv) pode ser visto como o montante da própria dívida ou do haver registrado.
>
> Caracteriza-se como crédito a exigibilidade jurídica ou a possibilidade econômica que detém o credor em relação ao devedor.

Devemos entender, entretanto, que no que se refere à incidência do IRRF sobre importações de serviços, para que ocorra o fato gerador na hipótese de crédito do rendimento[107]:

> (...) o entendimento correto e mais adequado é de que o crédito pressupõe também a disponibilização, pela fonte pagadora (devedor), do valor do rendimento em favor do beneficiário (credor), sem qualquer restrição ou condição. Somente poderá incidir o imposto após um *facere* do devedor,

---

[106] MAIA, Mary Elbe Gomes Queiroz. Op. cit., p. 203.
[107] Idem, pp. 204 e 205.

o qual resulte na possibilidade real de o credor poder dispor ou usufruir o respectivo rendimento.

(...)

Portanto, somente se poderá entender como crédito os valores colocados à disposição do beneficiário, sobre os quais não remanesçam dúvidas acerca da sua disponibilidade.

Passando para o ato seguinte, a "remessa", que pode se caracterizar como envio do rendimento ao não-residente, encontramos a seguinte definição na doutrina[108]:

> O vocábulo *remessa* deriva do latim *remissa* (forma feminina de *remissus*, de *remittere* - remeter). No sentido vulgar, tanto serve para exprimir a ação de remeter ou de enviar, como a própria coisa ou objeto enviado ou remetido. A remessa importa, sempre, na entrega pelo remetente ao recepcionário de valor que lhe deve ser creditado.

Na situação da importação de serviços é necessário que se compreenda que essa remessa delineará o envio dos valores percebidos no território nacional pelo não-residente como contraprestação pela prestação dos serviços. Importante a lembrança ainda de que[109]:

> A remessa deverá ser efetuada por instituição financeira, condicionada, todavia à autorização do Banco Central do Brasil. De acordo com o vigente Regulamento do Imposto sobre a Renda, o Banco Central não autorizará qualquer remessa de rendimentos para fora do país sem a prova do pagamento do IRPF. Na hipótese de isenção, dispensa ou não-incidência do imposto, será exigida, pelo Banco Central do Brasil, declaração que comprove tal fato (art. 880 do RIR, matriz legal: Decreto-lei n.º 5.884/43, art. 125, parágrafo único, *c*, e Lei n.º 4.595/64, art. 57, parágrafo único).
> Caso o Banco Central não autorize a remessa e tenha havido a retenção do imposto, o respectivo valor do IR deverá ser restituído (...).

Já no que diz respeito à entrega, a compreensão é bastante clara, pois se está diante do ato de dar ao prestador de serviços não-residente, o mon-

---

[108] Idem, p. 206.
[109] Idem, pp. 206 e 207.

tante em dinheiro pelo qual foi contratado o serviço. De maneira mais elaborada, temos também que[110]:

> O vocábulo *entrega* deriva de entregar, do latim *tradere* (dar a mão, passar a outro). Na significação jurídica, possui o mesmo sentido da tradição: ato pelo qual se passa para as mãos de outrem o que se tinha, seja porque a esse pertence, seja porque já obrigação de transmitir a coisa, efetivamente.
> A entrega constitui o fato de a fonte situada no Brasil, por qualquer meio, dar rendimento a que faz jus o beneficiário que se enquadre na condição de não-residente, ainda que a entrega seja efetuada a procurador.

Por fim, temos o vocábulo "emprego" que para os fins aqui descritos assume a seguinte significação[111]:

> (...) tomado de empregar, no sentido de aplicar, também significa o uso, utilização ou aplicação que se faz de alguma coisa ou do próprio tempo.
> E, deste modo, são frequentes as expressões: emprego de capital (aplicação de dinheiro para renda), emprego da casa (utilização ou uso da casa), emprego das horas disponíveis (utilização das horas disponíveis em outras atividades).

Trazendo esse contexto para as importações de serviços, podemos concluir que[112]:

> No tocante ao rendimento de não-residente, originado de fonte brasileira, caracteriza-se como tal a aplicação ou uso, mesmo que em território nacional, tendo em vista que a utilização ou o emprego do rendimento, sob qualquer modalidade, configura a aquisição de disponibilidade da renda, por revelar o benefício da pessoa residente no exterior.

---

[110] Idem, p. 207.
[111] SILVA, De Plácido; SLAIBI FILHO, Nagib; CARVALHO, Gláucia (Atual.). Op. cit, p.302.
[112] MAIA, Mary Elbe Gomes Queiroz. Op. cit., p. 207.

3.1.3. O aspecto espacial

Ao tratarmos do aspecto espacial do IRRF incidente sobre as importações de serviços, devemos ter em mente os critérios existentes para se vincular a origem da renda a determinado território, quais sejam, os critérios da fonte de produção, da fonte de pagamento, da nacionalidade do contribuinte, ou uma combinação destes últimos.

Em se tratando especificamente das importações de serviços e como caracterizado acima, quando se propôs uma conceituação a respeito do conceito de serviços *"cross boarder"* e se analisaram os diversos elementos de conexão que auxiliam na determinação dos diversos aspectos da hipótese de incidência deste imposto (item 2.3) e também na análise histórica da tributação sobre importações de serviços no Brasil (item 3.1), estamos diante de uma situação em que se privilegia o local da fonte de pagamento do rendimento.

Estudando o conceito de fonte e sua localização e analisando os artigos 682 e 685 do RIR, sobre os quais já nos debruçamos acima, Alberto Xavier ressalta que[113]:

> É importante sublinhar que, enquanto o art. 682 utiliza a expressão "provenientes de fontes situadas no país", o art. 685 utiliza o termo "pagas... por fonte situada no Brasil".
> A proveniência da fonte alude à *fonte de produção, fonte econômica* ou *fonte objetiva*, que é a origem da renda, ou seja, a atividade, bem ou direito de que resulta; o "pagamento" pela fonte alude à *fonte de pagamento, fonte financeira* ou *fonte subjetiva*, que é a pessoa que efetua o pagamento da renda ao seu titular.

Porém, para o caso da importação de serviço, importa apenas o local da fonte de pagamento, pois os dispositivos normativos que tratam de delimitar hipótese de incidência privilegiaram este critério. Neste aspecto a tributação sobre importações de serviços se diferencia das demais hipóteses de tributação de rendimentos de não-residentes, pois estes requerem que se localizem no Brasil de maneira cumulativa as fontes de produção e de pagamento. Eis porque o autor acima citado conclui que[114]:

---

[113] XAVIER, Alberto. Op. cit., p. 510.
[114] Idem, p. 511.

A única exceção a este requisito cumulativo, em matéria de rendimentos, é o caso da remuneração da prestação de serviços prestados por residentes no exterior, em relação aos quais a lei se contenta com a localização no Brasil da fonte de pagamento, declarando irrelevante o local de fonte de produção.

Desta forma, podemos entender que o aspecto espacial da hipótese de incidência do IRRF está relacionado à localização da fonte de pagamento do rendimento advindo da importação de serviços. Necessário, portanto, que esteja a fonte localizada no território nacional, o que poderia eventualmente causar algumas distorções, pois é possível que um prestador de serviços não-residente realize atividades que poderiam ser caracterizadas como uma prestação de serviços a um residente, porém, se é ajustado que o pagamento ficará a cargo de uma empresa do mesmo grupo empresarial localizada no exterior (matriz ou coligada, por exemplo), não se vislumbra a presença do aspecto espacial da hipótese de incidência, pois não ocorre a conexão entre o sujeito passivo e o território nacional.

3.1.4. O aspecto temporal

Questão importante a ser colocada neste capítulo refere-se ao momento em que se dá a incidência do imposto de renda retido na fonte (IRRF).

Pois bem, por sua própria concepção como uma técnica de cobrança do imposto de renda, no seu aspecto temporal, o IRRF torna-se devido quando a fonte se desincumbe da sua obrigação de direito privado em virtude da qual o pagamento é feito[115], como acima explicitado no item 3.1.2.

É necessário, de início, que se esclareça que a previsão legislativa sobre o momento de ocorrência do fato gerador do imposto de renda (ou aspecto temporal da hipótese de incidência, segundo a doutrina) sobre serviços puros, encontra-se em determinado diploma legislativo e sobre os serviços técnicos, em outro. Pois bem, a previsão legislativa sobre a incidência do imposto de renda retido na fonte sobre os serviços puros se dá no art. 7º da Lei 9.779/99, e sobre os serviços técnicos e de assistência técnica e administrativa está na MP nº 2.159-70/2001, como já mencionado acima.

Isto posto, convém, desde já, analisar o art. 682 do RIR/99:

---

[115] OLIVEIRA, Ricardo Mariz de. **Fundamentos do Imposto de Renda**. São Paulo: Quartier Latin, 2008, p. 500.

Art. 682. Estão sujeitos ao imposto na fonte, de acordo com o disposto neste Capítulo, a renda e os proventos de qualquer natureza provenientes de fontes situadas no País, quando percebidos:
I - pelas pessoas físicas ou jurídicas residentes ou domiciliadas no exterior

O *caput* deste artigo contém a regulamentação sobre o imposto retido na fonte de uma forma geral que é especificado de acordo com o sujeito que percebe a renda. No caso em questão estamos tratando da percepção da renda por pessoa jurídica residente ou domiciliada no exterior, como delineado no inciso I acima colacionado.

Heleno Tôrres dispõe em sua obra de forma bastante sucinta a esse respeito, mas seus importantes ensinamentos mostram que os elementos conformadores do critério temporal da regra-matriz de incidência do IR variam conforme o modelo impositivo aplicável à espécie de rendimento. No modelo do tratamento isolado das rendas de pessoa jurídica não-residente, por retenção definitiva na fonte, o critério temporal não será outro senão o átimo da percepção dos benefícios pelos respectivos titulares, *i.e.*, o momento em que ocorra o pagamento, o crédito, a entrega, a remessa ou o emprego da renda, como disponha a legislação[116].

Ao dizer que a incidência se dá quando os rendimentos são "pagos, creditados, entregues, empregados ou remetidos", a lei estabelece os momentos temporais da incidência, mediante atos suscetíveis de desencadear o nascimento da obrigação, por exprimirem, cada um deles, o momento da aquisição de disponibilidade jurídica e econômica da renda, a partir da fonte[117].

Lembrando que o conceito de percepção de rendimento está circunscrito no conceito de aquisição da disponibilidade econômica e jurídica da renda, arvorado pelo art. 43 do CTN, Alberto Xavier vai mais a fundo na questão, frisando que a disponibilidade jurídica da renda não se confunde com a aquisição nem com a exigibilidade do direito à renda. Pode ter-se constituído um direito e até ter-se tornado exigível, sem que exista disponibilidade, pois esta pressupõe sempre um *facere* do devedor da renda, ou fonte pagadora, que coloque o objeto da obrigação na livre disposição

---

[116] Nesse sentido o *caput* do art. 685 do RIR/99 dispõe:
Art. 685. Os rendimentos, ganhos de capital e demais proventos pagos, creditados, entregues, empregados ou remetidos, por fonte situada no País, à pessoa física ou jurídica residente no exterior, estão sujeitos à incidência na fonte (...).
[117] TÔRRES, Heleno Taveira. Op.cit., p. 338.

do beneficiário. Assim, por exemplo, são existentes e exigíveis, mas ainda não disponíveis o direito a juros vencidos e não pagos ou o direito a lucros distribuíveis, mas não distribuídos[118].

Nesse aspecto, Gustavo Lian Haddad e Carolina Santos Vidigal citam que os termos "pagamento", "crédito", "emprego", "remessa" e "entrega" vêm sendo utilizados pelo legislador brasileiro desde os anos 40 (Decreto.-Lei nº 4.178/42) e que ainda hoje há significativa controvérsia acerca da definição de seu conteúdo semântico, especialmente sobre o termo "crédito", pois os demais atos são de percepção mais intuitiva e de significado uniforme.

A dúvida apontada acima diz respeito ao real significado da palavra "crédito". E nesse sentido, identificam os autores a existência de três principais correntes que procuram explicar a extensão do termo para fins de definição do aspecto temporal do IRRF, quais sejam[119]:

1. Crédito como Lançamento Contábil em Conta de Passivo;
2. Crédito como Vencimento da Obrigação;
3. Crédito como Momento em que a Fonte Pagadora coloca a Renda à disposição do Não-residente.

Sobre a primeira dessas correntes – "Crédito como Lançamento Contábil em Conta de Passivo" – pode-se dizer que é uma criação das autoridades fiscais que, provavelmente na ânsia de antecipar receitas aos cofres públicos adotaram o entendimento de que o crédito a que se refere a lei se configura pelo mero lançamento em conta de passivo pelo regime de competência, da obrigação de pagar ao não-residente[120].

Duas soluções de consulta respondidas pelas autoridades fiscais adotam essa linha de pensamento, como se pode notar abaixo em consultas respondidas sobre a CIDE, que podem se aplicar ao caso em questão:

SOLUÇÃO DE CONSULTA nº 90, de 6 de Junho de 2002
ÓRGÃO: Superintendência Regional da Receita Federal – SRRF / 8ª. Região Fiscal
ASSUNTO: Outros Tributos ou Contribuições

---

[118] XAVIER, Alberto. Op. cit., p. 514.
[119] HADDAD, Gustavo Lian; VIDIGAL, Carolina Santos. Op. cit., pp. 254 e ss.
[120] Cf. Parecer Normativo CST 7, de 2 de abril de 1986.

EMENTA: Contribuição de Intervenção no Domínio Econômico – CIDE FATO GERADOR – A contribuição instituída pelo art. 2º da Lei nº 10.168, de 29 de dezembro de 2000, incidirá sobre os valores pagos, creditados, entregues, empregados ou remetidos, a cada mês, a título de remuneração decorrente de contratos que impliquem transferência de tecnologia. Ocorre a incidência da referida contribuição na data do lançamento contábil, já que o § 2º do art. 2º da Lei nº 10.168, de 2000, elegeu o "crédito" como momento de ocorrência do fato gerador.

PROCESSO DE CONSULTA nº 83/03
ÓRGÃO: Superintendência Regional da Receita Federal – SRRF / 9ª. Região Fiscal
ASSUNTO: Normas Gerais de Direito Tributário. Outros Tributos ou Contribuições.
(...)
EMENTA: O fato gerador da CIDE é o pagamento, crédito, entrega, emprego ou remessa de *royalties* de qualquer natureza e da contraprestação pelos serviços técnicos e de assistência administrativa e semelhantes prestados por residentes ou domiciliados no exterior.
Dentre os vários momentos relacionados pela norma, prevalece o que primeiro ocorrer.
Por crédito, deve-se entender o lançamento contábil pelo qual o rendimento é colocado de forma incondicional à disposição de seus titulares, ou seja, o reconhecimento contábil do direito adquirido à remuneração pelo residente ou domiciliado no exterior.
DISPOSITIVOS LEGAIS: CTN art. 43; Lei nº 10.168/2000, art. 2º, § 2º; MP nº 2.159-69/2001, art. 3º; PN CST nº 440/1970; PN CST nº 7/1986; PN CST nº 140/1973.
MARCO ANTÔNIO FERREIRA POSSETTI Chefe
(Data da Decisão: 07.05.2003)

A se seguir o entendimento dessa corrente, pode-se dizer que o fato gerador do IRRF pode ocorrer em momento anterior ao pagamento ou ao próprio vencimento da obrigação de pagar os rendimentos ao não-residente. Em outras palavras, essa posição invariavelmente resulta em antecipação do momento de ocorrência do fato gerador do IRRF, haja vista que as pessoas jurídicas contratantes, em respeito ao princípio contábil da competência, efetuam o registro contábil do passivo na medida em que incorrida a correspondente despesa, independentemente do vencimento ou não da obrigação[121].

---

[121] HADDAD, Gustavo Lian; VIDIGAL, Carolina Santos. Op. cit., p. 255.

Entendemos que considerar o crédito contábil como hipótese de incidência do IRRF seria ir diretamente contra a previsão legal tanto do art. 43 quanto do art. 116 do CTN, que definem como aspecto material da hipótese de incidência do imposto a aquisição da disponibilidade econômica ou jurídica da renda ou provento e como aspecto temporal o momento em que se verifiquem as circunstâncias materiais necessárias a que se produzam os efeitos que normalmente lhe são próprios (aquisição de renda ou acréscimo patrimonial) ou no caso de situação jurídica o momento em que esteja devidamente constituída (a disponibilidade), nos termos do direito aplicável, ou seja, no momento em que deva ocorrer a disponibilidade jurídica da renda. O crédito contábil não é fato por si só suficiente para dar disponibilidade econômica e muito menos jurídica da renda, pois se assim fosse a lei teria que prever expressamente essa situação. Nesse caso a lei cita simplesmente o crédito não fazendo menção ao crédito contábil. Caso fosse essa a intenção do legislador, teria dito *crédito contábil*[122].

Já a segunda corrente, que defende a ideia do "Crédito como Vencimento da Obrigação", encontra respaldo em decisões do Primeiro Conselho de Contribuintes, dentre as quais se colacionam as seguintes:

> **ACÓRDÃO 104-17.844**
> ÓRGÃO: 1º Conselho de Contribuintes / 4ª. Câmara
> **EMENTA**: I.R.FONTE – BENEFICIÁRIO DOMICILIADO NO EXTERIOR – O fato gerador do tributo, entre outras hipóteses, surge no momento em que o rendimento é creditado ao beneficiário, ocasião em que se materializa **a disponibilidade jurídica** da renda (grifo nosso).
> **ACÓRDÃO 104-21.549**
> ÓRGÃO: 1º Conselho de Contribuintes / 4ª. Câmara
> **EMENTA**: IMPOSTO DE RENDA RETIDO NA FONTE – JUROS E CORREÇÃO PELA VARIAÇÃO CAMBIAL DECORRENTE DE EMPRÉSTIMO DE PESSOA JURÍDICA SITUADA NO EXTERIOR

---

[122] A esse respeito, consulte-se a lúcida decisão da Segunda Câmara do antigo Conselho de Contribuintes exposta no Acórdão 102-48271, cuja ementa é a seguinte:
"RENDIMENTOS DE RESIDENTES OU DOMICILIADOS NO EXTERIOR – MOMENTO DE OCORRÊNCIA DO FATO GERADOR – O lançamento contábil a crédito em conta de provisão não constitui fato gerador do IRRF".
Referida decisão é digna de aplausos, pois afasta com uma clareza e objetividade enormes a tese de ocorrência do fato gerador do imposto de renda na fonte com o mero crédito contábil, entendendo que o IRRF submete-se ao regime de caixa e que para haver retenção do imposto pela fonte pagadora deve haver disponibilidade do numerário ao credor.

COM CLÁUSULA DE VENCIMENTO EM 10 ANOS – ENCARGOS FINANCEIROS LANÇADOS ATRAVÉS DE CRÉDITOS CONTÁBEIS REGISTRADOS EM DATA ANTERIOR AO VENCIMENTO DO EMPRÉSTIMO – FATO GERADOR – Não há fato gerador do imposto de renda incidente na fonte quando os juros e a correção pela variação cambial são contabilmente creditados ao beneficiário do rendimento em data anterior ao vencimento da obrigação.

O simples crédito contábil, antes da data aprazada para seu pagamento, não extingue a obrigação nem antecipa a sua exigibilidade pelo credor. O fato gerador do imposto na fonte, pelo crédito dos rendimentos, relaciona-se, necessariamente, com a aquisição da respectiva disponibilidade econômica ou jurídica.

(...)

Os juros e a correção pela variação cambial incidente sobre o valor emprestado, do ponto de vista da incidência do imposto de renda na fonte, por se tratar de rendimentos de financiamentos de empresa no exterior (beneficiário domiciliado no exterior), são passíveis de tributação no momento do pagamento, da entrega, do emprego ou da remessa. Entretanto, nos casos de crédito contábil, somente, nas situações em que estiver caracterizada a disponibilidade jurídica, a exemplo, do vencimento da obrigação.

A disponibilidade jurídica, só existe quando o beneficiário do rendimento dispõe de título, não sujeito à condição, termo ou modo, para realizar seu direito de crédito, convertendo a disponibilidade jurídica em disponibilidade econômica.

No caso dos autos, os juros e a correção pela variação cambial só serão devidos quando do vencimento do contrato (21/11/05). Ora, por dedução lógica, o simples registro contábil, nos períodos questionados, não tem, por si só, o condão de modificar o prazo de vencimento da obrigação contratual.

Com base no entendimento manifestado nestes julgados, o crédito contábil pelo regime de competência não seria suficiente para amparar a pretensão da exigência do IRRF, ao menos enquanto não corresponder ao direito de crédito consubstanciado no vencimento da obrigação[123]. Esse é o entendimento de Ricardo Mariz de Oliveira, que professa que crédito, para o fim de determinação da retenção do IRF, embora também seja representado graficamente por um lançamento contábil em favor do

---

[123] HADDAD, Gustavo Lian; VIDIGAL, Carolina Santos. Op. cit., p. 256.

beneficiário, deve, contudo, necessariamente ser a contrapartida de um débito representativo de obrigação de direito privado, já existente para a fonte pagadora e já vencida[124].

Ainda assim, entende outra parte da doutrina, com fundamento nos ensinamentos de Gilberto Ulhôa Canto[125], que tanto o lançamento contábil quanto o vencimento da obrigação, por si só, não são suficientes para a caracterização do ato de "creditar", necessário à incidência do IRRF.

Isto porque o ato de creditar pressupõe uma atuação positiva da fonte pagadora no sentido de colocar a renda à disposição do não-residente, o que não acontece, seja no crédito contábil, seja no vencimento. Não há, nesses casos, atuação da fonte no sentido de "creditar" a renda. O vencimento ocorre inexoravelmente, independentemente de qualquer atuação, e o crédito contábil é mero reflexo escritural de uma realidade, já que a contabilidade apenas reflete fatos ou direitos, não os gera[126].

Parece, portanto, que esta última corrente defende acertadamente, a nosso ver, a tese de que o imposto de renda na fonte deve observar o regime de caixa para oferecimento da renda à tributação. Ou seja, apenas quando houver o efetivo crédito (no sentido ativo do verbo "creditar", ou "pôr o dinheiro na conta") dos respectivos valores para o prestador de serviços é que ocorrerá a hipótese de incidência do imposto de renda na fonte, sendo esse o cerne do seu aspecto temporal. Este é o entendimento trazido no já citado Acórdão 102-48271 da Segunda Câmara do Conselho de Contribuintes[127].

---

[124] OLIVEIRA, Ricardo Mariz de. Op. cit., p. 512.
[125] CANTO, Gilberto Ulhôa. **Estudos e Pareceres de Direito Tributário**. São Paulo: Revista dos Tribunais, 1975, pp. 376 e 377.
[126] HADDAD, Gustavo Lian; VIDIGAL, Carolina Santos. Op. cit., p. 257.
[127] Na página 7 desse acórdão lê-se a seguinte lição:
A lei ordinária federal é livre para, ao definir a incidência do imposto, tomar tanto a disponibilidade jurídica como a econômica. Esse entendimento e essa dicotomia ajustam-se aos regimes geralmente utilizados de apropriação de receitas para efeitos de oferecimento à tributação. A disponibilidade apenas jurídica liga-se à ideia de regime de competência, em regra aplicável às pessoas jurídicas quanto às incidências internas; já a disponibilidade econômica liga-se à ideia do regime de caixa, geralmente aplicável às pessoas físicas.
O imposto de renda na modalidade fonte, via de regra, também se orienta pelo critério da disponibilidade econômica ou efetivo recebimento do rendimento. O imposto é devido quando haja a percepção efetiva, traduzida pelos fatos jurídicos concretamente verificados, do que são exemplos as formas pelas quais o devedor da renda, ou fonte pagadora, coloca o objeto da obrigação na livre disposição do beneficiário, seja pelo crédito, pagamento, emprego, entrega

Quisesse a lei que o fato gerador da obrigação tributária em causa surgisse só com o vencimento do prazo contratual, tê-lo-ia dito, sem dúvida, de forma clara, sem condicionar a ocorrência do fato gerador a um ato positivo, um "*facere*" da fonte pagadora do rendimento, como a forma verbal utilizada demonstra. Portanto, é inviável a inteligência dada à palavra crédito para compreender tanto o crédito contábil como o direito de haver prestação contratual, pois a lei fala em creditar e não em crédito; e se o substantivo poderia ter o duplo sentido, o verbo não pode[128].

A doutrina ainda levanta um ponto que, de certa forma, justifica o entendimento acima, pois no caso de rendimentos em moeda estrangeira, atribuídos a não-residentes, a posição de que é necessário que o rendimento seja colocado à disposição do beneficiário pela fonte pagadora para que haja incidência encontra respaldo adicional no fato de que a expressão monetária do rendimento, que é a base de cálculo para a incidência do IRRF, pode variar significativamente no período compreendido entre o vencimento e a efetiva colocação à disposição do não-residente, tendo em vista a possível variação do câmbio[129].

No caso em questão, para mitigar riscos de questionamentos no tocante à questão da incidência do IRRF, quando do vencimento da obrigação (e não quando do pagamento ou crédito efetivo), é sugerível que o importador de serviços monitore os vencimentos das faturas de serviços e, se for o caso, peça ao prestador que as prorrogue em caso de necessidade por eventual falta de numerário em caixa.

3.1.5. O aspecto pessoal

Com referência ao contribuinte (ou sujeito passivo) e ao responsável tributário do imposto de renda incidente sobre serviços prestados por pessoa jurídica residente no exterior é necessário que se relembrem algumas disposições genéricas sobre o assunto[130]. O art. 121 do CTN dispõe que:

---

ou remessa. Aliás, a própria ideia de "retenção" na fonte está a indicar que esta (a fonte), ao pagar, promoverá a subtração da parcela a ser entregue em seguida ao Fisco. Ou seja, parcela do objeto do pagamento é desviada por força da lei em prol do Poder Público.
[128] CANTO, Gilberto Ulhôa. Op. cit., pp. 376 e 377.
[129] HADDAD, Gustavo Lian; VIDIGAL, Carolina Santos, Op. cit., p. 258.
[130] Referidos conceitos serão utilizados no decorrer dessa obra na análise da incidência dos demais tributos sobre a importação de serviços.

Art. 121. Sujeito passivo da obrigação principal é a pessoa obrigada ao pagamento de tributo ou penalidade pecuniária.
Parágrafo único. O sujeito passivo da obrigação principal diz-se:
I - contribuinte, quando tenha relação pessoal e direta com a situação que constitua o respectivo fato gerador;
II - responsável, quando, sem revestir a condição de contribuinte, sua obrigação decorra de disposição expressa de lei.

O sujeito passivo do Imposto sobre a Renda, segundo o art. 45 do CTN[131], será o titular da disponibilidade econômica, ou seja, aquele que demonstra a capacidade contributiva efetiva. E, no caso, serão os próprios sujeitos não-residentes os titulares da disponibilidade econômica da renda[132]. Portanto, o sujeito passivo do imposto em questão é a pessoa jurídica não-residente prestadora dos serviços importados.

Tratando sobre o sujeito passivo do imposto de renda retido na fonte sobre rendimentos de residentes no exterior, Alberto Xavier ensina que dentro dos limites traçados pelo CTN, a legislação ordinária distingue três tipos fundamentais de contribuintes, submetendo cada um deles a um regime jurídico autônomo: *(a)* pessoas físicas residentes ou domiciliadas no Brasil; *(b)* as pessoas jurídicas residentes ou domiciliadas no Brasil; *(c)* as pessoas, físicas ou jurídicas, residentes ou domiciliadas no exterior[133].

Da forma como já referida anteriormente o presente trabalho trata da análise da tributação sobre os serviços prestados por pessoas jurídicas residentes ou domiciliadas no exterior. Nesse aspecto o contribuinte desse imposto está delimitado na letra "c" do parágrafo acima (pessoa jurídica residente ou domiciliada no exterior), excluídas as prestações de serviços realizadas por pessoas físicas ou prestações de serviços de caráter pessoal[134].

Como no caso em questão a pessoa jurídica não-residente não é contribuinte do imposto federal, uma vez que não tem inscrição no Cadastro Nacional de Pessoa Jurídica (CNPJ) ou estabelecimento no Brasil, a lei

---

[131] **Art. 45.** Contribuinte do imposto é o titular da disponibilidade a que se refere o artigo 43, sem prejuízo de atribuir a lei essa condição ao possuidor, a qualquer título, dos bens produtores de renda ou dos proventos tributáveis.
Parágrafo **único**. A lei pode atribuir à fonte pagadora da renda ou dos proventos tributáveis a condição de responsável pelo imposto cuja retenção e recolhimento lhe caibam.
[132] TÔRRES, Heleno Taveira. Op. cit., p. 341.
[133] XAVIER, Alberto. Op. cit., p. 524.
[134] Delimitação e diferenciação feitas no Capítulo 2, item 2.2.

desloca a responsabilidade pelo recolhimento do imposto à fonte pagadora. Por causa disso, o CTN prevê a figura do responsável em matéria de imposto de renda, estabelecendo no § único do art. 45 que:

> A lei pode atribuir à fonte pagadora da renda ou dos proventos tributáveis a condição de responsável pelo imposto cuja retenção e recolhimento lhe caibam.

Cabe considerar, ainda, que a disposição acima está em plena coerência com a definição de responsável dada nos arts. 121, inciso II e 128 do mesmo Código, pois que fonte pagadora é um terceiro que – apesar de não ter relação direta e pessoal com o fato gerador (dada pela titularidade da renda) – se encontra contudo a este *vinculado*, vínculo que resulta do fato de ser ele que procede ao pagamento dos rendimentos e proventos que constituem o fato gerador do imposto de renda[135]. A fonte pagadora fica, portanto, sempre obrigada ao recolhimento do imposto, ainda que não o tenha retido[136].

Ainda com relação ao responsável pelo recolhimento do imposto de renda em comento, o art. 717 do RIR prevê o seguinte:

> **Art. 717.** Compete à fonte reter o imposto de que trata este Título, salvo disposição em contrário.

Adicionalmente, o Parecer Normativo Cosit[137] nº 1/2002 prevê que:

> No caso de imposto de renda incidente exclusivamente na fonte, a responsabilidade pela retenção e recolhimento do imposto é da fonte pagadora.

A não retenção do imposto na fonte sujeita o responsável às multas previstas na Lei nº 10.426/02, art. 9º, que em combinação com o art. 44 da Lei nº 9.430/96, dispõe que sujeita-se a multas de ofício a fonte pagadora obrigada a reter tributo ou contribuição no caso de falta de retenção ou

---

[135] XAVIER, Alberto. Op. cit., pp. 524 e 525.
[136] Cf. disposto no art. 103 do Dec.-lei no 5.844/43:
Art. **103**. Se a fonte ou o procurador não tiver efetuado a retenção do imposto, responderá pelo recolhimento deste, como se o houvesse retido.
[137] Coordenação-Geral de Tributação da Receita Federal do Brasil.

recolhimento, ou recolhimento após o prazo fixado, sem o acréscimo de multa moratória, independentemente de outras penalidades administrativas ou criminais cabíveis. As multas serão calculadas sobre a totalidade ou diferença de tributo ou contribuição que deixar de ser retida ou recolhida, ou que for recolhida após o prazo fixado.

Essas multas serão de:

a) 75% (setenta e cinco por cento), nos casos de falta de retenção ou recolhimento, ou recolhimento após o prazo fixado, sem o acréscimo de multa moratória; ou,
b) 150% (cento e cinquenta por cento), nos casos de evidente intuito de fraude, definido nos arts. 71, 72 e 73 da Lei nº 4.502, de 30 de novembro de 1964, independentemente de outras penalidades administrativas ou criminais cabíveis.

A esse respeito já foi decidido pela 5.ª Câmara do antigo Conselho de Contribuintes (atual Conselho Administrativo de Recursos Fiscais "CARF") o seguinte[138]:

> RESPONSABILIDADE TRIBUTÁRIA – TRIBUTAÇÃO NA FONTE – (1) É responsável pelo tributo ou penalidade quem, sem se revestir da condição de contribuinte, é obrigado ao seu pagamento por expressa disposição legal. (2) A lei pode atribuir à fonte pagadora da renda ou dos proventos a condição de responsável pelo imposto cuja retenção e recolhimento lhe caibam. DA MULTA QUALIFICADA – FRAUDE – A utilização de documentos ideologicamente falsos, para comprovar a realização de custos ou despesas operacionais, constitui fraude e justifica a aplicação da multa qualificada.

E, em julgamento de Recurso Especial no STJ decidiu-se[139]:

---

[138] ACÓRDÃO 105-15.267. 1º Conselho de Contribuintes / 5ª. Câmara / em 12.09.2005. Publicado no DOU em 07.03.2006.
[139] Recurso Especial (REsp) nº 309913 – SC. Diário de Justiça de1º de junho de 2002, pág. 296. **Revista Dialética de Direito Tributário n.º 86**, São Paulo: Dialética, 2002, p. 165.

AUSÊNCIA DE RETENÇÃO NA FONTE – SUBSTITUIÇÃO LEGAL – TRIBUTÁRIA – FONTE PAGADORA. A obrigação tributária nasce, por efeito da incidência da norma jurídica, originária e diretamente, contra o contribuinte ou contra o substituto legal tributário; a sujeição passiva é de um ou de outro, e, quando escolhido o substituto legal tributário, só ele, ninguém mais, está obrigado a pagar o tributo. O substituto tributário do imposto de renda de pessoa física responde pelo pagamento do tributo, caso não tenha feito a retenção na fonte e o recolhimento devido.

Cumpre, ainda, lembrar que os arts. 722 e 723 do RIR/99 tratam da responsabilidade da fonte e da responsabilidade de terceiros no caso de não retenção do imposto[140].

3.1.6. O aspecto quantitativo

A previsão legal acerca da base de cálculo vem disposta no art. 97 do Decreto-Lei 5.844/43 e no art. 713 do RIR/99:

> **Art. 713.** As alíquotas do imposto de que trata este Capítulo incidirão sobre os rendimentos brutos (...).

Como já mencionado, a retenção do imposto de renda na fonte sobre rendimentos oriundos de prestações de serviços por pessoas jurídicas não-

---

[140] **RIR/99 (Decreto 3.000/99)**
Responsabilidade da Fonte no Caso de não Retenção
Art. 722. A fonte pagadora fica obrigada ao recolhimento do imposto, ainda que não o tenha retido (Decreto-Lei no 5.844, de 1943, art. 103).
Parágrafo **único.** No caso deste artigo, quando se tratar de imposto devido como antecipação e a fonte pagadora comprovar que o beneficiário já incluiu o rendimento em sua declaração, aplicar-se-á a penalidade prevista no art. 957, além dos juros de mora pelo atraso, calculados sobre o valor do imposto que deveria ter sido retido, sem obrigatoriedade do recolhimento deste.
Responsabilidade de Terceiros
Art. 723. São solidariamente responsáveis com o sujeito passivo os acionistas controladores, os diretores, gerentes ou representantes de pessoas jurídicas de direito privado, pelos créditos decorrentes do não recolhimento do imposto descontado na fonte (Decreto-Lei no 1.736, de 20 de dezembro de 1979, art. 8o).
Parágrafo **único.** A responsabilidade das pessoas referidas neste artigo restringe-se ao período da respectiva administração, gestão ou representação (Decreto-Lei no 1.736, de 1979, art. 8o, parágrafo único).

-residentes segue a sistemática do tratamento isolado (ou analítico) dos rendimentos. Nesse caso, considera-se a base de cálculo do imposto o valor bruto (numa espécie de *withholding tax*), que se apresenta como benefício do contribuinte.

Heleno Tôrres ensina que a pessoa jurídica não-residente que produza renda no Brasil mediante estabelecimento permanente encontra-se sujeita à tributação sobre o lucro real e não sobre o lucro líquido, pelo que é possível realizar as deduções legalmente previstas, por ser equiparada às pessoas jurídicas residentes, sobre esta agindo a força de atração restrita[141]. Nos demais casos, portanto, em que persista o tratamento isolado, como no caso do prestador de serviço estrangeiro que não possua estabelecimento permanente no país, a base de cálculo coincide exatamente com os rendimentos ou ganhos percebidos pelo não-residente, de modo que cada categoria específica de renda apresenta sua tipologia de base de cálculo própria (valor bruto), segundo o tipo e condições peculiares, previstos pelas regras de qualificação[142].

A justificativa para essa forma de tratamento reside no fato de que o não-residente encontraria grandes dificuldades em cumprir todas as obrigações e requisitos para deduzir gastos ou despesas da sua base de rendimentos. Tal medida procura facilitar a tributação dos rendimentos dos estrangeiros.

No Brasil, o imposto retido na fonte sobre rendimentos dos não-residentes, isolada ou analiticamente considerados, equivale a uma tributação definitiva, de sorte que se encontram desobrigados de apresentar no país qualquer declaração de rendimento ou a elaborar demonstrações financeiras. Somente aos procuradores e responsáveis estão atribuídos tais ônus[143].

Cabe, por ora, a fixação do conceito de que um serviço "puro" deve ser tributado à alíquota de 25% pelo imposto de renda incidente na fonte, ao passo que o serviço *instrumental* a uma transferência de tecnologia ou um serviço de assistência técnica, administrativa ou semelhante, como dito pela legislação, deve sofrer a retenção de 15% a título de imposto de renda.

A razão disso está na instituição da Contribuição de Intervenção no Domínio Econômico (CIDE) que passou a incidir sobre as importâncias

---

[141] Essa questão já foi enfrentada no item 2.3 acima, quando se delimitou a análise sobre a prestação de serviços *"cross boarder"*.
[142] TÔRRES, Heleno Taveira. Op. cit., p. 343.
[143] Conforme casos previstos nos artigos 721 a 723 do RIR/99.

pagas, creditadas, entregues, empregadas ou remetidas ao exterior a título de remuneração de serviços técnicos e de assistência técnica, e a título de *royalties*, de qualquer natureza, a partir da edição da MP nº 2.062-60, de 2000, art. 3º, §§ 2º e 3º, sucessivamente reeditada, não convertida em Lei até 12/06/2008, tendo a atual o nº 2.159-70, de 2001, art. 3º, com nova redação da contribuição instituída pela Lei nº 10.168, de 29 de dezembro de 2000[144]:

> **Art. 3º** Fica reduzida para quinze por cento a alíquota do imposto de renda incidente na fonte sobre as importâncias pagas, creditadas, entregues, empregadas ou remetidas ao exterior a título de remuneração de serviços técnicos e de assistência técnica, e a título de *royalties*, de qualquer natureza, a partir do início da cobrança da contribuição instituída pela Lei nº 10.168, de 29 de dezembro de 2000 (Medida Provisória nº 2.062-60).

Dessa forma, como estamos tratando de uma retenção na fonte de pagamento, a base de cálculo normalmente deve ser o valor cobrado pela prestação de serviços sem a inclusão do IRRF nesse montante.

3.1.6.1. O reajuste da base de cálculo – *"gross up"*

Numa transação internacional de serviços muitas vezes ocorre que o prestador do serviço deseja receber o valor integral da sua prestação sem que haja o desconto do imposto na fonte. Esse fato ocorre porque em vários casos (como se verá mais detidamente adiante) o imposto de renda recolhido no Brasil não é aproveitado como valor a pagar do imposto na jurisdição do exportador do serviço.

---

[144] Vale citar nota de rodapé da obra de Alberto Xavier (op. cit., p. 601) que explica claramente essa questão:
A Medida Provisória no 2.062-63 teve na Medida Provisória no 2.159-70, de 24 de agosto de 2001, sua última reedição, pois com a promulgação da Emenda Constitucional no 32, de 11 de setembro de 2001, "as medidas provisórias editadas em data anterior à da publicação desta emenda continuam em vigor até que medida provisória ulterior as revogue explicitamente ou até deliberação definitiva do Congresso nacional" (art. 2o). Como não houve nem revogação expressa da Medida Provisória no 2.159-70/01, nem deliberação definitiva a seu respeito pelo Congresso Nacional, a eficácia dos seus arts. 3o e 4o permaneceu "congelada", pelo que se manteve em vigor a redução da alíquota do imposto de renda na fonte sobre serviços técnicos e de assistência técnica e *royalties* de qualquer natureza para 15%.

Em certos casos as partes contratantes pactuam que o rendimento será recebido pelo titular "líquido" do imposto de renda na fonte por ele devido. A prática é comum em matéria de juros de empréstimos externos, mas é também utilizada em outras contratações como as de *royalties* e serviços de assistência técnica.

Pode, desde logo, suscitar-se a questão de saber se este tipo de cláusula é válida no direito brasileiro, na medida em que ela significa que não é obrigatória a retenção do imposto e que, portanto, não é do interesse e ordem pública que o respectivo ônus econômico seja suportado pela pessoa que a lei define como contribuinte[145].

A jurisprudência administrativa admite como válidos esses pactos sobre a assunção do ônus tributário. Essa é a ideia que pode se extrair do acórdão abaixo citada por Alberto Xavier[146]:

ASSUNÇÃO DO ÔNUS TRIBUTÁRIO

Cláusula contratual, pactuada livremente pelas partes, como condição para a realização de um negócio, pode prever a transferência do ônus financeiro da obrigação tributária do sujeito passivo legalmente previsto, para outrem, sem que nessa avença particular possa ser vista qualquer espécie de transação oponível à Fazenda Pública ou, mesmo, mera liberalidade de quem aceitou assumir o ônus.

A previsão legislativa acerca desse reajuste está expressa no art. 725 do RIR/99[147], enquanto a fórmula de reajustamento da base de cálculo, aplicável quando a fonte assume o ônus do imposto é a prevista na Instrução Normativa nº 1.500/14 (apesar de tratar do imposto de renda de pessoas físicas, a fórmula utilizada é a constante desta IN)[148].

---

[145] XAVIER, Alberto. Op. cit., p. 521.
[146] Acordão CSRF/01-1.462/92 a 1.465/92 da Câmara Superior de Recursos Fiscais (atual Conselho Administrativo de Recursos Fiscais). Cf. XAVIER, Alberto. Op. cit., p. 521.
[147] RIR/99:
Art. 725. Quando a fonte pagadora assumir o ônus do imposto devido pelo beneficiário, a importância paga, creditada, empregada, remetida ou entregue, será considerada líquida, cabendo o reajustamento do respectivo rendimento bruto, sobre o qual recairá o imposto (...) (Lei no 4.154, de 1962, art. 5o, e Lei no 8.981, de 1995, art. 63, § 2o).
[148] **IN 1.500/14**
Art. 64. Quando a fonte pagadora assumir o ônus do imposto devido pelo beneficiário, a importância paga, creditada, empregada, remetida ou entregue, é considerada líquida, cabendo o reajustamento do respectivo rendimento bruto, sobre o qual recai o imposto..

Importa aqui, também, notar que o art. 123 do CTN dispõe que:

Art. 123. Salvo disposições de lei em contrário, as convenções particulares, relativas à responsabilidade pelo pagamento de tributos, não podem ser opostas à Fazenda Pública, para modificar a definição legal do sujeito passivo das obrigações tributárias correspondentes.

Este preceito deve ser interpretado no sentido de que, embora tais convenções sejam válidas do ponto de vista do direito privado, elas não são oponíveis ao Fisco para exonerar de responsabilidade a pessoa definida pela lei como sujeito passivo, contra a qual reverterá sempre a execução forçada em caso de não pagamento voluntário, de tal modo que a convenção esgota os seus efeitos nas relações bilaterais entre as partes. Por outro lado, a lei é expressa em admitir a validade do acordo pelo qual a fonte pagadora de um rendimento assume o encargo financeiro do seu pagamento, mas faz daí deduzir certas consequências tributárias[149].

Isso quer dizer que, em que pese a lei admitir a convenção entre as partes sobre qual delas arcará com o encargo tributário, esse acordo não exime de responsabilidade a parte que a lei determina como responsável pelo recolhimento do imposto. No caso em questão, a responsabilidade será da fonte pagadora, como já demonstrado acima.

Sobre as consequências acima mencionadas, Xavier expõe que a primeira é a de que, sendo o ônus do imposto suportado por terceiro (a fonte responsável) e não pelo próprio titular do rendimento (contribuinte), o

---

§ 1o Para reajustamento da base de cálculo aplica-se a seguinte fórmula:

$$RR = \frac{RP - D}{1 - \frac{T}{100}}$$

Sendo:
RR, o rendimento reajustado;
RP, o rendimento pago, correspondente à base de cálculo antes do reajustamento;
D, a dedução da classe de rendimentos a que pertence o RP;
T, a alíquota da classe de rendimentos a que pertence o RP.
§ 2o Na aplicação da fórmula a que se refere o § 1o, deve ser observado o seguinte:
I - se a alíquota aplicável for fixa, o valor da dedução é zero e T é a própria alíquota;
II - no caso da alíquota aplicável integrar tabela progressiva, se o RR obtido pertencer à classe de renda seguinte à do RP, o cálculo deverá ser refeito, utilizando-se a dedução e a alíquota da classe a que pertencer o RR apurado.
[149] XAVIER, Alberto. Op. cit., p. 522.

valor do imposto representa *rendimento adicional* deste último, pelo que o imposto a ser recolhido pela fonte deve ser calculado não apenas sobre o valor bruto do rendimento, mas sobre este valor acrescido do valor do imposto não retido pela fonte[150].

A segunda consequência é a de que o ônus financeiro assumido pela fonte pagadora é considerado *despesa dedutível* na apuração do seu lucro tributável, não como imposto de renda – que seria indedutível – mas como complemento do custo ou despesa correspondente. É o que resulta do § 3º do art. 41 da Lei nº 8.981/95, segundo o qual:

> A dedutibilidade, como custo ou despesa, de rendimentos pagos ou creditados a terceiros abrange o imposto sobre os rendimentos que o contribuinte, como fonte pagadora, tiver o dever legal de reter e recolher, ainda que assuma o ônus do imposto (RIR/99, art. 344, § 3º)[151].

Ou seja, o custo maior assumido pela fonte pagadora mantém sua dedutibilidade fiscal, desde que observadas as regras acerca da dedutibilidade das despesas[152]. Apesar disso, percebe-se que, no pagamento de um serviço importado cuja alíquota do imposto de renda na fonte é de 15%, o encargo tributário do responsável pelo recolhimento que assume o ônus tributário corresponde a cerca de 17,5%, ao passo que no caso em que a alíquota é de 25%, referido ônus sobe para 33%, em ambos os casos por conta da inclusão do próprio imposto em sua base de cálculo. Apesar do aumento no custo financeiro a dedutibilidade para fins tributários é mantida.

Num exemplo em que determinado serviço importado tenha o custo correspondente a R$ 1.000,00, o valor do imposto de renda retido na fonte à alíquota de 25% deve ser de R$ 250,00 (observada como base de cálculo o rendimento bruto, como acima explicitado) caso o prestador tenha concordado em arcar com o ônus do tributo, havendo, consequentemente o desconto na fonte desse valor. Nesse caso o prestador do serviço receberá a quantia líquida de R$ 750,00. Porém, caso o adquirente do serviço assuma o ônus tributário do imposto fazendo o chamado *"gross-up"* e remetendo o

---

[150] Idem, p. 522.
[151] XAVIER, Alberto. Op. cit., p. 522.
[152] Segundo o RIR/99:
Art. 299. São operacionais as despesas não computadas nos custos, necessárias à atividade da empresa e à manutenção da respectiva fonte produtora.

valor bruto ao prestador do serviço (R$ 1.000,00), o valor do imposto passaria a ser de R$ 333,33, observado o cálculo previsto na fórmula da IN 1.500/14. Nesse caso, a diferença a maior de R$ 333,33 correspondente à assunção do ônus tributário pelo contratante do serviço é também tratada como uma despesa dedutível na apuração de seu lucro real (desde que se trate de uma despesa dedutível, conforme a regra do art. 299 do RIR/99).

Válida a lembrança, ainda, de que a falta do recolhimento do IRRF por parte do responsável tributário no momento da ocorrência da hipótese de incidência do imposto (pagamento, crédito, remessa, etc.), ensejará a cobrança do imposto mediante obrigatório reajuste da base de cálculo, *ex vi* do disposto nos art. 725 do RIR/99 e isso ocorrerá mesmo que a fonte pagadora não tenha anteriormente assumido o ônus do imposto[153].

Esse é o entendimento que se depreende da leitura do acórdão abaixo do CARF:

> Processo n.º 10907.002080/2002-58 - recurso voluntário n. 135463 - sexta câmara
> IMPOSTO DE RENDA DEVIDO NA FONTE - Os pagamentos efetuados a residentes ou domiciliados no exterior a título de prestação de serviços de dragagem estão sujeitos à incidência do IRRF.
> AUSÊNCIA DE RETENÇÃO NA FONTE. RESPONSABILIDADE LEGAL TRIBUTÁRIA - Na hipótese de a fonte pagadora deixar de reter o imposto devido, a importância paga, creditada, empregada, remetida ou entregue, será considerada líquida, cabendo o reajustamento do respectivo rendimento bruto, sobre o qual recairá o imposto. A fonte pagadora, responde pelo pagamento do tributo, caso não tenha feito a retenção e o recolhimento devido.

3.2. Breves considerações sobre o reembolso de despesas

Por vezes ocorre que um prestador internacional de serviços incorre em despesas para conseguir realizar o seu serviço, tais como passagens aéreas, refeições, hospedagens etc., e tais despesas têm seu ônus financeiro arcado pelo contratante do serviço, sendo, portanto, reembolsadas ao prestador.

Nesses casos, para fins de incidência de imposto de renda sobre serviços técnicos ou puros, entende-se que o valor do reembolso de despe-

---

[153] Consultar a esse respeito o Parecer Normativo COSIT n.º 1 de 2002.

sas de exclusiva responsabilidade da contratada, feito pela contratante ao beneficiário não-residente, compõe o valor do preço dos serviços[154]. A esse respeito a 8ª RF já emitiu a seguinte solução de consulta[155]:

> SOLUÇÃO DE CONSULTA Base de cálculo do IR-Fonte – despesas reembolsadas pela contratante – O valor das despesas de responsabilidade da empresa contratada (brasileira ou estrangeira), antecipadas ou reembolsadas pela empresa contratante, compõe o valor da receita auferida pela empresa contratada, mesmo quando assumidas em contrato.

Deve, assim, a base de cálculo do imposto de renda na fonte abranger também os valores referentes às despesas reembolsáveis, por exemplo, de passagens aéreas, hospedagens e alimentação.

Há, ainda, reembolsos que são feitos às empresas não-residentes que não guardam relação com uma transação entre a empresa residente e um prestador de serviços do exterior. É o caso dos chamados reembolsos de despesas "puros", em que, por exemplo, a empresa matriz incorre em despesas em nome da empresa relacionada residente junto a fornecedores residentes no Brasil e solicita o reembolso desses valores à empresa residente. Nesse caso não há que se falar em tributação sobre a renda, pois não há, sequer, a geração de renda por parte da empresa recebedora[156]. Para fins práticos, no entanto, não é possível que se remeta um pagamento ao exterior sem o comprovante do recolhimento do IRRF[157], pois a instituição

---

[154] Veja-se a esse respeito outra decisão emitida pela DRF da 8ª Região Fiscal: Reembolso de despesas – O valor do reembolso de despesas de exclusiva responsabilidade da contratada, efetuado pela contratante a beneficiária domiciliada no exterior, compõe o valor do preço dos serviços de consultoria contratados, mesmo quando assumidas em contrato (Dec. 8ª RF 210/00).

[155] Solução de Consulta 286/00 - SRRF / 8a. Região Fiscal.

[156] Ver a esse respeito a seguinte solução de consulta:
Reembolso de despesas efetuadas no País por sócia estrangeira – Se a sócia estrangeira efetuou despesas em prol de pessoa jurídica domiciliada no Brasil, junto a fornecedores de bens e serviços aqui também domiciliados, o posterior reembolso tem natureza de devolução de empréstimo, não incidindo imposto de renda na fonte sobre os valores pagos, remetidos, creditados ou entregues à mutuante, até o limite das despesas efetuadas (Sol. 7ª RF 318/04).

[157] A celebração de operações de câmbio referentes a remessas de quaisquer rendimentos para fora do País subordina-se à prova do pagamento do imposto de renda, ou declaração expressa do fundamento legal da isenção, da dispensa ou da não incidência do referido tri-

financeira somente concluirá a remessa das divisas mediante apresentação do respectivo Documento de Arrecadação de Receitas Federais (DARF).

Adiante, serão trazidos à discussão os casos de reembolso pela contratação de serviços no exterior por empresa relacionada que revertam em favor de empresa residente, os contratos internacionais de rateio de despesas e as remessas para pagamento de prestações de serviços que constituem a atividade-fim da empresa controladora.

3.2.1. Reembolso a não-residente por pagamento de prestação de serviços feito a terceiro no exterior em benefício de residente

Esta é uma situação muito comum em empresas multinacionais em que a matriz situada no exterior efetua a contratação de determinado serviço no seu local de residência e esse serviço é revertido à empresa relacionada situada no Brasil.

De forma geral, em se tratando do reembolso do pagamento pela prestação de um serviço por terceiro não-residente em benefício de empresa brasileira, a remessa a título de reembolso de despesas deve ter o mesmo tratamento fiscal que teria caso o serviço tivesse sido pago diretamente pela empresa residente no Brasil.

Assim, pode-se dizer que nesses casos a tributação da remessa de reembolso será definida como se o pagamento fosse feito diretamente do residente ao prestador do serviço, desconsiderando-se a figura do intermediário[158].

Esse é o entendimento defendido por Luciana Rosanova Galhardo, que afirma que a decisão mais cautelosa seria a de analisar a natureza dos valores reembolsados. Em outras palavras, cabe responder à seguinte indagação: "Se a empresa brasileira pagasse diretamente a terceira empresa pelos gastos incorridos por esta, haveria a incidência do IRF, considerando a natureza de seus pagamentos"? Em caso afirmativo, ou seja, se o IRF fosse devido nessa relação direta, em virtude da natureza dos pagamen-

---

buto, independentemente do tipo de operação a ser conduzida no mercado de câmbio (Com. Bacen 2.223/90, item II).

[158] **Serviços de atualização de sistemas de informação** – Os recursos destinados ao pagamento de serviços técnicos contratados no exterior, pela matriz, para atualização dos sistemas de informação, configuram remuneração paga a residentes ou domiciliados no exterior, ainda que remetidos à matriz a título de reembolso de despesas (...) (Sol. 8ª RF 53/02).

tos efetuados, a fonte brasileira deveria adotar a mesma posição quando reembolsasse a sua controladora ou coligada pelos gastos incorridos pela terceira empresa[159].

Essa linha de entendimento foi adotada pela Superintendência Regional da 8ª Região Fiscal no Processo de Consulta nº 250/01, cuja ementa é transcrita a seguir:

> SOLUÇÃO DE CONSULTA Nº 250 de 12 de novembro de 2001
> **ASSUNTO**: Imposto sobre a Renda Retido na Fonte – IRRF
> **EMENTA**: REMESSA AO EXTERIOR – Serviços Técnicos Especializados – O reembolso de valores pagos pelo importador para substituição ou reparos de peças em produtos exportados não caracteriza indenização.
> Por caracterizar remuneração paga, creditada, entregue, empregada ou remetida a residentes ou domiciliados no exterior pela prestação de serviços técnicos, sem transferência de tecnologia, estão sujeitas à incidência do imposto de renda na fonte à alíquota de 25%, ainda que remetidas ao importador.
> Dispositivos Legais: Art. 6º do Decreto-Lei nº 1.418, de 1975, art. 7º da Lei nº 9.779, de 1999 e art. 708 do Decreto nº 3.000, de 1999.
> TIRSO BATISTA DE SOUZA Chefe

Nesses casos há um benefício indireto aproveitado pela empresa residente no Brasil em virtude da contratação de um serviço no exterior, em geral por sua matriz, que solicita o seu reembolso. É o caso, por exemplo, da matriz não-residente que contrata serviços de informática em seu país, que no final das contas beneficiarão sua empresa relacionada no Brasil.

Vale lembrar, ainda, que por vezes ocorre uma contratação global de um prestador de serviços (utilização de sistemas de gestão ERP[160], por exemplo) por parte da matriz da qual todas as empresas do grupo se beneficiam. Eventuais reembolsos relativos a esse compartilhamento de custos na aquisição de serviços de terceiros sofrem o mesmo tratamento descrito acima. Não se devem confundir esses contratos de compartilhamento de custos com aqueles em que há a concentração de determinados serviços (em geral contabilidade, administração de folha de pagamento, dentre

---

[159] GALHARDO, Luciana Rosanova. **Rateio de Despesas no Direito Tributário**. São Paulo: Quartier Latin, 2004, pp. 177 e 178.

[160] ERP é a sigla em inglês para *Enterprise Resource Planning*, ou sistema de gestão que consubstancia os livros contábeis e de gestão em formato eletrônico de uma empresa.

outros serviços de suporte administrativo) em uma das empresas do grupo em benefício de todas.

3.2.2. Contrato de rateio de custos e despesas entre empresas multinacionais

O contrato de rateio de custos, ou despesas, não está descrito em lei, portanto, é contrato atípico, suportado no art. 425 do Código Civil que permite às partes formularem, a partir ou não, de contratos previstos em lei (típicos), novos contratos desde que observem os requisitos mínimos dispostos no sistema para validade dos negócios jurídicos (art. 104 do Código Civil). Pelo contrato de rateio de custos as partes deliberam beneficiar-se, conjuntamente, de certas facilidades ou utilidades cujos encargos foram suportados apenas por uma delas, distribuindo-se os correspondentes custos por todas, na proporção do aproveitamento individual que cada um faz das ditas facilidades ou utilidades. O rateio se faz pelo custo incorrido, sem qualquer margem de lucro, sendo essa a principal e fundamental característica desse contrato. É de se concluir, portanto, que o negócio jurídico de rateio não contempla preço. A parte que assume sua parcela de custo reembolsa a outra parte que nele incorreu, sendo o reembolso a operação que liquida ou põe termo ao rateio.

Nesse aspecto, importa lembrar que os contratos de rateio não envolvem a figura da remuneração ou preço, intrínseca à prestação de serviços. Reembolso e remuneração não se confundem, justamente por faltar ao reembolso a característica de lucratividade (sem o fito de lucro, não há a aplicação de margem sobre os custos e despesas objeto de rateio e, consequentemente, a figura do preço). Como corolário, o contrato de compartilhamento de custos e despesas não se confunde e não pode ser equiparado àqueles que exigem, legalmente, a figura do preço, dentre os quais, o contrato de prestação de serviços, conforme determina o Código Civil[161].

Ao examinar os aspectos tributários dos contratos de rateio de custos, Alberto Xavier esclarece que eles têm por objeto as situações, via de regra existentes nos grupos multinacionais, em que uma empresa do grupo

---

[161] BIFANO, Elidie Palma. **Apuração de Preços de Transferência em Intangíveis, Contratos de Prestação de Serviços, Intragrupo e Cost Sharing Agreements**. In: Schoueri, Luís Eduardo e outros. Tributos e Preços de Transferência, 3º volume. São Paulo: Dialética, 2009, p. 44 (ver nota de rodapé).

(normalmente a 'Sociedade-Mãe') ou uma entidade de propósito específico ('Centro de Serviços do Grupo') realiza as despesas em proveito de todas ou parte das demais sociedades integrantes do grupo. A finalidade dos referidos acordos consiste precisamente em determinar o modo como e em que medida estas últimas sociedades devem comparticipar dos 'custos' incorridos pela primeira no interesse delas, ressarcindo-os através do pagamento do preço adequado[162].

As relações intragrupo em grupos de empresas nacionais ou multinacionais são o lugar-comum dos acordos de rateio de despesas. Todavia, como destacam Natanael Martins[163] e Vinicius Branco[164], é possível o rateio de custos e despesas entre empresas independentes. Francesca Balzani[165] faz especial referência aos serviços intragrupo, alertando que a comprovação de sua substância é essencial. Identifica, no informe produzido pela OCDE, em 1995[166], categorias principais de serviços suscetíveis de serem assim desenvolvidos: (i) serviços decorrentes de uma necessidade de uma ou de algumas das sociedades do grupo, o que lhes dá substância para fins de comprovação; (ii) serviços a favor de um conjunto de associadas, ou de todo o grupo, que envolve o risco de não ser feito em favor das associadas, mas no interesse do controlador; (iii) serviços repetidos, pois que foram desenvolvidos por alguma entidade no grupo e são reproduzidos em outras e, por esse fato, não podem caracterizar-se como uma efetiva prestação (caráter personalíssimo do serviço); (iv) serviços que refletem sua utilidade, prestados pelo controlador a outra empresa do grupo, porém no interesse de terceira sociedade, também do grupo; (v) serviços centrais, geralmente de natureza financeira, administrativa ou legal, perfeitamente enquadrados no conceito jurídico de serviços; e (vi) serviços *on call*, prestados por uma sociedade do grupo a outra mediante sistema de pronti-

---

[162] XAVIER, Alberto. **Aspectos Fiscais de 'Cost-Sharing Agreement**. In: Revista Dialética de Direito Tributário nº 23, p. 8.

[163] MARTINS, Natanael. **O Contrato de Rateio de Despesas e suas Implicações Tributárias**, In: SCHOUERI, Luís Eduardo (Coord.) Direito Tributário, homenagem a Alcides Jorge Costa. São Paulo: Quartier Latin, 2003, p. 739.

[164] BRANCO, Vinicius. **Convênios de Rateio de Despesas – Disciplina Tributária**, In: Revista Dialética de Direito Tributário n.º 107, São Paulo: Dialética, 2004, p. 82.

[165] BALZANI, Francesca. **Il Transfer Pricing**. In: UCKMAR, Victor (Coord.) Diritto Tributario Internazionale. Milão: Cedam, 3.ª edição, 2005, (565 - 632) p. 605.

[166] **Transfer Pricing Guidelines for Multinational Enterprises and Tax Administrations**. Part II: Applications: Discussion Draft, Paris, 1995.

dão, o que exige saber se há efetiva atividade (prestação de serviço) entre as sociedades envolvidas.

Do ponto de vista fiscal, entendem alguns que o contrato de compartilhamento de custos e despesas tem a particularidade de não estar sujeito a qualquer tipo de incidência tributária, pois não envolve preço, valor adicionado ou lucro, carecendo de qualquer especial objetivo econômico direto (margem de lucro), embora indiretamente tenha uma finalidade econômica muito especial, que é a otimização de certos gastos entre empresas ligadas[167].

Por conta disso é que é defensável a posição de que não deveriam incidir tributos na remessa financeira internacional no âmbito de um contrato de compartilhamento de custos. Ou seja, o reembolso internacional desses custos teria afastada a incidência do imposto sobre a renda retido na fonte (e de todos os outros tributos) justamente por não conter o elemento "renda".

Posição contrária sustenta Alberto Xavier. Com relação a esse assunto o autor defende que a remuneração decorrente dos contratos de rateio de custos e despesas constitui "preço" e que a ausência de lucro não descaracteriza a prestação do serviço. Ele entende que os pagamentos feitos pelas diversas unidades do grupo à Sociedade-Mãe, no caso de serviços coletivos ou de grupo, têm natureza de preço de prestação de serviços. Além disso, o autor explica que não está correto entender que esse compartilhamento de custos tem um caráter de reembolso se os valores cobrados excederem o custo efetivo, pois o excesso entre o custo e o preço cobrado constituiria rendimento (lucro) do prestador[168].

Importante lembrar que, em termos práticos, esses contratos em geral são acordados na forma de contrato de prestação de serviço. Isto porque as regras restritas do Banco Central não reservam códigos específicos para que se promova a remessa a título de *cost-sharing*. Neste caso, a forma prevalece sobre a essência, resultando no nascimento de obrigações, inclusive em relação aos impostos devidos por ocasião da remessa dos montantes ao exterior[169].

---

[167] BIFANO, Elídie Palma. Op. cit., p. 45.
[168] XAVIER, Alberto. Op. Cit, pp. 8 e 9.
[169] MALHEIRO, Eliete de Lima Ribeiro. **Preços de Transferência – Intangíveis, Serviços e Cost Sharing**. In: SCHOUERI, Luís Eduardo e outros. **Tributos e Preços de Transferência**, 3. v. São Paulo: Dialética, 2009, p. 73.

A esse respeito o Fisco, obviamente, já se manifestou reconhecendo a natureza de prestação de serviço dos contratos de compartilhamento de custos. Tal reconhecimento implica nas incidências de todos os tributos sobre serviços[170].

3.2.3. Prestação de serviços que constituem a atividade-fim da empresa controladora

Nas situações em que a controladora estrangeira presta serviços para a empresa brasileira os quais são sua atividade-fim[171], sendo vendidos no mercado para outros consumidores, parece-nos que eventuais remessas a estes relacionados deverão ser consideradas preço dos serviços prestados, submetendo-se à tributação no Brasil[172].

Vale lembrar que nesses casos, sugere o professor Xavier que, para fins fiscais, o preço dos serviços deve ser o de mercado, sujeitando-se ao controle pelas regras de preços de transferência[173].

No mais, a dedutibilidade das despesas para a empresa brasileira seguirá a regra geral de necessidade para a manutenção da fonte produtora de renda, demonstrando-se sua efetiva prestação.

3.3. A dedutibilidade fiscal dos pagamentos contratuais efetuados

Antes que se adentre na questão da dedutibilidade dos pagamentos feitos a título de prestação de serviços ao exterior, é necessário que se relembre a diferenciação entre custos e despesas para fins da legislação do imposto sobre a renda. Sobre o assunto, Ricardo Mariz de Oliveira nos ensina que "a distinção entre custos e despesas é estabelecida a partir do emprego dos recursos despendidos ou a serem despendidos pela pessoa jurídica,

---

[170] Vide Solução de Consulta nº 462, de 29 de novembro de 2006 da 8.ª Região Fiscal.
[171] Sobre a distinção entre atividade-meio e atividade-fim, ver: BARRETO, Aires F. **ISS – Atividade-meio e Serviço-fim**. In: Revista Dialética de Direito Tributário n.º 5, São Paulo: Dialética, 1996, pp. 72-77.
[172] Ressalvados, novamente os serviços puros que podem afastar a tributação mediante a aplicação de tratado internacional.
[173] Não se aplica, contudo, a legislação de preços de transferência com relação aos pagamentos ao exterior de *royalties* e assistência técnica, científica, administrativa ou assemelhada (IN 1.312/12, art. 55).

estejam esses recursos no ativo da pessoa jurídica ou decorram de dívidas que ela contraia para poder fazer aquele emprego".

Assim, quando a pessoa jurídica emprega recursos do seu ativo, ou incorre em dívidas para aquisição de um bem ou direito, na verdade não está tendo despesa (nem prejuízo, nem perda), pois está investindo para ter a propriedade do referido bem ou a titularidade do referido direito, ou, em outras palavras, está trocando um bem ou direito já existente no seu ativo, ou os recursos de uma dívida, para fazer a aquisição. Neste caso, ela tem um custo, correspondente ao montante que empregou ou à dívida que contraiu, para a obtenção do bem.

Ao contrário, quando ela emprega recursos ou incorre em dívida para pagar um encargo que não representa algo que ainda remanesça no seu ativo, portanto, algo que já tenha sido usado ou consumido, ela tem uma perda. Neste caso, ela tem uma despesa, correspondente àquele valor empregado ou contraído como dívida[174].

É importante que se faça essa distinção, pois por vezes os dispêndios com importações de serviços são tratados como custo e por outras vezes, como despesa. Esse é o caso, por exemplo, dos dispêndios com a montagem de determinada máquina ou equipamento a ser feita por equipe especializada de pessoa jurídica residente no exterior. Referido gasto deve ser computado no custo do bem adquirido (ativo), pois acessório à sua instalação.

A esse respeito, a regra inserta no § 1º do art. 13 do Decreto-Lei 1.598/77 determina que:

> **Art. 13** (...)
> § 1º – O custo de produção dos bens ou serviços vendidos compreenderá, obrigatoriamente:
> a) o custo de aquisição de matérias-primas e quaisquer outros bens ou serviços aplicados ou consumidos na produção, observado o disposto neste artigo.
> b) o custo do pessoal aplicado na produção, inclusive de supervisão direta, manutenção e guarda das instalações de produção;
> c) os custos de locação, manutenção e reparo e, os encargos de depreciação dos bens aplicados na produção; (...)

---

[174] OLIVIERA, Ricardo Mariz de. Op. cit., pp. 670 e 671.

Dessa forma, eventuais gastos com serviços importados aplicados diretamente na produção ou com manutenção e reparo dos bens aplicados na produção devem ser registrados nos custos de produção, sendo levados a resultado como custo de produto, serviço ou mercadoria vendida. Alguns gastos, todavia, devem ser registrados nos custos de ativo, sendo levados a resultado na mesma medida das despesas de depreciação dos bens aos quais são acessórios. Um exemplo disso são os gastos com melhorias realizadas em bens, cuja vida útil ultrapasse o período de um ano. Eis que o art. 301 do RIR/99 com fundamento no art. 45, § 1º da Lei nº 4.506, de 1964, determina em seu parágrafo 2º que:

> § 2º Salvo disposições especiais, o custo dos bens adquiridos ou das melhorias realizadas, cuja vida útil ultrapasse o período de um ano, deverá ser ativado para ser depreciado ou amortizado.

A esse respeito vale a consulta ao Parecer Normativo CST nº 58/76 que dispõe que:

> Devem integrar o custo de aquisição de bens destinados ao Ativo Imobilizado, as despesas de transporte e seguro, os tributos (exceto o IPI, quando recuperável), as despesas com a colocação do bem à disposição da empresa e as despesas relativas aos atos de aquisição propriamente dita.

No mais, a legislação do imposto de renda parte de um critério de exclusão[175], ao dizer que despesa é tudo o que não for custo de ativo permanente ou custo de bens e serviços destinados à venda[176].

Feitas essas considerações acerca dos conceitos de custos e despesas, cabe a análise da dedutibilidade das despesas relativas a gastos com prestações de serviços tomados de pessoa jurídica não-residente.

Também nesse aspecto a legislação tributária empresta um diferenciado tratamento de acordo com a espécie de serviço de que se trata. Eis que a dedutibilidade das despesas com importações de serviços leva em consideração o fato de se tratar de um serviço técnico ou de assistência técnica

---

[175] OLIVEIRA, Ricardo Mariz de. Op. cit., p. 674.
[176] **Lei. 4.506/64:**
Art. 47. São operacionais as despesas não computadas nos custos, necessárias à atividade da empresa e à manutenção da respectiva fonte produtora.

ou científica com transferência de tecnologia ou se estamos diante de um serviço sem transferência de tecnologia. Aqui o serviço pode ter caráter técnico ou tratar-se de um serviço puro. O que importa é a transferência de tecnologia, como será demonstrado adiante.

No que diz respeito aos serviços técnicos, de assistência técnica, administrativa e semelhantes a previsão legal acerca da dedutibilidade desses gastos é trazida pelo art. 52 da Lei 4.506/76[177] que teve sua redação transcrita no art. 354 do RIR/99. Essas disposições trazem alguns requisitos à dedutibilidade dessas despesas como operacionais, quais sejam:

1. Constarem de contrato registrado no Banco Central do Brasil;
2. Corresponderem a serviços efetivamente prestados à empresa através de técnicos, desenhos ou instruções enviadas ao País, ou estudos técnicos realizados no exterior por conta da empresa;
3. O montante anual dos pagamentos não devem exceder ao limite fixado por ato do Ministro de Estado da Fazenda, de conformidade com a legislação específica;
4. Averbação do contrato no INPI.

Além desses requisitos, há uma delimitação de prazo com relação à dedutibilidade dessas despesas. Isto porque elas somente poderão ser deduzidas nos cinco primeiros anos de funcionamento da empresa ou da introdução do processo especial de produção, quando demonstrada sua necessidade, podendo esse prazo ser prorrogado por até mais cinco anos mediante autorização do Conselho Monetário Nacional[178].

---

[177] Lei 4.506/64:
Art. 52. As importâncias pagas a pessoas jurídicas ou naturais domiciliadas no exterior a título de assistência técnica, científica, administrativa ou semelhante, quer fixas, quer como porcentagens da receita ou do lucro, somente poderão ser deduzidas como despesas operacionais quando satisfizerem aos seguintes requisitos:
1. Constarem de contrato registrado no Banco Central do Brasil;
2. Corresponderem a serviços efetivamente prestados à empresa através de técnicos, desenhos ou instruções enviadas ao País, ou estudos técnicos realizados no exterior por conta da empresa;
3. O montante anual dos pagamentos não devem exceder ao limite fixado por ato do Ministro de Estado da Fazenda, de conformidade com a legislação específica;
4. Averbação do contrato no INPI.
[178] Esse é o comando do § 1º art. 354 do RIR/99, cujo fundamento legal é a Lei nº 4.131, de 1962, art. 12, § 3º.

Será inadmissível, ainda, a dedutibilidade das despesas com assistência técnica, científica ou administrativa quando pagas ou creditadas[179]:

1. Pela filial de empresa com sede no exterior, em benefício da sua matriz;
2. Pela sociedade com sede no Brasil a pessoa domiciliada no exterior que mantenha, direta ou indiretamente, o controle de seu capital com direito a voto.

O primeiro caso trata de empresa estrangeira com filial no Brasil em que a filial brasileira faria a remessa dos gastos com assistência técnica ou administrativa à sua matriz, e o segundo trata da remessa pela sociedade brasileira à controladora residente no exterior. A finalidade desse comando é a de evitar a distribuição disfarçada de lucros, eis que referidas despesas não são submetidas às regras de preços de transferência[180]. Porém, nos casos em que houver a transferência da tecnologia da empresa estrangeira à brasileira, com registro do contrato no INPI será admissível a dedutibilidade das despesas, observados os limites estabelecidos pela legislação tributária[181].

Com relação aos limites da dedutibilidade das despesas com assistência técnica e administrativa, o art. 355 do RIR/99 estabelece o teto de cinco por cento da receita líquida das vendas do produto fabricado ou vendido, ressalvados os pagamentos feitos no âmbito dos programas PDTI e PDTA[182]. A legislação tributária fixa, nesse aspecto, limites à dedutibili-

---

[179] Art. 354, § 2º do RIR/99.
[180] Lei 9.430/96:
Art. 18. Os custos, despesas e encargos relativos a bens, serviços e direitos, constantes dos documentos de importação ou de aquisição, nas operações efetuadas com pessoa vinculada, somente serão dedutíveis na determinação do lucro real até o valor que não exceda ao preço determinado por um dos seguintes métodos:
(...)
§ 9º O disposto neste artigo não se aplica aos casos de *royalties* e assistência técnica, científica, administrativa ou assemelhada, os quais permanecem subordinados às condições de dedutibilidade constantes da legislação vigente.
[181] Art. 354, § 3º do RIR/99.
[182] Essa é a ressalva dos artigos 501 e 504, V, que tratam dos programas PDTI (Programas de Desenvolvimento Tecnológico Industrial) e PDTA (Programas de Desenvolvimento Tecnológico Agropecuário) para os quais o limite da dedutibilidade é de dez por cento da receita líquida das vendas dos bens produzidos com a aplicação da tecnologia objeto desses pagamen-

dade das despesas a partir de coeficientes percentuais de acordo com os tipos de produção ou atividades reunidos em grupos, segundo o grau de essencialidade dos mesmos divididas em dois grupos, quais sejam: indústria de base e de transformação – essenciais. Para as ditas indústrias de base, dentre as quais podem se mencionar a produção de energia elétrica, combustíveis e metalurgia pesada, o limite é de 5%; já dentre as indústrias de transformação – essenciais, podem ser citadas as indústrias de calçados, de máquinas e aparelhos. Atualmente esses limites são estipulados por algumas portarias[183] por meio das quais o Ministro da Fazenda estabeleceu os seguintes coeficientes percentuais máximos:

I – *Royalties*, pelo uso de patentes de Invenção, processos e fórmulas de fabricação, despesa de assistência técnica, científica, administrativa ou semelhante:	
1º GRUPO – INDÚSTRIAS DE BASE	
TIPOS DE PRODUÇÃO	**Porcentagens**
1 – ENERGIA ELÉTRICA	
01 – Produção e Distribuição	5%
2 – COMBUSTÍVEIS	
01 – Petróleo e Derivados	5%
3 – TRANSPORTES	
01 – Transportes em Ferro-carris Urbanos	5%
4 – COMUNICAÇÕES	5%
5 – MATERIAL DE TRANSPORTES	
01 – Automóveis, Caminhões e Veículos Congêneres	5%
02 – Autopeças	5%
03 – Pneumáticos e Câmaras de Ar	5%
6 – FERTILIZANTES	5%
7 – PRODUTOS QUÍMICOS BÁSICOS	5%
8 – METALURGIA PESADA	

tos, desde que o PDTI ou o PDTA esteja vinculado à averbação de contrato de transferência de tecnologia, nos termos do Código da Propriedade Industrial.
[183] Portarias MF 436/58, 113/59, 314/70 e 60/94.

01 – Ferro e Aço	5%
02 – Alumínio	5%
9 – MATERIAL ELÉTRICO	
01 – Transformadores, Dínamos e Geradores de Energia	5%
02 – Motores Elétricos para Fins Industriais	5%
03 – Equipamentos e aparelhos de Telefones, Telegrafia e Sinalização	5%
10 – MATERIAIS DIVERSOS	
01 – Tratores e Combinados para Agricultura	5%
02 – Equipamentos, Peças e Sobressalentes para a Construção de Estradas	5%
03 – Equipamentos, Peças e Sobressalentes para as Indústrias Extrativas e de Transformação	5%
11 – CONSTRUÇÃO NAVAL	
01 – Navios	5%
02 – Equipamentos de Navios	5%
2º GRUPO – INDÚSTRIA DE TRANSFORMAÇÃO – ESSENCIAIS	
TIPOS DE PRODUÇÃO	**Porcentagens**
1 – MATERIAL DE ACONDICIONAMENTO E EMBALAGENS	4%
2 – PRODUTOS ALIMENTARES	4%
3 – PRODUTOS QUÍMICOS	4%
TIPOS DE PRODUÇÃO	**Porcentagens**
4 – PRODUTOS FARMACÊUTICOS	4%
5 – TECIDOS, FIOS E LINHAS	4%
6 – CALÇADOS E SEMELHANTES	4%
7 – ARTEFATOS DE METAIS	4%
8 – ARTEFATOS DE CIMENTOS E AMIANTO	4%
9 – MATERIAL ELÉTRICO	3%
10 – MÁQUINAS E APARELHOS	
01 – Máquinas e aparelhos de Uso Doméstico Não Considerados Supérfluos	3%
02 – Máquinas e Aparelhos de Escritório	3%
03 – Aparelhos Destinados a Fins Científicos	3%

11 – ARTEFATOS DE BORRACHA E MATÉRIA PLÁSTICA	2%
12 – ARTIGOS DE HIGIENE E CUIDADOS PESSOAIS	
01 – Artigos de Barbear	2%
02 – Pastas Dentifrícias	2%
03 – Sabonetes Populares	2%
13 – OUTRAS INDÚSTRIAS DE TRANSFORMAÇÃO	1%
14 - INDÚSTRIA DE INFORMÁTICA, AUTOMAÇÃO E INSTRUMENTAÇÃO	
01 - Máquinas, equipamentos, aparelhos, instrumentos e dispositivos baseados em técnica digital ou analógica com funções técnicas de coleta, tratamento, estruturação, armazenamento, comutação, recuperação e apresentação da informação, seus respectivos insumos eletrônicos e opto-eletrônicos, partes, peças e suporte físico para operação, bem como conjuntos de atualização tecnológica e otimização de desempenho (Port. 60/94).	5%

Cabe lembrar, ainda, que referidas regras limitativas são cabíveis apenas com relação aos serviços "SAT" – serviços de assistência técnica, administrativa e semelhantes, conforme conceitos já definidos acima. Incabível a limitação para dedutibilidade de despesas com serviços ditos puros, para os quais continua aplicável a regra geral de dedutibilidade de despesas inserta no art. 299 do RIR/99[184]. Vale consultar, a esse respeito, a Solução de Consulta nº 274/98 da 7ª Região Fiscal[185], que afasta dessa limitação ser-

---

[184] **Art. 299.** São operacionais as despesas não computadas nos custos, necessárias à atividade da empresa e à manutenção da respectiva fonte produtora (Lei no 4.506, de 1964, art. 47).
§ 1º São necessárias as despesas pagas ou incorridas para a realização das transações ou operações exigidas pela atividade da empresa (Lei no 4.506, de 1964, art. 47, § 1o).
§ 2º As despesas operacionais admitidas são as usuais ou normais no tipo de transações, operações ou atividades da empresa (Lei no 4.506, de 1964, art. 47, § 2o).
§ 3º O disposto neste artigo aplica-se também às gratificações pagas aos empregados, seja qual for a designação que tiverem.
[185] Soluções de Consulta n.º 274/98 e 124/99 e no mesmo sentido a Solução de Consulta n.º 252/98 da Superintendência Regional da Receita Federal - SRRF / 8a. Região Fiscal. **Serviços técnicos** – Somente estão sujeitas às restrições estabelecidas pelos artigos 354 e 355 do RIR/99 as somas das quantias devidas a título de remuneração que envolva transferência de tecnologia (assistência técnica, científica, administrativa ou semelhante). Em se tratando de contratação de empresa domiciliada no Canadá, que colocará à disposição da consulente técnicos especializados em sondagem, para que esta última execute serviços junto à mine-

viços não relacionados à transferência de tecnologia[186] e o Parecer Normativo CST 77/86 cuja ementa reforça a regra da limitação da dedutibilidade das despesas relativas a serviços de assistência técnica, administrativa ou semelhante nos seguintes termos:

> A dedução de despesas que se destinem, expressa ou implicitamente, à remuneração pelo uso ou exploração de marcas e patentes ou pela assistência técnica, científica, administrativa ou semelhante, está sujeita aos requisitos e limitações previstos nos arts. 176, 177 e 178 do Regulamento do Imposto de Renda/75.

Finalmente, devemos nos ater às recentes regras de dedutibilidade das importâncias relativas a serviços adquiridos e pagamentos efetuados a pessoas físicas ou jurídicas residentes ou constituídas no exterior e submetidas a um tratamento de país ou dependência com tributação favorecida ou sob regime fiscal privilegiado.

Eis que, no bojo da introdução das regras de subcapitalização no Brasil, o legislador fez por bem incluir uma regra que cria limites e condições de dedutibilidade das importâncias pagas, creditadas, entregues, empregadas ou remetidas a qualquer título a não-residentes que tenham sede nos chamados paraísos fiscais ou que estejam amparados por regime fiscal privilegiado, conforme previsto na legislação.

Tal regra está inserta no art. 26 da Lei n.º 12.249/10, nos seguintes termos:

> Art. 26. Sem prejuízo das normas do Imposto sobre a Renda da Pessoa Jurídica - IRPJ, não são dedutíveis, na determinação do lucro real e da base de cálculo da Contribuição Social sobre o Lucro Líquido, as importâncias

---

radora brasileira, aplica-se o disposto no artigo 299 do mesmo Regulamento, que trata, de forma genérica, da dedutibilidade das despesas operacionais, respeitados os requisitos da necessidade e da usualidade.

[186] Mesma previsão contém o Ac. 1º CC 101-88.916/95 – DO 08/03/96: PRESTAÇÃO DE SERVIÇOS (INSPEÇÃO) – Somente estão sujeitas às condições e prazo estabelecidos pelo artigo 234 e parágrafo 1º do RIR/80 as somas das quantias devidas a título de remuneração que envolvam transferência de tecnologia (assistência técnica, científica, administrativa ou semelhante). **Dispêndios com outros serviços que não tenham referida classificação refogem às condições estabelecidas pelo ato legal, regendo-se pela regra geral de dedutibilidade dos dispêndios** feitos a título de prestação de serviços de inspeção contida no artigo 191 do RIR/80 (grifo nosso).

pagas, creditadas, entregues, empregadas ou remetidas a qualquer título, direta ou indiretamente, a pessoas físicas ou jurídicas residentes ou constituídas no exterior e submetidas a um tratamento de país ou dependência com tributação favorecida ou sob regime fiscal privilegiado, na forma dos arts. 24 e 24-A da Lei nº 9.430, de 27 de dezembro de 1996, salvo se houver, cumulativamente:

I - a identificação do efetivo beneficiário da entidade no exterior, destinatário dessas importâncias;

II - a comprovação da capacidade operacional da pessoa física ou entidade no exterior de realizar a operação; e

III - a comprovação documental do pagamento do preço respectivo e do recebimento dos bens e direitos ou da utilização de serviço.

§ 1.º Para efeito do disposto no inciso I do caput deste artigo, considerar-se-á como efetivo beneficiário a pessoa física ou jurídica não constituída com o único ou principal objetivo de economia tributária que auferir esses valores por sua própria conta e não como agente, administrador fiduciário ou mandatário por conta de terceiro.

§ 2.º O disposto neste artigo não se aplica ao pagamento de juros sobre o capital próprio de que trata o art. 9º da Lei nº 9.249, de 26 de dezembro de 1995.

§ 3.º A comprovação do disposto no inciso II do caput deste artigo não se aplica no caso de operações:

I - que não tenham sido efetuadas com o único ou principal objetivo de economia tributária; e

II - cuja beneficiária das importâncias pagas, creditadas, entregues, empregadas ou remetidas a título de juros seja subsidiária integral, filial ou sucursal da pessoa jurídica remetente domiciliada no Brasil e tenha seus lucros tributados na forma do art. 74 da Medida Provisória nº 2.158-35, de 24 de agosto de 2001.

A partir daí é preciso ainda que se determinem alguns importantes conceitos e definições relevantes para o tema da dedutibilidade dos serviços, tais como:

a. conceito de importâncias pagas, creditadas, entregues, empregadas ou remetidas *direta* ou *indiretamente* ao beneficiário;
b. país ou dependência com tributação favorecida e;
c. regime fiscal privilegiado;
d. capacidade operacional da pessoa física ou entidade no exterior de realizar a operação;

e. conceito de operações efetuadas com o único ou principal objetivo de economia tributária.

Menores divagações parecem ser necessárias no que tange tanto (i) à forma de identificação do efetivo beneficiário da entidade no exterior, destinatário dessas importâncias - que no caso dos serviços devem ser as pessoas físicas ou jurídicas contratadas para realizarem a prestação dos serviços e, caso o recebimento se dê por entidade (pessoa física ou jurídica) distinta daquela que prestar os serviços, tal entidade também deve ser identificada - quanto (ii) à comprovação documental do pagamento do preço respectivo e da utilização de serviço, que devem ser feitas mediante recibo ou comprovação da remessa financeira, contrato, relatórios administrativos e demais documentos que suportem a transação.

Sobre os demais conceitos, com base na legislação referida, podemos propor o seguinte:

a. as importâncias pagas[187] *diretamente* ao beneficiário, devem ser entendidas como aquelas nas quais o beneficiário pela remuneração do serviço é a mesma pessoa física ou jurídica que realizou a prestação. Já as importâncias pagas *indiretamente* ao beneficiário, seriam aquelas nas quais a entidade (pessoa física ou jurídica) que recebe o pagamento é distinta daquela que realiza a prestação. Nesses casos deve haver um acerto de contas entre aquele que recebe e aquele que efetivamente presta os serviços e o ideal é que ambos estejam identificados para que se tenha mais clareza sobre a prestação de serviços realizada;

b. país ou dependência com tributação favorecida é um conceito expresso no art. 24 da Lei n.º 9.430/96 que considera como "paraíso fiscal" o país que não tributa a renda de pessoas físicas e jurídicas ou que a tributa a alíquota máxima inferior a vinte por cento e aquele cuja legislação não permita o acesso a informações relativas à composição societária de pessoas jurídicas ou à sua titularidade ou à

---

[187] Excluídos os demais verbos previstos, apenas para simplificação, mas os mesmos devem ser subentendidos como constantes da frase.

identificação do beneficiário efetivo de rendimentos atribuídos a não-residentes;

c. regime fiscal privilegiado está definido no parágrafo único do art. 24-A da mesma lei, que conceitua esse regime como sendo aquele que:
(i) não tribute a renda ou a tribute à alíquota máxima inferior a 20% (vinte por cento);
(ii) conceda vantagem de natureza fiscal a pessoa física ou jurídica não residente:
(iii) sem exigência de realização de atividade econômica substantiva no país ou dependência;
(iv) condicionada ao não exercício de atividade econômica substantiva no país ou dependência;
(v) não tribute, ou o faça em alíquota máxima inferior a 20% (vinte por cento), os rendimentos auferidos fora de seu território;
(vi) não permita o acesso a informações relativas à composição societária, titularidade de bens ou direitos ou às operações econômicas realizadas;

d. capacidade operacional da pessoa física ou entidade no exterior de realizar a operação está atrelada à forma de constituição da entidade e do seu corpo operacional. De fato, a ideia de capacidade operacional subentende que aqueles que realizem as atividades descritas no contrato de serviços, sejam funcionários da pessoa jurídica prestadora, ou subcontratados, caso em que seriam considerados beneficiários indiretos. Além disso, a capacidade operacional de uma empresa prestadora de serviços pode ser relevada por sua estrutura operacional que consiste na localização de seus escritórios, número de funcionários, carteira de clientes, quantidade e complexidade das operações realizadas, entre outros fatores. O que importa é que não se trate de uma mera empresa veículo, mas efetivamente de uma empresa constituída com propósito negocial;

e. operações efetuadas com o único ou principal objetivo de economia tributária são aquelas que pela pobreza das condições previstas no item acima, relativas ao propósito negocial da pessoa jurídica não-

-residente, fazem pressupor que o único ou principal intuito da transação com a pessoa jurídica residente na jurisdição com tributação favorecida ou que oferece um regime fiscal privilegiado é o de realizar economia tributária. Em outras palavras, deve ficar nítido a partir da análise dos fatos e dados envoltos na operação, que o que se buscava era o deslocamento da base tributária para uma jurisdição que ofereça vantagens às empresas que instalarem suas sedes em seu território.

Cumpre citar ainda a necessidade de observância à IN 1.037/10 (recém alterada pela IN 1.474/14 no que diz respeito aos regimes aplicáveis às pessoas jurídicas constituídas sob a forma de *holding company, domiciliary company, auxiliary company, mixed company e administrative company* no território da Suíça, que passaram a ser considerados regime fiscal privilegiado e anteriormente eram tidos como jurisdições com tributação favorecida, mas dito tratamento teve seus efeitos suspensos pelo Ato Declaratório Executivo RFB n.º 11 de 24 de junho de 2010, ora revogado pela IN 1.474/14) que relaciona países ou dependências com tributação favorecida e regimes fiscais privilegiados[188].

---

[188] Art. 1.º Para efeitos do disposto nesta Instrução Normativa, consideram-se países ou dependências que não tributam a renda ou que a tributam à alíquota inferior a 20% (vinte por cento) ou, ainda, cuja legislação interna não permita acesso a informações relativas à composição societária de pessoas jurídicas ou à sua titularidade, as seguintes jurisdições:
I - Andorra;
II - Anguilla;
III - Antígua e Barbuda;
IV - Antilhas Holandesas;
V - Aruba;
VI - Ilhas Ascensão;
VII - Comunidade das Bahamas;
VIII - Bahrein;
IX - Barbados;
X - Belize;
XI - Ilhas Bermudas;
XII - Brunei;
XIII - Campione D'Italia;
XIV - Ilhas do Canal (Alderney, Guernsey, Jersey e Sark);
XV - Ilhas Cayman;
XVI - Chipre;
XVII - Cingapura;
XVIII - Ilhas Cook;

XIX - República da Costa Rica;
XX - Djibouti;
XXI - Dominica;
XXII - Emirados Árabes Unidos;
XXIII - Gibraltar;
XXIV - Granada;
XXV - Hong Kong;
XXVI - Kiribati;
XXVII - Lebuan;
XXVIII - Líbano;
XXIX - Libéria;
XXX - Liechtenstein;
XXXI - Macau;
XXXII - Ilha da Madeira;
XXXIII - Maldivas;
XXXIV - Ilha de Man;
XXXV - Ilhas Marshall;
XXXVI - Ilhas Maurício;
XXXVII - Mônaco;
XXXVIII - Ilhas Montserrat;
XXXIX - Nauru;
XL - Ilha Niue;
XLI - Ilha Norfolk;
XLII - Panamá;
XLIII - Ilha Pitcairn;
XLIV - Polinésia Francesa;
XLV - Ilha Queshm;
XLVI - Samoa Americana;
XLVII - Samoa Ocidental;
XLVIII - San Marino;
XLIX - Ilhas de Santa Helena;
L - Santa Lúcia;
LI - Federação de São Cristóvão e Nevis;
LII - Ilha de São Pedro e Miguelão;
LIII - São Vicente e Granadinas;
LIV - Seychelles;
LV - Ilhas Solomon;
LVI - St. Kitts e Nevis;
LVII - Suazilândia;
LVIII - Suíça; (Vide Ato Declaratório Executivo RFB nº 11, de 24 de junho de 2010). (Revogado pela Instrução Normativa RFB nº 1.474, de 18 de junho de 2014) (Vide art. 2º da Instrução Normativa RFB nº 1.474, de 18 de junho de 2014).
LIX - Sultanato de Omã;
LX - Tonga;

LXI - Tristão da Cunha;
LXII - Ilhas Turks e Caicos;
LXIII - Vanuatu;
LXIV - Ilhas Virgens Americanas;
LXV - Ilhas Virgens Britânicas.
Art. 2º São regimes fiscais privilegiados:
I - com referência à legislação de Luxemburgo, o regime aplicável às pessoas jurídicas constituídas sob a forma de holding company; (Revogado pelo Ato Declaratório Executivo RFB nº 3, de 25 de março de 2011)
II - com referência à legislação do Uruguai, o regime aplicável às pessoas jurídicas constituídas sob a forma de "Sociedades Financeiras de Inversão (Safis)" até 31 de dezembro de 2010 ;
I II - com referência à legislação da Dinamarca, o regime aplicável às pessoas jurídicas constituídas sob a forma de holding company;
IV - com referência à legislação do Reino dos Países Baixos , o regime aplicável às pessoas jurídicas constituídas sob a forma de holding company;
III - com referência à legislação da Dinamarca, o regime aplicável às pessoas jurídicas constituídas sob a forma de holding company que não exerçam atividade econômica substantiva; (Redação dada pela Instrução Normativa RFB nº 1.045, de 23 de junho de 2010)
IV - com referência à legislação do Reino dos Países Baixos, o regime aplicável às pessoas jurídicas constituídas sob a forma de holding company que não exerçam atividade econômica substantiva; (Redação dada pela Instrução Normativa RFB nº 1.045, de 23 de junho de 2010) (Vide Ato Declaratório Executivo RFB nº 10, de 24 de junho de 2010)
V - com referência à legislação da Islândia, o regime aplicável às pessoas jurídicas constituídas sob a forma de International Trading Company (ITC);
VI - com referência à legislação da Hungria, o regime aplicável às pessoas jurídicas constituídas sob a forma de offshore KFT ;
VII - com referência à legislação dos Estados Unidos da América, o regime aplicável às pessoas jurídicas constituídas sob a forma de Limited Liability Company (LLC) estaduais, cuja participação seja composta de não residentes, não sujeitas ao imposto de renda federal; ou
VIII - com referência à legislação da Espanha, o regime aplicável às pessoas jurídicas constituídas sob a forma de Entidad de Tenencia de Valores Extranjeros(E.T.V.Es.);
IX - com referência à legislação de Malta , o regime aplicável às pessoas jurídicas constituídas sob a forma de International Trading Company (ITC) e deInternational Holding Company (IHC).
X - com referência à Suíça, os regimes aplicáveis às pessoas jurídicas constituídas sob a forma de holding company, domiciliary company, auxiliary company, mixed company e administrative company cujo tratamento tributário resulte em incidência de Imposto sobre a Renda da Pessoa Jurídica (IRPJ), de forma combinada, inferior a 20% (vinte por cento), segundo a legislação federal, cantonal e municipal, assim como o regime aplicável a outras formas legais de constituição de pessoas jurídicas, mediante rulings emitidos por autoridades tributárias, que resulte em incidência de IRPJ, de forma combinada, inferior a 20% (vinte por cento), segundo a legislação federal, cantonal e municipal. (Incluído pela Instrução Normativa RFB nº 1.474, de 18 de junho de 2014) (Vide art. 2º da Instrução Normativa RFB nº 1.474, de 18 de junho de 2014).

3.4. A aplicação de tratados internacionais para evitar a bitributação e a importação de serviços

Para os fins deste trabalho, cujo escopo é toda a tributação incidente sobre importações de serviços, serão levantados alguns dos principais aspectos relativos à tributação internacional e à aplicação de tratados contra a dupla tributação sem, porém, a profundidade que o tema demanda, uma vez que é esse apenas um dos aspectos do presente trabalho. Para maior aprofundamento na matéria o leitor pode se valer das obras mencionadas nas notas de rodapé adiante indicadas.

3.4.1. Introdução ao tema

Um dos temas mais relevantes da tributação incidente sobre a prestação de serviços por empresas não-residentes no Brasil é a aplicação de tratados internacionais para evitar a dupla incidência tributária. A tendência cada vez mais acentuada à globalização importa incremento das relações econômicas no plano internacional e, como corolário, a necessidade de integração dos mercados. Um dos efeitos dessa situação é a necessidade de identificação e estabelecimento do *regime jurídico* a que devem submeter-se as relações de natureza internacional[189].

A imposição de tributos à população de um país é parte do exercício da soberania pelo Estado e, tendo em vista que os interesses de um Estado têm reflexos além de suas fronteiras é necessário que se estabeleça de que forma ocorrerá o exercício do poder de tributar de um Estado em face das fronteiras e poderes também soberanos de outro. Uma das notas características do processo de globalização é o relevo assumido pela *tributação*, porquanto, a par de representar fonte de recursos para a consecução dos fins do Estado, deve ser concebida e disciplinada de modo a assegurar a justiça social, em regra, incompatível com a dupla ou múltipla incidência tributária sobre um mesmo fato imponível[190].

Nesse contexto, no que tange à importação de serviços prestados por empresas não-residentes, a questão que se coloca no Brasil está relacio-

---

[189] GRUPENMACHER, Betina Treiger. **Tratados Internacionais em Matéria Tributária e Ordem Interna**. São Paulo: Dialética, 1999, p. 9.
[190] Idem.

nada com a real aplicabilidade dos tratados para evitar a dupla incidência tributária sobre essas prestações de serviço. Eis que no sistema atual as empresas multinacionais, principalmente aquelas com matriz no exterior, acabam por ter que arcar com valores muito maiores para trazer tecnologia ou importar os mais diversos serviços para suas operações no Brasil do que em outros países. Isto porque a aplicação da legislação tributária brasileira faz com que se ignore o que está determinado nos tratados assinados pelo país nos quais há o real compromisso de se evitar a dupla tributação. Ao que parece, essa situação está começando a ser alterada, após recentes decisões judiciais a respeito do tema, como se verá adiante.

A Receita Federal do Brasil, órgão incumbido de fiscalizar o tratamento dado pelos contribuintes no que tange à tributação sobre a renda em importações de serviços, demonstra (como se verá adiante) falta de alinhamento às práticas de direito internacional ao redor do mundo, o que, dentre outras consequências, acaba por tornar o investimento estrangeiro no Brasil um grande quebra-cabeça para as empresas interessadas.

Por isso, entendem alguns doutrinadores, que os conflitos estabelecidos entre as normas encartadas nos tratados internacionais e as de direito interno, especialmente em matéria tributária, apresentam-se como o escolho contra o qual colide a pretensão do Brasil de participar do processo de fomento das suas relações com outros Estados em condição de igualdade[191].

É importante mencionar que, além dos aspectos acima referidos, o escopo dos tratados internacionais para evitar a dupla tributação é também o de facilitar o comércio e o investimento internacionais através da redução dos obstáculos tributários ao comércio de bens e serviços. Uma tributação geral reduzida encoraja o comércio e o investimento. Tratados também provêm um grau de certeza e previsibilidade de modo que os contribuintes possam organizar seus negócios. A clareza a respeito da jurisdição tributante e os procedimentos de acordos mútuos para resolução de problemas contidos nos tratados para evitar a dupla tributação ajudam a eliminar alguns dos principais problemas que um contribuinte enfrenta ao lidar com diferentes estados e diferentes leis. Além disso, a previsão dos tratados relativa à troca de informações fiscais entre os estados colabora

---

[191] GRUPENMACHER, Betina Treiger. Op. cit., p. 9.

para a prevenção de eventuais discriminações, para minimizar a evasão fiscal e facilita a aplicação pelos estados de suas regras fiscais domésticas[192].

Constituindo medidas bilaterais ou multilaterais (quando firmadas entre dois ou mais países) para evitar a bitributação e a não tributação, os tratados internacionais destinados a essa finalidade têm normalmente como parâmetro para sua elaboração os modelos da OCDE, das Nações Unidas ou o norte-americano. Tais tratados tipificam o item do rendimento (lucro da empresa, juros, *royalties*), atribuindo a cada país signatário, segundo essa classificação, a competência para tributá-lo[193].

Schoueri define com precisão em que consistem os tratados contra a bitributação, sustentando que tais acordos são "instrumentos de que se valem os Estados para, através de concessões mútuas, diminuir ou impedir a ocorrência do fenômeno da bitributação internacional em matéria do imposto sobre a renda, além do meio para o combate à evasão fiscal"[194].

Os tratados internacionais contra a bitributação, na qualidade de instrumentos do Direito Tributário Internacional e como fontes de Direito Internacional Público, não trazem regras sobre conflitos de lei, nem estabelecem que um Estado deva aplicar a sua lei interna ou a lei de outro Estado, mas apenas impõem regras de distribuição, as quais determinam a repartição de competências em matéria tributária, no sentido de "capacidade tributária ativa", a ser exercida de modo balanceado pelos países signatários[195].

Com relação à finalidade dos referidos tratados, ensina Rodrigo Maitto da Silveira que as normas previstas em tratados contra a bitributação não são "normas de conflito" como aquelas previstas no Direito Internacional Privado, mas sim regras de limitação da legislação fiscal dos países contratantes. Sua função é, portanto, a de limitar a aplicação da legislação tributária dos países envolvidos, em situações internacionais em que

---

[192] DOERNBERG, Richard L. **International Taxation in a Nutshell**. 8th ed. Saint Paul: Thomson West, 2009, pp. 120-121.

[193] SILVEIRA, Rodrigo Maitto da. **Aplicação de Tratados Internacionais contra a Bitributação – Qualificação de Partnership Joint Ventures**. Série Doutrina Tributária. Vol. I – São Paulo: Quartier Latin, 2006, p. 74.

[194] SCHOUERI, Luís Eduardo. **Preços de Transferência no Direito Tributário Brasileiro**. Dialética: São Paulo, 3.ª ed., 2013. p. 409.

[195] SILVEIRA, Rodrigo Maitto da. Op.cit., p. 75.

IMPOSTO DE RENDA

os respectivos Estados contratantes poderiam exercer pretensões fiscais cumulativas sobre um mesmo rendimento[196].

Em outras palavras, um Estado contratante abre mão daquilo que está estipulado na sua legislação tributária com relação a determinado fato imponível (ex.: retenção do imposto de renda na fonte sobre a importação de determinado serviço prestado por não-residente) para aplicar o que está estipulado no tratado (tributação dos rendimentos no local de residência). Isso poderia ser analisado como um ato de camaradagem do Estado que abre mão de sua tributação com o outro Estado contratante ou melhor ainda como uma forma de exercício de sua soberania na forma do poder de tributar.

3.4.2. Interpretação dos tratados contra a dupla tributação

Tema de grande relevância quando se analisam tratados internacionais é a dificuldade de sua aplicação ao caso concreto. Tornar compreensível o texto, de sorte a decidir sobre a aplicabilidade de determinado mandamento jurídico, é uma forma de interpretação. A interpretação de tratados em matéria tributária difere um pouco da interpretação ordinária. Tais tratados são normas sobre a aplicação normativa, pois não disciplinam, como no caso do direito público internacional, a aplicação de direito estrangeiro, mas limitam o próprio direito interno do Estado contratante[197].

Em diversos sistemas, como no alemão, o tratado de direito internacional é interpretado sob o princípio da prioridade, segundo o qual, no caso de simples colisão, o direito interno não será aplicável[198]. Já na Europa, há algum tempo o direito europeu tem exercido forte influência sobre o direito tributário interno dos países-membros[199]. Enquanto que no Brasil

---

[196] SILVEIRA, Rodrigo Maitto da. Op.cit., p. 75.
[197] VOGEL, Klaus. **Problemas na interpretação de acordos de bitributação**. In: Direito tributário: homenagem a Alcides Jorge Costa. Coordenado por Luís Eduardo Schoueri. São Paulo: Quartier Latin, 2003 (961-973), p. 964.
[198] VEDDER, Cristoph. **Einwirkungen des Europarechts auf das innerstaatliche Recht und auf international Verträge der Mitgliedstaate: die Regelung der Doppelbesteuerung**. In: Europarecht und internationales Steuerrecht. Coordenado por Moris Lehner. Mit Diskussionsbeitrag eines Münchener Symposions. Münchener Schriften zum Internationalen Steuerrecht, Heft 19. München: Beck, 1994 (1-18), p. 4.
[199] LEHNER, Moris. **Europarechtliche Perspektiven für das Internationale Steuerrecht**. In: Europarecht und internationales Steuerrecht. Coordenado por Moris Lehner. Mit Dis-

a questão da prioridade não é aplicada. Existem, todavia, diversas razões pelas quais determinada disposição de um tratado em matéria tributária possa ser interpretada de modo diverso pelos países contratantes.

Para um trabalho interpretativo adequado à matéria tributária, utiliza-se em geral o assim denominado modelo OCDE, comentado pelo grupo de trabalho do Comitê Fiscal desta instituição. O caráter vinculante dos comentários ao Modelo OCDE somente pode ser levado em consideração em relação aos países-membros desta instituição, embora esta seja uma matéria polêmica[200].

O artigo 25, § 3°, do Modelo OCDE estabelece que a interpretação autêntica de um tratado, por via normativa, deve-se dar por mútuo acordo das partes interessadas. Em adição, os arts. 31 e 32 da Convenção de Viena prescrevem que os tratados serão interpretados de boa-fé, em harmonia com o significado comum a ser dado aos termos do tratado em seu contexto e à luz do seu objeto e propósito[201]. Nos tratados, para evitar a bitributação, além de seguir o quanto o disposto na Convenção de Viena e no artigo 25, § 3°, do Modelo OCDE, aplica-se também o previsto no artigo 3°, § 2°, do mesmo Modelo, que determina que qualquer expressão que não se encontre de outro modo definida no acordo terá o significado que tem no momento de sua aplicação[202].

Em se tratando de interpretação de tratados internacionais, vale lembrar que o art. 31 da Convenção de Viena (aprovada pelo Congresso Nacional através do Decreto Legislativo n.º 103 de 1964), considerada como uma verdadeira declaração de direito internacional consuetudinário, apresenta as regras gerais de interpretação dos tratados internacionais. O artigo 32 dessa convenção trata dos meios complementares de interpretação, enquanto o artigo 33 cuida da interpretação de tratados autenticados em

---

kussionsbeitrag eines Münchener Symposions. Münchener Schriften zum Internationalen Steuerrecht, Heft 19. München: Beck, 1994 (19-28), p. 19.
[200] VOGEL, Klaus. **Problemas na interpretação**. Op. cit., p. 970.
[201] XAVIER, Alberto. **Direito Tributário Internacional**. Op. cit., p. 158.
[202] A redação original em inglês do mencionado artigo 3º § 2º, é a seguinte: As regards the application of the Convention at any time by a Contracting State, any term not defined therein shall, unless the context otherwise requires, have the meaning that it has at that time under the law of that State for the purposes of the taxes to which the Convention applies, any meaning under the applicable tax laws of that State prevailing over a meaning given to the term under other laws of that State.

dois ou mais idiomas[203]. Portanto, o método de hermenêutica, denominado como "objetivo" pela Convenção de Viena, toma o texto tal como ele é, e não como se pretendeu, salvo casos pontuais, em que se permite investigar qual tenha sido a vontade das partes[204].

Doutrinariamente, temos que a corrente objetivista considera relevantes os aspectos gramatical e lógico, enquanto os subjetivistas dão maior relevância aos aspectos históricos e práticos dos tratados, já a corrente teleológica adota uma perspectiva mais abrangente dando enfoque ao objeto e propósito dos tratados. Não se pode, todavia, excluir nenhum dos métodos de interpretação dos tratados, pois qualquer real interpretação de um tratado deverá levar em conta todos os aspectos do acordo,

---

[203] **Artigo 31.** Regra Geral de Interpretação. 1. Um tratado deve ser interpretado de boa-fé, segundo o sentido comum dos termos do tratado em seu contexto e à luz de seu objeto e finalidade. 2. Para os fins de interpretação de um tratado, o contexto compreende, além do texto, seu preâmbulo e anexos: a) qualquer acordo relativo ao tratado e feito entre todas as partes por ocasião da conclusão do tratado; b) qualquer instrumento estabelecido por uma ou várias partes por ocasião da conclusão do tratado e aceito pelas outras partes como instrumento relativo ao tratado. 3. Será levado em consideração, juntamente com o contexto: a) qualquer acordo posterior entre as partes relativo à interpretação do tratado ou à aplicação de suas disposições; b) qualquer prática seguida posteriormente na aplicação do tratado pela qual se estabeleça o acordo das partes relativo à sua interpretação; c) qualquer regra pertinente de direito internacional aplicável às relações entre as partes. 4. Um termo será entendido em sentido especial se estiver estabelecido que essa era a intenção das partes.
Artigo 32. Meios Suplementares de Interpretação. Pode-se recorrer a meios suplementares de interpretação, em particular aos trabalhos preparatórios do tratado e às circunstâncias de sua conclusão, a fim de conformar o sentido resultante da aplicação do artigo 31 ou de determinar o sentido quando a interpretação, de conformidade com artigo 31: a) deixa o sentido ambíguo ou obscuro; ou b) conduz a um resultado que é manifestadamente absurdo ou desarrazoado.
Artigo 33. Interpretação de Tratados Autenticados em Duas ou Mais Línguas. 1. Quando um tratado foi autenticado em duas ou mais línguas, seu texto faz igualmente fé em cada uma delas, a não ser que o tratado disponha ou as partes concordem em que, em caso de divergência, um texto determinado prevalecerá. 2. Uma versão do tratado em língua diversa daquelas em que o texto foi autenticado só será considerada texto autêntico se o tratado o prever ou as partes nisso concordarem. 3. Presume-se que os termos do tratado têm o mesmo sentido nos diversos textos autênticos. 4. Salvo o caso em que um texto determinado prevalece, nos termos do parágrafo 1, quando a comparação dos textos autênticos revela uma diferença de sentido que a aplicação dos artigos 31 e 32 não elimina, adotar-se-á o sentido que, tendo em conta o objeto e a finalidade do tratado, melhor concilie esses textos.
[204] TROYA JARAMILLO, José Vicente. **Interpretación y aplicación de los tratados en material tributaria**. In: Foro: revista de derecho, Número 4, Quito: UASB / Corporación Editora Nacional, 2005 (pp. 113 - 128), p. 115.

desde as palavras empregadas, a intenção das partes, até os objetivos do documento[205].

3.4.3. Tratados internacionais e o direito interno

O poder de criar tributos, derivado da soberania do Estado, está sujeito não só aos poderes constituintes originários, mas também ao disposto nos tratados internacionais dos quais os Estados sejam partes. Existem, porém, dúvidas na doutrina e na jurisprudência acerca da prevalência dos tratados internacionais sobre a legislação interna à luz das disposições da Constituição Federal de 1988[206].

A questão a ser enfrentada diz respeito à soberania do país que tem sua própria política tributária. Segundo os princípios modernos de direito tributário, é justificável expandir as bases tributárias além das fronteiras territoriais. Nesse sentido, a maioria dos países tem adotado a base mundial para considerar os rendimentos de seus residentes[207].

Dessa forma e, como mencionado acima, um dos Estados contratantes abre mão do exercício de sua soberania para aplicar o disposto no tratado ou convenção internacional. É importante analisar, também, como o direito internacional vigora em face do direito nacional. Neste caso, não se investiga a supremacia de um em relação ao outro, mas apenas como o tratado torna-se efetivamente vigente perante a ordem interna, isto é, como passa a ter relevância na ordem jurídica interna[208].

Nesse ponto, Betina Gruppenmacher ensina que, a propósito da questão da incorporação dos tratados ao ordenamento jurídico interno, bastante polêmica e controvertida, apresentam-se fundamentalmente duas vertentes, a monista e a dualista[209].

A monista sustenta, de um modo geral, a existência de uma única ordem jurídica que engloba a ordem interna e a internacional. Tal corrente admite

---

[205] SHAW, Malcom N. **International law**. 6. ed. New York: Cambridge University Press, 2008, pp. 932 e 933.
[206] ZILVETI, Fernando Aurélio e outros. Op. cit., p. 139.
[207] Idem, p. 139.
[208] SILVEIRA, Rodrigo Maitto da. Op. cit., p. 84.
[209] GRUPPENMACHER, Betina Treiger. Op. cit., p. 67.

duas distintas vertentes: o monismo com primazia do direito interno e o monismo com primazia do direito internacional[210].

Em oposição à doutrina monista está a dualista. Ao contrário dos monistas, os dualistas reconhecem no ordenamento interno e no internacional duas ordens distintas, afirmando a necessidade de lei especial interna que reproduza os termos e regras do tratado internacional. Para os dualistas, portanto, o direito internacional e o interno são duas ordens jurídicas distintas que sequer podem conflitar-se, já que não mantêm entre si qualquer tipo de relação[211].

Rodrigo Maitto da Silveira observa que é interessante perceber que, para fins de aplicação e interpretação dos tratados internacionais, adotando-se a concepção monista, poder-se-á invocar diretamente o texto do acordo, interpretando-o conforme as regras de hermenêutica que vigoram quanto aos tratados, ao passo que, escolhendo-se a concepção dualista, o acordo, para ter vigência no plano interno, deverá ser transformado em lei, ficando sujeito às regras de interpretação do direito nacional (que no Brasil, no caso de tratados contra a bitributação, são os artigos 107 a 112 do CTN)[212].

No Brasil, para que o tratado internacional desencadeie efeitos jurídicos no plano interno, é necessária a aprovação pelo Congresso Nacional por meio de um Decreto Legislativo e a posterior ratificação pelo Poder Executivo, além, logicamente, da sua promulgação e publicação[213]. Esse é o comando dos artigos 49, inciso I, 84, inciso VIII da CF/88. Portanto, a aprovação do tratado pelo Congresso Nacional por meio de um decreto legislativo, a ratificação, a promulgação e a publicação são as formalidades essenciais, impostas pelo texto constitucional para que os tratados passem a viger no Brasil[214].

Sobre a eficácia dos tratados internacionais, após a sua promulgação existe certa controvérsia acerca dos efeitos de sua assinatura. O que se questiona é se as regras contidas em tratados têm ou não, de imediato, no ordenamento interno, efeito vinculante, ou seja, se são meros convites para que os Estados editem sua legislação interna, incorporando os tex-

---

[210] GRUPPENMACHER, Betina Treiger. Op. cit., p. 67.
[211] Idem, p. 68.
[212] SILVEIRA, Rodrigo Maitto da. Op. cit., p. 87.
[213] GRUPPENMACHER, Betina Treiger. Op. cit., p. 102.
[214] GRUPPENMACHER, Betina Treiger. Op. cit., p. 102.

tos internacionais ao ordenamento nacional, ou se, já a partir de sua edição, passam a ter força vinculante internamente nos países signatários[215].

Sobre essa questão, Betina Grupenmacher entende com Flávia Piovesan[216] que no instante em que um país subscreve validamente um tratado é evidente que está ampliando seus horizontes jurídicos, limitadores, com frequência, da sua soberania absoluta de ditar regras de convivência interna. E conclui nesses termos: "Assim, uma vez concluídos, os tratados são vinculantes para as partes envolvidas, pois desde então são instrumentos válidos perante a ordem jurídica, nacional e internacional"[217].

Outra questão relativa à recepção das convenções internacionais em matéria tributária está relacionada ao artigo 98 do Código Tributário Nacional, que estipula que:

> **Art. 98.** Os tratados e as convenções internacionais revogam ou modificam a legislação tributária interna, e serão observados pela que lhes sobrevenha.

Críticas à parte no que diz respeito à redação desse artigo[218], importa ressaltar que a natureza da mencionada regra é de declaração da recepção normativa, quanto à incorporação das disposições contidas nos textos dos tratados ao sistema tributário brasileiro. Segundo sua dicção, após o procedimento de incorporação, estes passam, de imediato, a ter aplicabilidade intrassistêmica, não com a força normativa do Decreto Legislativo que autoriza as respectivas ratificações, mas pela conexão com a norma geral que o recepciona, o art. 98 do CTN, com a validade inerente aos pró-

---

[215] Idem, p. 102.
[216] PIOVESAN, Flávia. **Direitos Humanos e o Direito Constitucional Internacional**. São Paulo: Max Limonad, 1996, p. 79.
[217] GRUPPENMACHER, Betina Treiger. Op. cit., p. 103.
[218] Não obstante a redação do dispositivo fale em 'revogação', as disposições de um tratado, na realidade, representam normas especiais sobre questões tratadas em uma lei geral. Com isso, a lei geral permanece vigente, mas não aplicável aos casos específicos regulados pelo tratado em questão. Tal interpretação deriva também das lições de ilustres juristas pátrios, como Agostinho Tavolaro, Fábio Fanucchi, Alberto Xavier, José Carlos Faleiro, Hely Lopes Meirelles e Ricardo Lobo Torres. Cf. AMARAL, Antonio Carlos Rodrigues. **Comentários ao Código Tributário Nacional**. . v. 2, coord. Ives Gandra da Silva Martins. Saraiva: São Paulo, 1998, p. 34.

prios tratados, haja vista a natureza específica das normas internacionais e seus critérios de existência[219].

Dessa forma, os tratados em matéria tributária não revogam as leis internas, mas na verdade apenas limitam a aplicação dessas leis em relação aos casos previstos nos acordos. Nas situações não contempladas pelos tratados, vale dizer, as leis internas são aplicadas integralmente[220].

Concluímos esse ponto com Rodrigo Maitto da Silveira que ensina que, por força do princípio de Direito Internacional Público *pacta sunt servanda* e do quanto disposto no artigo 98 do CTN, os tratados internacionais contra a bitributação celebrados pelo Brasil apresentam supremacia hierárquica em relação às normas fiscais de direito interno[221].

3.4.4. A sujeição das remunerações de serviços ao art. 7º

Como já referido acima, em se tratando de direito tributário internacional, um dos seus principais aspectos é a qualificação do rendimento[222]. A correta qualificação permite ao contribuinte utilizar a regra estipulada em um tratado para evitar a dupla tributação com o intuito de efetivamente pagar tributos em apenas uma das duas jurisdições. Há casos, todavia, em que a dupla tributação é afastada apenas mediante o oferecimento de crédito tributário, como veremos adiante no item 3.5.

Assim, a qualificação do rendimento dita que a remuneração por aquisição de serviços técnicos com transferência de tecnologia, em geral, deva ser qualificada como *royalties* (art. 12), a depender da redação do tratado, ao passo que os juros estão qualificados no art. 11 e os dividendos no art. 10.

A grande questão que se coloca nesse ponto é com relação ao local em que se dá a tributação das prestações de serviços puros. Isto porque é mais tranquilo o entendimento de que os serviços técnicos (com transferência de tecnologia ou os serviços técnicos sem transferência de tecnologia, mas instrumentais a uma contratação de transferência tecnológica) prestados por não-residentes se enquadrem no conceito de *royalties*, sendo, por conta

---

[219] TÔRRES, Heleno Taveira. **Pluritributação Internacional sobre a Renda das Empresas**. 2. ed. São Paulo: RT, 2001, p. 579.
[220] SILVEIRA, Rodrigo Maitto da. Op. cit., p. 97.
[221] Idem, p. 97.
[222] Capítulo 2, item 2.3.

disso tributáveis no local da fonte por aplicação do art. 708 do RIR/99 combinado ao art. 12 das convenções para evitar a dupla tributação[223].

Nesse aspecto, cumpre lembrar as lições de Vogel, segundo a qual os países menos desenvolvidos arguem que a teoria da tributação com base na residência acaba por favorecer unicamente os países mais desenvolvidos. Ensina o ilustre autor que os países em desenvolvimento, dentre os quais, principalmente os latino-americanos, têm arguido que o chamado "Princípio do Estabelecimento Permanente" (que atrai a tributação da renda para a residência do estabelecimento permanente) opera exclusivamente em favor dos países industrializados e, por isso, têm clamado para que haja a substituição desse pelo sistema de tributação baseado no 'princípio da fonte'. Ressalta-se aqui que uma convenção modelo que aplica esse último princípio é a dos Estados Andinos e, em certa medida, essa crítica é justificada. Pois, se uma empresa obtém lucros, digamos mediante o fornecimento de bens, tais lucros resultam não só dos bens vendidos em seu Estado de residência, mas também da oportunidade oferecida no Estado recebedor para a venda de tais bens. Se o fluxo de bens entre dois países envolvidos – ou mais precisamente, os lucros resultantes desse fluxo – está em equilíbrio, a questão de qual princípio deve ser aplicado quando da distribuição da tributação dos lucros é de relativa pequena importância, e nesse caso a adoção do princípio do estabelecimento permanente (tributação na residência) é recomendável por conta de sua praticidade. Mas se o fluxo está em desequilíbrio, o Estado recebedor tem razão em requerer a participação na tributação do produto da venda dos bens (lucros) – da mesma forma como participa quando juros e *royalties* estão envolvidos. O mesmo se aplica aos serviços prestados pelas empresas[224].

---

[223] Convenção Modelo da OCDE.
Artigo 12. Royalties.
1. Os *royalties* provenientes de um Estado contratante e pagos a um residente do outro Estado contratante só podem ser tributados nesse outro Estado. (...) 3. O disposto no no 1 não é aplicável se o beneficiário efetivo dos *royalties*, residente de um Estado contratante, exercer atividade no outro Estado contratante de que provêm os *royalties* por meio de um estabelecimento permanente aí situado, e o direito ou propriedade relativamente ao qual os *royalties* são pagos estiver efetivamente ligado com esse estabelecimento permanente. Neste caso, são aplicáveis as disposições do artigo 7º.
[224] Tradução livre da fonte. O original traz a seguinte redação: The developing countries and among them primarily the Latin American ones, have argued that the p.e. principle operates exclusively in favour of the industrialized countries and have, therefore, called for it to be

Vogel procura justificar o posicionamento de países, como o Brasil, que buscam a tributação na fonte inclusive dos rendimentos de serviços puros prestados por não-residentes, com fundamentos econômicos, ou seja, levando em consideração um desequilíbrio no comércio entre os países desenvolvidos e os países em desenvolvimento. Isso se explica, porque os últimos importam quantitativamente mais dos primeiros do que o contrário e, por conta disso, deveriam ter uma contrapartida financeira a seu favor.

Realmente, os países em desenvolvimento têm soberania e legitimidade para proteger suas economias da forma que entenderem. No entanto, é necessário que haja observância dos tratados internacionais firmados para que não ocorra o que a doutrina batizou de *tax treaty override*, como se verá adiante. Do contrário, as relações comerciais, principalmente dos países em desenvolvimento, serão negativamente impactadas pela fuga de investidores de suas jurisdições. E, nos mais extremos dos casos, os países desenvolvidos podem vir a impor sanções econômicas que venham a culminar em altos níveis de desemprego ou em desabastecimento de itens básicos à população.

No que tange à tributação das prestações de serviços, Alberto Xavier ensina que as convenções contra a dupla tributação assinadas pelo Brasil (seguindo, aliás, a Convenção Modelo da OCDE), não assimilam a remuneração da prestação de serviços a "rendimentos" isolados, sujeitos a retenção na fonte a alíquota reduzida, como "*royalties*" ou "outros rendimentos", antes os consideram receitas brutas integrantes do conceito de "lucro de empresa" e, como tal, sujeitos à tributação exclusiva no país de domicílio

---

replaced by a system of taxation based on the 'source principle'. One model convention to be geared to the latter principle is that of the Andean States. To some extent, this criticism is justified. If an enterprise derives profits from, say, supplying goods, such profits result not only from the goods having been offered in the enterprise's State of residence, but also from the opportunity offered in the recipient State for the sale of such goods. If the flows of goods between the two countries involved – or rather, more accurately, the profits resulting from those flows – are balanced, the question of what principle should be applied when distributing taxation of the profits is of relatively little significance, and in such a case adoption of the permanent establishment principle is recommendable because it is practicable. But if the flows are in imbalance, the recipient State is justified in requiring to be allowed to participate in the taxation of the proceeds of the sales of the goods – in the same way as it participates where interest and *royalties* are involved. The same applies to services rendered by the enterprise. VOGEL, Klaus. Klaus Vogel on **Double Taxation Conventions**. Third Edition. London: Kluwer Law International, 1997, p. 400.

da empresa, com a única exceção de serem atribuíveis a estabelecimento permanente localizado no país da fonte[225].

Por isso, os Comentários do Comitê de Assuntos Fiscais da OCDE (versão de 2010, comentários ao art. 12, parágrafos 11.1 e 11.2) são claros ao considerar que as remunerações por prestações de serviços (por oposição às remunerações no quadro das convenções de "*know-how*") não recaem no âmbito do art. 12 "*royalties*", nem do art. 21 "outros rendimentos", mas no âmbito do art. 7º, que trata do lucro das empresas[226].

Portanto, a tributação compete, em princípio, ao país de residência do prestador de serviços, a não ser que este disponha, no país da fonte de pagamento, de um "estabelecimento permanente". E isto porque – fora destes casos – só no país do domicílio, em face da contabilidade global da empresa, é possível determinar a eventual existência de lucro tributável, em face da comparação entre a totalidade das receitas, constituídas pelos preços das vendas de serviços, e os custos e despesas incorridos para a sua produção[227].

O que se pretende esclarecer é que o país da fonte do rendimento não pode presumir que determinada empresa terá lucro simplesmente pelo fato de prestar serviços para uma empresa que reside em suas fronteiras. Essa situação pode, novamente, ser explicada pela comparação das vendas de serviços com as vendas de bens. Pois, se não é possível determinar se uma empresa obtém lucros com a prestação de determinados serviços em um território onde não tenha estabelecimento permanente, a imposição de tributação sobre os valores advindos daquela pode gerar a tributação do patrimônio e não do rendimento em si. O mesmo acontece com uma empresa que vende bens. Eis que a tributação sobre a renda deve apenas

---

[225] XAVIER, Alberto. **Direito Tributário Internacional do Brasil**. 6. ed. Rio de janeiro: Forense, 2007, p. 690.

[226] XAVIER, Alberto. Idem, p. 690. A redação original dispõe o seguinte:
11.1. In the know how contract, one of the parties agrees to impart to the other, so that he can use them for his own account, his special knowledge and experience which remain unrevealed to the public. It is recognized that the grantor is not required to play any part himself in the application of the formulas granted to the license and that he does not guarantee the result therof.
11.2. This type of contract thus differs from contracts for the provision of services, in which one of the parties undertakes to use the customary skills of his calling to execute work himself for the other party. Payments made under the latter contracts generally fall under Article 7.

[227] XAVIER, Alberto. Op. cit., p. 691.

incidir sobre o lucro, que é o resultado da diferença entre as receitas e os custos e despesas e não sobre o valor bruto recebido. Do contrário estaríamos diante de um tributo incidente sobre o faturamento e não sobre o lucro.

Analisando a questão em referência, Luciana Rosanova Galhardo ensina que o primeiro passo a ser dado nessa análise é a qualificação do rendimento. Ou seja, deve ser afastada a hipótese de que o rendimento advindo de um serviço puro (mesmo que seja técnico) seja tratado como *know-how* e caia, portanto, na hipótese de *royalties* (art. 12). A autora analisou um caso específico que partiu de uma Decisão do Chefe da Divisão de Tributação de Curitiba (9ª Região Fiscal, sob o nº 9E97F007, de 8.10.1997, publicada no DOU em 30.12.1007). Na situação em questão, a empresa brasileira recebera a prestação de serviços realizada com conhecimentos usuais da profissão, não ocorrendo qualquer transferência de tecnologia (*know-how*). Nos pagamentos por serviços puros prestados não estavam presentes os requisitos característicos dos *royalties* (confidencialidade, implantação pelo beneficiário da transferência, ausência de garantia de resultado oferecida pelo autor da transferência de tecnologia). Além disso, na prestação de serviços, a empresa estrangeira normalmente usa os conhecimentos usuais de sua profissão, utilizando técnicas conhecidas por todos os especialistas do setor, sem qualquer confidencialidade[228].

Recorda a autora que há duas grandes categorias de tratados fiscais concluídos pelo Brasil no tocante à definição dos *royalties*, a saber:

(i) as que *incluem expressamente* no Protocolo as prestações de serviços técnicos e de assistência técnica na definição dos *royalties*, assimilando-as mais precisamente a "informações referentes a uma experiência adquirida no campo industrial, comercial ou científico", tais

---

[228] GALHARDO, Luciana Rosanova. **Serviços técnicos prestados por empresa francesa e imposto de renda na fonte**. In: Revista Dialética de Direito Tributário nº 31. São Paulo: Dialética, 1998, p. 41. Nesse artigo a autora analisa a tributação sobre serviços de engenharia ligados à assistência para implantação de meios industriais técnicos, logísticos, de estrutura de custos e de exploração, assistência na definição, direção e organização de projeto, assistência para implantação da estratégia para início de funcionamento de uma fábrica, a serem prestados por uma empresa francesa sem estabelecimento permanente no Brasil para uma empresa brasileira.

como o Acordo Brasil-Espanha, Brasil-Alemanha[229], Brasil-Itália, entre outros;

(ii) as que *não incluem expressamente* no Protocolo as prestações de serviços técnicos e de assistência técnica na definição de *royalties*, tais como o Acordo Brasil-França.

Nestes casos, por aplicação dos tratados, os pagamentos por *serviços puros, que não envolvam transferência de tecnologia*, portanto, não devem ser classificados como *royalties*, mas sim tratados como lucros das empresas[230]. Afastada a hipótese de tratamento como serviços pessoais independentes, dada a eliminação do art. 14 da Convenção Modelo da OCDE[231].

Portanto, o art. 7º dos tratados consagra a regra segundo a qual os lucros de uma empresa de um Estado Contratante só podem ser tributados nesse Estado, a não ser que a empresa exerça a sua atividade no outro Estado Contratante por meio de um estabelecimento permanente aí situado. No caso de as empresas prestadoras de serviços não disporem no outro Estado de um estabelecimento permanente, o art. 7º das Convenções impede a tributação da remuneração dos serviços por esse Estado[232].

Essa questão pode ser resolvida pela interpretação da regra explicativa do conceito de estabelecimento permanente, inserta no art. 5º dos tratados. Sobre esse assunto Vogel ensina que a prestação de serviços, incluindo serviços de consultoria, por uma empresa com a presença de funcionários ou outras pessoas engajadas na empresa com essa finalidade, se encaixa no conceito de estabelecimento permanente, mas apenas se as atividades dessa natureza continuem no âmbito do Estado Contratante por um período ou períodos maiores do que seis meses num intervalo de doze meses[233]. Essa é a solução dada a esse problema por tratados contra dupla tributação assinados mais recentemente pela Alemanha[234] e pela Conven-

---

[229] Denunciado pela Alemanha em fevereiro de 2005 e que perdeu a validade no Brasil a partir de 1º de janeiro de 2006. Ver a esse respeito o Decreto n.º 5.654/05, publicado no D.O.U. de 29 de dezembro de 2005.
[230] GALHARDO, Luciana Rosanova. Op. cit., p. 42.
[231] O art. 14 foi eliminado na revisão do Modelo OCDE em 2000.
[232] GALHARDO, Luciana Rosanova. Op. cit., p. 42.
[233] VOGEL, Klaus. Op. cit., p. 310 (tradução livre).
[234] O autor cita as Convenções assinadas pela Alemanha com China e Filipinas como exemplos.

ção Modelo das Nações Unidas. Em outros casos os serviços técnicos são tratados expressamente como *royalties* (como citado acima), independentemente da duração dos serviços prestados[235].

Cabe, por fim, a menção a uma questão que traz dúvidas e colabora com a confusão que se dá no Brasil no tratamento da tributação sobre serviços prestados por não-residentes. A matéria trazida no artigo 14 da Convenção Modelo da OCDE trata dos rendimentos de serviços profissionais independentes. Eis que no ano 2000 esse artigo foi excluído da Convenção Modelo, pois entendeu-se que o rendimento das profissões independentes era modalidade de lucro das empresas e que o conceito de instalação fixa era uma modalidade de estabelecimento permanente. Assim, a matéria passou a ser inteiramente regulada pelo art. 7º. Além disso, foi aditada ao art. 3º uma definição do termo "*business*", segundo a qual inclui este "o exercício de serviços profissionais e outras atividades de caráter independente"[236]. Essa distinção colabora inclusive no tocante à distinção entre serviços pessoais e não pessoais feita no Capítulo 2, item 2.2 acima. O Brasil, porém, reservou-se o direito de manter referido artigo em suas convenções[237].

Dessa forma, nos casos em que há importação de serviços puros sem a presença de um estabelecimento permanente no Brasil, a tributação deveria seguir o princípio da residência, como estipulado nos tratados, mas, veremos adiante que isso não tem acontecido na prática pela primazia dada pelo Estado brasileiro ao princípio da fonte de pagamento.

3.4.5. Passado, presente e futuro das interpretações do Fisco e da Justiça sobre o tema

A coerência é, ao menos em tese, uma qualidade que deveria nortear a atividade das autoridades fiscais dos diversos países da comunidade global. Eis que dado o atual contexto de comércio internacional de produtos e serviços é desejável que haja uma linha relativamente uniforme de tratamento a ser dado aos diversos tipos de rendimentos a serem tributa-

---

[235] O autor cita as Convenções assinadas pela Alemanha com Indonésia, Zimbábue e Uruguai como exemplos.
[236] XAVIER, Alberto. Op. cit., nota de rodapé na página 705.
[237] RAAD, Kees van. **Materials on International & EC Tax Law**. Vol. 1. Sixth Edition. Leiden: ITC, p. 157.

dos. Desejável, porque cada país é soberano para decidir sobre a melhor forma que lhe aprouver para tratar de sua política fiscal, como mencionado acima[238]. Porém, um país que tem ambições econômicas e políticas de ser uma potência mundial em todos os setores, como é o Brasil, deve ter regras fiscais mais coerentes com a realidade em que está inserido e com suas aspirações no cenário global. Não é de hoje que a comunidade internacional tem ciência do emaranhado de leis e normativos que assombra o empresariado, principalmente no que diz respeito a impostos no Brasil[239].

Nesse contexto, a edição do Ato Declaratório n° 1/00 pode ser entendida como um exemplo da falta de coerência das autoridades fiscais brasileiras com relação ao direito tributário internacional, em especial aos tratados internacionais para evitar a dupla tributação. Ainda assim, em que pesem as diversas críticas da doutrina[240] e recentes julgados dos tribunais[241], esse ato declaratório permaneceu vigente por mais de 14 anos, até sua revogação pelo Ato Declaratório Interpretativo n.º 5/14.

Eis o que dispunha o extinto ato:

---

[238] Ver item 3.4.1

[239] Um artigo de capa da Revista "The Economist" publicado em 2009, célebre por conta da capa que traz o Cristo Redentor decolando do Corcovado, ao citar os obstáculos para se fazerem negócios no Brasil refere-se às leis tributárias como sendo "barrocas", numa metáfora que pretende demonstrar a complexidade de nosso sistema tributário. Disponível em http://www.economist.com/printedition/displayStory.cfm?Story_ID=14845197. Acesso em 25 de fevereiro de 2015. Outra edição dessa revista do ano de 2013, que traz o mesmo Cristo Redentor, dessa vez em aparente queda livre, cita a insatisfação do setor privado com uma das mais altas taxas de tributação do mundo. Disponível.em: http://www.economist.com/news/leaders/21586833-stagnant-economy-bloated-state-and-mass-protests-mean-dilma-rousseff-must-change-course-has. Acesso em 25 de fevereiro de 2015.

[240] Essas críticas são encabeçadas principalmente por Alberto Xavier, que em um minucioso estudo comparou a redação desse Ato Declaratório à interpretação dada aos tratados internacionais pelos maiores especialistas do mundo no assunto dentre os quais Klaus Vogel, Philip Baker e Bruno Gouthière. XAVIER, Alberto. Op. cit., p. 692 a 700.

[241] O TRF da 4.ª Região exarou algumas importantes decisões a respeito, dentre as quais se destacam a Apelação Cível nº 2002.71.00.006530-5/RS e os posteriores Embargos Infringentes do mesmo processo. Outras importantes decisões a esse respeito são as seguintes: TRF4. Embargos Infringentes nº 2002.71.00.006530-5/RS. Primeira Turma. Relatora: Desembargadora Luciane Amaral Corrêa Münch. Data da publicação: 26.06.2009; TRF3. Recurso de Apelação nº 2005.61.00.024461-1. Terceira Turma. Relator: Desembargador Carlos Muta. Data da publicação: 23.03.2009; e, TRF2. Apelação em Mandado de Segurança nº 2004.50.01.001354-5. Quarta Turma. Relator: Desembargador Federal Luiz Antônio Soares. Data da publicação: 06.05.2010

Ato Declaratório Cosit nº 1 de 2000

Remessas sem Transferência de Tecnologia
I - As remessas decorrentes de contratos de prestação de assistência técnica e de serviços técnicos sem transferência de tecnologia sujeitam-se à tributação de acordo com o Art. 685, inciso II, alínea "a", do Decreto nº 3.000, de 1999.
II - Nas Convenções para Eliminar a Dupla Tributação da Renda das quais o Brasil é signatário, esses rendimentos classificam-se no artigo Rendimentos não Expressamente Mencionados, e, consequentemente, são tributados na forma do item I, o que se dará também na hipótese de a convenção não contemplar esse artigo.
III - Para fins do disposto no item I, consideram-se contratos de prestação de assistência técnica e de serviços técnicos sem transferência de tecnologia aqueles não sujeitos à averbação ou registro no Instituto Nacional da Propriedade Industrial – INPI e Banco Central do Brasil.

O texto acima exposto colide frontalmente com o tratamento que se dá à tributação de serviços. Como salientado no item acima (3.4.4), os rendimentos oriundos de serviços técnicos sem transferência de tecnologia deveriam receber o tratamento de "Lucros das Empresas", conforme disposto no art. 7º dos tratados internacionais e não o tratamento de "Rendimentos não Expressamente Mencionados" do art. 21, como queria a Receita Federal. Isto se justifica por dois principais argumentos: i) a posição defendida no Ato Declaratório nº 1/00 era tão isolada, que poderia ser apelidada de jabuticaba; ii) não se pode conceber a existência de fundamento que permita tratamento diverso entre a importação de mercadorias e a importação de serviços sem transferência de tecnologia, em especial, nos casos em que não há estabelecimento permanente do prestador não-residente no país e em que a presença física do prestador não se faz por um tempo suficiente para que ocorra essa caracterização.

Ao que parece, a orientação do Ato Declaratório nº 1/00 baseava-se numa linha de raciocínio que entendia que[242]:

---

[242] LEONARDOS, Gabriel Francisco. **O imposto de renda na fonte sobre os pagamentos ao exterior por serviços técnicos: análise de um caso de renúncia fiscal do Brasil**. In: Revista Dialética de Direito Tributário nº 40, p. 38.

(...) o único objetivo do art. 7º da Convenção Modelo da OCDE é regular os casos em que existe um estabelecimento permanente da empresa estrangeira no outro país contratante. Se não existe um estabelecimento permanente, fica totalmente sem sentido a invocação da regra do art. 7º (...). Com efeito, o art. 7º jamais seria aplicável à hipótese de pagamentos pela prestação de serviços! Toda a estrutura do art. 7º demonstra que ele cuida da apuração dos resultados de uma atividade fixa de um contribuinte de um país contratante, que é exercida dentro do território do outro país contratante. Tais resultados são apurados mediante o confronto de receitas e despesas, em um determinado espaço de tempo. O único objetivo do art. 7º, no que diz respeito à inibição da atuação do Fisco de um dos países contratantes, consiste na vedação de tributação dos lucros auferidos no outro país.

Alberto Xavier refuta essa posição entendendo que não é exato que o único objetivo do art. 7º seja regular os casos em que existe um estabelecimento de empresa estrangeira no outro país contratante[243]. Nesse sentido, podemos nos valer da lição do internacionalista Philip Baker, segundo o qual o art. 7º tem dois propósitos distintos, quais sejam[244]:

1) Evitar a dupla incidência nos casos em que uma empresa de um Estado Contratante desenvolve negócios no outro Estado Contratante sem estabelecimento permanente;
2) Delimitar a tributação nos casos em que uma empresa de um Estado Contratante tem estabelecimento permanente no outro Estado Contratante. Nesses casos esse último Estado pode tributar apenas o montante de lucros atribuíveis àquele estabelecimento permanente.

Xavier explica que o art. 7º contém duas normas distintas, uma de atribuição de competência exclusiva, e outra de atribuição de competência cumulativa[245].

Seguindo essa linha de raciocínio, podemos lembrar novamente Klaus Vogel, que observa que o art. 7º abrange a mais importante categoria de ren-

---

[243] XAVIER, Alberto. Op. cit., p. 694.
[244] BAKER, Philip. **Double Taxation Conventions and International Tax Law**. Londres: Sweet & Maxwell, 2.ª edição, 1994, p. 7-24.
[245] XAVIER, Alberto. Op . cit., p. 695.

dimentos, o "lucro da empresa", e contrariando expressamente a opinião segundo a qual o art. 7º não se aplicaria aos serviços afirma que tradicionalmente esse conceito está relacionado ao comércio, incluindo atividades bancárias, financeiras, comércio e indústria; mais recentemente o setor de serviços[246]. Nesta mesma esteira, Alberto Xavier explica que[247]:

> Aliás, o próprio art. 7º, no parágrafo correspondente ao § 7º, do Modelo OCDE revela que se aplica aos preços de venda de bens e serviços, como receitas componentes do lucro contábil, ao dispor que "quando os lucros compreenderem elementos de rendimentos especialmente tratados noutros artigos da presente convenção, as respectivas disposições não serão afetadas pelas deste artigo".
> Trata-se do princípio de prevalência dos regimes especiais ou do caráter residual da noção de lucro de empresa. Ou seja, se os elementos do lucro, isoladamente considerados, têm um tratamento especial (como é o caso dos dividendos, dos juros e dos *royalties*) aplicam-se as disposições específicas que lhes respeitam. Se não têm um tratamento especial, como é o caso da venda de bens e serviços, aplica-se o art. 7º.

Em sentido contrário, Gabriel Leonardos entende que o art. 7º jamais seria aplicável à hipótese de pagamentos pela prestação de serviços, e que ele cuida da apuração dos resultados de uma atividade fixa de um contribuinte de um país contratante, exercida dentro do território do outro país contratante. O autor conclui seu raciocínio dizendo que tais resultados são apurados mediante o confronto de receitas e despesas em um determinado espaço de tempo[248].

Esse é o entendimento de parte da jurisprudência que entende que a qualificação das remessas para pagamento das importações de serviços sem transferência de tecnologia se dá no artigo dos tratados que trata de "Outros Rendimentos"[249]. Tal corrente se baseia no fato de que o pagamento pela contraprestação de um serviço não se caracteriza como lucro, mas como remuneração pelos serviços prestados. Entende-se que o conceito de lucro deve ser delimitado pelas disposições do direito interno (Decreto-Lei no. 1.598/77, artigos 6.º e 11), sendo, portanto composto pela

---

[246] VOGEL, Klaus. Op. cit., p. 406 (tradução livre).
[247] XAVIER, Alberto. Op. cit., p. 696.
[248] LEONARDOS, Gabriel Francisco. Op. Cit., p. 38.
[249] TRF3: Apelação n.º 0023869-69.2001.4.03.6100.

diferença entre a receita bruta operacional da empresa e os custos incorridos para sua obtenção. Por não se encaixar no conceito de lucro, segundo os ditames da legislação local, o pagamento pela contraprestação de serviços, no entendimento desta corrente, deve ser qualificado no artigo relativo aos "outros rendimentos não expressamente mencionados" dos tratados. Deve portanto haver a retenção do imposto de renda na fonte mediante observância do art. 685, II, "a" do RIR/99. Eis trecho da ementa do acórdão do TRF da 3.ª Região que segue essa linha de raciocínio ao tratar da importação de serviços sem transferência de tecnologia por uma empresa sediada no Brasil de sua controladora sediada na Holanda[250]:

> 5. Para a Secretaria da Receita Federal, os valores remetidos pela impetrante ao exterior não têm natureza de lucro, podendo ser enquadrados como cessão de direito de uso ou mera remuneração dos serviços prestados, o que admitiria, de qualquer forma, a tributação.
> 6. A impetrante, por sua vez, aduz que tais rendimentos ajustam-se à hipótese prevista no art. 7.º, do Decreto n.o 355/91, razão pela qual devem ser apenas tributados no país sede da empresa.
> 7. A remessa de valores pela prestação de serviços sem transferência de tecnologia à empresa controladora não é alcançada pelo conceito de lucro, que deve ser delimitado à luz do direito interno, nos termos do que estabelece o art. 3o, § 2o, da convenção.
> 8. Lucro, conforme delineado pela legislação brasileira, abrange os subconceitos de lucro operacional e lucro real (Decreto-Lei n.º 1.598/77, artigos 6.º e 11), compondo-se da diferença entre a receita bruta operacional, obtida pela impetrante com a prestação dos serviços e os custos incorridos para sua realização.
> 9. Assim, revestem-se os valores remetidos para a empresa controladora na Holanda de natureza de rendimento auferido como contraprestação pelos serviços contratados, não sendo possível o seu enquadramento como "lucros", nos moldes do art. 7.º do Decreto n.º 355/91, razão pela qual, de rigor a aplicação da regra geral prevista no art. 22, deste mesmo diploma, que admite a tributação sobre os rendimentos não expressamente mencionados na convenção.
> 10. Com base em tal entendimento, foi expedido o Decreto n.o 3.000/1999, cujo art. 685, inciso II, alínea "a", prescreve que os rendimentos, ganhos de capital e demais proventos pagos, creditados, entregues, empregados ou remetidos, por fonte situada no País, a pessoa física

---

[250] Idem.

ou jurídica residente no exterior, estão sujeitos à incidência na fonte à alíquota de vinte e cinco por cento: os rendimento do trabalho, com ou sem vínculo empregatício, e os da prestação de serviços.

11. Amparado por tal decreto, foi expedido, por sua vez, o Ato Declaratório COSIT n.º 01/2000, o qual dispõe que as remessas decorrentes de contratos de prestação de assistência técnica e de serviços técnicos sem transferência de tecnologia sujeitam-se à tributação de acordo com o art. 685, inciso II, alínea "a", do Decreto no 3.000, de 1999, bem como que nas Convenções para Eliminar a Dupla Tributação da Renda das quais o Brasil é signatário, esses rendimentos classificam-se no artigo Rendimentos não Expressamente Mencionados, e, consequentemente, são tributados na forma do item I, o que se dará também na hipótese de a convenção não contemplar esse artigo.

Como já mencionado anteriormente, parece que o art. 7º, no que concerne às prestações internacionais de serviços, reserva a competência tributária exclusiva ao país de domicílio do prestador, vedando a tributação na fonte pelo país em que se localiza o beneficiário, pois tal fenômeno tem a natureza substancialmente idêntica à de uma importação de bens ou mercadorias. Quanto a estas jamais se confundiu o pagamento do preço da coisa importada com renda, pelo que nunca se pretendeu a incidência do imposto de renda relativamente ao valor da importação. Na verdade, uma coisa é "renda" – que corresponde a uma remuneração de um fator de produção – outra coisa é "pagamento de capital", que corresponde a uma transação que envolve troca de bens que integravam previamente o patrimônio das partes em presença. O produto da venda de bens não é renda, mas receita bruta operacional. A renda – a haver – resultará da diferença entre as receitas das vendas e os custos ou perdas necessários à produção dos bens vendidos, consistindo no lucro líquido tributável. Pode, pois, concluir-se com Alberto Xavier que, independentemente da existência de tratado para evitar a dupla tributação entre os países envolvidos, os preços de venda de mercadorias e serviços constituem rendimentos de empresa ou rendimentos comerciais, que só devem ser tributados de forma sintética no país de domicílio do vendedor (salvo se este agir no outro país por intermédio de um estabelecimento permanente) e não de uma forma analítica ou isolada, por retenção na fonte, no país em que se localiza a fonte pagadora[251].

Feitas essas considerações, fácil se torna demonstrar o grave equívoco lógico que consistia na afirmação segundo a qual, sendo o conceito de lucro, consagrado na interpretação que se dava à lei brasileira, equivalente ao de um somatório sintético e global de receitas e despesas, não seria aplicável à receita ou ao rendimento isolado, consistente no pagamento dos serviços. Com efeito, na sistemática do art. 7º, o conceito de lucro de empresa só é aplicável por definição no Estado de residência da empresa vendedora (de mercadorias ou serviços), pois só neste Estado é possível a apuração sintética, em face de um balanço, do resultado em que o lucro se traduz[252].

A única hipótese em que seria válida a afirmação supra referida é a da venda de mercadorias ou serviços ser realizada pela empresa estrangeira por meio de um estabelecimento permanente, localizado no Estado da fonte[253].

Aí, sim, é legítimo invocar o conceito da lei brasileira (arts. 247 e 248 do RIR) para a determinação do lucro imputável a esse mesmo estabelecimento. A aplicação do conceito de lucro da lei brasileira à empresa estrangeira, que não dispõe no país da fonte de um estabelecimento permanente, conduz a uma alternativa logicamente absurda, que põe a nu o sofisma em que se baseia. Com efeito, ou o art. 7º nunca seria aplicável, pois a partir do Brasil nunca poderiam ser pagas remunerações globais e sintéticas, ou seja, nunca poderiam ser pagos "lucros", tornando o art. 7º uma excrescência inútil no tratado; ou então, se se quisesse salvar algum sentido útil ao art. 7º, ter-se-ia de concluir que ao Brasil seria legítima a tributação na fonte das importações de mercadorias, pois os pagamentos em causa também não configurariam "lucros", segundo o conceito da lei brasileira[254].

Em comentário sobre a solução de consulta mencionada no item anterior (que tratava da importação de serviços técnicos sem transferência de tecnologia da França e sem caracterização de estabelecimento permanente no Brasil), Leonardos entende que é verdade que o rendimento da prestação de serviços constitui uma receita operacional da empresa francesa,

---

[251] XAVIER, Alberto. Op. cit., p. 697.
[252] Idem.
[253] XAVIER, Alberto. Op. cit., p. 697.
[254] Idem.

resultando de suas operações normais, mas isso não significa dizer que ele não seria passível de inclusão na rubrica de "Outras Rendas"[255].

Nesse aspecto, Xavier entende que de harmonia com o Ato Declaratório n° 1/00, a remuneração dos serviços (inclusive os de assistência técnica, quanto aos tratados que não tenham protocolo de equiparação) estaria abrangida no art. 21 dos tratados brasileiros, que se refere a "rendimentos não expressamente mencionados" ou "outros rendimentos". Com efeito, enquanto o Modelo OCDE atribui a competência tributária exclusiva ao Estado de residência do titular destes rendimentos, as convenções brasileiras consagram uma competência cumulativa do Estado da fonte, que pode, por conseguinte, submetê-las a uma retenção[256].

A premissa de que parte o raciocínio é, porém, inexata. A remuneração dos serviços prestados por empresas não está abrangida no art. 21 – de caráter residual – pela singela razão de que está abrangida no art. 7°. Assim afirma a Comissão de Assuntos Fiscais da OCDE, nos seus comentários à Convenção Modelo. Assim afirma Klaus Vogel, dentre outros.

"Outros rendimentos" abrangidos no art. 21 são rendimentos atípicos, inusuais que não justificam um tratamento convencional separado, à semelhança do que é reservado aos lucros, dividendos, juros, *royalties*, rendimentos do trabalho dependente e independente, ganhos de capital e outros[257].

Vejam-se os exemplos citados por Philip Baker para aplicação deste dispositivo: (i) pagamentos de seguridade social dos EUA; (ii) ganhos de jogo; (iii) prêmio ganho na Disneylândia por residente do Reino Unido; (iv) vantagem obtida por presidente de empresa francesa autorizado a comprar um apartamento da companhia por preço inferior ao de mercado; (v) pagamentos "*lump sum*" para ex-empregados; (vi) pagamentos a estudantes não abrangidos no art. 20; (vii) pagamentos de *swaps* de taxa de juros e de novos produtos financeiros[258].

---

[255] LEONARDOS, Gabriel. Op. cit., p. 40.
[256] XAVIER, Alberto. Op. cit., p. 698.
[257] Idem.
[258] A opinião de Klaus Vogel, segundo a qual o art. 21 não se aplica a serviços, inclusive de assistência técnica, regulados pelo art. 7° é de peso decisivo, pois a sua obra, de conteúdo e dimensão monumentais, representa um repositório exaustivo de Direito Comparado, em que se analisa a doutrina e a jurisprudência dos diversos países membros da OCDE, dele não constando um só parecer ou decisão em sentido contrário. Cf. XAVIER, Alberto. Op. cit., nota de rodapé da página 699.

Vogel conclui categoricamente: em contraste, o art. 21 não é aplicável a itens geradores de renda classificáveis como lucros de empresas, no sentido abrangido no art. 7º da Convenção Modelo da OCDE, tais como remuneração por serviços técnicos, para os quais há regras especiais (art. 12), mas os quais na ausência de determinadas regras deve estar abrangido no art. 7º[259].

O significado do art. 21 da Convenção Modelo da OCDE consiste, como vimos, em atribuir a competência tributária exclusiva, relativamente a "outros rendimentos", ao Estado de residência. As convenções brasileiras não aceitam esse modelo, tendo sido negociado o reconhecimento da competência cumulativa com o Estado da fonte. A ausência eventual desta cláusula (como sucede na convenção com a França) não tem qualquer alcance prático, pois, não existindo nenhuma limitação convencional quanto aos rendimentos residuais, aplica-se diretamente a legislação interna de ambos os Estados, que tratarão os rendimentos atípicos em causa consoante seus próprios critérios[260].

Mas daqui não se pode concluir que a legislação tributária interna brasileira (art. 7º da Lei nº 9.779/99) se possa aplicar, sem limites, à remuneração dos serviços, que não podem ser considerados "outros rendimentos", pela singela razão de que são regulados pelo art. 7º, que impede a retenção na fonte pelo Estado de que provêm os pagamentos[261].

Leonardos, ao contrário, entende que o art. 21 da Convenção Modelo da OCDE não é limitado a receitas não operacionais ou eventuais e que nada no texto do art. 21 ou em seus comentários oficiais autoriza a conclusão de que ele seria limitado a receitas não operacionais ou eventuais[262].

O referido autor demonstrava preocupação com a solução de consulta exarada pelas autoridades da Receita Federal do Paraná, pois entendia que se essa não fosse modificada, haveria uma avenida de oportunidades para prestadores de serviços estabelecidos nos demais países com os quais há tratados de bitributação e não foi feita a equiparação dos pagamentos por

---

[259] VOGEL, Klaus. Op. cit., p. 1073 (tradução livre).
[260] XAVIER, Alberto. Op. cit., p. 699.
[261] TÔRRES, HELENO TAVEIRA. **Princípio da territorialidade e tributação de não-residentes no Brasil. Prestações de serviços no exterior. Fonte de produção e fonte de pagamento.** In: Idem (org.). Direito Tributário Internacional Aplicado, São Paulo: Quartier Latin, 2003, p. 71.
[262] LEONARDOS, Gabriel. Op. cit., p. 40.

serviços técnicos a *royalties*, citando os acordos com a Áustria, Bélgica, Finlândia, Japão, Portugal e Suécia[263].

Em conclusão, o autor afirma que melhor andaria o Fisco brasileiro se, em lugar de beneficiar prestadores de serviços estrangeiros, procurasse rever os limites de dedutibilidade dos pagamentos por tecnologia das empresas estabelecidas no Brasil[264].

Realmente, entendemos que há argumentos para se discordar do posicionamento acima, pois além de ser isolado entre os doutrinadores do Direito Tributário Internacional, entendemos que não se trata de beneficiar prestadores de serviços estrangeiros, mas simplesmente de alinhar a política fiscal brasileira à política fiscal vigente internacionalmente, independentemente do nível de desenvolvimento econômico dos diversos países. A ampliação dos limites de dedutibilidade citada de fato poderia reduzir o custo da importação de serviços com transferência de tecnologia, mas não afastaria a dupla incidência tributária, que é o que se pretende com a assinatura dos tratados.

Em que pese a coerente solução de consulta mencionada acima, com a edição do Ato Declaratório nº 1/00, a orientação da Receita Federal sobre o assunto já havia sido sedimentada, porém, mais recentemente a jurisprudência dos tribunais federais passou a aplicar a tese defendida por Alberto Xavier e pela maioria dos internacionalistas sobre esse assunto.

Alguns trechos da ementa da apelação cível n° 2002.71.00.006530-5/RS tratam da seguinte forma dessa questão:

> 3. Os acordos internacionais, para evitar a dupla tributação, atribuem o poder de tributar a renda ao Estado em cujo território os rendimentos foram produzidos (critério da fonte produtora) ou em cujo território foi obtida a disponibilidade econômica ou jurídica (critério da fonte pagadora), conforme a natureza do rendimento considerado. A qualificação deste deve ser feita segundo a lei interna do Estado que aplica o tratado. Solução diversa implicaria verdadeira introdução de legislação alienígena no ordenamento jurídico pátrio.
> 4. De acordo com os acordos internacionais firmados pelo Brasil, os rendimentos que não tenham sido expressamente tratados no seu texto serão tributáveis pelo Estado do residente de onde se originam. Ou seja,

---

[263] Idem, p. 41.
[264] Idem.

se os valores remetidos pela autora às empresas estrangeiras não se enquadrarem em alguma categoria específica referida pela Convenção, serão tributáveis no Brasil. Já quanto aos rendimentos que são expressamente mencionados nas convenções, em tese somente na categoria "lucro" poder-se-ia enquadrar o valor pago pela empresa brasileira às estrangeiras, em virtude da prestação de serviços no exterior.

5. Os rendimentos obtidos pela empresa estrangeira com a prestação de serviços à contratante brasileira, examinados à luz da lei brasileira, integram o lucro daquela, respeitada, para tal conclusão, a sistemática específica de apuração do lucro tributável, com sua previsão de adições e exclusões, que não desnatura como rendimento (porque receita operacional) componente do lucro aquele valor recebido em pagamento.

6. A remessa de rendimentos para o exterior, para pagamento de serviços prestados por empresa estrangeira, constitui despesa para a empresa remetente, e não rendimento.

7. É equivocada a tentativa do Ato Declaratório COSIT nº 01, de 05.01.2000, de enquadrar como "rendimentos não expressamente mencionados" os pagamentos ora discutidos, quando estes claramente constituem rendimento integrante do lucro da empresa que os aufere, situada no exterior.

Cabe mencionar que esse acórdão tratava da importação de serviços de reparo, revestimento e beneficiamento de fornos a empresas sediadas no Canadá e na Alemanha, os quais não envolviam transferência de tecnologia e os serviços contratados haviam sido prestados diretamente no Canadá ou na Alemanha; assim, não caberia ao Estado de fonte (no caso, o Brasil) tributá-los, mas tão somente ao Estado de residência (no caso, o Canadá e a Alemanha), que detêm competência exclusiva para tanto[265].

Naquele mesmo caso, como bem sintetizado pelo voto do Relator:

> A controvérsia paira, na verdade, sobre o enquadramento das quantias enviadas ao exterior para pagamento de contrato de prestação de serviços sem transferência de tecnologia como lucro, como quer a autora, ou como rendimentos não expressamente mencionados, como pretende a União. Ambas admitem, portanto, a aplicação da Convenção Brasil-Canadá e Brasil-Alemanha, divergindo quanto à interpretação dos dispositivos e à

---

[265] Similar entendimento foi acolhido em sede de agravo de instrumento em decisão do TRF-3 nos autos do processo de n.º 2014.03.00.017107-1, cujo caso envolve empresa estrangeira localizada no Japão e a interpretação do tratado para evitar a dupla tributação com esse país.

qualificação dos rendimentos, para o efeito de delimitar a possibilidade de tributação dos Estados contratantes.

E em que pese o entendimento do relator sobre a qualificação do rendimento como "Outros Rendimentos", enquadrados no art. 21, o entendimento que prevaleceu nesse acórdão foi o seguinte:

> Os rendimentos que não tenham sido expressamente tratados na Convenção serão tributáveis pelo Estado do residente de onde se originam. Ou seja, se os valores remetidos pela autora às empresas estrangeiras não se enquadrarem em alguma categoria específica referida pela Convenção, serão tributáveis no Brasil.
> Já quanto aos rendimentos que são expressamente mencionados na Convenção (lembramos que ambas têm textos iguais), em tese somente na categoria "lucro" poder-se-ia enquadrar o valor pago pela empresa brasileira às estrangeiras (posição, aliás, adotada pela autora). Com efeito, se considerado lucro das empresas estrangeiras, o valor remetido pela apelante somente será tributável pelo imposto de renda no Estado em que domiciliadas aquelas, neste ponto produzindo efeito o convencionado entre os dois Estados para fins de evitar a dupla tributação.
> É, portanto, pela aplicação do direito interno que devemos analisar a natureza daqueles valores remetidos. E, ao fazê-lo, discordamos do que afirma a ré, e do que consta no Ato Declaratório COSIT nº 01/2000. Vejamos.
> A União, amparada no referido Ato, opõe-se a qualificar o valor remetido como lucro da empresa estrangeira, sustentando que "o que é pago pela prestação de um serviço não pode ser tido como lucro, porquanto se constitui em parcela da receita percebida que poderá compor o lucro, após as operações de adições ou exclusões determinadas pela legislação pátria."
> Não se pretende aqui identificar com 'lucro' o próprio valor auferido pela prestação de serviços. Está certo que não é lucro, mas que é parcela componente deste. Logo, a distinção proposta pela União não pode subsistir, como fica evidente pelo que consta no item 16 de sua contestação (fl. 222). Ali se lê:
> "16. Efetivamente, a base do imposto de renda é fundamentada no lucro líquido do exercício. O resultado deverá levar em consideração as receitas e os rendimentos ganhos no período, independentemente de sua realização em moeda, e os custos, despesas, encargos e perdas, pagos ou incorridos, correspondentes a essas receitas e rendimentos (§ 1º do art. 187 da Lei nº 6.404, de 1976). Dessa forma, o que é pago pela prestação de um

serviço não pode ser tido como lucro, porquanto se constitui em parcela da receita recebida que poderá compor o lucro, após as operações de adições ou exclusões determinadas pela legislação Pátria."

A pretensão é, portanto, de afirmar que o valor recebido em pagamento de prestação de serviços (rendimento operacional), conquanto integre o lucro do exercício, não comporia o lucro real, porque este também contempla adições e exclusões legalmente determinadas.

Não há razoabilidade no argumento. Especificamente no caso da classificação dessa receita nas disposições das Convenções em pauta, a mera existência de um sistema de apuração de lucro real (tributável pelo IRPJ) envolvendo as já referidas exclusões e adições transmutaria a natureza do pagamento recebido em outra, que não a de componente do lucro, com o efeito de remetê-la ao art. 22 daquele texto. Não há como concordar com esse raciocínio. São rendimentos expressamente mencionados (no art. 7º) aqueles que compõem o lucro. E, repare-se, as Convenções referem-se a lucro – a abranger toda receita ou rendimento que o integra conceitualmente –, e não a lucro real ou similar. A vingar a tese da União, o art. VII não passará de letra morta, pois nenhum rendimento se enquadrará no conceito de lucro ali referido, na medida em que os ajustes (adições, exclusões ou compensações legais) só se farão ao final do exercício.

O voto em questão, em seguida passa a tratar da conceituação de "lucro", "renda" e "lucro real", com o intuito de proceder à qualificação dos rendimentos no artigo "lucros das empresas"[266] e conclui assim:

---

[266] Este é o raciocínio da Juíza Federal Vivian Josete Pantaleão Caminha:
A legislação ordinária, no lugar da expressão constitucional "RENDA", passou a utilizar, para uma das modalidades de base de cálculo, a expressão "LUCRO REAL". Observo que a adjetivação "REAL" é obra da legislação infraconstitucional ordinária. Não está na Constituição, nem na lei complementar – CTN.
A definição de "LUCRO REAL" está no DL 1.598, de 26.12.1977, como: Art. 6º (...) o lucro líquido do exercício ajustado pelas adições, exclusões ou compensações prescritas ou autorizadas pela legislação tributária.
Por sua vez, o "LUCRO LÍQUIDO DO EXERCÍCIO" é definido como:
Art. 6º (...)
§ 1º (...) a soma algébrica do lucro operacional (art. 11), dos resultados não operacionais, do saldo da conta de correção monetária (art. 51) e das participações, e deverá ser determinado com observância dos preceitos da lei comercial.
Após essas definições, o DL arrola os itens que devem ser adicionados e excluídos do LUCRO LÍQUIDO DO EXERCÍCIO, para se chegar, enfim, ao LUCRO REAL tributável (DL 1.598/77, art. 6º, §§ 2º a 7º).

A técnica legal para a determinação do LUCRO REAL TRIBUTÁVEL é a da enumeração taxativa (a) dos elementos que compõem o LUCRO LÍQUIDO DO EXERCÍCIO e (b) dos itens que devem ser, a este, adicionados e abatidos.

A receita operacional, de que é parte o valor recebido em pagamento da prestação de serviços, integra o lucro. Diante disso, não há como dizer que não deva ser considerada no art. 7º das Convenções. O reconhecimento de que o cálculo do lucro abrange deduções, no § 3º do art. 7º das Convenções não conduz por modo algum à conclusão de que a verba em discussão não integra o lucro a ser apurado. Veja-se claramente: não se trata de verba a ser excluída, mas de receita operacional decorrente da atividade produtiva exercida pela empresa. Não pode ser afastada do montante que se considerará para fins de lucro.

(...)

O Decreto-lei no 1.598/77 apresenta algumas definições esclarecedoras, que encontraremos repetidas no corpo do Decreto no 3.000/99 (Regulamento do Imposto de Renda):

Art. 6o Lucro real é o lucro líquido do exercício ajustado pelas adições, exclusões ou compensações prescritas ou autorizadas pela legislação tributária.

§ 1º O lucro líquido do exercício é a soma algébrica de lucro operacional (art. 11), dos resultados não operacionais, do saldo da conta de correção monetária (art. 51) e das participações, e deverá ser determinado com observância dos preceitos da lei comercial.

§ 2º Na determinação do lucro real serão adicionados ao lucro líquido do exercício:

a) os custos, despesas, encargos, perdas, provisões, participações e quaisquer outros valores deduzidos na apuração do lucro líquido que, de acordo com a legislação tributária, não sejam dedutíveis na determinação do lucro real;

b) os resultados, rendimentos, receitas e quaisquer outros valores não incluídos na apuração do lucro líquido que, de acordo com a legislação tributária, devam ser computados na determinação do lucro real.

§ 3º Na determinação do lucro real poderão ser excluídos do lucro líquido do exercício:

a) os valores cuja dedução seja autorizada pela legislação tributária e que não tenham sido computados na apuração do lucro líquido do exercício;

b) os resultados, rendimentos, receitas e quaisquer outros valores incluídos na apuração do lucro líquido que, de acordo com a legislação tributária, não sejam computados no lucro real;

c) os prejuízos de exercícios anteriores, observado o disposto no artigo 64.

Importante componente do lucro líquido, o lucro operacional é assim definido:

Art. 11. Será classificado como lucro operacional o resultado das atividades, principais ou acessórias, que constituam objeto da pessoa jurídica.

§ 1º A escrituração do contribuinte, cujas atividades compreendam a venda de bens ou serviços, deve discriminar o lucro bruto, as despesas operacionais e os demais resultados operacionais.

§ 2º Será classificado como lucro bruto o resultado da atividade de venda de bens ou serviços que constitua objeto da pessoa jurídica.

Veja-se, ainda:

Art. 12. A receita bruta das vendas e serviços compreende o produto da venda de bens nas operações de conta própria e o preço dos serviços prestados.

§ 1º A receita líquida de vendas e serviços será a receita bruta diminuída das vendas canceladas, dos descontos concedidos incondicionalmente e dos impostos incidentes sobre vendas.

A razão de reservar-se a tributação do rendimento para o Estado em cujo território foram produzidos é que nele serão processados os ajustes tendentes à apuração do lucro efetivamente tributável. E caso fosse admitida a retenção antecipada do tributo na fonte pagadora – sediada em Estado diverso –, restaria inviabilizada eventual restituição que se fizer necessária.

Resta evidente, portanto, que a receita obtida com a prestação de serviços integra o lucro da empresa. Logo, se sobre o lucro líquido calcula-se o lucro real, este a base do IRPJ, as parcelas que compõem o primeiro integram este.

Não encontro qualquer lógica em defender-se que apenas porque o rendimento auferido pela prestação de serviços, mesmo integrando o lucro líquido, pode não manter-se positivo no cálculo de apuração do lucro real, deva ser desqualificado como parcela integrante do lucro.

Se vimos que o lucro líquido é "a soma algébrica de lucro operacional, dos resultados não operacionais, do saldo da conta de correção monetária e das participações", e que o lucro operacional é definido como "o resultado das atividades, principais ou acessórias, que constituam objeto da pessoa jurídica", o fato de o lucro real ser o resultado da incidência de "adições, exclusões ou compensações" legalmente previstas sobre o montante do lucro líquido não significa que quaisquer das parcelas que compõem aquele possam ser desconsideradas. E dentre estas encontra-se a receita operacional, em que se insere o rendimento obtido com a prestação de serviços.

Em última análise, a remessa de rendimentos para o exterior, para pagamento de serviços prestados por empresa estrangeira, constitui despesa para a empresa remetente, e não rendimento.

Diz ainda a União em sua contestação:

E também o art. 13:
Art. 13. O custo de aquisição de mercadorias destinadas à revenda compreenderá os de transporte e seguro até o estabelecimento do contribuinte e os tributos devidos na aquisição ou importação.
§ 1º O custo de produção dos bens ou serviços vendidos compreenderá, obrigatoriamente:
a) o custo de aquisição de matérias-primas e quaisquer outros bens ou serviços aplicados ou consumidos na produção, observado o disposto neste artigo;
b) o custo do pessoal aplicado na produção, inclusive de supervisão direta, manutenção e guarda das instalações de produção;
c) os custos de locação, manutenção e reparo e os encargos de depreciação dos bens aplicados na produção;
d) os encargos de amortização diretamente relacionados com a produção;
e) os encargos de exaustão dos recursos naturais utilizados na produção.

"Muito embora o texto do Modelo, bem como a interpretação dada aos seus artigos, não seja vinculante, nem sequer eficaz perante membros da OCDE, como já visto, vale a utilização dos critérios interpretativos utilizados pelo Organismo Internacional com o fito de demonstrar a total inadequação do enquadramento que a impetrante quer atribuir ao pagamento efetivado a título de prestação de serviço técnico. Isto porque o Modelo não explicita o conteúdo da expressão "lucros", constante no artigo 7º. Em consequência, a conceituação da expressão é remetida ao ordenamento interno."

Em nenhum momento discordamos de que o conceito de lucro a ser aplicado é o que se obtém da legislação interna. Como acima demonstramos, os rendimentos obtidos pela empresa estrangeira com a prestação de serviços à contratante brasileira, examinados à luz da lei brasileira, integram o lucro daquela, respeitada, para tal conclusão, a sistemática específica de apuração do lucro tributável, com sua previsão de adições e exclusões, que não desnatura como rendimento (porque receita operacional) componente do lucro aquele valor recebido em pagamento.

Tais considerações feitas pela própria União, a nosso ver, são desconsideradas pelo Ato Declaratório COSIT nº 01, de 05.01.2000, quando este busca enquadrar como "rendimentos não expressamente mencionados" os valores referentes a pagamento de serviços técnicos sem transferência de tecnologia. Os rendimentos em questão são, sim, mencionados, pois constituem lucro, portanto subsumindo-se ao art. 7º do pacto internacional.

Não se pode acolher a afirmação simplista de que "os modelos adotados pelos organismos internacionais para evitar, eliminar ou atenuar a dupla tributação internacional não passam de uma representação sem qualquer conteúdo vinculativo", pois o que tal argumento pretende afastar, ainda que expressamente não o afirme, é a própria utilidade das Convenções Brasil-Canadá e Brasil-Alemanha, aqui discutidas. Trata-se de pactos firmados pelo Brasil e que integram a ordem interna, não podendo ser considerados desprovidos de conteúdo vinculativo. É a estes que estamos aplicando, e não quaisquer outros princípios propostos por organismos internacionais, que não hajam constado em pactos firmados pelo Brasil e integrados à ordem interna na forma prevista na ordem jurídica pátria.

Portanto, o que temos é norma interna vigente e válida, que dispõe sobre a tributação em casos como o nestes autos discutido. Nesse contexto, equivocada a tentativa do já referido Ato Declaratório COSIT de enquadrar como "rendimentos não expressamente mencionados" os pagamentos ora discutidos, quando estes claramente constituem rendimento integrante do lucro da empresa que os aufere, situada no exterior.

O que se está a sustentar aqui, pois, não é a prevalência de quaisquer interpretações constantes no Modelo da OCDE, mas a adequada qualificação dos rendimentos auferidos pelo prestador de serviços como lucro, com base na natureza do pagamento que lhe é efetuado. Ao concluir diversamente, optando por enquadrá-los como "rendimentos não expressamente mencionados", a autoridade administrativa fiscal não procedeu a uma correta aplicação da lei interna, pois, como acima vimos, não há como inseri-los em qualquer outra rubrica que não a de lucro operacional, integrante do lucro líquido, do qual resulta, afinal, o lucro real tributável pelo imposto de renda.

Apesar de a decisão ter analisado apenas operações com Canadá e Alemanha, pode-se dizer que similar entendimento é aplicável às demais situações envolvendo pagamento pela contraprestação de serviços, desde que não envolva transferência de tecnologia e haja acordo internacional para evitar a dupla tributação entre o Brasil e o país de domicílio do beneficiário dos rendimentos[267].

Esse precedente favorável aos contribuintes possibilita que se obtenha uma substancial redução do custo da importação de serviços, já que em muitos casos, como a sociedade estrangeira exige o pagamento líquido do preço avençado, a companhia brasileira é obrigada a suportar o custo financeiro do IRRF[268].

Mais recentemente, acórdão do STJ[269] julgando Recurso Especial relativo à causa acima, interposto pela União Federal em face da decisão dos embargos infringentes que mantinham o entendimento de que os lucros oriundos de uma importação de serviços devam ser tributados apenas no local de residência do prestador de serviços por aplicação do artigo 7.º dos tratados, ratificou essa tese. Em tal decisão, os eminentes Ministros afastaram o argumento da Fazenda Nacional que questionava a natureza dos rendimentos pagos pela empresa brasileira importadora dos serviços buscando descaracterizar o rendimento do conceito de lucro para afastar a aplicação do artigo 7.º dos tratados do Brasil com Alemanha e Canadá e

---

[267] PEREIRA, Fabio Caon. **Cobrança de IRRF sobre importação de serviços.** Artigo publicado no sítio: "Última Instância": http://ultimainstancia.uol.com.br/conteudo/artigos/4582/cobranca+de+irrf+sobre+importacao+de+servicos.shtml. Acesso em 25 de fevereiro de 2015.
[268] Idem.
[269] STJ – Segunda Turma - REsp 1.161.467 / RS – Relator: Ministro Castro Meira – Julgado em 17/05/2012 – Publicado em 01/06/2012.

qualificar os rendimentos sob a luz do artigo 21 e, por consequência, aplicar a tributação do rendimento na fonte.

O voto do relator Ministro Castro Meira, tratando da tese da Fazenda Nacional que buscava equiparar o preço dos serviços ao lucro real e com isso afastar a aplicação do artigo 7.º, resume a questão dessa forma[270]:

> É regra de hermenêutica que devem ser rechaçadas as interpretações que levem ao absurdo, como é o caso da interpretação aqui defendida pela Fazenda Nacional. Com efeito, ao equiparar "lucro das empresas estrangeiras" com "lucro real das empresas estrangeiras", tornou absolutamente inaplicável a norma.
>
> A tributação do rendimento somente no Estado de destino torna possível que lá sejam realizados os ajustes necessários à apuração do lucro efetivamente tributável. Caso se admita a retenção antecipada – e portanto, definitiva – do tributo na fonte pagadora, como defende a Fazenda Nacional, serão inviáveis os referidos ajustes, afastando-se a possibilidade de compensação se apurado lucro real negativo no final do exercício financeiro.
>
> Portanto, "lucro da empresa estrangeira" deve ser interpretado em acepção mais ampla do que "lucro real", sob pena de tornar sem valia o dispositivo e acolher a bitributação internacional como regra na Convenção, que objetiva, justamente, .coibi-la.

Referido julgado afastou ainda tese da Fazenda Pública no sentido de que o artigo 7.º da Lei n.º 9.779/99, que estabelece a tributação dos rendimentos decorrentes da prestação de serviço, quando esses valores sejam pagos a pessoas residentes ou domiciliadas no exterior deve prevalecer sobre os tratados, pois é norma posterior e revogou as convenções assinadas em anos anteriores à sua publicação. Nesse sentido, entenderam os Ministros que o princípio da especialidade é que faz que o tratado seja aplicado ao invés da lei[271]:

> Assim, o art. 98 do CTN deve ser interpretado à luz do princípio da especialidade, não havendo, propriamente, revogação ou derrogação da norma interna pelo regramento internacional, mas apenas suspensão de

---

[270] Ibidem.
[271] Ibidem.

eficácia que atinge, tão só, as situações envolvendo os sujeitos e os elementos de estraneidade descritos na norma da convenção.

O que ocorre é mera limitação da eficácia normativa: a norma interna perde a sua aplicabilidade naquele caso específico, mas não perde a sua existência ou validade em relação ao sistema normativo interno. Dito de outra forma, a "revogação funcional", a que se refere TORRES, torna as normas internas relativamente inaplicáveis àquelas situações previstas no tratado internacional, envolvendo determinadas pessoas, situações e relações jurídicas específicas, mas não acarreta a revogação, stricto sensu, da norma para as demais situações jurídicas a envolver pessoas, coisas ou situações não relacionadas aos Estados contratantes.

Portanto, a prevalência dos tratados internacionais tributários decorre não do fato de serem normas internacionais, e muito menos de qualquer relação hierárquica, mas de serem especiais em relação às normas internas.

No caso, o art. VII das Convenções Brasil-Alemanha e Brasil-Canadá deve prevalecer sobre a regra inserta no art. 7º da Lei 9.779/99, já que a norma internacional é especial e se aplica, exclusivamente, para evitar a bitributação entre o Brasil e os dois países signatários.

Às demais relações jurídicas não abarcadas pelas Convenções, aplica-se, integralmente e sem ressalvas, a norma interna, que determina a tributação pela fonte pagadora a ser realizada no Brasil.

Sem razão, portanto, a Fazenda quando defende a prevalência, no caso, do art. 7.º da Lei 9.779/99 sobre o art. VII das Convenções Brasil-Alemanha e Brasil-Canadá.

Os efeitos dessa decisão foram importantíssimos no que diz respeito ao tema. Isso porque em decorrência dela e do deslinde concretizado em todos os trâmites de julgamento deste Recurso Especial, foi expedido o Parecer PGFN/CAT nº 2363/2013 que teve por objeto revisar o Ato Declaratório Cosit nº 1/2000. Isso se deu por entender a RFB, após ampla e louvável pesquisa jurisprudencial e doutrinária conduzida pela PGFN, que as remessas efetuadas ao exterior decorrentes de contratos de prestação de assistência técnica e de serviços técnicos sem transferência de tecnologia devem ser enquadrados no artigo 7º das convenções para evitar a dupla tributação e, por conseguinte, tributados somente no país da residência, não estando mais sob o manto da incidência do IRRF, excetuados os casos em que ocorre a prestação de serviços através de um estabelecimento permanente situado no Brasil e aqueles casos nos quais exista disposição expressa nos tratados autorizando a tributação no Brasil. Ou seja, nas hipóteses em que os acordos internacionais ou dispositivo de protocolo autorizem a tributação no Brasil, a exemplo dos tratados e protocolos que caracterizem os valores pagos como *royalties*, tais serviços poderão ser submetidos ao tratamento previsto no art. 12 da Convenção Modelo.

A leitura deste parecer permite a compreensão do histórico das discussões e teses defendidas tanto pela RFB, como pelos contribuintes e toda a estratégia adotada pela PGFN inicialmente para enfatizar a legalidade do Ato Declaratório 1/2000 e finalmente para reconhecer a desnecessidade de interposição de recurso[272] face ao acórdão exarado por estar enfim de acordo com a interpretação de que o termo "lucro" contido no artigo 7º, deve ser compreendido de forma mais ampla e não como "lucro real", o que permitiria a interpretação de que o lucro a que se refere é o eventual lucro operacional apurado, fruto do rendimento obtido mediante a prestação de serviço e de que não deve haver conflito de normas, mas que o texto dos tratados é aplicável por força do art. 98 do CTN à luz do princípio da especialidade, que não revoga, nem derroga a legislação interna, apenas ocasiona a suspensão da eficácia da legislação interna naquilo que concerne às situações envolvendo os sujeitos e os elementos de estraneidade descritos nas Convenções Internacionais[273].

Interessante observar também no texto do parecer, a menção aos Comentários ao Modelo de Convenção para evitar a bitributação da OCDE com alusão ao parágrafo 71 dos comentários ao artigo 7º, no que diz respeito à interpretação do sentido do termo "lucro das empresas", conforme trecho copiado abaixo[274]:

> É de se considerar, também, que os países signatários devem conferir aos termos pactuados a máxima efetividade possível, desde que adequados, no caso do Brasil, aos nossos ditames constitucionais. E, com fulcro nos elementos antes registrados, não nos parece que atribuir à expressão "lucros" do art. 7º do Pacto em cena um conceito mais abrangente ensejaria afronta à Carta Maior.
>
> 20. De acordo com a doutrina, "os vocábulos receita, lucros e ganhos de capital possuem parentesco semântico, pois traduzem a ideia de acrés-

---

[272] Verificar no conteúdo do parecer citado acima a menção à Nota PGFN/CRJ/Nº 1249/2013.
[273] Referida posição pode ser verficada nas páginas 11 e seguintes do referido Parecer.
[274] Páginas 21 e ss do Parecer.

cimo a algo, de ganho. (...). As receitas, os lucros e os ganhos de capital representam parcelas positivas que se integram ao patrimônio das pessoas coletivas debaixo de um regime jurídico. (...)."[275]. Aliando este raciocínio com o do parágrafo anterior, ganha força a assertiva de que à expressão guerreada do art. 7º da Convenção Modelo da OCDE não se deve atribuir a acepção literal de mera receita, mas de rendimento integrante do lucro, pois, do contrário, estar-se-ia diante da conclusão extrema de que como o dispositivo se refere a lucro e, ainda não consistindo a remessa em discussão em lucro (real, no caso), ela deveria sofrer a tributação do IR na fonte.

21. Os comentários da OCDE à Convenção Modelo esclarecem de forma bastante incisiva que o conceito de lucro tratado no art. 7º apresenta significado amplo. Vejamos a transcrição aos comentários ao parágrafo 4º do aludido artigo:

"71. Embora não se tenha considerado necessário na Convenção definir o termo "lucros", deve ficar entendido, não obstante, que o termo, quando empregado neste Artigo e em outras partes da Convenção, tem significado amplo, incluindo todo o rendimento auferido na condução de uma empresa. Esse significado amplo corresponde ao emprego do termo na legislação tributária da maioria dos países membros da OCDE."[276]

22. Mesmo que incompatibilidade legal houvesse entre a legislação interna e os termos do tratado, o princípio da especialidade deve reger a contenda.

Mais adiante, o parecer conclui restringindo a interpretação de que o artigo 7º deve ser aplicado apenas nas situações em que: (i) o prestador do serviço seja não-residente (sem estabelecimento permanente no Brasil); (ii) que haja tratado para evitar a dupla tributação entre o Brasil e o país de origem da prestação em que não contenha disposição autorizando a tributação no Brasil, especialmente no que diz respeito ao enquadramento da remessa como pagamento de *royalty* (independente de o serviço ter caráter principal ou acessório à transferência de tecnologia); (iii) a remessa seja decorrente de prestação de assistência e de serviços técnicos sem transferência de tecnologia, sendo o âmbito da apreciação circunscrita aos arts.

---

[275] ANDRADE FILHO, Edmar Oliveira. **Imposto de Renda das Empresas**. São Paulo: Atlas, 2008, p. 43.
[276] OCDE. **Modelo de Convenção Tributária sobre o Rendimento e o Capital – versão condensada**. Tradução: ALMEIDA ADVOGADOS, julho de 2010, p. 156.

IMPOSTO DE RENDA

7º e 21 (ou 22) e que (iv) para a aplicação deste entendimento é necessária a total subsunção dos casos concretos à discussão exposta no Parecer e desde que não haja a configuração de planejamentos tributários abusivos. Confira-se, abaixo a redação que dispõe neste sentido[277]:

> 25.2. Consequentemente, opina-se na linha de que remessas ao exterior decorrentes de contratos de prestação de assistência técnica e de serviços técnicos sem transferência de tecnologia melhor se enquadram no artigo 7º ("Lucros das Empresas") dos mencionados pactos, ao invés dos arts. 21 ou 22 ("Rendimentos não Expressamente Mencionados"). Assim, tais valores seriam tributados somente no país de residência da empresa estrangeira, não estando sujeitos à incidência do IRRF.
> 25.3. A conclusão acima não se aplica nos casos em que a empresa exerça sua atividade através de um estabelecimento permanente situado no Brasil e tampouco quando, advindos de negociações entre os países signatários, houver disposição expressa nos acordos autorizando a tributação no Brasil. Ou seja, neste último caso, nas hipóteses em que os acordos internacionais ou dispositivo de protocolo autorizem a tributação no Brasil, a exemplo dos tratados e protocolos que caracterizem os valores pagos como *royalties*, tais serviços poderão ser submetidos ao tratamento previsto no art. 12 da Convenção Modelo – pagamento de *royalties*, independentemente do caráter em que a prestação do serviço foi efetuada (em caráter principal ou acessório), não incidindo, portanto, o art. 7º.
> 25.4. A análise aqui empreendida é restrita aos casos de remessas ao exterior decorrentes de contratos de prestação de assistência e de serviços técnicos sem transferência de tecnologia e quando existente tratado para evitar a dupla tributação, sendo o âmbito da apreciação circunscrita aos arts. 7º e 21 (ou 22), com as ressalvas do item anterior. Ademais, é de se alertar que para a aplicação do entendimento ora espelhado é necessária a total subsunção dos casos concretos à discussão aqui exposta e desde que não haja a configuração de planejamentos tributários abusivos.

Para se ter maior clareza sobre o alcance das disposições insertas no parecer acima, mister a análise da redação de um dos acordos firmados pelo Brasil que fazem a citada equiparação dos serviços técnicos aos *royalties*. Isso pode ser observado na leitura em conjunto da Convenção e do Protocolo do Convenção assinada entre Brasil e Itália destinada a evitar a dupla tributação, insertos no Decreto n.º 85.985/1981:

[277] Página 26 do Parecer em comento.

ARTIGO 12
Royalties
1. Os *royalties* provenientes de um Estado Contratante e pagos a um residente do outro Estado Contratante são tributáveis nesse outro Estado.
(...)
4. O termo *"royalties"*, empregado neste Artigo, designa as remunerações de qualquer natureza pagas pelo uso ou pela concessão do uso de um direito de autor sobre uma obra literária, artística ou científica (inclusive os filmes cinematográficos, filmes ou fitas de gravação de programas de televisão ou radiodifusão), qualquer patente, marcas de indústria ou comércio, desenho ou modelo, plano, fórmula ou processo secreto, bem como pelo uso ou pela concessão do uso de um equipamento industrial, comercial ou científico e por **informações correspondentes à experiência adquirida no setor industrial, comercial ou científico** (grifo nosso).
(...)
Protocolo
(...)
5. Com referência ao Artigo 12, parágrafo 4
A expressão "por informações correspondentes à experiência adquirida no setor industrial, comercial ou científico" mencionada no parágrafo 4 do Artigo 12 inclui os rendimentos provenientes da prestação de assistência técnica e serviços técnicos.

Lembra-se, novamente, que a equiparação acima está presente em todos os acordos assinados pelo Brasil para evitar a dupla tributação, com exceção das convenções com Áustria, Bélgica, Finlândia, França, Japão, e Suécia.

Dessa forma, segundo o entendimento da PGFN, para todos os demais casos nos quais ocorre tal equiparação no protocolo das convenções, deve ocorrer a tributação do imposto de renda na fonte sobre as remessas de serviços técnicos, de assistência técnica sem transferência de tecnologia, independentemente do fato de tais serviços revestirem caráter principal ou acessório. Afastando-se, dessa forma a aplicação do art. 7.º dos tratados.

Importante é frisar mais uma vez que para os demais casos de serviços puros, nos quais não haja uso de "informações correspondentes à experiência adquirida no setor industrial, comercial ou científico", e nas quais os serviços, objeto de uma importação, não sejam caracterizados como "serviço técnico", em que haja acordo entre o Brasil e o país do prestador do serviço e esse não tenha estabelecimento permanente no Brasil, deverá ser aplicado o art. 7.º dos tratados. É de veras quase impossível a aplicação do art. 7.º dos tratados, a se seguir o entendimento exarado pela PGFN. Realmente, ficará adstrito às remessas pelos pagamentos de serviços apenas por prestadores de serviços localizados nos seis países citados acima.

Melhor teria agido a PGFN se interpretasse os tratados de forma a permitir que as remessas por pagamentos de serviços técnicos e assistência técnica, ainda que sem transferência de tecnologia, fossem equiparadas a *royalties*, apenas nos contratos em que revistam caráter acessório à transferência de uma tecnologia. Isso, porque o objeto do artigo 12 dos tratados é o de regular a tributação dos contratos de *royalties*, não o de remessas de serviços que não guardem qualquer semelhança com esse tipo de contrato. Como já ressaltado acima (item 2.4), a distinção entre serviços puros e serviços técnicos complementares deve se dar não pelo conteúdo de um ou de outro, mas pelo objeto do contrato. O enfoque central dessa distinção deve-se dar não pela aferição da existência de conhecimentos especializados, mas sim no objeto do contrato: no contrato de prestação de serviços, ainda que envolvam conhecimentos especializados, estes não se destinam a ser *transmitidos* ao contratante, mas meramente *aplicados*, por sua solicitação, ao caso concreto. Portanto, não caberia a equiparação dos serviços técnicos aos *royalties* indistintamente.

A única situação, entretanto, na qual serviços que não necessariamente guardem características de *royalties* em que há uma equiparação mais ampla de espécies de serviços que devem, por conta disso se submeter ao art. 12, sofrendo a tributação na fonte, é a das remessas feitas entre Brasil e Índia. Isso se dá por conta do Protocolo da Convenção assinada entre os dois países, na qual a equiparação aos *royalties* é feita da seguinte maneira pelo Decreto n.º 510/1992:

> Protocolo
> (...)
> 2. Com referência ao Artigo 12, parágrafo 3
> Fica entendido que o disposto no parágrafo 3 do Artigo 12 aplica-se aos pagamentos de qualquer espécie feitos a qualquer pessoa que não seja um empregado da pessoa pagadora, como remuneração pela prestação de assistência ou serviços de natureza gerencial, administrativa, científica, técnica ou de consultoria.

Realmente aqui, de maneira correta ou não, ocorre uma equiparação mais ampla de certas espécies de serviços que devem ser equiparados a *royalty*, tais como serviços de natureza gerencial, administrativa, científica, técnica ou de consultoria.

Deve-se ressaltar aqui ainda, a novel edição do Ato Declaratório Interpretativo n.º 5 de 2014 que dispõe o seguinte:

> Art. 1º O tratamento tributário a ser dispensado aos rendimentos pagos, creditados, entregues, empregados ou remetidos por fonte situada no Brasil a pessoa física ou jurídica residente no exterior pela prestação de serviços técnicos e de assistência técnica, com ou sem transferência de tecnologia, com base em acordo ou convenção para evitar a dupla tributação da renda celebrado pelo Brasil será aquele previsto no respectivo Acordo ou Convenção:
> I - no artigo que trata de *royalties*, quando o respectivo protocolo contiver previsão de que os serviços técnicos e de assistência técnica recebam igual tratamento, na hipótese em que o Acordo ou a Convenção autorize a tributação no Brasil;
> II - no artigo que trata de profissões independentes ou de serviços profissionais ou pessoais independentes, nos casos da prestação de serviços técnicos e de assistência técnica relacionados com a qualificação técnica de uma pessoa ou grupo de pessoas, na hipótese em que o Acordo ou a Convenção autorize a tributação no Brasil, ressalvado o disposto no inciso I; ou
> III - no artigo que trata de lucros das empresas, ressalvado o disposto nos incisos I e II.

Ainda que se discorde do ato declaratório acima, especialmente no que tange ao pretenso enquadramento das remessas para pagamentos de serviços técnicos como rendimento de profissões independentes, que demandaria uma análise mais profunda da extensão do art. 14 das convenções para evitar a dupla incidência tributária nota-se que a estratégia do fisco brasileiro de restringir o alcance do art. 7.º dos tratados continua sendo aplicada. E, como ressaltado acima, no item 3.4.4, o artigo foi 14 excluído da Convenção Modelo da OCDE no ano 2000, pois entendeu-se que o rendimento das profissões independentes era modalidade de lucro das empresas. Com isso, a matéria passou a ser regulada apenas pelo art. 7º. Foi também aditada ao art. 3º uma definição do termo "*business*", segundo a qual inclui este "o exercício de serviços profissionais e outras atividades de caráter independente", que se relaciona à interpretação do art. 7.º que trata do lucro das empresas, ou "*business profits*".

Referido ADI, também teve por escopo a revogação do ADI n.º 1/2000. Essa é a redação do art. 3.º deste diploma normativo:

> Art. 3º Revogue-se o Ato Declaratório (Normativo) Cosit nº 1, de 5 de janeiro de 2000.

Pode-se concluir, por todo o exposto, que a jurisprudência brasileira vem dando passos no sentido de alinhar o entendimento sobre a questão às diretrizes dadas pelos mais renomados nomes do Direito Tributário Internacional e também aos entendimentos das autoridades fiscais da grande maioria dos países do mundo. Esses deslindes culminaram na revogação do Ato Declaratório nº 1/00. Espera-se, portanto, para o futuro que os embates entre fisco e contribuintes se voltem para a questão do enquadramento das remunerações de serviços para os países com os quais o Brasil firmou tratado no art. 14 e para um correto entendimento do âmbito de aplicação do art. 12. Em suma, as mesmas discussões continuarão, pois aos contribuintes caberá a busca pela primazia do princípio da tributação no local da produção do rendimento, enquanto que ao fisco caberá buscar o privilégio pelo princípio da tributação na fonte de pagamento nas importações de serviço.

Deveria prevalecer, a nosso ver e por todo o já exposto nas páginas acima, o enquadramento dos rendimentos de importações de serviços técnicos sem transferência de tecnologia de prestadores que não tenham estabelecimento permanente no Brasil e cujos serviços não se enquadrem como acessório a uma transferência de tecnologia no artigo 7º das convenções para evitar a bitributação. Esse deveria ser também o enquadramento das importações de serviços "puros", nos casos em que haja tratado entre o Brasil e o país do prestador dos serviços.

3.4.6. *Tax Treaty Override*

Pode-se traduzir a expressão *"tax treaty override"* como sendo a "inadimplência voluntária das obrigações convencionais", que pode ser entendida como sendo o descumprimento voluntário às disposições convencionais por parte de um dos Estados contratantes (em violação ao princípio *pacta sunt servanda*).

Vogel define dessa maneira o *tax treaty override*:

When a legislature unilaterally enacts new domestic tax laws which are contrary to an existing treaty without the treaty having been amended or terminated, such legislative action is then a **violation** of the treaty under **international law**[278].

Segundo o mesmo autor, o Comitê para Assuntos Fiscais da OCDE define *treaty override* dessa forma: 'the enactment of domestic legislation intended by the legislature to have effects in clear contradiction to international treaty obligations'[279].

Heleno Tôrres ensina que a transgressão explícita ou implícita às cláusulas de uma convenção sobre a renda e o capital – *override of tax treaties* – promovida por um (ou ambos) os Estados contratantes, consiste na *voluntária inaplicabilidade das normas convencionais* derivada seja da aplicação deliberada do direito interno, sem observância das normas convencionais, seja da edição de regras tributárias conflitantes com o disposto na convenção que, expressamente, limitem a aplicação desta[280].

Algumas consequências das transgressões às cláusulas de um tratado para evitar a bitributação podem ser citadas como, por exemplo, retaliações comerciais ou a interrupção da relação bilateral no sentido buscado pelo tratado. Invocou-se também a teoria do ilícito com o consequente dever de ressarcimento pelos danos causados. Porém, quanto às Convenções de Direito Internacional Tributário, dadas as suas peculiaridades, não deve ser aplicada a teoria do ilícito.

Neste contexto e, conforme ensinamentos de Heleno Tôrres, as convenções sobre a renda e o capital não apresentam um sentido materialmente reconduzível a uma possível violação das respectivas normas, por descumprimento voluntário, a ponto de configurar um ilícito ao qual deva se seguir um ressarcimento, porque os limites externos à atividade legislativa dos Estados contratantes em matéria tributária não são vinculativos, na medida em que se mantêm como livre e lícita toda e qualquer forma de expressão da atividade legislativa dos Estados sobre esta matéria[281].

---

[278] VOGEL, Klaus. Op. cit., p. 67.
[279] OECD – Committee on Fiscal Affairs, Tax Treaty Override (1989). Cf. VOGEL, Klaus. Op. cit., p. 67.
[280] TÔRRES, Heleno Taveira. **Pluritributação Internacional sobre a Renda das Empresas.** 2. ed. São Paulo: RT, 2001, p. 634.
[281] TÔRRES, Heleno Taveira. Op. cit., pp. 636 e 637.

Por tudo isso, Vogel ensina que:

> The violation of international law, however, **does not necessarily** lead to the invalidity of the treaty-violating **domestic** law. Rather, this is a question dependent upon the particular State's **constitutional law** (grifos do autor)[282].

Ou seja, a questão da soberania dos Estados no que tange à atividade legislativa em matéria tributária é o que deve prevalecer para esses fins.

No caso do Direito brasileiro, a segunda parte do art. 98 do CTN[283] limita o princípio *lex posterior derogat lex priori* em face das convenções de Direito Tributário Internacional, reconhecendo, quanto aos mesmos, o princípio *pacta sunt servanda*. Assim, em última análise, o *treaty override*, na prática legislativa nacional, que, na verdade é uma violação das obrigações do Estado em matéria de Direito Internacional, não advirá de eventuais conflitos com normas internas, salvo quando expressamente a lei se reportar ao tratado, desaplicando-o, haja vista o princípio da prevalência do Direito Internacional sobre o direito interno[284].

Na maioria dos Estados, no entanto, os tratados não prevalecem em face de outros diplomas legais. Leis internas editadas em período posterior aos tratados, mesmo que infringindo o direito internacional, podem afastar a sua aplicação[285].

Como consequências dos *treaty override*, os mais renomados doutrinadores sobre o tema entendem que não deve haver a responsabilização do Estado inadimplente em relação à outra parte que sofre os efeitos do seu cometimento, mas sim a interrupção da relação bilateral, inicialmente vantajosa para ambas as partes[286].

Com relação ao tratamento dado pelos tribunais internacionais a esse tema, Vogel conclui que[287]:

---

[282] VOGEL, Klaus. Op. cit., p. 70.
[283] **Art. 98.** Os tratados e as convenções internacionais revogam ou modificam a legislação tributária interna, e serão observados pela que lhes sobrevenha.
[284] TÔRRES, Heleno Taveira. Op. cit., p. 635.
[285] VOGEL, Klaus. Op. cit., p. 70 (tradução livre).
[286] TÔRRES, Heleno Taveira. Op. cit., p. 637.
[287] VOGEL, Klaus. Op. cit., p. 71.

> Double taxation treaties, in particular, have been found in judicial decisions to be especial laws in relation to general legislation: the courts are attempting, therefore, to avoid violations of international law where possible and to align the national laws with international ones.

Um exemplo do citado acima, ou seja, da aderência ao princípio da especialidade dos tratados internacionais, é a decisão mencionada no tópico acima, que rechaçou interpretação equivocada dada pelo Ato Declaratório nº 1/00 relativa à qualificação do rendimento advindo das importações de serviços, para aplicar o correto entendimento já sedimentado internacionalmente sobre o tema.

Assim, é dado como perfeitamente lícito a um Estado alterar suas disposições fiscais internas, sem que isso venha a implicar uma consequente necessidade de ressarcimento de danos. Nos dizeres de Heleno Torres, pode-se concluir que[288]:

> o que está em jogo não são obrigações materiais (concretas) de "fazer", "dar" ou "não fazer", como limitações a atividades nucleares, pesca de baleias ou fomento a programas especiais, mas limitações à atividade de legislação, e legislar em matéria tributária, sobre a qual não se reconhece qualquer limite, salvo os de ordem constitucional, de todo internos.

3.5. Métodos de eliminação da dupla incidência tributária internacional

Os chamados métodos de eliminação da dupla incidência tributária (ou dupla tributação ou ainda pluritributação) internacional são verdadeiras normas de limitação de competência de tributar entre os Estados. Tais métodos podem ser tanto unilaterais, previstos apenas por um dos Estados envolvidos; como bilaterais e, nesse caso, são previstos nas convenções para eliminação da supla tributação.

Em um trabalho que trata das importações de serviços, vale ressaltar que, mais do que para o importador brasileiro de serviços, os métodos de eliminação da dupla ou pluri incidência tributária internacional interessam aos prestadores internacionais de serviços que prestam serviços a clientes

---

[288] TÔRRES, Heleno Taveira. Op. cit., p. 637.

localizados no Brasil. Essa preocupação devem ter também os importadores de serviços de empresas do mesmo grupo econômico, pois de interesse o conhecimento sobre o alcance e efeitos das incidências tributárias nas jurisdições que exportam os serviços.

Buscou-se trazer nas linhas abaixo, um apanhado sobre o assunto com a intenção de fazer uma relação com as importações de serviço.

3.5.1. A isenção tributária

A isenção tributária ocorre, em apertada síntese, quando um dos países isenta a renda originada de um país e já tributada pelo outro. Em outras palavras, este método consiste em isentar do imposto devido no país da residência os rendimentos de fonte estrangeira[289]. Neste caso, o residente pagará o imposto devido ao Estado da fonte, conforme os critérios de apuração deste. Entretanto, em relação ao seu próprio Estado, o qual em regra tributa os rendimentos através de bases mundiais, não haverá qualquer obrigação, em razão da incidência de norma isentiva[290].

A doutrina classifica a isenção tributária em duas subespécies: a isenção integral e a isenção com progressividade. Eis a definição de cada uma delas[291]:

> A isenção integral, o próprio nome já indica, é aquela utilizada por países que afastam da base de cálculo do imposto devido internamente qualquer rendimento auferido no exterior; na isenção com progressividade tais rendimentos igualmente não entram na formação da base de cálculo do imposto devido ao país de residência, mas influenciam na fixação da alíquota progressiva deste.

Portanto, na isenção com progressividade, o rendimento, apesar de não ser tributado, é tomado em consideração, conjuntamente com os de pro-

---

[289] XAVIER, Alberto. Op. cit., p. 814.
[290] BASSANEZE, João Marcello Tramujas. **Pluritributação Internacional: Origem, Conceito e Medidas Unilaterais Destinadas à sua** Eliminação. In: TÔRRES, Heleno Taveira (coord.). **Direito Tributário Internacional Aplicado.** São Paulo: Quartier Latin, 2003, p. 457.
[291] Idem

dução interna, para o efeito de determinar a alíquota progressiva aplicável à renda global[292].

Como forma de exemplificação da aplicação da isenção nos tratados firmados pelo Brasil, é interessante que se colacionem os textos dos tratados que aplicam essa técnica.

Um acordo firmado pelo Brasil que utiliza a isenção integral é o da Argentina (além dos acordos com os Países Baixos e República Tcheca e Eslováquia), cujo art. 23, parágrafo 3.º, determina o seguinte:

> Decreto nº 87.976, de 22 de Dezembro de 1982
> ARTIGO XXIII
> Métodos para evitar a dupla tributação
> (...)
> 3. Quando um residente da Argentina receber rendimentos que, de acordo com as disposições da presente Convenção, sejam tributáveis no Brasil, a Argentina isentará de imposto esses rendimentos, a menos que sejam considerados provenientes da Argentina.

Observe-se que nesse caso há a isenção de quaisquer rendimentos tributáveis no Brasil, independente da qualificação.

No que diz respeito à isenção com progressividade, podem-se citar outros acordos firmados pelo Brasil que consagram essa técnica, dentre os quais os tratados firmados com Alemanha (denunciado), Áustria, Bélgica, França, Hungria, Luxemburgo, Noruega e Portugal. A título exemplificativo, colacionamos abaixo o tratado com a Áustria no artigo que trata do tema:

> Decreto nº 78.107, de 22 de julho de 1976
> ARTIGO 23
> Método para eliminar a dupla tributação
> (...)
> 3. Quando um residente da Áustria receber rendimentos que, de acordo com as disposições da presente Convenção, sejam tributáveis no Brasil, a Áustria, ressalvado o disposto nos parágrafos 4 a 7, isentará de imposto esses rendimentos, podendo no entanto, ao calcular o imposto incidente

---

[292] XAVIER, Alberto. Ob. cit., p. 815.

sobre o resto do rendimento dessa pessoa, aplicar a taxa que teria sido aplicável se tais rendimentos não houvessem sido isentos.

Na prática de uma importação de serviços em que haja a isenção integral no país de residência do prestador estrangeiro, este ao receber rendimentos de um adquirente dos serviços localizados no Brasil, estaria isento da obrigação do recolhimento do imposto sobre a renda gerada, pois a norma de seu país o isenta integralmente do imposto na sua jurisdição. Ocorreria desta forma, apenas o pagamento do IRRF no Brasil, por aplicação das normas locais de fonte do rendimento.

Já no caso da isenção com progressividade o procedimento seria praticamente o mesmo. A diferença está no fato de que o rendimento recebido, mesmo que isento na jurisdição de residência do prestador estrangeiro, seria levado em conta em conjunto com os demais rendimentos obtidos internamente no cálculo da alíquota progressiva aplicável à renda global.

3.5.2. Crédito de imposto

Este método é também conhecido como método de imputação (ou *tax credit*) e prevê a concessão de crédito ou dedução do imposto pago em um dos países na outra jurisdição. Ocorre, então a tributação do rendimento no Estado de residência de forma global, qualquer que seja a origem. Porém, o montante do imposto assim apurado deduz o imposto pago no país da fonte, desde que este imposto seja de natureza equivalente ao imposto pago no país da residência[293].

São dois os modelos de crédito de imposto existentes: o integral e o ordinário. O crédito de imposto integral indica que a parcela total do imposto pago no exterior pode ser abatida no país de residência quando do pagamento do imposto devido em relação aos rendimentos forâneos. Já pela imputação ordinária, o creditamento da quantia dispensada no Estado da fonte somente pode ocorrer até o limite do imposto devido no Estado da residência, em relação aos rendimentos forâneos[294]. A imputação ordinária contém ainda duas subespécies, a primeira delas conhecida como

---

[293] XAVIER, Alberto. Ob. cit., p. 819.
[294] BASSANEZE, João Marcello Tramujas. Ob. cit., p. 458.

imputação ordinária efetiva, e a segunda é chamada de imputação ordinária proporcional.

Na primeira delas, a dedução do imposto pago no exterior (fonte) é limitada pela fração do imposto aplicável sobre o rendimento na jurisdição da residência do contribuinte. Ou, nos dizeres de Alberto Xavier[295]:

> (...) o limite da dedução, no primeiro Estado, do imposto pago no outro Estado, consiste na fração do imposto sobre o rendimento do primeiro Estado, calculado antes da dedução, correspondente aos *rendimentos* tributáveis no outro Estado.

Na segunda, a dedução do imposto pago na fonte é limitada pela fração do imposto aplicável no Estado da residência aplicada ao percentual de participação do rendimento obtido no exterior no total dos rendimentos obtidos globalmente.

O autor citado acima exemplifica essa situação da seguinte forma[296]:

> Suponhamos um brasileiro que auferiu 600 de renda, dos quais 500 no Brasil e 100 no exterior. Na imputação ordinária efetiva, a dedução do imposto estrangeiro tem como limite a geração do imposto brasileiro aplicável sobre os rendimentos externos (por hipótese 30%), ou seja, 30 (30% x 100). Na imputação ordinária proporcional, a dedução do imposto estrangeiro tem como limite a fração do imposto brasileiro (30% x 600 = 180) correspondente à participação dos rendimentos externos na renda total (16,66%), ou seja, 29,98 (16,66% de 180).

Com relação aos tratados firmados pelo Brasil sobre a matéria, os modelos acima podem ser encontrados nas convenções com Bélgica, Itália, Dinamarca, Finlândia e França.

Adiante serão analisadas modalidades de crédito de imposto fictício, introduzidas exclusivamente mediante convenções bilaterais e que tomaram corpo e importância crucial nos últimos anos, que são o crédito presumido (cláusula *matching credit*) e o crédito fictício propriamente dito

---

[295] XAVIER, Alberto. Ob. cit., p. 822.
[296] XAVIER, Alberto. Ob. cit., p. 823.

(cláusula *tax sparing*). Em ambos os caos, trata-se, no todo ou em parte, de um crédito adotado em modo fictício[297].

3.5.2.1. *Tax sparing*

Conhecido como crédito fictício, a modalidade de crédito chamada de *tax sparing* (ou *shadowing, phantom tax, notional tax*, ou imputação especial por isenção de imposto) consiste na atribuição de um crédito correspondente ao imposto que teria sido pago no país de origem se não fossem as medidas de exoneração com que neste se pretendeu incentivar o investimento exterior[298].

Dessa forma, o *tax sparing* ocorre quando o Estado de residência (geralmente um país desenvolvido) atribui um crédito no valor do imposto de renda que deveria ter sido pago no Estado da fonte (geralmente um país em desenvolvimento), mas que este país, a fim de incentivar o investimento estrangeiro, deixou de cobrar[299].

A cláusula de *tax sparing* serve como uma forma de efetivar o incentivo fiscal oferecido por um país de fonte (na maioria das vezes em desenvolvimento) no país da sede do investidor (residência), pois, do contrário a isenção concedida não trará resultados práticos, vez que, apesar da isenção concedida, ocorrerá a tributação no Estado da residência que na maioria das vezes tributa os rendimentos em bases universais. Assim se evita que o contribuinte deixe de beneficiar-se do efeito incitativo concedido no país da fonte, cujo sacrifício financeiro, na ausência do crédito fictício, acabaria por redundar em benefício exclusivo do país da residência[300].

Dessa forma, caso o Brasil isente um rendimento proveniente de serviços prestados por prestador não-residente do imposto de renda na fonte (a depender da qualificação do rendimento), a cláusula de *tax sparing* faria com que essa isenção arcada pelo Estado brasileiro efetivamente surtisse

---

[297] TÔRRES, Heleno. Ob. cit., p. 464.
[298] XAVIER, Alberto. Ob. cit., p. 824.
[299] BRIGIDO, Eveline Vieira. **Bitributação internacional da renda: as cláusulas de tax sparing e matching credit**. In: Revista Amicus Curiae. V. 9, n. 9. Criciúma: Universidade do Extremo Sul Catarinense, 2012, p. 7. Disponível em: http://periodicos.unesc.net/index.php/amicus/article/viewFile/869/824. Acesso em 25 de fevereiro de 2015.
[300] XAVIER, Alberto. Ob. cit., p. 824.

um resultado prático, de modo que o país da residência também não tributaria esse rendimento.

A figura do crédito do imposto fictício (ou *tax sparing*) está presente nas Convenções assinadas pelo Brasil: com a Bélgica, a Coréia, as Filipinas, a Hungria e com o Japão.

3.5.2.2. *Matching credit*

A cláusula *matching credit* (ou crédito presumido) permite a concessão de um crédito num montante mais elevado do que o imposto efetivamente pago por aplicação da legislação da jurisdição da fonte do rendimento. Sua utilização é sempre definida por cada categoria de renda, sendo mais frequente quanto à tributação de dividendos, mas se aplica também aos juros e *royalties*[301].

Suponhamos que uma empresa brasileira importe serviços de um prestador localizado no país "A" e que os serviços prestados sejam de caráter técnico, com transferência de tecnologia e, portanto, qualificados como *royalties*. Nesse caso, por aplicação da legislação brasileira ocorre a obrigatoriedade de recolhimento do IRRF à alíquota de 15%. Em havendo a previsão da cláusula *matching credit* em convenção para evitar a bitributação entre o Brasil e o país "A", haveria o crédito de imposto atribuído no país "A" para a tributação destes *royalties* de fonte brasileira seria calculado, por exemplo, à alíquota de 25%. Ou seja, concede-se um crédito adicional de 10%, considerado presumido, pois que o crédito normal seria o representativo dos 15% recolhidos na fonte.

Este mecanismo está presente nas seguintes convenções firmadas pelo Brasil: Alemanha (denunciada), Bélgica, Canadá, Dinamarca, Espanha, Equador, Finlândia, França, Hungria, Índia, Itália, Japão, Noruega, Portugal e Suécia.

3.5.3. Dedução do imposto pago no exterior

O método de dedução do imposto pago no exterior permite que o imposto pago na jurisdição da fonte, por força da legislação do país de origem, seja

---

[301] TÔRRES, Heleno. Ob. cit., p. 469.

deduzido como uma despesa na apuração do imposto de renda do contribuinte residente.

A dedução de impostos pagos no exterior como despesa traz em si a ideia de submeter à tributação no Estado de residência apenas as rendas líquidas do sujeito passivo, não importando onde esta tenha sido produzida ou, se preferir, não importando a sua fonte[302].

No caso em questão, a despesa com o pagamento do imposto no exterior é tratada como uma despesa necessária, dedutível, portanto da base de cálculo do imposto de renda anual. Nos dizeres de Heleno Tôrres[303]:

> O seu fundamento é o mesmo da *dedutibilidade* das despesas suportadas pelo contribuinte para a produção da renda. Evidentemente, para que se reconheça o tributo pago no estrangeiro como despesa, aos fins da dedução, o mesmo deve ser *inerente ao exercício da empresa* e/ou à atividade produtiva de renda, seguido da devida confirmação documental de ter sido efetivamente pago. (...)
>
> Por conseguinte, este método não visa a eliminar a pluritributação internacional, mas, apenas, atenuar os seus efeitos, mediante uma redução da carga fiscal global (através da diminuição do valor da base de cálculo) suportada pelo sujeito que produz rendas no exterior. Isto porque, em matéria de dedução, o tributo estrangeiro é reconhecido não como aparência consequencial do poder tributário do Estado da fonte, mas como mero custo à produção da renda (grifos do original).

Portanto, caso ocorra uma situação na qual estejam envolvidos um prestador de serviços e o seu respectivo importador localizado no Brasil, e não estejam previstas nenhuma das regras acima indicadas para o afastamento da dupla incidência tributária, é mister a investigação sobre se há ou não previsão de dedução do imposto pago no exterior como despesa na jurisdição de residência do prestador dos serviços.

---

[302] BASSANEZE, João Marcello Tramujas. Ob. cit., p. 460.
[303] TÔRRES, Heleno. Ob. cit., pp. 470 e 471.

3.6. Preços de transferência nas importações de serviços intragrupo

3.6.1. Conceitos introdutórios

A temática dos preços de transferência introduzida no ordenamento jurídico nacional, no ano de 1996, traz implicações para as empresas nacionais que importam serviços de pessoas jurídicas do mesmo grupo econômico situadas no exterior[304].

Por preço de transferência entende-se o valor cobrado de uma empresa na venda ou transferência de bens, serviços ou propriedade intangível à empresa a ela relacionada. Tratando-se de preços que não se negociaram em um mercado livre e aberto, podem eles se desviar daqueles que teriam sido acertados entre parceiros comerciais não relacionados, em transações comparáveis nas mesmas circunstâncias[305].

Como objetivo das regras de preços de transferência pode-se entender que este é a correta alocação do lucro nas transações entre empresas de um mesmo grupo econômico, de modo a equilibrar as bases tributárias das jurisdições envolvidas, eliminando eventuais distorções que a relação entre as empresas poderia causar.

A figura da *transferência indireta de lucros (transfer pricing)* pressupõe uma divergência entre o preço efetivamente estipulado e o preço "justo", "normal" ou "objetivo", entendendo-se por este o que seria fixado entre empresas independentes, atuando em circunstâncias análogas *(arm's length price)* (a chamada cláusula *dealing at arm's length*)[306].

No Brasil a temática dos preços de transferência é regulada pela Lei n.º 9.430/96 e alterações posteriores. A Instrução Normativa n.º 1.312/12 regulamentou e consolidou a disciplina de controle de preços de transferência, tendo revogado a IN n.º 243/02. Outro ato digno de nota é a Portaria n.º 222/08 que, como previsto no artigo 21, § 2.º da lei em comento

---

[304] O tema dos preços de transferência nas exportações não será objeto desta obra, vez que não guarda relação com o tema central. Recomenda-se a consulta às obras aqui citadas para aprofundamento no tema.
[305] SCHOUERI, Luís Eduardo. **Preços de transferência no direito tributário brasileiro.** 3.ª ed. São Paulo: Dialética, 2013, p. 11.
[306] XAVIER, Alberto. Ob. cit., pp. 364 e 365.

estabeleceu normas para o pedido de alteração de margens de lucro estabelecidas nos artigos 18 e 19 da mesma lei[307].

Ao importador de serviço, cumpre a atenção a determinados aspectos erigidos na legislação, como se buscará demonstrar adiante.

3.6.2. Pessoa vinculada

O primeiro aspecto que merece atenção é o conceito de pessoa vinculada. Nesse sentido, o art. 23 da lei em comento dispõe que:

> **Pessoa Vinculada - Conceito**
> Art. 23. Para efeito dos arts. 18 a 22, será considerada vinculada à pessoa jurídica domiciliada no Brasil:
> I - a matriz desta, quando domiciliada no exterior;
> II - a sua filial ou sucursal, domiciliada no exterior;
> III - a pessoa física ou jurídica, residente ou domiciliada no exterior, cuja participação societária no seu capital social a caracterize como sua controladora ou coligada, na forma definida nos §§ 1º e 2º do art. 243 da Lei nº 6.404, de 15 de dezembro de 1976;
> IV - a pessoa jurídica domiciliada no exterior que seja caracterizada como sua controlada ou coligada, na forma definida nos §§ 1º e 2º do art. 243 da Lei nº 6.404, de 15 de dezembro de 1976;
> V - a pessoa jurídica domiciliada no exterior, quando esta e a empresa domiciliada no Brasil estiverem sob controle societário ou administrativo comum ou quando pelo menos dez por cento do capital social de cada uma pertencer a uma mesma pessoa física ou jurídica;
> VI - a pessoa física ou jurídica, residente ou domiciliada no exterior, que, em conjunto com a pessoa jurídica domiciliada no Brasil, tiver participação societária no capital social de uma terceira pessoa jurídica, cuja soma as caracterizem como controladoras ou coligadas desta, na forma definida nos §§ 1º e 2º do art. 243 da Lei nº 6.404, de 15 de dezembro de 1976;
> VII - a pessoa física ou jurídica, residente ou domiciliada no exterior, que seja sua associada, na forma de consórcio ou condomínio, conforme definido na legislação brasileira, em qualquer empreendimento;
> VIII - a pessoa física residente no exterior que for parente ou afim até o terceiro grau, cônjuge ou companheiro de qualquer de seus diretores ou de seu sócio ou acionista controlador em participação direta ou indireta;

---

[307] Para uma visão completa da evolução legislativa sobre a matéria vale consultar o quadro exposto nas páginas 51 e seguintes da obra de Luís Eduardo Schoueri aqui referida.

IX - a pessoa física ou jurídica, residente ou domiciliada no exterior, que goze de exclusividade, como seu agente, distribuidor ou concessionário, para a compra e venda de bens, serviços ou direitos;

X - a pessoa física ou jurídica, residente ou domiciliada no exterior, em relação à qual a pessoa jurídica domiciliada no Brasil goze de exclusividade, como agente, distribuidora ou concessionária, para a compra e venda de bens, serviços ou direitos.

Portanto, caso a empresa não-residente prestadora dos serviços se encaixe em qualquer das descrições acima, será necessária a observância dos métodos de cálculo dos preços de transferência para se determinar se os custos da importação de serviços serão dedutíveis de imediato ou se haverá necessidade de se proceder a ajuste mediante a adição dos valores superiores aos permitidos pela legislação na base de cálculo do IRPJ, como determina a legislação. Isso é o que prevê o §7.º do art. 18 da Lei, *in verbis*:

§ 7.º A parcela dos custos que exceder ao valor determinado de conformidade com este artigo deverá ser adicionada ao lucro líquido, para determinação do lucro real.

Com isso, pode-se dizer que a legislação brasileira de preços de transferência estipula um teto para as despesas dedutíveis na importação.

Válida ainda a lembrança de que as disposições da legislação sobre preços de transferência não se aplicam às importações de serviços qualificadas como *royalties*, assistência técnica, científica, administrativa ou assemelhada, pois nesse aspecto cabíveis as disposições específicas do RIR (art. 355), como já destacado acima no item 3.3. Isso porque o § 9.º do art. 18 da Lei 9.430/96 dispõe que:

§ 9º O disposto neste artigo não se aplica aos casos de *royalties* e assistência técnica, científica, administrativa ou assemelhada, os quais permanecem subordinados às condições de dedutibilidade constantes da legislação vigente.

Adiante é importante lembrar que, no art. 24 da Lei 9.430/96, o legislador optou por substituir o conceito de pessoas vinculadas por um critério territorial, dispondo que as normas de *transfer pricing* são aplicáveis às operações efetuadas por pessoa física ou jurídica, residente ou domiciliada no Brasil com qualquer pessoa física ou jurídica, ainda que não vinculada, residente ou domiciliada em país que não tribute a renda ou a tribute à alíquota inferior a vinte por cento (são os denominados "paraísos fiscais")[308].

3.6.3. O princípio *arm's length* e a configurabilidade dos serviços adquiridos de empresas vinculadas

Ultrapassada a fase de identificação da necessidade de aplicação dos métodos de preço de transferência, mister se fará a compreensão tanto do princípio *arm's length* e do preço a ser cobrado, como dos métodos propriamente ditos, ressalvada, todavia a aplicação de métodos alternativos pelo contribuinte, desde que efetivamente comprovado que o preço praticado respeitou o princípio *arm's length*.

Schoueri, trazendo à baila o relatório da OCDE sobre o tema[309], propõe a seguinte definição do princípio *arm's length*[310]:

> O princípio arm's length consiste, sinteticamente, em tratar os membros de um grupo multinacional como se eles atuassem como entidades separadas, não como partes inseparáveis de um negócio único. Devendo-se tratá-los como entidades separadas (*separate entity approach*), a atenção volta-se à natureza dos negócios celebrados entre os membros daquele grupo.

Por trás deste princípio estaria a necessidade de se impedir a corrosão de bases fiscais de jurisdições geradoras de um lucro maior (e por consequência de uma base fiscal maior) ou de jurisdições que aplicam uma alíquota maior do imposto sobre a renda. Busca-se também, evitar que as relações dentro de um mesmo grupo sejam contratadas fora de condições de mercado, de forma a possibilitar a transferência de lucros de uma empresa para outra, ou a geração de despesas irreais para uma das empresas[311]. Ou seja, o intuito é a eliminação, ou, ao menos, a mitigação de pla-

---

[308] BRIGAGÃO, Gustavo, LYRA, Bruno. **Transfer Pricing - regras brasileiras frente aos tratados internacionais.** In: TÔRRES, Heleno Taveira (coord.). Direito Tributário Internacional Aplicado. Vol. 4. São Paulo: Quartier Latin, 2007, pp. 437 e 438.
[309] OCDE. **Transfer Pricing Guidelines for Multinational Enterprises and Tax Administration**, Paris: OCDE, 2010.
[310] SCHOUERI, Luís Eduardo. Ob. cit., p. 37.
[311] BRIGAGÃO, Gustavo, LYRA, Bruno. Ob. cit., p. 434

nejamentos fiscais abusivos que resultam em alocar uma parcela maior do lucro de um grupo econômico multinacional em pessoas jurídicas geradoras de um baixo nível de lucro, ou, até mesmo, de prejuízo, ou alocar uma significativa parcela desse lucro em jurisdições que tributam a renda utilizando baixas alíquotas.

Pode-se entender, ainda, que o princípio *arm's length* tem como objetivo principal impedir que as pessoas sujeitas a um mesmo centro de poder decisional firam o princípio da livre concorrência de mercado, lesando os agentes envolvidos nesse processo, como também o Fisco[312].

Com efeito, o debate acerca dos preços de transferência num cenário internacional, é um dos aspectos de uma discussão mais ampla, qual seja, em que país se espera que uma renda seja tributada. A discussão, em síntese, é acerca da distribuição da tributação entre os países envolvidos. Os preços de transferência, do ponto de vista do direito tributário internacional, surgem como critério para que se defina a jurisdição com a legitimidade para tributar uma renda. Não é demais lembrar que, por isso mesmo, o tema assume importância nos acordos de bitributação[313].

Dentre as características do princípio *arm's length* destacam-se resumidamente as seguintes[314]:

1. Análise transacional;
2. Comparação (ou similaridade);
3. Contrato de direito privado;
4. Características de mercado aberto;
5. Características subjetivas;
6. Análise funcional.

Isso quer dizer que a análise dos controles de preços de transferência será feita (i) a partir de transações - compra e venda de bens e serviços ou pagamentos de empréstimos e juros - efetivamente realizadas entre partes relacionadas que serão (ii) comparadas com transações iguais ou similares que tenham ocorrido entre partes independentes, (iii) sob o pálio de

---

[312] TEIXEIRA, Alessandra Machado Brandão. **A Disciplina dos Preços de Transferência no Brasil: uma Avaliação**. In: Revista Direito Tributário Atual n.º 22. São Paulo: Dialética/IBDT, 2008, p. 117.
[313] SCHOUERI, Luís Eduardo. Ob. cit., p. 50.
[314] Idem, pp. 40 e 41.

um contrato de direito privado, que formalize a transação e que tenham sido negociadas observando regras e demonstrando (iv) características de mercado aberto (prevendo contratualmente deveres, responsabilidades e cláusulas sancionadoras por não observância das obrigações), mas que também se observem (v) características subjetivas das transações sob análise que as diferencie daquelas de mercado, mas que não as desvirtuem ou comprometam a análise e que, por fim, (vi) se faça uma análise funcional com relação aos riscos e atividades desenvolvidas pelas pessoas jurídicas envolvidas para fins de se compreender melhor a alocação de esforços e recursos entre empresas e unidades de negócio que estejam sob exame.

Sobre a primeira característica citada acima e que gera consequências no estudo das transações de serviços, é importante frisar que essa é uma preocupação destacada no relatório da OCDE sobre o assunto, já que a primeira questão fundamental destacada neste e relativa à matéria diz respeito à "configurabilidade" do serviço dentro do grupo, ou seja, a verificação da existência real de um serviço intragrupo em um caso determinado. Esta pesquisa é realizada por tipo de serviço para cada categoria geral de prestação dentro do grupo. Na verdade, o relatório indica um critério que tem o objetivo de facilitar a avaliação da eficaz configurabilidade de um serviço[315].

Francesca Balzani, em interessante estudo sobre preços de transferência e especificamente no ponto que trata sobre os serviços, dá grande destaque a essa questão nas transações de serviços, fazendo um apanhado sobre como se dá a configurabilidade nos principais tipos que se pode prever. É importante uma cuidadosa investigação das dificuldades de se comprovar a real efetividade das transações de serviços para que haja transparência em um eventual escrutínio por parte das autoridades fiscais. Eis a proposta da autora sobre o tema e que entendemos ser de grande pertinência para essa obra (por mais que tenha maior aderência especialmente nas jurisdições que aplicam as regras de preços de transferência e o princípio *arm's length* de forma que efetivamente se façam comparações entre transações controladas e as não controladas - realizadas em condições de mercado - em todos os casos, ao contrário da legislação brasileira que nos métodos mais comumente aplicados prevê margens fixas de lucro para a verifica-

---

[315] BALZANI, Francesca. Ob. cit., p. 606 (tradução livre).

ção da aderência das transações aos controles de preços de transferência, como se verá adiante)[316]:

1. Serviços prestados em face de uma necessidade específica

Alguns serviços entre as empresas são fornecidos por uma das empresas-membro do grupo para atender a uma necessidade específica de um ou mais membros individuais do grupo.

Neste caso, movendo-se a partir de existência de uma necessidade, é fácil de se revelar a efetiva configurabilidade serviço.

2. Serviços prestados a favor de uma pluralidade de associados ou a favor do grupo

Alguns serviços, no entanto, são prestados de forma indiscriminada em favor de todo o grupo, de modo a ser teoricamente configurável também em favor de empresas para as quais não satisfazem qualquer necessidade. Em tais casos - que muitas vezes coincidem com as atividades que a matriz presta para satisfazer seus interesses como acionista -, deve haver uma investigação complexa que ocorre em relação a cada empresa do grupo, se uma empresa independente em condições semelhantes estaria disposta a adquirir ou executar esse serviço por conta própria; caso tal investigação resulte em resultado negativo, é óbvio que a prestação não pode ser considerada efetivamente concretizada em relação a essa empresa.

3. Serviços duplicados

Alguns serviços são configurados na forma de mera repetição de outros que um membro do grupo presta por conta própria, ou que são previamente adquiridos de terceiros: neste caso, é evidente, não se pode considerar que a prestação do serviço tenha ocorrido (exceto no caso onde a repetição, de fato, se destina a reforçar a decisão: considerar, como exemplo, um parecer jurídico que é solicitado várias vezes para aprofundar determinada análise sobre algum assunto investigado).

4. Serviços cuja utilidade "repercute"

Às vezes, certos serviços prestados por um membro do grupo na qualidade de acionista ou coordenador do grupo e orientados especificamente para certas subsidiárias, incidentalmente "repercutem" vantagens em favor de outros sujeitos do mesmo grupo.

Nesses casos, sempre aplicando a regra da aquisição hipotética do serviço por uma empresa independente, descobre-se que não se podem considerar que tais serviços foram efetivamente prestados em favor das empresas que se beneficiaram apenas indiretamente.

5. Serviços Centrais

---

[316] Idem, pp. 606 e 607

Alguns serviços são prestados a todo o grupo pela empresa controladora, controlada, ou por outra empresa "responsável": trata-se de uma ampla variedade de serviços que vão desde financeiro, jurídico até gestão de TI.

Estes serviços constituem normalmente serviços reais (efetivamente prestados), a partir do momento em que empresas independentes estão dispostas a pagar para adquiri-los, ou garantir a sua prestação diretamente com meios próprios.

6. Serviços sob demanda

Os serviços sob demanda são configuráveis quando uma empresa do grupo está disponível para executar um determinado serviço para um associado, sempre que solicitado: também neste caso é necessário determinar se essa sujeição por si só, é ou não é configurável em termos de prestação de serviço, avaliando o comportamento de uma empresa independente em situações análogas.

3.6.3.1. Do preço *arm´s length* ou do "preço de transferência"

Decorrência do princípio acima exposto é a determinação do preço *arm's length*, cuja definição proposta seria a seguinte[317]:

> A OCDE define o preço *arm's length* como aquele que teria sido acordado entre as partes não relacionadas, envolvidas nas mesmas transações ou em transações similares, nas mesmas condições ou em condições semelhantes de mercado.

Vê-se, nessa definição, um pressuposto que permeia todo o tema que é a verificação das transações controladas e sua comparação com todos os aspectos envoltos nos contratos de compra e venda de bens e de prestação de serviços, realizados em condições de mercado. Neste aspecto, é importante que se ressaltem alguns pontos, trazidos pela autora já citada acima, que ensina que a aplicação do princípio *arm's length* para serviços intragrupo, portanto, pode ser decomposta em duas passagens sucessivas: primeiro, é necessário quantificar o valor que ao serviço tenha sido atribuído pelas empresas envolvidas; em seguida, será necessário encontrar

---

[317] SCHOUERI, Luís Eduardo. Ob. cit., p. 39.

o valor com o qual empresas independentes teriam acordado e fazer uma comparação com o preço cobrado[318].

3.6.4. Da alocação de resultados entre estabelecimentos

Ao tratar da alocação de resultados entre os estabelecimentos de uma pessoa jurídica, Schoueri nos faz lembrar que[319]:

> (...) a alocação de resultados entre os estabelecimentos de uma pessoa jurídica pode dar-se pelos métodos direto (separage accounting) e indireto (fractional apportionment): enquanto este se baseia em percentuais adredemente fixados, o primeiro busca, valendo-se da contabilidade, qual o estabelecimento que gerou o lucro. É possível concluir que o legislador brasileiro adotou o método direto, daí decorrendo a inclusão das relações entre matriz e filiais entre aquelas sujeitas às normas de preços de transferência. Por outro lado, a adoção do método direto parece limitar-se às atividades-fim da empresa, nada havendo na legislação que possa afastar a conclusão acerca da possibilidade de mero rateio de custos, no caso de atividades-meio (i.e., atividades que não estejam em seu objeto e por isso não sejam voltadas ao mercado).

Também sobre a forma de alocação, mas dos custos envolvidos e tratando da determinação do valor do serviço prestado pelas empresas associadas aos adquirentes de serviços, Balzani ressalta que[320]:

> Para calcular o montante efetivamente atribuído pelo serviço prestado pela empresa associada, a administração financeira deve, em primeiro lugar, identificar os acordos que tenham sido efetivamente celebrados entre a empresa prestadora e a adquirente. Esta operação é particularmente fácil quando as empresas do grupo utilizam o método "direct charge" ou "cobrança direta", ou seja, quando o serviço é cobrado diretamente do beneficiário.

Entretanto, é sabido que as relações entre pessoas jurídicas de grupos econômicos multinacionais muitas vezes são mais complexas e que a uti-

---

[318] BALZANI, Francesca. Ob. cit., p. 607.
[319] SCHOUERI, Luís Eduardo. Ob. cit., p. 64.
[320] BALZANI, Francesca. Ob. cit., p. 607 e 608.

lização de um regime análitico de imputação seria não apenas bastante difícil, como também muito custoso. Em tais casos utilizam-se métodos indiretos de alocação e cobrança de custos. Neste sentido, propõem-se duas principais formas de alocação, que são as seguintes[321]:

   a) a alocação de custos é feita "sem distinção", seja mediante acordos não expressos, seja mediante a inclusão desses custos entre os referentes a transações diferentes;
   b) a alocação de custos é baseada em vários acordos, mas "distinguíveis". Neste caso, é possível que a alocação ocorra:
   - alocando os custos entre todos os potenciais beneficiários do serviço;
   - alocando custos com base em alguns fatores, tais como, por exemplo, o número de funcionários;
   - alocando custos mediante a inclusão do mesmo preço estabelecido no âmbito de operações diversas.

Além disso, deve-se, para determinar o justo preço de transferência em relação aos serviços intra-grupo, considerar tanto a localização do sujeito que presta o serviço - particularmente no que diz respeito aos custos suportados - e a de quem o adquire - em particular no que diz respeito ao valor cobrado pelo serviço e quanto o adquirente estaria disposto a pagar pelo mesmo serviço prestado por uma empresa independente[322]. No caso dos importadores de serviços localizados no Brasil, esse ponto ganha relevância especialmente no que diz respeito à justificativa do valor do serviço, pois que diversos fatores associados à localização das partes envolvidas podem influir nos montantes cobrados, tais como os econômicos-estruturais (custo da mão de obra, questões cambiais e inflacionárias, etc.) e também aqueles específicos relacionados a conhecimentos únicos presentes em determinados serviços e encontráveis em determinadas localidades (em geral associados a conhecimentos tecnológicos mais avançados). Além disso, uma comprovação do montante cobrado que se dê, por exemplo, pelo método CAP (Custo de Aquisição e Produção) requer a abertura dos custos envolvidos e a localização é um fator que deve servir para justificar os custos cobrados.

---

[321] Idem, p. 608.
[322] Ibidem.

Isto posto, e antes que se discorra sobre os métodos aplicáveis às importações, é necessária a lembrança de que as empresas que adotam o regime de tributação com base no lucro presumido estão excluídas da aplicação da legislação de preços de transferência nas importações. Tais empresas, contudo, devem adicionar, na determinação da base de cálculo do imposto de renda, o valor do ajuste do preço de transferência decorrente das receitas de exportação e de juros pagos ou creditados à pessoa vinculada. Tudo isso em conformidade com as Soluções de Consulta COSIT n.º 14, de 13/08/03, n.º 5, de 21/05/03 e n.º 14, de 30/11/04.

3.6.5. Dos métodos de controle dos preços de transferência

Adentrando, enfim, nos métodos adotados pela legislação brasileira, temos os seguintes, previstos no art. 18 da Lei 9.430/96[323]:

> **Art. 18.** Os custos, despesas e encargos relativos a bens, serviços e direitos, constantes dos documentos de importação ou de aquisição, nas operações efetuadas com pessoa vinculada, somente serão dedutíveis na determinação do lucro real até o valor que não exceda ao preço determinado por um dos seguintes métodos:
> I - Método dos Preços Independentes Comparados - PIC: definido como a média aritmética ponderada dos preços de bens, serviços ou direitos, idênticos ou similares, apurados no mercado brasileiro ou de outros países, em operações de compra e venda empreendidas pela própria interessada ou por terceiros, em condições de pagamento semelhantes;
> II - Método do Preço de Revenda menos Lucro - PRL: definido como a média aritmética ponderada dos preços de venda, no País, dos bens, direitos ou serviços importados, em condições de pagamento semelhantes e calculados conforme a metodologia a seguir:
> a) preço líquido de venda: a média aritmética ponderada dos preços de venda do bem, direito ou serviço produzido, diminuídos dos descontos incondicionais concedidos, dos impostos e contribuições sobre as vendas e das comissões e corretagens pagas;

---

[323] A partir da entrada em vigor da Lei n.º 12.715/12, dois novos métodos foram introduzidos especificamente para *commodities*: o método do Preço sob Cotação na Importação - PCI. Quando aplicáveis, tais métodos são obrigatórios, constituindo regime de controle de preços de transferência alternativo aos métodos originais. Esta obra não irá discorrer sobre esses métodos, pois não guardam relação com as importações de serviços, apenas de bens considerados *commodities*.

b) percentual de participação dos bens, direitos ou serviços importados no custo total do bem, direito ou serviço vendido: a relação percentual entre o custo médio ponderado do bem, direito ou serviço importado e o custo total médio ponderado do bem, direito ou serviço vendido, calculado em conformidade com a planilha de custos da empresa;

c) participação dos bens, direitos ou serviços importados no preço de venda do bem, direito ou serviço vendido: aplicação do percentual de participação do bem, direito ou serviço importado no custo total, apurada conforme a alínea b, sobre o preço líquido de venda calculado de acordo com a alínea a;

d) margem de lucro: a aplicação dos percentuais previstos no § 12, conforme setor econômico da pessoa jurídica sujeita ao controle de preços de transferência, sobre a participação do bem, direito ou serviço importado no preço de venda do bem, direito ou serviço vendido, calculado de acordo com a alínea c; e

e) preço parâmetro: a diferença entre o valor da participação do bem, direito ou serviço importado no preço de venda do bem, direito ou serviço vendido, calculado conforme a alínea c; e a "margem de lucro", calculada de acordo com a alínea d; e

III - Método do Custo de Produção mais Lucro - CPL: definido como o custo médio ponderado de produção de bens, serviços ou direitos, idênticos ou similares, acrescido dos impostos e taxas cobrados na exportação no país onde tiverem sido originariamente produzidos, e de margem de lucro de 20% (vinte por cento), calculada sobre o custo apurado.

As médias aritméticas dos valores a serem submetidos aos métodos PIC e PRL e o custo médio de produção a ser submetido ao método CPL devem levar em conta preços pagos e custos relacionados ao período fiscal ao qual se referem os custos dedutíveis, as tarifas e as despesas, tal como disposto no § 1.º do artigo acima citado. Além disso, caso mais de um método seja utilizado, o contribuinte deve deduzir o maior valor calculado de acordo com os métodos descritos, informando que o valor real é superior. Caso o valor real seja inferior ao maior valor calculado pelos métodos descritos, esse valor real será utilizado para fins de dedutibilidade (cf. §§ 4.º e 5.º da lei).

O método PIC, acima definido, é aquele no qual o contribuinte faz uso da documentação originada de transações entre empresas não vinculadas e efetua a comparação dos preços da sua transação controlada com aquela que lhe serve como parâmetro, que pode ter ocorrido tanto no mercado brasileiro como no de outros países em condições de pagamento semelhantes. Em certas ocasiões pode ocorrer que empresas que contratem bens, serviços ou direitos de partes vinculadas realizem contratações iguais ou semelhantes também com partes não vinculadas. Nessas hipóteses e seguindo a determinação do art. 9.º da IN 1.312/12, na comparação dos preços praticados por pessoas vinculadas com aqueles realizados entre empresas independentes, os valores de bens, serviços ou direitos serão ajustados de forma que minimizem os efeitos provocados sobre os preços a serem comparados, por diferenças nas condições de negócio, da natureza física e de conteúdo.

Já o método PRL, que teve alguns relevantes aspectos alterados pela Lei n.º 12.715/12[324] prevê para aplicação a partir de 1.º de janeiro de 2013, um cálculo que se ocupa da média dos preços de venda, no País, dos bens, direitos ou serviços importados, apurados a partir (i) da utilização do preço líquido de venda, (ii) do cálculo do percentual de participação do bem importado no custo total e da (iii) obtenção do valor da participação do bem, serviço ou direito importado sobre o preço líquido do bem serviço ou direito vendido. Atualmente, o preço-parâmetro corresponde à diferença entre o valor de participação do item importado sobre o preço líquido de venda no País e uma margem de lucro geral de 20%, 30% ou 40% a depender do setor de atividade desenvolvida pelo contribuinte e independentemente de submissão a processo produtivo ou não no Brasil[325].

---

[324] Principalmente no tocante às margens de lucro, anteriormente previstas em 20% para revenda e 60% para industrialização e revenda de bens no país.
[325] O § 12 do art. 18 da Lei 9.430/96 prevê os percentuais em comento desta forma:
I - 40% (quarenta por cento), para os setores de:
a) produtos farmoquímicos e farmacêuticos;
b) produtos do fumo;
c) equipamentos e instrumentos ópticos, fotográficos e cinematográficos;
d) máquinas, aparelhos e equipamentos para uso odontomédico-hospitalar;
e) extração de petróleo e gás natural;
f) produtos derivados do petróleo;
II - 30% (trinta por cento) para os setores de:
a) produtos químicos;
b) vidros e de produtos do vidro;
c) celulose, papel e produtos de papel;
d) metalurgia;
III - 20% (vinte por cento) para os demais setores.

Por fim, o método CPL é definido como o custo médio de produção de bens, serviços ou direitos, idênticos ou similares, no país onde tiverem sido originariamente produzidos, acrescido de impostos e taxas cobrados pelo referido país na exportação e de margem de lucro de 20%, calculada sobre o custo apurado. A margem de lucro deverá ser aplicada sobre os custos apurados antes da incidência de impostos e taxas incidentes, no país de origem, sobre o valor de bens, serviços e direitos adquiridos pela empresa no Brasil. Para efeito de determinação do preço por esse método, poderão ser computados como integrantes do custo (i) o custo de aquisição das matérias-primas, dos produtos intermediários e dos materiais de embalagem utilizados na produção de bem, serviço ou direito; (ii) o custo de quaisquer bens, serviços ou direitos aplicados ou consumidos na produção; (iii) o custo do pessoal, aplicado na produção, inclusive de supervisão direta, manutenção e guarda das instalações de produção e os respectivos encargos sociais incorridos, exigidos ou admitidos pela legislação do país de origem; (iv) os custos de locação, manutenção, reparo e os encargos de depreciação, amortização ou exaustão de bens, serviços ou direitos aplicados na produção; (v) os valores das quebras e perdas razoáveis, ocorridas no processo produtivo, admitidas pela legislação fiscal do país de origem de bem, serviço ou direito.

Dadas essas definições e, observadas as regras que o contribuinte deve respeitar para comprovar aderência aos controles e testes impostos pela legislação, conclui-se que o legislador nacional, inspirado no princípio *arm's length*, criou uma ficção jurídica chamada de "ficção de independência", que nada mais é do que a forma de equiparação que foi criada, de modo que as pessoas jurídicas que transacionassem com partes vinculadas (dependentes) se equiparassem àquelas que o fizessem com outras não vinculadas (independentes). Nesse contexto, nota-se que a legislação de preços de transferência apenas "empresta" às transações entre partes ligadas o consequente jurídico das transações entre partes independentes[326], que nada mais é do que a utilização da equiparação da valoração das operações de compra e venda efetuadas entre partes independentes para fins de cálculo do imposto incidente sobre a operação entre partes vinculadas.

Constata-se, ainda, a presença de uma presunção relativa, permeando as regras de preços de transferência que, em verdade, é o que permite que se verifique como partes independentes tratariam operações idênticas ou

---

[326] Cf. SCHOUERI, Luís Eduardo. Ob. cit., p. 101.

similares. Revelando-se tratar de presunção a ferramenta utilizada pelo legislador para a fixação dos preços praticados por terceiros independentes, cabe ressaltar que, em matéria de imposição de tributos, não se admite o emprego de presunções absolutas. Além disso, tem-se que no caso dos preços de transferência, a restrição à aplicação de presunções absolutas implicará a possibilidade de o contribuinte, afastando a presunção, trazer evidências de que, em um determinado caso, terceiros independentes valeriam-se de outros critérios, que não os adredemente fixados pelo legislador, para a determinação de seus preços. Nesse caso, o argumento do contribuinte não poderá ser deixado de lado, sob pena de deixar-se de buscar preços praticados por terceiros independentes.[327]

Esse ponto é fundamental especialmente no que tange à escolha do método pela pessoa jurídica sujeita à aplicação das regras em comento. Isso porque deve-se ter como premissa o respeito ao princípio *arm's length* e não a aplicação pura e simples dos métodos previstos que podem vir a engessar o contribuinte, mesmo que esteja seguindo regras mercadológicas de precificação.

Além disso, e como já ressaltado acima, a Lei 9.430/96, no § 4.º do art. 18, prevê que[328]:

> § 4º Na hipótese de utilização de mais de um método, será considerado dedutível o maior valor apurado, observado o disposto no parágrafo subseqüente.

Há, assim, permissão legal para que se aplique o método que resulte no menor ajuste e, consequentemente, menor impacto tributário, não se impondo aquele método que melhor espelha a transação em análise.

Dadas tais considerações, é necessária a indicação de que o art. 20-A, recém-acrescentado à Lei n.º 9.430/96 pela Lei n.º 12.715/12, dispõe que:

> Art. 20-A. A partir do ano-calendário de 2012, a opção por um dos métodos previstos nos arts. 18 e 19 será efetuada para o ano-calendário

---

[327] Idem, p. 103.
[328] A única exceção à regra da possibilidade de utilização de mais de um método aos contribuintes brasileiros é a obrigatoriedade de obediência ao método PCI, Preço sob Cotação na Importação, por parte dos importadores de *commodities* sujeitas à cotação em bolsas de mercadorias e futuros, conforme § 16 do mesmo art. 18.

e não poderá ser alterada pelo contribuinte uma vez iniciado o procedimento fiscal, salvo quando, em seu curso, o método ou algum de seus critérios de cálculo venha a ser desqualificado pela fiscalização, situação esta em que deverá ser intimado o sujeito passivo para, no prazo de 30 (trinta) dias, apresentar novo cálculo de acordo com qualquer outro método previsto na legislação.

De qualquer maneira, a fiscalização deve motivar o ato que a levou a desqualificar o método utilizado pelo contribuinte (art. 20-A, § 1.º), o que oferece maior segurança jurídica à questão. Conclui-se, assim, que não é dever do contribuinte provar ou testar todos os métodos de preços de transferência. A ele, basta testar um método que o atenda. O Fisco, por outro lado, não se pode satisfazer com um método, devendo sua atuação atender o requisito imposto pela lei: ser o método empregado o menos gravoso para o contribuinte[329].

Ainda no que diz respeito à aplicação dos métodos, recorda-se que, nos dizeres legais, após a edição da Lei n.º 12.715/12, o contribuinte deve fazer a opção por um método aplicável de modo consistente para todo o ano calendário, segundo o art. 20-B. Este mesmo artigo fez com que a Lei 9.430/96 passasse a prever expressamente a análise produto a produto, nesses termos:

> Art. 20-B. A utilização do método de cálculo de preço parâmetro, de que tratam os arts. 18 e 19, deve ser consistente por bem, serviço ou direito, para todo o ano-calendário.

Este dispositivo limitou, agora expressamente, a forma de análise das transações, afastando a possibilidade de exame por "cesta" ou por "pacote" de transações.

3.6.6. Da similaridade

Em seguida, cumpre ao importador de serviços compreender o conceito de similaridade dado pela legislação, pois, mister que se saiba o que são "bens, serviços ou direitos idênticos ou similares". Neste aspecto, a IN 1.312/12 previu esses conceitos apenas no tocante à similaridade dos bens,

---

[329] SCHOUERI, Luís Eduardo. Ob. cit., p. 139.

restando incólume a previsão de similaridade para serviços e direitos. Eis a redação de que se trata aqui:

> **Art. 42.** Para efeito do disposto nesta Instrução Normativa, 2 (dois) ou mais bens, em condições de uso na finalidade a que se destinam, serão considerados similares quando, simultaneamente:
> I - tiverem a mesma natureza e a mesma função;
> II - puderem substituir-se mutuamente, na função a que se destinem; e
> III - tiverem especificações equivalentes.

De toda sorte, pode-se entender que serviços que tiverem a mesma natureza e função, que puderem se substituir mutuamente na função a que se destinem e que tiverem especificações equivalentes (por mais que esse seja um conceito mais afeto aos bens) devem ser tidos como similares para fins de comparação das transações. Essenciais também fatores como a marca, qualidade e reputação comercial do prestador envolvido. Imagine-se, por exemplo, uma empresa nacional que contrata serviços de engenharia de uma empresa independente, não-residente com a finalidade de projetar um espaço para instalação de máquinas e equipamentos em seu parque fabril. Essa mesma empresa pode pertencer a um grupo multinacional que tenha dentre as suas empresas vinculadas uma que preste serviços técnicos de engenharia e instalação de máquinas e equipamentos. Dadas as circunstâncias postas, é razoável imaginar-se, com fundamento no conceito de similaridade e no princípio *arm's length*, que ambas prestações têm um caráter de similaridade e a primeira poderia funcionar como parâmetro para calibração do preço da segunda, analisadas todas as demais circunstâncias envolvidas.

3.6.7. Da margem de divergência e das divergentes margens presuntivas de lucro

Cumpre ainda ressaltar que no Brasil reconhece-se uma margem de divergência de 5% (para mais ou para menos) entre o preço-parâmetro e o praticado, constante dos documentos de importação, conforme previsto no art. 51 da IN 1.312/12. Neste caso, não há necessidade de ajuste na apuração do IRPJ e na base de cálculo da CSLL.

Além disso, de acordo com o disposto no § 2.º do art. 21 da Lei n.º 9.430/96, admitir-se-ão margens de lucro diversas das adotadas na determinação dos métodos, desde que o contribuinte as comprove, com base em publicações, pesquisas, ou relatórios, que houverem sido realizados com observância de métodos de avaliação internacionalmente adotados e se referirem a período contemporâneo ao de apuração da base de cálculo do imposto de renda da empresa brasileira.

Através deste dispositivo pode-se comprovar que as normas relativas aos preços de transferência no Brasil não são presunções absolutas, admitindo, pois, a prova em contrário, a ser produzida pelo contribuinte[330]. Isso reforça a ideia já ventilada acima sobre a não admissibilidade de presunções absolutas em direito tributário, porém, dadas as dificuldades impostas pelas autoridades fiscais, é possível concluir-se que a relatividade desta presunção não é de todo exercitável, como se verá adiante.

Pode-se constatar, assim, com apoio em Schoueri que[331]:

> (...) uma publicação, oficial ou técnica, somente poderá ser utilizada para a apuração dos preços e custos médios quando: (i) for detalhada (especificando o setor, o período, as empresas pesquisadas e a margem encontrada, além de identificar, por empresa, os dados coletados e trabalhados); (ii) for contemporânea (abrangendo todo o período de apuração do imposto de renda do contribuinte brasileiro); (iii) apurar médias ponderadas; e (iv) não incluir preços e custos de transações entre empresas vinculadas.
>
> A união desses requisitos justifica o temor de que dificilmente as publicações oficiais ou técnicas serão de valia para a prova de preços e custos médios no tema dos preços de transferência.

Deveras, a utilização das margens fixas (quer sejam, 20%, 30%, 40% ou até mesmo de 60%, como no caso da legislação ora não mais em vigor) tem recebido diversas críticas da doutrina, já que se entende que aquelas conduzem à determinação de um preço que pode vir a não refletir uma situação de transparência, determinada pelas regras de mercado[332]. Essa crítica se origina também no fato de que todo o princípio *arm's length* é fun-

---

[330] TEIXEIRA, Alessandra Machado Brandão. Ob. cit., p. 116.
[331] SCHOUERI, Luís Eduado. Ob. cit. p. 137.
[332] Cf. TEIXEIRA, Alessandra Machado Brandão. Ob. cit., p. 120.

damentado na ideia da comparação entre as transações controladas com aquelas que observaram condições de mercado (de livre concorrência), que permeia todos os métodos desenvolvidos pela OCDE. Na medida em que a legislação brasileira prevê margens de lucro fixas, pouco se importando com as margens obtidas em transações entre partes independentes, compreende-se que o que se busca não é um parâmetro *arm's length*, mas a simples adequação ao método previsto.

Essa disciplina brasileira é um caso que destoa da legislação em vigor em outros países sobre o tema. A Circular do Ministério das Finanças n.º 32/9/2267, de 22 de setembro de 1980, que disciplina a determinação dos preços de transferência na Itália, determina que do preço de revenda deva ser deduzida uma margem de lucro bruto, que poderá ser calculada considerando a margem de lucro obtida pelo adquirente/revendedor em revendas comparáveis com terceiros independentes, ou considerando a margem de lucro obtida/aplicada por terceiros independentes mediante a revenda comparável de bens similares[333].

Buscando compreender a real função dos percentuais preestabelecidos e, descobrindo-se que em verdade estes podem ser alterados, segundo dispõe a legislação, conclui-se que eles servem como uma garantia ao contribuinte de que, uma vez guardados tais percentuais, a fiscalização não lhe imporá outros mais gravosos. Ao mesmo tempo, servem para dispensar o Fisco do ônus da prova dos percentuais praticados por terceiros independentes[334].

Ao contribuinte que não observar a margem preestabelecida, caberá buscar socorro no § 2.º do art. 20 da Lei n.º 9.430/96 e solicitar a alteração de margem. Devemos ter em mente que a própria legislação nacional privilegia o princípio *arm's length*, portanto, a este deve ser dada prioridade. Ou seja, se o contribuinte demonstra, por análise comparativa, outro percentual, então esse será aplicável, ainda que implique margem negativa, seja por condições de mercado, seja por se tratar de venda marginal, visando a empregar tempo de máquina ocioso, visando à cobertura de custos fixos[335].

Todavia, a dificuldade que existe é a de se cumprirem as exigências previstas na legislação para a solicitação da alteração de tais percentuais, já que a IN 1.312/12 prevê a juntada dos seguintes documentos:

---

[333] Idem.
[334] SCHOUERI, Luís Eduardo. Ob. cit., p. 148.
[335] Idem, pp. 148 e 149.

Art. 47. As solicitações de alteração de percentuais, efetuadas por entidades de classe ou por pessoa jurídica, deverão conter indicação do prazo para vigência das margens sugeridas e ser instruídas com os seguintes documentos:

I - demonstrativo dos custos de produção dos bens, serviços ou direitos, emitidos pela pessoa jurídica fornecedora, domiciliada no exterior;

II - demonstrativo do total anual das compras e vendas, por tipo de bem, serviço ou direito, objeto da solicitação;

III - demonstrativo dos valores pagos a título de frete e seguros, relativamente aos bens, serviços ou direitos;

IV - demonstrativo da parcela do crédito presumido do IPI, como ressarcimento da Contribuição para o PIS/Pasep e da Cofins, correspondente aos bens objeto da solicitação.

§ 1º Os demonstrativos deverão ser corroborados com os seguintes documentos:

I - cópia dos documentos de compra dos bens, serviços ou direitos e dos demais documentos de pagamento dos impostos incidentes na importação e outros encargos computáveis como custo, relativos ao ano-calendário anterior;

II - cópia dos documentos de pagamento dos impostos e taxas incidentes na exportação, cobrados no país exportador;

III - cópia de documentos fiscais de venda emitidos no último ano-calendário, nas operações entre a pessoa jurídica vinculada, domiciliada no exterior, e as pessoas jurídicas atacadistas, não vinculadas, distribuidoras dos bens, serviços ou direitos, objeto da solicitação;

IV - cópia de documentos fiscais de venda a consumidores, emitidos por pessoas jurídicas varejistas, localizadas nos países de destino dos bens, serviços ou direitos, com indicação do respectivo preço cobrado.

§ 2º Os documentos a que se refere o § 1º não serão anexados ao processo, devendo ser mantidos à disposição da Cosit, no domicílio fiscal da pessoa jurídica solicitante ou representada pela entidade de classe.

§ 3º Além dos documentos mencionados neste artigo, as solicitações de alteração de percentuais poderão ser justificadas com os documentos referidos no art. 43.

Ao contrário do que deve ter presumido o Fisco, nem sempre a empresa nacional que importa serviços de parte vinculada situada no exterior tem acesso às informações solicitadas para que se possa solicitar a alteração de margens. Não raro custos de produção, documentos de vendas da parte relacionada situada no exterior, dentre outras informações relativas às transações em comento, são tratados como documentos sigilosos, já que podem conter dados sigilosos e informações protegidas.

Por conta de todas as dificuldades para o contribuinte que, embora tenha outros meios de prova, não dispõe daqueles especificamente previstos, pode-se entender que a presunção antes tida como relativa se torna absoluta. Nesse contexto, salutar os ensinos de Schoueri sobre o assunto quando diz que[336]:

> Daí, pois, a necessária conclusão de que deve ser facultado ao contribuinte apresentar a ocorrência de "circunstâncias justificadas", valendo-se dos meios de que dispuser no caso concreto. O Poder Executivo não pode, insista-se, obstar a justificação do contribuinte, restringindo-lhe os meios para demonstrar que as margens que a lei atribui a terceiros independentes foge das práticas de mercado.
>
> A demonstração, neste caso, não exigirá atividade probatória tão rigorosa a ponto de se determinar, com exatidão, os percentuais praticados por terceiros independentes. Tamanho detalhamento poderá, por vezes, revelar-se impossível (*probatio diabolica*).
>
> Em seu lugar, parece atender o objetivo do artigo 20 da Lei n.º 9.430/96 que o contribuinte traga indícios suficientes de que a margem de lucro que lhe é imposta não é adequada.

Por fim, podemos concluir que[337]:

> (...) o art. 20 da Lei 9.430/96 não convive com a ideia de presunções absolutas. Ao contrário, é ele que assegura a constitucionalidade de Lei 9430, ao permitir alterações de margens.

---

[336] SCHOUERI, Luís Eduardo. Ob. cit., p. 152.
[337] Idem.

4. CONTRIBUIÇÃO DE INTERVENÇÃO NO DOMÍNIO ECONÔMICO – CIDE

4.1. As contribuições interventivas – um panorama

Para que se possa abordar o tema da incidência da CIDE sobre importações de serviços é necessário que se compreendam a natureza e o histórico dessa exação.

As contribuições de intervenção no domínio econômico somente podem ser instituídas pela União se esta efetivamente intervier na ordem econômica, fiscalizando ou fomentando atividades referidas no capítulo da Constituição Federal que trata da ordem econômica e financeira[338].

É necessário, portanto, que se compreenda o real conteúdo e escopo dessa intervenção. A esse respeito, ensina Eros Roberto Grau[339] que a intervenção econômica do Estado pode se dar (a) por absorção ou participação; (b) por direção; e (c) por indução:

---

[338] COÊLHO, Sacha Calmon Navarro e MOREIRA, André Mendes. **Inconstitucionalidades da Contribuição de Intervenção no Domínio Econômico Incidente sobre Remessas ao Exterior – CIDE Royalties**. In: Revista Dialética de Direito Tributário n.º 89, São Paulo: Dialética, 2003, p. 72.
[339] GRAU, Eros Roberto. **A Ordem Econômica da Constituição de 1988**. 4.ª ed. São Paulo: Malheiros, 1998, p. 157.

No primeiro caso (a), o Estado intervém no domínio econômico, isto é, no campo da atividade econômica em sentido estrito. Desenvolve ação, então, como agente (sujeito) econômico.

Quando o faz por absorção, o Estado assume integralmente o controle dos meios de produção e/ou troca em determinado setor da atividade econômica em sentido estrito; atua em regime de monopólio.

Quando o faz por participação, o Estado assume o controle de parcela dos meios de produção e/ou troca em determinado setor da atividade econômica em sentido estrito; atua em regime de competição com empresas privadas que permanecem a exercitar suas atividades nesse mesmo setor.

Ao agir por direção (b), o Estado exerce pressão sobre a economia, estabelecendo mecanismos e normas de comportamento compulsório para os agentes do domínio econômico.

Agindo por indução (c) o Estado manipula os instrumentos de intervenção em consonância e na conformidade das leis que regem o funcionamento dos mercados.

No segundo e terceiro casos, o Estado intervirá sobre o domínio econômico, isto é, sobre o campo da atividade econômica em sentido estrito. Desenvolve ação, então, como regulador dessa atividade[340].

É de se notar que normalmente as contribuições de intervenção são adotadas quando o Estado intervém por indução, mas não nas outras hipóteses, em que o Estado dirige a economia ou nela atua diretamente[341].

Observam os estudiosos sobre o assunto que as políticas de intervenção estão prestes a desaparecer em face de um mundo que prega a diminuição do Estado, as privatizações e a desregulamentação estatal da iniciativa privada. As políticas ideais são as de concessões de benefícios fiscais, e não de atuação direta do Estado na economia[342].

Além disso, há uma sinalização da CF/88 para o fim do Estado empresário, ou, pelo menos, para a forte redução do seu papel empresarial, pois o art. 173 dispõe que, ressalvados os casos previstos na Constituição, a exploração direta de atividade econômica pelo Estado só seria permitida quando necessária aos imperativos da segurança nacional ou a relevante

---

[340] Idem.
[341] TROIANELLI, Gabriel Lacerda. **O Âmbito de Incidência da Contribuição de Intervenção do Domínio Econômico Instituída pela Lei nº 10.168/00**. In: Revista Dialética de Direito Tributário nº 121, p. 71.
[342] COÊLHO, Sacha Calmon Navarro e MOREIRA, André Mendes. Ob. cit. p. 72.

interesse coletivo, tendo, ainda, flexibilizado, por meio de algumas emendas constitucionais, os monopólios ainda existentes[343].

Na elaboração do trabalho e na pesquisa sobre a CIDE, sobre importações de serviços (abrangida nas diversas contribuições de intervenção), é possível reparar que os doutrinadores buscam respostas para as seguintes indagações ou constatações:

1. Finalidade. Pode a contribuição consistir, em si, na intervenção do Estado, ou é apenas um instrumento para que o Estado, por outros meios, intervenha na economia?
2. Transitoriedade ou excepcionalidade das contribuições;
3. Restrição a determinado setor de atividade econômica ou grupo específico.

Sobre a primeira questão entende-se que tradicionalmente todas as contribuições de intervenção têm se apresentado como meros instrumentos para que o Estado intervenha em determinado setor, seja mediante concessão de subsídios para o seu fomento, seja por meio da direta atuação no mercado quando pretende induzir preços. Nunca houve situação em que a contribuição de intervenção constituísse, de *per se*, a intervenção do Estado. As contribuições foram sempre destinadas a fundos, estes sim, responsáveis pela intervenção; as contribuições, portanto, são o instrumento que permite a intervenção do Estado, mas não se confundem com a intervenção em si[344].

Com relação à transitoriedade das contribuições, essa pode ser notada na própria CF/88, na medida em que se refere à intervenção sempre dentro de um contexto que sugere o seu caráter provisório[345]. Eis que a intervenção no domínio econômico sugere por si só um necessário ajuste em determinados setores de atividade. Ou seja, equalizada a situação e corri-

---

[343] TROIANELLI, Gabriel Lacerda. Op. cit., p. 71.
[344] TROIANELLI, Gabriel Lacerda. Op. cit., p. 72.
[345] TROIANELLI, Gabriel Lacerda. Op. cit., p. 72. O autor cita as seguintes passagens da CF/88 para justificar o caráter provisório da intervenção: o art. 21, I que trata da intervenção federal, passageira por natureza em todo Estado de Direito. O capítulo VI do Título III – arts. 35 a 36 – que dispõe sobre a intervenção da União nos Estados e Municípios deixa claríssimo o caráter absolutamente excepcional da intervenção. O art. 69, § 1º, por sua vez, determina que a CF não pode ser emendada na vigência de intervenção federal.

gidos os desvios necessários, deve (ao menos em tese) terminar a necessidade de intervenção na economia.

Acerca da restrição a determinado grupo, entende-se que não se pode conceber uma intervenção "global" em todos os setores da economia. Se isso ocorresse, a intervenção do Estado na economia transformar-se-ia em regra, o que não é compatível com os princípios constitucionais que regem a ordem econômica[346].

Contudo, em que pesem as críticas que a espécie tributária *in examen* tem sofrido, a CIDE tem-se tornado figura cada vez mais frequente. A União Federal, ao que parece, redescobriu esse filão tributário, e tem criado contribuições para os mais diversos fins, como Fust e Funttel (Telecomunicações), CIDE sobre combustíveis (Lei nº 10.336/01), CIDE sobre cinema (Condicine) e CIDE sobre *Royalties*[347]. Enfim, as hipóteses são inesgotáveis, e as possibilidades de arrecadação idem, razão pela qual o tema deve ser tratado com a devida cautela[348].

4.2. A natureza tributária da CIDE *Royalties*

A fundamentação para a instituição de uma contribuição de intervenção no domínio econômico encontra-se no art. 149 da CF, no capítulo do Sistema Tributário Nacional:

> Art. 149. Compete exclusivamente à União instituir contribuições sociais, de intervenção no domínio econômico e de interesse das categorias profissionais ou econômicas, como instrumento de sua atuação nas respectivas áreas, **observado o disposto no artigo 146, III, e artigo 150, I e III, e sem prejuízo do previsto no artigo 195, § 6º, relativamente às contribuições a que alude o dispositivo** (grifo nosso).

Discutindo-se a natureza tributária da CIDE, convém mencionar as duas correntes que defendem posições diferentes sobre o assunto.

---

[346] TROIANELLI, Gabriel Lacerta. Op. cit., p. 73.
[347] MANEIRA, Eduardo. **Segurança Jurídica e os Limites Necessários para a Instituição de Contribuições de Intervenção no Domínio Econômico**. In: GRUPPENMACER, Betina (org.). **Tributação: Democracia e Liberdade**. São Paulo: Noeses, 2014.
[348] COÊLHO, Sacha Calmon Navarro e MOREIRA, André Mendes. Op. cit., p. 72.

A primeira entende que as contribuições estão incluídas no Capítulo I "do sistema tributário nacional" e teriam, por isso, natureza tributária. A outra entende que não se trata de tributo, já que se assim fosse não haveria necessidade para o constituinte fazer expressa menção, no art. 149, a dispositivos constitucionais que se aplicam a quaisquer tributos, como grifado acima[349].

Em relação a esse ponto, Luís Eduardo Schoueri[350] entende que nem todos os princípios inseridos no capítulo tributário da Constituição Federal se estendem a todos os tributos (imunidade só se refere aos impostos, por exemplo). Ainda assim, uma questão permanece: se a CIDE é um tributo, por que ela não está elencada no rol do art. 145 da CF abaixo transcrito?

> Art. 145. A União, os Estados, o Distrito Federal e os Municípios poderão instituir os seguintes tributos:
> I - impostos;
> II - taxas, em razão do exercício do poder de polícia ou pela utilização, efetiva ou potencial, de serviços públicos específicos e divisíveis, prestados ao contribuinte ou postos à sua disposição;
> III - contribuição de melhoria, decorrente de obras públicas.

A essa questão o autor responde que o art. 145 elenca tributos comuns à União, Estados e Municípios, enquanto o art. 149 trata de espécie tributária de exclusividade da União. Por isso, defende a posição de que a CIDE é um tributo, já que faz parte de capítulo próprio na CF[351].

José Eduardo Soares de Melo[352] faz um breve, porém bem recheado estudo doutrinário a respeito do tema, expondo diversas posições que admitem a natureza tributária das contribuições (que ele chama de "con-

---

[349] Cf. MELO, José Eduardo Soares de. **Contribuições Sociais no Sistema Tributário**. 6.ª ed. São Paulo: Malheiros, 2010, pp. 85 a 96. Na primeira corrente se encontram: Sacha Calmon Navarro Coelho, Misabel Derzi, Roque Antônio Carrazza, Américo Lacombe, Paulo de Barros Carvalho, Ives Gandra da Silva Martins e Alberto Xavier. Na segunda corrente: Luiz Mélega, Hamílton Dias de Souza e Marco Aurélio Greco.

[350] SCHOUERI, Luís Eduardo. **Algumas Considerações sobre a Contribuição de Intervenção no Domínio Econômico no Sistema Constitucional Brasileiro. A Contribuição ao Programa Universidade-Empresa**. In GRECO, Marco Aurelio (Org.). **Contribuições de Intervenção no Domínio Econômico e Figuras Afins**. São Paulo: Dialética, 2001, p. 359-373.

[351] Idem.

[352] MELO, José Eduardo Soares de. **A importação no direito tributário: impostos, taxas, contribuições**. São Paulo: Editora Revista dos Tribunais, 2003, pp. 189 e ss.

tribuições sociais"), fazendo referência a duas decisões do STF que tratam do tema. A primeira[353] informando que as contribuições sociais têm natureza jurídica e a segunda[354] que relata quais as espécies tributárias atualmente existentes nesses termos:

> As diversas espécies tributárias, determinadas pela hipótese de incidência ou pelo fato gerador da respectiva obrigação (CTN, art. 4.º), são as seguintes:
> os impostos (CF, arts. 145, I, 154, 155 e 156);
> as taxas (CF; art. 145, II);
> as contribuições, que podem ser assim classificadas:
> c.1) de melhoria (CF, art, 145, III);
> c.2) parafiscais (CF; art, 149), que são
> c.2.1) sociais:
> c.2.1.1) de seguridade social (CF, art. 195, I, II e III);
> c.2.1.2) outras de seguridade social (CF; art, 195, § 4.º); e
> c.2.1.3) *sociais gerais* (para o FGTS, o salário-educação, CF, art. 212, § 5.º, contribuições para o Sesi, Senai, Senac, CF, art. 240);
> c.3) especiais:
> c.3.1) de intervenção no domínio econômico (CF, art. 149); e
> c.3.2) corporativas (CF, art. 149); acrescentando-se as contribuições para o Programa de Integração Social (PIS) e para o Programa de Formação do Patrimônio do Servidor Público (PASEP), previstas no art. 239 da CF;
> d) os empréstimos compulsórios (CF, art. 148)

Do rol de limites expostos no artigo 149, não se tem dúvida de a eles se estenderem os princípios da legalidade (art. 150, I), irretroatividade (150, III, "a") e anterioridade (150, III, "b"), excetuando, em relação ao último, o caso das contribuições sociais a que se refere o art. 195. Descobre-se, ainda, que há um comando constitucional exigindo que uma lei complementar deva estabelecer normas gerais em matéria de legislação tributária estendendo-se a tais contribuições[355].

Para melhor caracterizarmos a CIDE, mister se faz a análise de seu fato gerador. Isto porque o art. 4º do CTN dispõe que a natureza jurídica espe-

---

[353] RE 146.733-9-SP-Plenário, rel. Min. Moreira Alves, j. 26.09.1992, *DJU* 06.11.1992.
[354] RE 148.754-2, Pleno 24.06.1993, *DJU 04.03.1994*.
[355] CF, art. 146, III.

cífica de cada tributo se determina pelo fato gerador da respectiva obrigação, não por sua denominação ou pela destinação legal do produto de sua arrecadação. Nesse passo pretende-se saber se há algum elemento no fato gerador da CIDE que a distinga de outras exações.

Aqui também se encontram duas teses opostas. Uma defende que sim (há elementos que a distinguem de outras exações), pois a CIDE deve servir como instrumento de atuação da União nas respectivas áreas mencionadas no art. 149 da CF, esse seria o elemento diferenciador[356]. Outra entende que não, pelo fenômeno da extrafiscalidade presente em normas tributárias as mais diversas. Ou seja, não é o mero caráter interventivo que a distingue de outras exações. Esta é a tese defendida por Schoueri, que entende que fosse a presença da intervenção econômica no contorno do fato gerador um critério distintivo das contribuições de intervenção no domínio econômico, então não se toleraria que Estados e Municípios, ao desenharem as regras de incidência de seus respectivos tributos, interviessem no domínio econômico, já que o art. 149 do texto constitucional daria tal competência apenas à União. Do mesmo modo, passariam à categoria de contribuição diversos tributos cuja natureza de imposto ou de taxa é clara[357].

Deve-se entender, por esta razão, que não é a presença do fenômeno intervencionista no desenho do fato gerador da obrigação que caracteriza a contribuição em análise. Trata-se, portanto, de um tributo instituído de acordo com os ditames da Constituição Federal. Ou seja, ao menos no que tange às previsões constitucionais sobre a CIDE essa é a conclusão que se tira até o momento.

4.3. A CIDE instituída pela Lei 10.168/00 e seu âmbito de incidência

A matriz constitucional da CIDE está delineada no art. 149 da CF/88 e expressamente no tocante à sua incidência sobre as importações de serviços, a previsão é a seguinte:

> Art. 149. Compete exclusivamente à União instituir contribuições sociais, de intervenção no domínio econômico (...).

---

[356] Melo, José Eduardo Soares de. **Contribuições Sociais no Sistema Tributário**. 2ª ed. SP, Malheiros, 1996, p. 137 e 138. A essa corrente também se filiam Marco Aurélio Greco, Estevão Horvath e Paulo Ayres Barreto, citados pelo autor.
[357] SCHOUERI, Luís Eduardo. Op. cit., p. 360.

(...)
§ 2º As contribuições sociais e de intervenção no domínio econômico de que trata o *caput* deste artigo:
(...)
II - incidirão também sobre a importação de produtos estrangeiros ou serviços;

4.3.1. O aspecto material

Configurado está, a partir do artigo 149 da CF, o aspecto material da hipótese de incidência da CIDE e que consiste, em linhas gerais, em realizar a importação de produtos estrangeiros ou serviços. Utilizou-se, portanto, o critério do destino do serviço como elemento de conexão justificador da tributação sobre os serviços originados do exterior. O texto constitucional, porém, não é suficiente para a correta delimitação que se busca aqui, pois não especifica claramente sobre quais produtos e/ou serviços recaíra a cobrança da contribuição.

Para isso, foi editada a Lei 10.168/00, diploma legal que criou esse tributo com a finalidade de financiar o Programa de Estímulo à Interação Universidade-Empresa para o Apoio à Inovação[358]. Analisando o texto legal adiante transcrito, podemos identificar melhor as demais hipóteses que redundam no aspecto material desta contribuição, quais sejam: (i) deter licença de uso de conhecimentos tecnológicos; (ii) adquirir conhecimentos tecnológicos; (iii) ser signatário de contratos que impliquem transferência de tecnologia firmados com residentes ou domiciliados no exterior; (iv) ser signatário de contratos de serviços técnicos e de assistência administrativa e semelhantes a serem prestados por residentes ou domiciliados no exterior; e (v) pagar, creditar, entregar, empregar ou remeter *royalties*, a qualquer título, a beneficiários residentes ou domiciliados no exterior.

A importação de serviços está presente de forma mais visível nos casos de assinatura de contratos que impliquem transferência de tecnologia firmados com residentes e domiciliados no exterior (cf. ponto "iii" acima) e

---

[358] **Lei 10.168/00.**
Art. 1º Fica instituído o Programa de Estímulo à Interação Universidade-Empresa para o Apoio à Inovação, cujo objetivo principal é estimular o desenvolvimento tecnológico brasileiro, mediante programas de pesquisa científica e tecnológica cooperativa entre universidades, centros de pesquisa e o setor produtivo.

nos contratos de serviços técnicos e de assistência administrativa e semelhantes a serem prestados por residentes ou domiciliados no exterior (ponto "iv" acima). Também se nota a configuração de serviços na previsão legal acerca das prestações de assistência técnica, que devem ser objeto de uma contratação de serviços. Os demais pontos previstos na lei não necessariamente se subsumem numa importação de serviços, mas podem ser parte de uma contratação simultânea e paralela a um contrato de serviços.

Eis a redação do artigo 2.º e dos parágrafos 1.º e 2.º da lei em comento que preveem a hipótese de incidência de que se trata aqui:

> Art. 2º Para fins de atendimento ao Programa de que trata o artigo anterior, fica instituída contribuição de intervenção no domínio econômico, devida pela pessoa jurídica detentora de licença de uso ou adquirente de conhecimentos tecnológicos, bem como aquela signatária de contratos que impliquem transferência de tecnologia, firmados com residentes ou domiciliados no exterior.
>
> § 1º Consideram-se, para fins desta Lei, contratos de transferência de tecnologia os relativos à exploração de patentes ou de uso de marcas e os de fornecimento de tecnologia e prestação de assistência técnica.
>
> (...)
>
> § 2º A partir de 1º de janeiro de 2002, a contribuição de que trata o caput deste artigo passa a ser devida também pelas pessoas jurídicas signatárias de contratos que tenham por objeto serviços técnicos e de assistência administrativa e semelhantes a serem prestados por residentes ou domiciliados no exterior, bem assim pelas pessoas jurídicas que pagarem, creditarem, entregarem, empregarem ou remeterem *royalties*, a qualquer título, a beneficiários residentes ou domiciliados no exterior.

Um último ponto, todavia, merece atenção no que diz respeito ao aspecto material da CIDE.

A questão de se saber o que na verdade são "serviços técnicos", e de "assistência administrativa e semelhantes" para fins da incidência da CIDE sobre remessas ao exterior. Essa indefinição acaba por trazer algumas distorções, como se demonstrará abaixo.

Algumas soluções de consulta enquadram alguns serviços como "técnicos" e de "assistência administrativa e semelhantes". Essa foi a forma como se responderam algumas soluções de consulta, como a referida abaixo[359]:

---

[359] Processo de Consulta nº 462/06 da SRRF / 8ª. Região Fiscal.

CIDE – Incidência (Contrato de Compartilhamento de Custo de Serviços Globais).

Pelo fato de a prestação contínua de serviços nas áreas: financeira e organizacional, de recursos humanos, de gerenciamento de risco, de padrões e política, e de estratégia e desenvolvimento, configurar assistência administrativa e semelhante de que trata o § 2º do art. 2º da Lei nº 10.168, de 2000 (com a redação dada pelo art. 6º da Lei nº 10.332, de 2001), a partir de 1º de janeiro de 2002, as importâncias pagas, creditadas, entregues, empregadas ou remetidas a beneficiários residentes ou domiciliados no exterior a título de remuneração, estão sujeitas ao pagamento da Contribuição de Intervenção no Domínio Econômico (Cide) à alíquota de 10% (dez por cento).

Dispositivos Legais: Art. 2º da Lei nº 10.168, de 29.12.2000 (alterado pelo art. 6º da Lei nº 10.332, de 19.12.2001); e art. 10 do Decreto nº 4.195, de 11.04.2002.

Em outra solução de consulta sobre essa mesma questão[360], decidiu-se que não ocorre a incidência da CIDE sobre remessas para pagamentos a agente de logística no exterior a título de despesas com documentação, desembaraço aduaneiro, armazenagem, seguro e transporte de carga, pois tais despesas não caracterizavam remuneração por serviços técnicos, de assistência técnica e administrativa.

Realmente, não é possível distinguir o que seria uma atividade que poderia ser considerada um serviço técnico ou de assistência administrativa. No fundo, dependendo da forma como se descrevem e se desenvolvem

---

[360] Processo de Consulta nº 31/06.
Órgão: Superintendência Regional da Receita Federal – SRRF / 8ª. Região Fiscal
Assunto: Imposto sobre a Renda Retido na Fonte – IRRF.
(...)
Outros Tributos ou Contribuições CIDE - Remessas ao Exterior - Serviços de Desembaraço, Entrega, Armazenamento, Seguro e Transporte de Carga (Contrato com Cláusula DDU).
Não ocorre a incidência da Cide sobre as importâncias pagas, creditadas, entregues, empregadas ou remetidas pelo exportador a agente de logística no exterior, a título de despesas com documentação, desembaraço aduaneiro, armazenagem, seguro e transporte de carga, necessárias à entrega da mercadoria no local designado pelo importador (contrato com cláusula DDU), por não caracterizar remuneração de serviços técnicos, assistência técnica e administrativa e *royalties*.
Dispositivos Legais: Art. 2º da Lei nº 10.168, de 29.12. 2000 (alterado pelo art. 6º da Lei nº 10.332, de 19.12.2001); e art. 10 do Decreto nº 4.195, de 11.04.2002.
HAMILTON FERNANDO CASTARDO – Chefe (Data da Decisão: 24.02.2006 09.03.2006)

os serviços, quase qualquer atividade pode ser tida como "técnica" ou de "assistência administrativa". Dado que a legislação traz termos extremamente vagos, não parece que essa discussão tenha um fim próximo. Caminharia melhor a legislação se estipulasse a cobraça apenas sobre serviços acessórios à transferência de tecnologia. Sendo assim, caberá tanto à jurisprudência administrativa como judicial delimitarem o tema, o que trará maior segurança jurídica a essa questão.

4.3.2. O aspecto espacial

O território nacional deve ser entendido como o aspecto espacial da CIDE sobre serviços importados, pois a importação de serviços prevista no art. 149, § 2.º, II da CF é aquela realizada dentros dos limites territoriais brasileiros. Neste passo, a conceituação de serviços *cross boarder* apresentada no item 2.3 acima deve servir como critério balizador do aspecto espacial da CIDE.

4.3.3. O aspecto temporal

No tocante ao aspecto temporal da contribuição em comento, a observância ao § 3.º do art. 2.º da Lei 10.168/00 se faz cabível:

> § 3º A contribuição incidirá sobre os valores pagos, creditados, entregues, empregados ou remetidos, a cada mês, a residentes ou domiciliados no exterior, a título de remuneração decorrente das obrigações indicadas no caput e no § 2º deste artigo.

Com isso, podemos entender que o aspecto temporal em referência é o momento da remessa ao exterior feita a cada mês aos residentes ou domiciliados no exterior, a título de remuneração pela contratação de serviços descritas no *caput* e parágrafos 1.º e 2.º do art. 2.º da lei.

Questão similar à levantada no item 3.1.4 vem à tona quando da análise do aspecto temporal da CIDE sobre serviços importados, quer seja, a de se considerar o lançamento contábil deste tributo por si só, como fato capaz de configurar o aspecto temporal e, por consequência, fazer nascer o fato gerador da CIDE. Sobre esse aspecto já se pronunciou com correção o CARF nos seguintes termos:

Processo nº 18471.001506/2005-78
Recurso nº 136.528 De Ofício
Matéria CIDE – FALTA DE RECOLHIMENTO
Acórdão nº 302-39.165
(...)
Ementa: CIDE. MOMENTO DE OCORRÊNCIA DO FATO GERADOR.
O lançamento contábil não constitui, por si só, fato gerador da Contribuição de Intervenção no Domínio Econômico instituída pelo art. 2º da Lei nº 10.168, de 2000.
RECURSO DE OFÍCIO NEGADO.

Vale recordar, também que o § 5.º do art. 2.º da lei definiu como momento do pagamento da contribuição o último dia útil da quinzena subsequente ao mês de ocorrência do fato gerador. Veja-se abaixo a previsão legal:

§ 5º O pagamento da contribuição será efetuado até o último dia útil da quinzena subsequente ao mês de ocorrência do fato gerador.

4.3.4. O aspecto pessoal

A União é o sujeito ativo da CIDE sobre serviços importados, pois assim delimitou o *caput* do art. 149 da CF acima transcrito. Já o sujeito passivo, está definido no mesmo *caput* do art. 2.º e também no § 2.º deste mesmo artigo da Lei n.º 10.168/00 e deve ser entendido como a pessoa jurídica sediada no Brasil que remete valores ao exterior, em decorrência das atividades descritas no aspecto material acima indicadas.

4.3.5. O aspecto quantitativo

Novamente o § 3.º do art. 2.º da lei serve de base para a compreensão do aspecto quantitativo da CIDE. Delimitando a base de cálculo em questão sobre os valores pagos, creditados, entregues, empregados ou remetidos, a cada mês, a residentes ou domiciliados no exterior, como remuneração pelas obrigações associadas às condutas descritas no aspecto material.

§ 3º A contribuição incidirá sobre os valores pagos, creditados, entregues, empregados ou remetidos, a cada mês, a residentes ou domiciliados no exterior, a título de remuneração decorrente das obrigações indicadas no caput e no § 2º deste artigo.

O § 4.º logo abaixo, delimita a alíquota de 10%:

> § 4º A alíquota da contribuição será de 10% (dez por cento).

Outro ponto que pode trazer dúvidas aos contribuintes importadores de serviços, no tocante ao montante a ser recolhido a título de CIDE, é a base de cálculo quando o importador assume o ônus do imposto de renda. Como mencionado no ponto 3.1.6.1 acima, a legislação do imposto de renda é expressa ao determinar o reajuste de sua base de cálculo nessas situações[361].

Para evitar confusões nesse aspecto, é necessário recordar que a legislação da CIDE prevê que a contribuição incidirá sobre os valores pagos, creditados, entregues, empregados ou remetidos, a cada mês, a residentes ou domiciliados no exterior a título de remuneração de serviços (técnicos, de assistência administrativa e semelhantes, além de *royalties*)[362], não trazendo a lei nenhuma previsão que determine o reajustamento da base de cálculo. Ou seja, caso seja cobrado do contribuinte por alguma autoridade fiscal que recolha a CIDE, obedecendo ao reajuste da base de cálculo por haver assumido o ônus do imposto de renda, basta àquele socorrer-se do princípio da estrita legalidade[363], já que, em assim fazendo, o fiscal estaria aumentando tributo sem que uma lei o houvesse determinado, pois estaria indevidamente fazendo com que a base de cálculo da CIDE fosse maior do que aquela estipulada em lei.

Nesse sentido, o Processo de Consulta nº 357/07 fez bem ao determinar que não deve haver o reajustamento da base de cálculo da CIDE. Veja-se a ementa abaixo transcrita:

> Órgão: Superintendência Regional da Receita Federal – SRRF / 8ª. Região Fiscal

---

[361] Cf. art. 725 do RIR/99.
[362] Cf. parágrafos 2º e 3º da Lei 10.168/00.
[363] Cf. art. art. 150, I da CF: Sem prejuízo de outras garantias asseguradas ao contribuinte, é vedado à União, aos Estados, ao Distrito Federal e aos Municípios: I – exigir ou aumentar tributo sem lei que o estabeleça.

Assunto: Imposto sobre a Renda Retido na Fonte – IRRF
Ementa: REMESSA AO EXTERIOR – Contratos de Transferência de Tecnologia e de Licença de Uso de Marca Registrada.
(...)
Outros Tributos ou Contribuições
Contribuição de Intervenção no Domínio Econômico – Cide INCIDÊNCIA A empresa que pagar, creditar, entregar, empregar, ou remeter importâncias ao exterior a título de *royalties*, está sujeita ao pagamento da Contribuição de Intervenção no Domínio Econômico – Cide, instituída pela Lei nº 10.168, de 2000.
BASE DE CÁLCULO A contribuição deve ser apurada com base no valor bruto a ser pago, creditado, entregue, empregado ou remetido ao exterior. Neste caso, pelo fato de esta contribuição ser devida pela empresa que pagar, creditar, entregar, empregar, ou remeter importâncias ao exterior a título de *royalties*, **não ocorre o reajustamento da base de cálculo** (grifo nosso).

Existe todavia uma corrente contrária no sentido de que independentemente da assunção ou não do ônus do IRRF ser assumido pela fonte pagadora, o valor deste imposto deve fazer parte da base de cálculo da CIDE. Esse é o entendimento exarado na Solução de Divergência nº 17 de 2011 da COSIT nesses termos:

SOLUÇÃO DE DIVERGÊNCIA Nº 17 de 29 de Junho de 2011
ASSUNTO: Contribuição de Intervenção no Domínio Econômico - CIDE
EMENTA: BASE DE CÁLCULO CIDE. PESSOA JURÍDICA BRASILEIRA. ASSUNÇÃO DO ONUS DO IMPOSTO DE RENDA RETIDO NA FONTE (IRRF). O valor do Imposto de Renda na Fonte incidente sobre as importâncias pagas, creditadas, entregues, empregadas ou remetidas ao exterior compõe a base de cálculo da Contribuição de Intervenção no Domínio Econômico (CIDE), independentemente de a fonte pagadora assumir o ônus imposto do IRRF.

Essa corrente se baseia na ideia de que o valor adicional de IRRF recolhido por conta da assunção do ônus do IRRF pelo contratante (em comparação com o valor que seria recolhido, caso houvesse a dedução do IRRF do valor do serviço) transforma-se em remuneração adicional do contratado utilizando-se subsidiariamente do que está estipulado no art. 725 do RIR que determina que:

> Art. 725. Quando a fonte pagadora assumir o ônus do imposto devido pelo beneficiário, a importância paga, creditada, empregada, remetida ou entregue, será considerada líquida, cabendo o reajustamento do respectivo rendimento bruto, sobre o qual recairá o imposto, ressalvadas as hipóteses a que se referem os arts. 677 e 703, parágrafo único (Lei nº 4.154, de 1962, art. 5º, e Lei nº 8.981, de 1995, art. 63, § 2º).

Tal sujeição subsidiária à legislação do imposto de renda é tema do parágrafo único do art. 3.º da Lei 10.168/00.

Outro argumento sustentado por essa corrente se escora na natureza da despesa e na regra de dedutibilidade do imposto de renda e propõe uma interpretação sistemática, porém, ao nosso ver, bastante confusa para interpretar a extensão e o alcance do que vem a ser a remuneração do prestador de serviços residente no exterior. Essa a constução de Hiromi Higuchi[364], que encontrou acolhida em algumas decisões das instâncias superiores administrativas sobre o assunto[365]:

> Se a legislação do imposto de renda considera o imposto assumido pela fonte pagadora de rendimento como despesa de mesma natureza da despesa paga, a base de cálculo da Contribuição de Intervenção no Domínio Econômico - CIDE é o rendimento líquido pago acrescido do imposto de renda assumido pela fonte pagadora, independente da dedutibilidade da despesa.
> O § 3.º do art. 2.º da Lei nº 10.168/00, com nova redação dada pelo art. 6.º da Lei n.º 10.332, de 19-12-01, dispõe que a contribuição incidirá sobre os valores pagos, creditados, entregues, empregados ou remetidos, a cada mês, a residentes ou domiciliados no exterior, a título de remuneração decorrente das obrigações indicadas no caput e no § 2.º deste artigo.
> Nas expressões valores pagos ou creditados está compreendido o valor do imposto de renda assumido pela fonte pagadora de rendimentos. Isso porque o art. 123 do CTN dispõe que salvo disposição de lei em contrário, as convenções particulares, relativas à responsabilidade pelo pagamento

---

[364] HIGUCHI, Hiromi. **Imposto de Renda das Empresas, Interpretação e Prática**. São Paulo: IR Publicações, 30ª ed., 2005, p. 818.
[365] Autos dos processos n.º 11634.000207/2009-91 e 16561.720112/2011-26 em tramitados no CARF.

de tributos, não podem ser opostas à Fazenda Pública, para modificar a definição legal do sujeito passivo das obrigações tributárias correspondentes. Isso significa que o sujeito passivo do imposto de renda na fonte é sempre o beneficiário do rendimento, salvo disposição de lei em contrário.

Não merece reparos a interpretação acima exceto pelo fato de se aplicar exclusivamente ao IRRF. Isso porque o comando do parágrafo único do art. 3.º da lei instituidora da CIDE que autoriza a utilização subsidiária da legislação do imposto de renda não autoriza que se modifique a base de cálculo, nem o sujeito passivo da CIDE.

A legislação de instituição da CIDE já é clara ao estipular o sujeito passivo como sendo a pessoa jurídica sediada no Brasil que remete valores ao exterior, conforme o *caput* do art. 2.º e de seu § 2.º. Utilizar o regramento subsidiário da legislação do imposto de renda nesse caso específico seria desrespeitar o que a própria norma da CIDE estipula. A interpretação acima leva a crer que o sujeito passivo da CIDE é o prestador de serviços, quando em verdade é o contratante, importador dos serviços.

Além disso, essa tese contradiz o sentido da palavra remuneração exposta não apenas na lei 10.168/00, como também no art. 10 do Decreto n.º 4.195/02, que regulamenta a CIDE. Ali resta claro que a base de cálculo da CIDE é o valor correspondente às importâncias pagas, creditadas, entregues, empregadas ou remetidas a cada mês a residentes ou domiciliados no exterior, **a título de *royalties* ou remuneração, previstos nos respectivos contratos**[366]. Não se trata de opor uma convenção entre particulares à Fazenda Pública, mas simplesmente de se observar o comando legal que determina que o valor da remuneração do prestador de serviços é o montante estipulado em contato, não esse montante adicionado do valor do IRRF, quando o contratante assume o ônus desse imposto.

Andou melhor, ao nosso ver o julgamento do Processo n.º 19515.720053/2013-00, cujo voto vencedor de autoria do julgador Antonio Carlos Atulim brilhante e sucintamente conclui que:

---

[366] Decreto n.º 4.194/02: Art. 10. A contribuição de que trata o art. 2o da Lei no 10.168, de 2000, incidirá sobre as importâncias pagas, creditadas, entregues, empregadas ou remetidas, a cada mês, a residentes ou domiciliados no exterior, a título de *royalties* ou remuneração, previstos nos respectivos contratos, que tenham por objeto (...).

Entretanto, a mesma situação não ocorre no caso da CIDE, pois neste caso o contribuinte é a própria fonte pagadora da remuneração. Portanto, não existe justificativa econômica para reajustar a base de cálculo da CIDE, uma vez que ao recolher esta contribuição a fonte pagadora recolhe tributo próprio e não de terceiro.

Por tais razões é que nem a Lei nº 10.168/2000 e tampouco o decreto que a regulamentou cogitaram do reajustamento da base de cálculo da CIDE por meio da adição de um valor que corresponde a outra espécie tributária: o IRRF.

Resumindo: independente de quem assuma o ônus financeiro pelo recolhimento do IRRF, a contribuição instituída pelo art. 2º da Lei nº 10.168/00 incide sobre o valor da remuneração pactuada em contrato, sendo incabível incluir ou excluir de sua base de cálculo o IRRF incidente sobre o mesmo fato.

Conclui-se até o momento que a jurisprudência não é pacífica sobre o tema, porém, dados os argumentos acima expostos o entendimento das cortes administrativas e judiciais superiores deveria seguir no sentido da não inclusão do valor do IRRF na base de cálculo da CIDE, quando da assunção do ônus tributário do IRRF pelo contratante dos serviços importados.

4.4. A referibilidade ou objeto tributado das contribuições

A Lei nº 10.332/01 deu nova redação ao artigo 2º, pois antes de sua edição, a CIDE somente tinha incidência sobre a importação de serviços que envolvesse, de alguma forma, transferência de tecnologia do exterior.

Por conta dessas alterações legislativas, a Receita Federal passou a entender, em diversas soluções de consulta, com suposto fundamento na nova redação do § 2º acima transcrito, que a CIDE pode onerar a remuneração referente a todo e qualquer serviço técnico, de assistência administrativa e semelhantes, ainda que não se relacionem com contratos em que haja transferência de tecnologia[367].

Gabriel Troianelli indaga se, em virtude da atual redação do artigo 2º da Lei nº 10.168/00, a CIDE teria realmente passado a abranger tais serviços[368]. Buscar-se-á responder a essa indagação adiante.

---

[367] TROIANELLI, Gabriel Lacerda. Op. cit., p. 70.
[368] Idem.

Para seguirmos em frente, todavia, precisamos ter em mente, como ensinam alguns doutrinadores, que o constituinte de 1988 adotou a teoria jurídica dos tributos vinculados e não vinculados a uma atuação estatal para operar a resolução do problema da repartição das competências tributárias[369].

Segundo tal teoria, os fatos geradores dos tributos são vinculados ou não vinculados. O vínculo, no caso, dá-se em relação a uma atuação estatal. Os tributos vinculados a uma atuação estatal são as taxas e as contribuições; os não vinculados são os impostos[370].

Nesse passo, nada melhor do que nos socorrermos de Geraldo Ataliba[371] cuja lição é elucidativa:

> Examinando-se e comparando-se todas as legislações existentes – quanto à hipótese de incidência – verificamos que, em todos os casos, o seu aspecto material, de duas, uma: a) ou consiste numa atividade do poder público (ou numa repercussão desta) ou, pelo contrário; b) consiste num fato ou acontecimento inteiramente indiferente a qualquer atividade estatal.
>
> (...)
>
> Em outras palavras: a materialidade do fato descrito pela hipótese de incidência (aspecto material da hipótese de incidência) de todo e qualquer tributo ou é uma (1) atividade estatal ou (2) outra coisa qualquer. Se for uma atividade estatal o tributo será (1) vinculado. Se um fato qualquer, o tributo será (2) não vinculado.
>
> (...)
>
> Tributos vinculados são as taxas e contribuições especiais e tributos não vinculados são os impostos (...).

No que tange às contribuições, a CF/88 as previu para três fins:

1. Financiar a seguridade social (arts. 195 e 149, *caput* e § 1º);

2. Viabilizar a intervenção estatal em determinados segmentos da economia (art. 149, *caput*);

---

[369] COÊLHO, Sacha Calmon Navarro e MOREIRA, André Mendes. Op. cit., p. 73.
[370] Idem.
[371] ATALIBA, Geraldo. **Hipótese de Incidência Tributária**. São Paulo: Malheiros, 6ª ed., 2000, p. 130.

3. Garantir o financiamento dos órgãos corporativos tais como sindicatos e entidades de classe (art. 149, *caput*).

Segundo entendimento de alguns doutrinadores, sendo tributos vinculados a uma atuação estatal, com destinação de sua arrecadação previamente determinada pelo legislador, as contribuições exigem, para que não se tornem impostos vinculados a um fim (o que é vedado pelo art. 167, IV da CF/88), que haja uma contraprestação do Estado voltada àqueles que pagam o tributo[372]. Entendem, tais autores que a referibilidade, entendida como a correlação lógica entre os pagantes e o benefício trazido pela contribuição, é elemento essencial das CIDEs. Em inexistindo essa contraprestação estatal específica, não há que se falar em tributo vinculado a uma atuação estatal. Em não sendo tributo vinculado, será imposto. Em sendo imposto, e havendo a vinculação legal das receitas obtidas com a contribuição (como sempre ocorrerá, tendo em vista a própria natureza da CIDE), a exação será eivada de inconstitucionalidade, por violação ao art. 167, IV da CF/88[373]. Tal entendimento, porém, não deve subsistir no entender do STF, como se verá adiante.

Nesse passo, Marco Aurélio Greco[374] entende que o mandamento do art. 149 da CF é de finalidade, isto é, o produto da arrecadação da CIDE serve como instrumento de atuação da União na área da intervenção no domínio econômico. Essa ideia acaba por afastar a aplicação da norma do art. 4º do CTN quanto ao seu fato gerador, devendo prevalecer nesse caso a previsão do texto constitucional. Ou seja, entendem os doutrinadores que a natureza do tributo (CIDE) não é especificada pelo seu fato gerador, mas pela finalidade da sua instituição, quer seja, intervir no domínio econômico delineado na sua lei de instituição – o estímulo ao desenvolvimento tecnológico brasileiro, no caso da CIDE instituída pela Lei 10.168/00.

---

[372] COÊLHO, Sacha Calmon Navarro e MOREIRA, André Mendes. Op. cit., p. 74.

[373] **Art. 167.** São vedados:
IV – a vinculação de receita de impostos a órgão, fundo ou despesa, ressalvadas a repartição do produto da arrecadação dos impostos a que se referem os arts. 158 e 159, a destinação de recursos para as ações e serviços públicos de saúde e para manutenção e desenvolvimento do ensino, como determinado, respectivamente, pelos arts. 198, § 2º, e 212, e a prestação de garantias às operações de crédito por antecipação de receita, previstas no art. 165, § 8º, bem como o disposto no § 4º deste artigo.

[374] GRECO, Marco Aurélio. **Contribuições (uma figura "sui generis")**, São Paulo: Dialética, 2000, p. 135.

Aqui Schoueri[375] propõe uma interpretação *a contrário senso*, indagando:

> (...) se a intervenção econômica não distingue o fato gerador daquelas contribuições (não é elemento suficiente), indaga-se se uma contribuição pode ter por fato gerador circunstância que não caracterize intervenção na economia (elemento necessário).

A essa indagação conclui que:

> Se a intervenção econômica é atividade a ser financiada pela referida contribuição, há ela de se basear em fato mensurável economicamente. Ainda mais: havendo uma atividade estatal a ser financiada, deve-se examinar a quem cabe suportar tais custos (...) Ora, se a intervenção estatal é voltada a determinado setor da economia, parece claro que é apenas ali que se buscarão os recursos para a atuação estatal (teoria do benefício); se a intervenção estatal é ampla e indistinta, igualmente abrangente deve ser a busca dos recursos para seu financiamento.

E continua:

> Assim é que se explica a razão de o art. 149, ao elencar as limitações do poder de tributar aplicáveis às contribuições, ter omitido o art. 150, II. Versando este dispositivo sobre o princípio da igualdade tributária, veda ele qualquer distinção em razão de ocupação profissional ou função exercida pelos contribuintes. Ora, é cristalino que no caso das contribuições especiais, a distinção será possível. Veja-se, por exemplo, a contribuição de interesse de categorias profissionais ou econômicas: já por sua finalidade, nota-se a necessária distinção entre contribuintes exatamente em função de sua ocupação profissional ou econômica. Igual raciocínio parece estender-se às de intervenção no domínio econômico, que apenas haverão de se exigir daqueles atingidos pela atuação estatal[376].

Enquanto isso, Helenilson Cunha Pontes entende que:

> Neste ponto, importa ressaltar, que conquanto afastada a aplicação às contribuições do princípio da igualdade tributária, pelas razões acima

---

[375] SCHOUERI, Luís Eduardo. Op. cit., p. 361.
[376] SCHOUERI, Luís Eduardo. Op. cit., p. 362.

expostas, não se excepciona, aqui, o princípio da igualdade inscrito no artigo 5º do texto constitucional. É desse princípio que se extrai a necessária coerência do ordenamento jurídico.

Dados esses ensinamentos podemos entender, preliminarmente, que a exigência de contribuição de grupo não afeto à atuação estatal que lhe deu origem fere o princípio da proporcionalidade[377].

A afirmação acima soa deveras importante, porque a exigência da CIDE para o caso de *contratos que tenham por objeto serviços técnicos e de assistência administrativa e semelhantes*[378] fere o princípio da proporcionalidade na medida em que esse não é um caso de "transferência de tecnologia", caracterizando exigência de contribuição de um grupo não afeto à atuação estatal que lhe deu origem. Esta tese entende incabível a exigência da contribuição em contratos que não prevejam a mencionada transferência de tecnologia (conforme *caput* do art. 2º da Lei 10.168/00).

Gabriel Lacerda Troianelli[379] direciona essa questão no mesmo sentido, entendendo, com indignação, que a partir das alterações introduzidas pela Lei nº 10.332/01, a Receita Federal passou a entender que todo e qualquer contrato que tivesse por objeto prestação de serviços técnicos e de assistência administrativa deveria ser gravado pela CIDE, mesmo fora de um contexto em que haja transferência de tecnologia.

Nesse aspecto, Marco Aurélio Greco denuncia o absurdo dessa pretensão com essas palavras:

> Uma Cide que, por determinação constitucional, seja instrumento de intervenção na área de tecnologia só pode alcançar pessoas, bens e relações de algum modo relacionado com a tecnologia!
> Vou mais longe.
> Manter-se a Cide dentro do universo identificado a partir do conceito de tecnologia não é apenas uma exigência de coerência lógica da disciplina nem diretriz abstrata ao legislador, é condição de validade da exigência!
> Cide com fundamento no artigo 218 da Constituição cobrada de evento que não diga respeito à tecnologia é Cide cobrada fora do âmbito material de cabimento da figura.
> É Cide inconstitucional.

---

[377] Veremos adiante que esse não foi o entendimento do STF sobre o tema.
[378] § 2º do art. 2º da Lei 10.168/00.
[379] Cf. Gabriel Lacerda Troianelli. Op. Cit., p. 77.

Interessante, também o exemplo trazido por Gabriel Lacerda Troianelli[380]:

> Tal seria, por exemplo, a situação de escritório de advocacia brasileiro que, para criar uma subsidiária de cliente brasileiro em Nova Iorque, contratasse os serviços de escritório de advocacia local. Onde está a transferência de tecnologia? Não há. Aliás, mesmo que os advogados societários do escritório brasileiro soubessem perfeitamente como elaborar todos os atos necessários à abertura da filial do cliente em Nova Iorque, a contratação se faz necessária porque a legislação que regulamenta o exercício da advocacia em Nova Iorque exige que os atos sejam praticados por profissionais lá habilitados. E, mesmo que assim não fosse, provavelmente seria mais barato enviar um profissional para fazer esse serviço. Fatos que não guardam relação alguma com transferência de tecnologia.

A jurisprudência do STF, entretanto, teve entendimento diverso no que diz respeito à referibilidade das contribuições de intervenção no domínio econômico. No julgamento do RE 396266-SC que versava sobre a constitucionalidade das contribuições ao SEBRAE, concluiu-se que a referibilidade é desnecessária. O argumento que embasa essa teoria reza que as contribuições de intervenção no domínio econômico devem obediência aos princípios gerais da atividade econômica, arts. 170 a 181 da CF/88, diferenciando-as das contribuições de interesse das categorias profissionais ou econômicas. O texto do acórdão assim dispõe a esse respeito:

> Recurso Extraordinário n.º 396266/SC, publicado em 26.11.2003
> As contribuições de interesse das categorias profissionais ou econômicas destinam-se ao custeio de entidades que têm por escopo fiscalizar ou regular o exercício de determinadas atividades profissionais ou econômicas, bem como representar, coletiva ou individualmente, categorias profissionais, defendendo seus interesses. Evidente, no caso, a necessidade de vinculação entre a atividade profissional ou econômica do sujeito passivo da relação tributária e a entidade destinatária da exação.
> Já as contribuições de intervenção no domínio econômico, como sua própria denominação já alerta, são instrumentos de intervenção no domínio econômico, que devem ser instituídos levando em consideração os princípios gerais da atividade econômica arrolados e disciplinados nos arts. 170 a 181 da Constituição Federal.

---

[380] TROIANELLI, Gabriel Lacerda. Op. cit., p. 78.

(...)
Ora, se o texto constitucional impõe tratamento diferenciado às microempresas e empresas de pequeno porte para incentivá-las, não é crível que a contribuição instituída em seu benefício seja arcada somente por pessoas jurídicas que se encaixem nessas categorias, impondo às mesmas tratamento diferenciado sim, porém mais oneroso que às demais empresas concorrentes, em detrimento das que se pretende ver impulsionadas.

Caracterizadas fundamentalmente pela finalidade a que se prestam, as contribuições de intervenção na atividade econômica, conforme já consagrado pela jurisprudência, não exigem vinculação direta do contribuinte ou a possibilidade de auferir benefícios com a aplicação dos recursos arrecadados.

Este recurso extraordinário serviu como precedente para a pacificação da jurisprudência do STF também em relação à CIDE em comento em demais julgados[381] que tratavam especificamente da necessidade de vinculação do contribuinte ou possibilidade de auferir benefícios com a aplicação dos recursos arrecadados.

Dado o exposto, deve-se entender, a partir da jurisprudência do STF que a CIDE em comento é uma contribuição de intervenção no domínio econômico com caráter tributário para a qual não é necessária a existência da referibilidade, sendo, portanto válida a sua incidência inclusive sobre contratos de serviços de assistência técnica e administrativa que não embutem em si uma transferência de tecnologia. Assim definiu a jurisprudência do STF e assim prevê o aspecto material da hipótese de incidência da CIDE.

4.5. Não repartição da receita

Aspecto no mínimo interessante sobre a CIDE *Royalties* é a destinação do produto da sua arrecadação.

Ao que parece, o único intuito da União e do legislador que acabou por aprovar a instituição desse imposto disfarçado de contribuição (esse é o entendimento dos que criticam a forma de instituição da CIDE) era o de fazer com que parte da arrecadação fugisse à repartição das receitas,

---

[381] Agravos nos Recursos Extraordinários nº 449.233/RS e 492.353/RS, REs 627687/DF, 492353/RS, 606056/RS, 627367/SC, dentre outros.

conforme determina a própria CF[382]. Há autores que entendem, inclusive, que a CIDE *Royalties* é um adicional sobre o IRRF incidente nas remessas ao exterior. Este é o parecer sobre o assunto[383]:

> Uma análise mais detalhada da questão permite ainda inferir-se que o tributo em tela é um adicional de imposto sobre a renda de residente no exterior, ficando o remetente no Brasil como substituto tributário. Caso contrário o imposto seria outro, sobre remessas de *royalties*. A base de cálculo da exação (valores pagos, creditados, entregues, empregados e remetidos a título de remuneração) já denota tal característica. Ademais, a redução para quinze por cento da alíquota do imposto de renda incidente na fonte sobre as importâncias pagas, creditadas, entregues, empregadas ou remetidas ao exterior a título de remuneração de serviços técnicos e de assistência técnica, operada a partir do início da cobrança da contribuição instituída pela Lei nº 10.168/00, conforme previsto na MP nº 2.062-60 e nas demais que a seguiram (e estendida aos *royalties* e serviços de assistência técnica administrativa e semelhantes pela Lei nº 10.332/01), deixa claro que a contribuição veio complementar a redução da alíquota do IRRF sobre as referidas remunerações, incidindo no mesmo montante (10%) em que se efetivou a redução. Neste ponto, cumpre indagar qual o objetivo da União ao proceder a essa transformação, já que não houve aumento da tributação, mas apenas uma mudança na espécie tributária, com o mesmo impacto nas contas dos contribuintes (em que pese, no caso específico da remessa de *royalties*, ter a MP nº 2.062-60 aumentado a alíquota do IR sobre eles incidentes de 15% para 25%, condicionando sua redução à criação da CIDE). Não visualizamos outro modo senão o de evitar que os recursos arrecadados com a contribuição interventiva fossem repassados ao Fundo de Participação dos Estados e Municípios, nos moldes do que ocorre com o imposto sobre a renda, por determinação expressa do art. 159, I, *a*, da Carta Política Federal[384] (...).

---

[382] CF/88, arts. 157 e ss.
[383] COÊLHO, Sacha Calmon Navarro e MOREIRA, André Mendes. Op. cit., p. 77.
[384] **Art. 159.** A União entregará:
I – do produto da arrecadação dos impostos sobre renda e proventos de qualquer natureza e sobre produtos industrializados quarenta e oito por cento na seguinte forma:
a) vinte e um inteiros e cinco décimos por cento ao Fundo de Participação dos Estados e do Distrito Federal;
b) vinte e dois inteiros e cinco décimos por cento ao Fundo de Participação dos Municípios;
c) três por cento, para aplicação em programas de financiamento ao setor produtivo das Regiões Norte, Nordeste e Centro-Oeste, através de suas instituições financeiras de caráter

Resta claro, dessarte, que a criação da contribuição em tela é mais um sinal do furor arrecadatório da União, que passa agora a buscar meios de concentrar ainda mais o poder e os recursos nacionais, fragilizando o pacto federativo brasileiro.

Claro é, contudo, que não se pode instituir imposto sobre a renda do modo como foi feito, uma vez que os recursos obtidos com a denominada "contribuição" (nome que nada influi na determinação da espécie tributária, a teor do próprio Código Tributário Nacional, em seu art. 4º) estão afetados a um fundo, qual seja, ao FNDCT, violando o já mencionado art. 167, IV da Constituição Federal de 1988, implicando a inconstitucionalidade do tributo em apreço.

Vale aqui apenas a menção a esse intrigante tema, pois a jurisprudência (vide acórdãos do STF citados acima) tem entendido que as contribuições de intervenção no domínio econômico, dentre as quais a chamada CIDE *Royalties*, têm natureza própria e conforme a Constituição.

Infelizmente, porém, as recentes instituições de tributos (ou contribuições) e demais alterações legislativas em todas as esferas do Direito por Medidas Provisórias esvaziam de importância as cláusulas pétreas mencionadas no art. 60 da CF, pois interferem no pacto federativo e na separação dos poderes, dada a ingerência do Poder Executivo na criação de leis[385]. A conversão dessas medidas provisórias em lei torna legal o procedimento utilizado para a instituição desses tributos e contribuições, mas sem a devida técnica e cautela que deveriam cercar os debates ao redor do assunto.

---

regional, de acordo com os planos regionais de desenvolvimento, ficando assegurada ao semi-árido do Nordeste a metade dos recursos destinados à região, na forma que a lei estabelecer;
[385] **Art. 60.**
(...)
§ 4º Não será objeto de deliberação a proposta de emenda tendente a abolir:
I - a forma federativa de Estado;
II - o voto direto, secreto, universal e periódico;
III - a separação dos Poderes;
IV - os direitos e garantias individuais.

5. PIS E COFINS INCIDENTES NA IMPORTAÇÃO DE SERVIÇOS

5.1. Detalhe terminológico das exações

Ao invés de se introduzir de início a matriz constitucional do PIS e da COFINS incidentes sobre a importação (PIS/COFINS-importação) ou aspectos de sua hipótese de incidência, é importante que seja feita uma observação sobre a nomenclatura desses tributos.

É sabido que a COFINS (extinto Finsocial) é a chamada Contribuição para o Financiamento da Seguridade Social, contribuição social de natureza tributária criada com o escopo de financiar a seguridade social, incidente sobre o faturamento das empresas (receita bruta da venda de bens e serviços).

Já o PIS, conhecido como Programa de Integração Social (PIS/PASEP ou apenas PIS), é uma contribuição social de natureza tributária, devida pelas pessoas jurídicas, com objetivo de financiar o pagamento do seguro-desemprego e do abono para os trabalhadores que ganham até dois salários mínimos. O PIS foi instituído com a justificativa de promover a integração do empregado na vida e no desenvolvimento das empresas. Na prática consiste num programa de transferência de renda.

Atualmente o abono do PASEP (funcionários públicos) é pago no Banco do Brasil, enquanto que o abono do PIS (funcionários de empresas privadas) é feito na Caixa Econômica Federal.

Contudo, as contribuições de que se tratará no presente capítulo, por mais que tenham a mesma denominação (PIS/COFINS) não se confundem com o PIS/COFINS incidentes sobre o faturamento e previstos nas

Leis 10.637/02 e 10.833/03[386]. De fato, o objeto deste capítulo são as contribuições PIS/COFINS incidentes na importação de bens e serviços, também conhecidos como PIS-importação e COFINS-importação (PIS/COFINS-importação), esses com previsão legal na Lei 10.865/04, têm hipóteses de incidência, sujeitos passivos e bases de cálculo distintas, porém, a nomenclatura adotada é a mesma: PIS/COFINS, acrescentando-se o sufixo "importação" para que seja feita a necessária diferenciação.

Com o advento da Emenda Constitucional n° 42/2003, que introduziu o inciso II, na Constituição Federal/1988, art. 149, § 2°, foi estabelecida a competência privativa da União para instituir contribuições sociais e de intervenção no domínio econômico incidentes sobre a importação de produtos estrangeiros e serviços, o que permitiu a criação do PIS. Além disso, esta emenda inseriu o inciso IV no artigo 195 da CF prevendo a instituição da COFINS. Referida emenda, como bem ressaltam alguns doutrinadores, viabilizou a constitucionalidade das novas normas[387].

Uma vez alterado o texto constitucional, foi publicada, e posteriormente convertida na Lei n° 10.865/2004, a Medida Provisória n° 164/2004, que instituiu a Contribuição Social para o Financiamento da Seguridade Social devida pelo importador de bens estrangeiros ou serviços no exterior (COFINS-Importação), além da contribuição para os Programas de Integração Social e de Formação do Patrimônio do Servidor Público incidente na importação de produtos estrangeiros ou serviços (PIS-PASEP-Importação), com vigência desde 1° de maio de 2004.

---

[386] Ricardo Mariz de Oliveira já chamava a atenção para essa distinção nesses termos: "(...) interessa-nos no presente estudo verificar apenas que a contribuição da seguridade social sobre a importação de bens ou serviços não se confunde – é espécie tributária distinta – com as contribuições da seguridade social sobre receitas (inclusive faturamento), assim como cada uma delas se distingue da contribuição sobre o lucro, ou da contribuição sobre remunerações do trabalho, ou da contribuição sobre a receita de concursos de prognósticos, embora todas elas sejam destinadas à seguridade social". OLIVEIRA, Ricardo Mariz de. **Cofins-Importação E Pis-Importação**. In: ROCHA Valdir de Oliveira de. **Grandes Questões Atuais do Direito Tributário** – 8º. v. São Paulo: Dialética, 2004, p. 391.

[387] BENÍCIO, Sérgio Gonini; BENÍCIO JR., Benedicto Celso. **As Principais Questões do Pis e Cofins Não-Cumulativos e sua Incidência sobre as Importações**. In: FISCHER, Octavio Campos; PEIXOTO, Marcelo Magalhães. (Orgs.) **Pis-Cofins. Questões Atuais e Polêmicas**. São Paulo: Quartier Latin, 2005, p. 741-765.

À parte das grandes discussões acerca da constitucionalidade das exações[388], cabe, por ora salientar o detalhe terminológico, conforme ensinamentos do Professor Ricardo Mariz de Oliveira que[389]:

> (...) a todo rigor, não são apropriadas as denominações "PIS/PASEP-importação" e "COFINS-importação" que constam da Lei nº 10.865, a qual disciplina a cobrança destas novas modalidades de contribuições. Esses nomes somente se justificam na prática para facilitar a compreensão do sistema de uma e outra subdivisão daquela que na essência é uma única contribuição, inclusive tendo em vista a posterior compensação de cada uma dessas partes com, respectivamente, a efetiva e verdadeira contribuição ao PIS e a efetiva e verdadeira COFINS.

Eis que a nomenclatura dessas contribuições não traz maiores necessidades de digressões, além desta simples observação.

---

[388] Sobre a constitucionalidade da instituição do Pis/Cofins-importação sobre a importação de serviços Rodrigo Marques França aborda o tema de uma forma inovadora ao concluir que a instituição de tributos incidentes sobre a prestação de serviços (não compreendidos no art. 155, III da CF) é da competência privativa dos municípios e que a instituição do Pis-Cofins sobre a prestação de serviços (mesmo que oriundos do estrangeiro) fere o pacto federativo e a autonomia tributária dos municípios. Cf. FRANÇA, Rodrigo Marques. **A Inconstitucionalidade da Incidência da Contribuição ao PIS/PASEP e COFINS na Importação de Serviços e sua Violação ao Princípio do Federalismo: Aspectos das Competências Federal e Municipal**. In: PEIXOTO, Marcelo Magalhães; FISCHER, Octavio Campos. (Orgs.) **Pis-Cofins. Questões Atuais e Polêmicas**. São Paulo: Quartier Latin, 2005, p. 379-396.
Já José Eduardo Soares de Melo, entre outras questões sobre o tema, trata da complexidade do fato de a Lei 10.865/04 ter distintos preceitos constitucionais embasadores (art. 149, § 2º, II; e art. 195, IV) totalmente estranhos às contribuições ao Pis/Pasep, enquadradas no art. 239 da CF e que apesar destas contribuições possuírem identidade com a Cofins, não poderiam ser previstas para operações de importação diante de ausência de fundamento de validade em específico preceito constitucional. Entende o autor que diante da falta de vinculação e conexão entre os arts. 149, § 2º, II; e art. 195, IV e o art. 239 da CF, torna-se repugnável ao sistema jurídico a instituição e a decorrente exigência de contribuições ao Pis/Pasep, no que concerne às operações de importação de bens e serviços. Cf. MELO, José Eduardo Soares de. **PIS/PASEP e COFINS na Importação: Polêmicas**. In: FISCHER, Octavio Campos; PEIXOTO, Marcelo Magalhães. (Orgs.) **Pis-Cofins. Questões Atuais e Polêmicas**. São Paulo: Quartier Latin, 2005, p. 135-147.
[389] OLIVEIRA, Ricardo Mariz de. Op. Cit, p. 394.

5.2. A incidência do PIS/COFINS sobre importação de serviços

Alguns aspectos importantes sobre a regra matriz de incidência do PIS/COFINS-importação serão tratados em itens específicos, dada a polêmica gerada em torno deles. Por ora, cabe mencionar a base da regra matriz imposta pela Lei 10.865/04, estipulada no art. 1.º:

> Art. 1º Ficam instituídas a Contribuição para os Programas de Integração Social e de Formação do Patrimônio do Servidor Público incidente na Importação de Produtos Estrangeiros ou Serviços – PIS/PASEP-Importação e a Contribuição Social para o Financiamento da Seguridade Social devida pelo Importador de Bens Estrangeiros ou Serviços do Exterior – COFINS-Importação, com base nos arts. 149, § 2º, inciso II, e 195, inciso IV, da Constituição Federal, observado o disposto no seu art. 195, § 6º.

Resta claro, portanto, que os importadores de produtos e serviços estão sujeitos ao pagamento dessas contribuições.

Algumas exceções a essa hipótese de incidência são trazidas pelo artigo 2.º, que excetua da incidência das contribuições situações em que não seria razoável a cobrança como nas importações de bens aos quais tenha sido aplicado o regime de exportação temporária, o custo do transporte internacional e de outros serviços, que tiverem sido computados no valor aduaneiro que serviu de base de cálculo da contribuição e nas importações de bens ou serviços importados pelas entidades beneficentes de assistência social.

5.2.1. O aspecto material

Nesse ponto, vale a citação do artigo 5.º da lei em comento que delineia os sujeitos passivos de forma mais detalhada:

> Art. 5º São contribuintes:
> I - o importador, assim considerada a pessoa física ou jurídica que promova a entrada de bens estrangeiros no território nacional;
> II - a pessoa física ou jurídica contratante de serviços de residente ou domiciliado no exterior; e
> III - o beneficiário do serviço, na hipótese em que o contratante também seja residente ou domiciliado no exterior.

Parágrafo único. Equiparam-se ao importador o destinatário de remessa postal internacional indicado pelo respectivo remetente e o adquirente de mercadoria entrepostada.

Como se pode observar pela leitura do artigo acima, o critério material da hipótese do PIS/COFINS-importação é importar serviço do exterior, seja como contratante direto ou como beneficiário do serviço[390].

Interessante peculiaridade é analisada neste passo pela doutrina que faz uma distinção da materialidade das contribuições em comento com a do ISS[391]:

> Essa materialidade, não obstante envolver serviço, é distinta do ISS. Nesse, o critério material é a prestação do serviço, enfocando o ato de prestar serviço a alguém. Nas contribuições, a incidência é sobre aquele que *importar o serviço* (grifo dos autores), ainda que não seja o contratante propriamente dito. Outrossim, qualquer um que importe serviço prestado por estrangeiros dentro ou fora do País, ainda que não tenha sido o tomador, estará realizando o fato jurídico tributário previsto na hipótese de incidência.

Nesse aspecto, José Eduardo Soares de Melo denuncia alguns pontos importantes sobre a fragilidade da norma instituidora dessas contribuições, já que com relação ao ISS existe uma lista de serviços que melhor delineia os contornos sobre o conceito de serviços. Ressalta o autor que[392]:

> Na sistemática constitucional, a previsão de incidência do Imposto sobre Serviços de Qualquer Natureza (art. 156, III) mostrou-se facilitada pelo fato de serem objeto de definição (relação) em lei complementar (atualmente vigendo a LC nº 116 de 31.7.03); apartada das prestações de serviços de transporte interestadual e intermunicipal e de comunicação, objeto de incidência do ICMS (art. 155, II).

---

[390] CARVALHO, Cristiano; CASTRO, José Augusto Dias de. **Pis e Cofins na Importação – Aspectos Controvertidos de suas Regras Matrizes**. In: GAUDÊNCIO, Samuel Carvalho; PEIXOTO, Marcelo Magalhães. (Orgs.) **Fundamentos do Pis e da Cofins**. São Paulo: MP, 2007, p. 80.
[391] CARVALHO, Cristiano; CASTRO, José Augusto Dias de. Op. Cit., p. 80.
[392] MELO, José Eduardo Soares de. **PIS/PASEP e COFINS na Importação: Polêmicas**. In: FISCHER, Octavio Campos; PEIXOTO, Marcelo Magalhães. (Orgs.) **Pis-Cofins. Questões Atuais e Polêmicas**. São Paulo: Quartier Latin, 2005, p. 140.

O autor, nesse passo, caminha lado a lado com Ricardo Mariz[393], lembrando que as distinções relativas ao que é serviço deveriam decorrer do direito privado (como destacado no capítulo 2 acima) e que o contribuinte não deve se socorrer tranquilamente na lista de serviços prevista na legislação do ISS para saber se ocorre ou não a incidência dessas contribuições sobre determinada situação[394]:

> A compreensão do que sejam "serviços", para fins de incidência das mencionadas contribuições, não deve considerar de modo categórico e tranquilo a extensa relação de serviços anexa à LC 116/03, não só porque adstrita à incidência de ISS (âmbito municipal), mas também pelo fato de que tal lista relaciona negócios jurídicos que não constituem autênticos serviços (locação, arrendamento mercantil, cessão de bens, factoring e franchising).

Além disso, observa também que em razão da ausência de previsão normativa (clara, precisa e determinada) dos serviços tributáveis, restará certa incerteza quanto ao alcance da incidência das contribuições, revelando-se uma tipologia aberta, ferindo a segurança jurídica.

Nesse contexto, e em virtude dessas falhas normativas, pode-se concluir que o PIS/COFINS-importação incide sobre as atividades de locação e arrendamento mercantil, pois o § 14 do art. 8º da Lei 10.865/04 efetivamente reduz a zero[395] a alíquota das contribuições sobre essas atividades. Se assim não fosse, não haveria qualquer disposição que expressamente rebaixasse a alíquota especificamente nessas situações[396]. Conclui-se, assim,

---

[393] Ricardo Mariz de Oliveira entende que a lista aplicável ao ISS não é extensiva à contribuição sobre a importação de serviços, em virtude do que em tese é possível haver algum tipo de serviço não constante da lista do ISS e, não obstante isso, ser sujeito à contribuição. Ao contrário, é possível que algum item da lista da Lei Complementar nº 116 inclua alguma prestação que não seja serviço, tal como ocorreu com a locação de bens móveis na lei complementar anterior à de nº 116, caso em que essa previsão será írrita para a incidência da contribuição, além de ser inconstitucional para efeito do ISS. In: OLIVEIRA, Ricardo Mariz de. Op. Cit, p. 401.
[394] MELO, José Eduardo Soares de. Op. cit., p. 140.
[395] § 14. Ficam reduzidas a 0 (zero) as alíquotas das contribuições incidentes sobre o valor pago, creditado, entregue, empregado ou remetido à pessoa física ou jurídica residente ou domiciliada no exterior, referente a aluguéis e contraprestações de arrendamento mercantil de máquinas e equipamentos, embarcações e aeronaves utilizados na atividade da empresa.
[396] MELO, José Eduardo Soares de. Op. cit., p. 142.

que tais atividades são consideradas como prestação de serviços, o que é injurídico[397].

Dada essa falta de clareza na legislação do PIS/COFINS-importação pode o contribuinte ter dúvidas quanto à incidência dessas contribuições sobre determinados serviços. Poder-se-á encontrar apenas algum respaldo na legislação do ISS para aclarar certas dúvidas, subsidiariamente à análise da Lei 10.865/04 e demais normativos pertinentes. Ricardo Mariz[398] entende nesse sentido, expondo que:

> Em conclusão, a Lei Complementar nº 116 pode servir apenas subsidiariamente para a verificação do cabimento da contribuição em um ou outro caso, cuja exigência, contudo, terá que encontrar os seus fundamentos na própria normatização constitucional e ordinária da contribuição.

5.2.2. O aspecto espacial

Esse elemento da regra matriz do PIS/COFINS- importação é um dos que causam maior polêmica. A origem da confusão relativa ao critério espacial tem relação com o local do resultado do serviço, questão que por si só merece um item à parte, adiante explorado. Também a definição com relação ao contratante e ao importador do serviço trazida pela lei dão causa a essa polêmica.

Aqui, o texto da Lei 10.865/04 merece especial atenção no art. 1.º, § 1.º, I e II em confronto com o art. 5.º, II e III que dispõem respectivamente sobre o local onde se dá o resultado do serviço e sobre quem são os contribuintes em ambas as hipóteses de importação de serviços:

> Art. 1º (...)
> § 1º Os serviços a que se refere o caput deste artigo são os provenientes do exterior prestados por pessoa física ou pessoa jurídica residente ou domiciliada no exterior, nas seguintes hipóteses:
> I - executados no País; ou
> II - executados no exterior, cujo resultado se verifique no País.

---

[397] Cumpre ressaltar, novamente nesse passo, os casos citados no Capítulo 2 acima, sobre a não incidência do ISS sobre atividades diferentes de prestações de serviços, por aplicação do art. 110 do CTN, tais como o RE-AgR 446003/PR, RE-AgR 462747, AI-AgR 487120, RE 116121, AI 485707 AgR e decisão monocrática no RE 425281, p.10.
[398] OLIVEIRA, Ricardo Mariz de. Op. cit., p. 401.

Art. 5º São contribuintes:
(...)
II - a pessoa física ou jurídica contratante de serviços de residente ou domiciliado no exterior; e
III - o beneficiário do serviço, na hipótese em que o contratante também seja residente ou domiciliado no exterior.

Cristiano Carvalho e José Augusto Dias de Castro[399] entendem que há uma confusão injustificada sobre esse ponto:

> A má compreensão é que a importação de serviço não requer, como condição necessária, que o contratante tenha sido o importador, da mesma forma que a importação de uma mercadoria não requer que o importador tenha sido o mesmo que a adquiriu. Nada impede que, em ambos os casos, um terceiro contrate o serviço ou compre uma mercadoria e, no primeiro caso, o importador possa se beneficiar do serviço no Brasil e, no segundo, receber a mercadoria no Brasil.
> O art. 5º, II e III, dispõe que é contribuinte o importador, o qual é a pessoa física ou jurídica contratante de serviços de residente ou domiciliado no exterior e o beneficiário do serviço, na hipótese em que o contratante também seja residente ou domiciliado no exterior. Esse dispositivo, que estabelece o sujeito passivo das contribuições, gera confusão quando visto em conjunto com o art. 1º, § 1º, II da lei, que coloca como critério material os *serviços executados no exterior, cujo resultado se verifique no País*.
> A causa dos problemas é a confusão entre o ato de importar e o ato de prestar ou tomar serviço. Não há necessariamente que se importar a prestação em si mesma, ou, em outras palavras, não é necessário que o prestador venha ao País para prestar o serviço. Em síntese, a importação pode ser tanto da atividade do serviço quanto do produto do serviço, ainda que este tenha sido executado e contratado no exterior. *Importa é que o serviço seja importado.*

A grande falha apontada pela constatação acima, a nosso ver, está no fato de que a legislação não tenha claramente definido o que se entende por importação de serviço. Poder-se-ia sugerir que a importação de serviço é a contratação (por pessoa física ou jurídica residente ou não) de não-residentes para prestarem um serviço no Brasil ou a contratação dos mesmos para prestarem um serviço no exterior cujo resultado se verifique no País.

---

[399] CARVALHO, Cristiano; CASTRO, José Augusto Dias de. Op. cit., pp. 80 e 81.

Além disso, cumpre a ressalva de que nos casos em que o contratante (ou o responsável pelo pagamento da contraprestação) seja não-residente e distinto do beneficiário, este último deverá ser residente.

Com a propriedade que lhe é peculiar, Ricardo Mariz de Oliveira[400] expõe dessa forma o problema:

> A solução em torno de uma pretensão como esta, assim como das indagações anteriores, advém da norma constitucional e do aprofundamento da indagação sobre se há necessidade de internação do serviço para se completar o fato da importação, ou se neste se inclui também o serviço executado e consumido fora do País em benefício de pessoa residente ou domiciliada no País.

Essa discussão será retomada no ponto 5.5 abaixo, porém, vale por enquanto a lembrança de que outra parte da doutrina[401] entende que:

> É questionável a exigibilidade das contribuições relativamente a serviços que sejam executados no exterior, mas cujo resultado se verifique no País (art. 1º, § 1º, II), uma vez que constitui situação estranha à sua efetiva prestação, além de se tornar precária a apuração ou quantificação do seu resultado. Esta situação caracteriza patente imprecisão (que nem seria passível de explicitação em norma regulamentadora), tornando insegura a efetiva imposição tributária.

5.2.3. O aspecto temporal

Emprestamos de José Eduardo Soares de Melo a definição e a crítica ao aspecto temporal do PIS/COFINS importação[402]:

> Peculiarmente (art. 3º, II) considera fato gerador das contribuições "o pagamento, o crédito, a entrega, o emprego ou a remessa de valores a residentes ou domiciliados no exterior como contraprestação por serviço prestado"; centrado no mero elemento financeiro (efetiva remuneração).

---

[400] OLIVEIRA, Ricardo Mariz de. Op. cit., p. 406.
[401] MELO, José Eduardo Soares de. Op. cit., p. 143.
[402] Idem, p. 141 e 142.

O nascimento da obrigação tributária deveria levar em conta a normal realização do fato gerador (prestação de serviços auferidos no país).

Por outro lado, é imperioso que se recorde que a imaterialidade das prestações de serviços (obrigação de fazer), ao contrário das transações com bens ou mercadorias (obrigações de dar), dificulta a demarcação do aspecto temporal do fato gerador desses tributos, principalmente em se tratando de operações internacionais. Esta parece ser a razão pela qual o legislador teria eleito como átimo temporal para a incidência o momento do pagamento do serviço, o crédito, a entrega, o emprego ou a remessa de valores a residentes ou domiciliados no exterior como contraprestação pelo serviço prestado[403].

O problema aqui reside na definição do momento de incidência dessas contribuições nos casos em que os serviços sejam realizados no exterior com resultado no país e o benefíciário e o remetente do dinheiro para pagamento dos serviços sejam distintos e este último seja não-residente. A única solução, nesse caso, seria o momento da incidência coincidir com a consumação do resultado, como explicam e exemplificam os autores anteriormente citados[404]:

> Quando os serviços não forem contratados nem pagos no Brasil, mas o seu resultado aqui se verificar e, por conseguinte, houver um beneficiário interno desse serviço, o critério temporal só pode ser o momento em que se consumar tal resultado. Exemplificando, se uma rede internacional de refrigerantes resolver transmitir mundialmente um comercial realizado por uma empresa de publicidade estrangeira, com artistas estrangeiros, mas a difusão do comercial também se der no Brasil, a subsidiária ou franqueada interna estará se beneficiando do serviço, ainda que não o tenha contratado diretamente, e o resultado desse serviço de publicidade também se verificará no Brasil. Para fins de PIS e COFINS, a subsidiária ou franqueada interna estará importando esse serviço, ainda que este não tenha sido nem executado no País, nem pago pelo importador.

---

[403] CARVALHO, Cristiano; CASTRO, José Augusto Dias de. Op. cit., p. 81.
[404] Idem, p. 82.

5.2.4. O aspecto pessoal

Não há grandes divagações ou dúvidas no que diz respeito ao sujeito ativo ou passivo dessas contribuições nas importações de serviços. O sujeito ativo, em última instância, é a União Federal, personificada na Receita Federal, órgão do Ministério da Fazenda incumbido da arrecadação e fiscalização dos tributos federais. Já o sujeito passivo está definido no art. 5º, II e III da Lei 10.865/04, como sendo:

> II - a pessoa física ou jurídica contratante de serviços de residente ou domiciliado no exterior; e
> III - o beneficiário do serviço, na hipótese em que o contratante também seja residente ou domiciliado no exterior.

Apesar dessa aparente clareza, essa última hipótese causa estranheza a José Eduardo Soares de Melo[405] que assim explora o tema:

> Tendo em vista que a CF (art. 195, IV) caracterizou como contribuinte da contribuição destinada à seguridade social "o importador de bens ou serviços do exterior, ou de quem a lei a ele equiparar", não seria censurável a sujeição passiva de pessoa que não integrou relação jurídica privada pertinente à prestação de serviços (prestador e tomador dos serviços), como é o caso do mero beneficiário dos serviços.
> Todavia, são inaceitáveis os mecanismos engendrados pelo legislador com a finalidade de obter a liquidação do tributo, por pessoas estranhas à realização dos serviços, uma vez que a figura da "equiparação" somente pode constituir semelhança e identidade, não tendo o condão de abranger terceiros, estranhos à contratação dos negócios jurídicos.

Aqui, é importante que se ressalte que nem sempre a pessoa responsável pelo pagamento é totalmente estranha à realização dos serviços. Já o beneficiário dos serviços, apesar de não ter relação jurídica com o prestador é quase tão afeto à relação jurídica quanto o contratante e responsável pelo pagamento.

Por vezes, como citado acima no exemplo do comercial de refrigerantes (subitem 5.2.3.), a matriz estrangeira da subsidiária nacional é responsável

---

[405] MELO, José Eduardo Soares de. Op. cit., p. 143.

pelo pagamento dos serviços dos quais essa última se beneficiará. Em casos como esse, apesar de ser estranha à relação jurídica entre o contratante (matriz estrangeira) e o prestador de serviços internacional, a subsidiária nacional deve corretamente ser equiparada ao importador por guardar conexão lógica com a relação jurídica, vez que se beneficia do resultado do serviço, sendo, portanto, o sujeito passivo da contribuição.

5.2.5. O aspecto quantitativo

Caberá à base de cálculo um item específico desse Capítulo (item 5.3 infra), tendo em vista as controvérsias geradas em torno dela. Com relação às alíquotas, no entanto, não há muito o que se discutir no que tange ao PIS/COFINS-importação sobre serviços. Cabe a regra geral de 1,65% para o PIS e 7,6% para a COFINS, conforme disposto no art. 8°, I e II da lei.

5.3. A base de cálculo do PIS e da COFINS na importação de serviços

Delimitada pelo art. 7°, II da Lei 10.865/04, a base de cálculo do PIS/COFINS-importação sobre serviços será o valor pago, creditado, entregue, empregado ou remetido para o exterior, antes da retenção do imposto de renda, acrescido do ISS e do valor das próprias contribuições.

Alguns pontos chamam a atenção no tocante à base de cálculo em questão, quais sejam:

1. O fato de o ISS estar contido na base de cálculo dessas contribuições;

2. A questão da isenção temporal do ISS e a sua inclusão na base do PIS/COFINS-importação;

3. A não existência de previsão legislativa da base de cálculo nos casos em que contratante e beneficiário sejam pessoas distintas, sendo aquele não-residente;

4. A aparente confusão causada pela expressão "antes da retenção do imposto de renda" nos casos de importações de serviços nas quais o contratante assume o ônus do IRRF.

A IN 1401/13, em seu artigo 1.º, determina a forma de cálculo das referidas contribuições, fazendo-o a partir de fórmulas específicas[406]. Nota-se que a partir desse cálculo e das determinações legislativas percebe-se a inclusão do ISS na base de cálculo do PIS/COFINS-importação. Em relação ao assunto, Soares de Melo[407] tratando do cálculo tanto para importação de bens quanto para serviços leciona que:

> Inexiste respaldo jurídico para considerar os mencionados tributos (ICMS, ISS e as próprias contribuições) no cálculo das contribuições incidentes na importação, uma vez que o PIS/PASEP e a COFINS só poderiam ser calculados sobre o valor das operações relativas aos bens e aos serviços importados, sendo inadmissível a agregação de valores que não se traduzem no pacto comercial.
> Realmente, são elementos estranhos à remuneração devida pela aquisição dos bens importados, e dos serviços do exterior, uma vez que a Constituição apenas cogita da inclusão de imposto na base de cálculo do imposto, em situações específicas relativas ao ICMS (art. 155, XI, e XII, i, com o advento da EC n° 33/01).

Esse é também o entendimento de Ricardo Mariz de Oliveira sobre o assunto. Tratando da segregação determinada na lei para a incidência na importação de bens e serviços o autor argui que a base de cálculo dessas contribuições é inválida e expõe:[408]

---

[406] Eis a fórmula:
COFINS importação = d * V * Z
PIS Importação = c * V * Z

$$Z = \left[\frac{1+f}{(1-c-d)}\right]$$

V = o valor pago, creditado, entregue, empregado ou remetido para o exterior, antes da retenção do imposto de renda;
c = alíquota da Contribuição para o PIS/PASEP-Importação;
d = alíquota da COFINS-Importação;
f = alíquota do Imposto Sobre Serviços de Qualquer Natureza.
[407] MELO, José Eduardo Soares de. Op. cit., pp. 144 e 145.
[408] OLIVEIRA, Ricardo Mariz de. Op. Cit, p. 424.

Devendo ser assim, a Lei nº 10.865 anda bem em dividir as duas situações, mas erra ao mandar adicionar ao valor aduaneiro e ao valor da operação o ICMS, o ISS e a própria contribuição, que são despesas internas do próprio importador e que não integram nem o valor aduaneiro nem o valor da operação.

Nesta mesma esteira, Hugo de Brito Machado Segundo e Raquel Cavalcanti Ramos Machado ensinam que, no caso, a impropriedade dessa base de cálculo "extra" está em que o valor a mais considerado é valor que não guarda relação com nenhuma atividade realizada pelo contribuinte, ou com qualquer serviço que o Estado venha a lhe prestar. Em verdade, com tal norma o importador não só tem uma mesma realidade onerada por mais de um tributo (ICMS, IPI, II, Cofins e Pis – além do ISS, Cofins e PIS para os serviços – nota do autor), como ainda tem de recolher tributo porque recolheu tributo (na base de cálculo da Cofins, como visto, considera-se o valor recolhido a título de ICMS ou ISS). Tributa-se a própria tributação, em clara violação ao princípio da capacidade contributiva. Diante dessa norma, até pagar tributo, é fato gerador de obrigação tributária principal, o que é teratológico. Pois, se o pagamento de tributo puder ser considerado realidade tributável por revelar capacidade contributiva, criar-se-á uma cadeia infindável de fatos tributáveis, o que levará certamente ao esmagamento do poder econômico do contribuinte, que sempre pagará algum tributo, porque já pagou outro tributo[409].

Ricardo Mariz de Oliveira, analisando a questão do valor aduaneiro e da utilização desse conceito na legislação do PIS/COFINS-importação para formação de sua base de cálculo, conclui nesse passo que[410]:

> (...) carece de base constitucional as previsões da Lei nº 10.865 quanto à integração de impostos e da própria contribuição na base de cálculo desta.

Ao que parece a ofensa à Constituição está no fato de que o art. 148, § 2.º, III, "a", estipula que o cálculo dessas contribuições terá como base, no

---

[409] MACHADO, Hugo de Brito Segundo; MACHADO, Raquel Cavalcanti Ramos. **Breves Anotações sobre a Incidência do Pis e da Cofins na importação**. In: GAUDÊNCIO, Samuel Carvalho; PEIXOTO, Marcelo Magalhães. (Orgs.) **Fundamentos do Pis e da Cofins**. São Paulo: MP Editora, 2007, p. 263.
[410] OLIVEIRA, Ricardo Mariz de. Op. cit., p. 427.

caso de importação, o valor aduaneiro, excluídas somas estranhas a esse conceito.

Aqui, necessário se faz lembrar de um posicionamento que busca explicar (ou justificar) a utilização do vocábulo "valor aduaneiro" na regra de incidência dessas contribuições. Trata-se de texto de Marcus de Freitas Gouvêa que, sobre o assunto, entende que[411]:

> Tendo em vista a dimensão do conceito de aduana, é lícito ao legislador, sem agredir os limites linguísticos da expressão "valor aduaneiro", entender que este seja calculado, para fins de definição da base de cálculo do PIS e da Cofins na importação, a soma do valor bem ou serviço importado com os encargos aduaneiros que sobre ele incidentes.

Justifica ainda a falha terminológica mencionando que[412]:

> (...) as leis gozam de presunção de constitucionalidade e, havendo uma interpretação que leve à constitucionalidade da lei contra muitas que levem à sua inconstitucionalidade, aquela deve ser adotada em prejuízo de todas as outras.

Andou bem, portanto, o STF no julgamento do RE 559.937-RS ao declarar a inconstitucionalidade da inclusão do ICMS na base de cálculo do Pis/Cofins-importação nas importações de bens, por entender que houve um alargamento indevido do conceito de valor aduaneiro e que este deve ser entendido como aquele montante que serve de base de cálculo ao imposto de importação, sendo inconstitucional, portanto, a inclusão do ICMS na base de cálculo como feito pela Lei 10.865/04. Ao que parece, a decisão acima motivou a alteração da legislação nesse ponto específico, a partir da edição da Lei 12.865/13 que alterou a redação do art. 7.º, I da Lei 10.865/04 que desde então tem a seguinte redação:

> Art. 7º A base de cálculo será:
> I - o valor aduaneiro, na hipótese do inciso I do **caput** do art. 3º desta Lei;

---

[411] GOUVÊA, Marcus de Freitas. **A Base de Cálculo do PIS e da Cofins na Importação de Mercadorias e Serviços**. In: Revista Dialética de Direito Tributário nº 134. São Paulo: Dialética, 2006, p. 68.
[412] Idem.

Resta ainda o obstáculo de se saber se tal decisão deve ou não repercutir no que tange às importações de serviços. O dilema gira em torno do fato de que tradicionalmente o conceito de "valor aduaneiro" está jungido às importações de bens. Nesta situação, o valor aduaneiro, nos termos do art. 1.º do GATT[413] será:

> (...) o valor de transação, isto é, o preço efetivamente pago ou a pagar pelas mercadorias em uma venda para exportação para o país de importação.

A CF neste ponto não especificou se o valor aduaneiro da importação se restringirá às importações de bens. O texto constitucional objeto da Emenda Constitucional n.º 33/01 reza simplesmente o seguinte, em seu art. 149:

> Art. 149. Compete exclusivamente à União instituir contribuições sociais, de intervenção no domínio econômico e de interesse das categorias profissionais ou econômicas, como instrumento de sua atuação nas respectivas áreas, observado o disposto nos arts. 146, III, e 150, I e III, e sem prejuízo do previsto no art. 195, § 6º, relativamente às contribuições a que alude o dispositivo.
> (...)
> § 2º As contribuições sociais e de intervenção no domínio econômico de que trata o *caput* deste artigo:
> (...)
> II - incidirão também sobre a importação de produtos estrangeiros ou serviços;
> III - poderão ter alíquotas:
> a) *ad valorem,* **tendo por base** o faturamento, a receita bruta ou o valor da operação e, **no caso de importação, o valor aduaneiro** (grifo nosso);

O que resta claro pelo texto acima é que, no caso da importação, a base de cálculo das contribuições será o valor aduaneiro. Mas, se valor aduaneiro é um conceito comumente utilizado na importação de bens, o mesmo pode ser utilizado para importação de serviços? A *contrario senso*, pode-se inquirir, entretanto, qual seria, conforme o texto constitucional,

---

[413] Promulgado pelo Decreto n.º 1.355/94

a base de cálculo dessas contribuições para importações de serviços, se não fosse o valor aduaneiro?

Quer nos parecer que o conceito de valor aduaneiro deve se estender às importações de serviços, no que diz respeito à base de cálculo de ditas contribuições. Do contrário, a Emenda Constitucional teria especificado qual deveria ser. No caso de cálculo dessas contribuições sobre serviços comercializados localmente, não há dúvidas de que os conceitos de "faturamento", "receita bruta" e "valor da operação" se estendem às transações de bens e também às de serviço. Por que no que diz respeito exclusivamente às importações o conceito de "valor aduaneiro" deveria estar restrito às importações de bens e não se estender às de serviço?

Não se pretende aqui esgotar esse intrigante assunto[414], apenas iluminar um pouco a questão buscando coerência na exegese da Constituição através de uma metodologia sistemática de interpretação. Cabe aqui, portanto, ainda uma ponderação. O art. 108 do CTN indica como deve proceder a autoridade competente na aplicação da legislação tributária na ausência de disposição expressa. Ou seja, indica este artigo qual o procedimento a ser utilizado quando houver lacuna na legislação tributária. É o que parece ser o caso ao redor da base de cálculo do Pis/Cofins-importação sobre serviços. O legislador constituinte derivado deixou uma brecha na lei que deve ser preenchida pelos aplicadores do Direito.

Está-se, portanto, diante de uma situação de necessidade de integração da legislação tributária[415] e que no caso em questão deve ser complementada mediante uso de analogia. Em síntese, o conceito de valor aduaneiro conhecido das importações de bens como sendo o valor da transação, o preço efetivamente pago ou a pagar pelas mercadorias em uma venda para exportação para o país de importação deve ser interpretado analogicamente aos casos das importações de serviços. Em sendo assim, o valor aduaneiro das importações de serviços deve ser conceituado da mesma maneira. O art. 7.º, II da Lei 10.865/04 estaria conforme a CF se tivesse a seguinte redação:

---

[414] Para maior aprofundamento no tema é recomendável a leitura do artigo: VALADÃO, Marcos Aurélio Pereira e BARROSO, Regina Maria Fernandes. **O valor aduaneiro como base de cálculo das contribuições para o PIS/PASEP e a COFINS – importação.** In: Revista da PGFN, Ano II, número III, 2012. Disponível em http://www.pgfn.fazenda.gov.br/revista-pgfn/ano-i-numero-iii-2012/ano-i-numero-2-2011. Acesso em 25 de fevereiro de 2015.
[415] NOGUEIRA, Ruy Barbosa. **Curso de direito tributário.** 14. ed., São Paulo: Saraiva, 1995, p. 99.

Art. 7° A base de cálculo será:
(...)
II - o valor pago, creditado, entregue, empregado ou remetido para o exterior, antes da retenção do imposto de renda, na hipótese do inciso II do caput do art. 3° desta Lei.

Este foi o entendimento do TRF da 4.ª Região na análise do tema em sede do julgamento da Apelação/Reexame Necessário nº 0013782-62.2009.404.7000/PR. Importante colacionar trecho central desta decisão, à página 5 do voto do desembargador relator Otávio Roberto Pamplona, que analisa o tema com precisão:

APELAÇÃO/REEXAME NECESSÁRIO Nº 0013782-62.2009.404.7000/PR

RELATOR	Des. Federal OTÁVIO ROBERTO PAMPLONA
APELANTE	UNIÃO FEDERAL (FAZENDA NACIONAL)
ADVOGADO	Procuradoria-Regional da Fazenda Nacional
APELADO	MADESHOPPING INVESTIMENTOS E PARTICIPACOES Ltd
ADVOGADO	Rafael Conrad Zaidowicz
REMETENTE	JUÍZO SUBSTITUTO DA 01A VF DE CURITIBA

(...)
Com efeito, da análise do referido dispositivo constitucional, extrai-se que as contribuições sociais a cargo do importador, incidentes sobre a importação de produtos estrangeiros ou serviços, só podem ter como base de cálculo o valor aduaneiro, conceito este previsto no art. 2º do Decreto-Lei nº 37/66, que dispõe sobre o Imposto de Importação, e no art. 77 do Decreto nº 4.543/02 (Regulamento Aduaneiro), apurado segundo as normas do Acordo Geral sobre Tarifas e Comércio - GATT 1994.

Este, aliás, o posicionamento deste Tribunal, firmado por ocasião do julgamento do Incidente de Arguição de Inconstitucionalidade na Apelação Cível nº 2004.72.05.003314-1/SC, no qual foi reconhecida a inconstitucionalidade da expressão *"acrescido do valor do Imposto sobre Operações Relativas à Circulação de Mercadorias e sobre Prestação de Serviços de Transporte Interestadual e Intermunicipal e de Comunicação - ICMS incidente no desembaraço aduaneiro e do valor das próprias contribuições"*, contida no inciso I do art. 7° da Lei n° 10.865/04, uma vez que *"desbordou do conceito corrente de valor*

aduaneiro, como tal considerado aquele empregado para o cálculo do imposto de importação, violando o art. 149, § 2°, III, "a", da Constituição", cujo acórdão restou assim ementado:
INCIDENTE DE ARGÜIÇÃO DE INCONSTITUCIONALIDADE - PIS E COFINS - IMPORTAÇÃO - ART. 7º, I, DA LEI N.º 10.865/2004.

1 - A Constituição, no seu art. 149, § 2°, III, "a", autorizou a criação de contribuições sociais e de intervenção no domínio econômico sobre a importação de bens ou serviços, com alíquotas ad valorem sobre o valor aduaneiro.

2 - Valor aduaneiro é expressão técnica cujo conceito encontra-se definido nos arts. 75 a 83 do Decreto n.º 4.543, de 26 de dezembro de 2002, que instituiu o novo Regulamento Aduaneiro.

3 - A expressão "acrescido do valor do Imposto sobre Operações Relativas à Circulação de Mercadorias e sobre Prestação de Serviços de Transporte Interestadual e Intermunicipal e de Comunicação - ICMS incidente no desembaraço aduaneiro e do valor das próprias contribuições", contida no inc. I do art. 7° da Lei n° 10.865/2004, desbordou do conceito corrente de valor aduaneiro, como tal considerado aquele empregado para o cálculo do imposto de importação, violando o art. 149, § 2°, III, "a", da Constituição.

(Arguição de Inconstitucionalidade na AC n.º 2004.72.05.003314-1/SC, rel. Des. Federal Antônio Albino Ramos de Oliveira, D.E. de 14-03-2007)

De se ressaltar, por oportuno, que o fato de o "valor aduaneiro" estar relacionado, tradicionalmente, à importação de bens, não constitui óbice à sua aplicação à importação de serviços, visto que, da forma como utilizado no texto constitucional, possível extrair-se que a intenção do legislador foi a de que a base de cálculo das contribuições incidentes sobre as operações de importação tivessem como base de cálculo o valor da transação.

A propósito, vale transcrever excerto extraído do artigo publicado pelo Juiz Federal Andrei Pitten Velloso na Revista da Ajufergs (www.ajufergs. org.br/revistas/rev02/05_pis_pasep_e_cofins_importacao.pdf), intitulado *"Competências para a Criação de Contribuições sobre a Importação, as Regras-Matrizes da COFINS-Importação e do PIS/PASEP-Importação e seus Aspectos Polêmicos", in verbis:*

"4.2. Base de cálculo na importação de serviços

É válido transcrever novamente a indicação da base de cálculo da COFINS e do PIS/PASEP na importação de serviços: "II - o valor pago, creditado, entregue, empregado ou remetido para o exterior, antes da retenção do imposto de renda, acrescido do Imposto sobre Serviços de qualquer Natureza - ISS e do valor das próprias contribuições, na hipótese do inciso II do caput do art. 3o desta Lei" (art. 7º, da Lei n. 10.865/04).

Da mesma forma como ocorre com a incidência na importação de bens, a base de cálculo das contribuições na importação de serviços não pode ser composta pelo valor de tributos que, no caso, são o ISSQN, a COFINS e o PIS/PASEP: **a Constituição, ao indicar o "valor aduaneiro" como base de cálculo das contribuições sociais sobre a importação, jungiu o legislador à tributação do valor pago pelos bens ou serviços importados.**

É certo que o constituinte derivado incorreu em erro de técnica ao aludir apenas ao "valor aduaneiro", que tradicionalmente é aplicável à importação de produtos ou mercadorias, indicando "o valor de transação, isto é, o preço efetivamente pago ou a pagar pelas mercadorias", como referido acima. No entanto, o que se pretendeu foi justamente limitar a base de incidência das contribuições ao "valor de transação", que, no caso da importação de serviços, corresponde ao valor pago, creditado, entregue, empregado ou remetido para o exterior como contraprestação pelos serviços. As quantias devidas a título de ISSQN, COFINS e PIS/PASEP incidem sobre tais valores, mas não os integram. Como expõe Aroldo Gomes de Mattos: "Também aqui, por decorrência lógica, a base de cálculo há de ser o 'valor aduaneiro do serviço', ou seja, o 'valor do serviço prestado', não tendo, por conseguinte, suporte constitucional a adição de outros valores como o ISS e o das próprias contribuições PIS/Cofins, igualmente calculados 'por dentro'".

Note-se que a Constituição fez referência expressa à "importação de produtos estrangeiros ou serviços" (art. 149, §2º, II) e ao "importador de bens ou serviços do exterior" (art. 195, IV), e previu, de forma genérica e não excludente, que as contribuições incidiriam, no caso de serem adotadas alíquotas ad valorem, sobre o "valor aduaneiro". **Não se limitou a indicação da base de cálculo à importação de bens ou produtos, razão pela qual tal base de cálculo há de ser aplicada tanto à importação de bens ou produtos quanto à importação de serviços, com as sutis adaptações que as suas particularidades demandam.** *Limitar a abrangência da base de cálculo eleita pela Constituição à importação de bens ou produtos consistiria numa indevida mutilação do arquétipo constitucional das contribuições sobre a importação, com base no questionável argumento retórico da dissociação ("argomento della dissociazione").*

Em suma, a base de cálculo do PIS/PASEP e da COFINS na importação de serviços somente pode ser composta pelo valor que corresponde à contraprestação pelos serviços prestados, ou seja, pelo "valor de transação" ("valor aduaneiro")." *(destaquei)*

Em face de tais colocações, tenho que merece ser mantida a sentença que concedeu a segurança para determinar que a autoridade impetrada, nas importações de serviços, exija da impetrante as contribuições da Lei nº 10.865/04 tendo por base o valor pago, creditado, entregue, empregado ou remetido para o exterior, antes da retenção do imposto de renda, excluindo-se o Imposto Sobre Serviços de Qualquer Natureza - ISS e o valor das próprias contribuições.

A União Federal ingressou com recurso extraordinário em face da decisão acima, cuja repercussão geral já foi reconhecida pelo STF como tema n.º 118 "Inclusão do ISS na base de cálculo do PIS e da COFINS", objeto do RE 592616-RS, cuja ementa dispõe o seguinte:

> EMENTA DIREITO TRIBUTÁRIO. ISS. INCLUSÃO NA BASE DE CÁLCULO DA CONTRIBUIÇÃO AO PIS E DA COFINS. CONCEITO DE FATURAMENTO. EXISTÊNCIA DE REPERCUSSÃO GERAL.

Apesar de guardar relação com o tema em questão, não parece que a questão sobre se o conceito de valor aduaneiro usado na importação de bens (e objeto do julgamento que considerou inconstitucional a inclusão do ICMS na base de cálculo do Pis/Cofins-importação) e sua aplicação analógica às importações de serviços será efetivamente endereçada neste recurso extraordinário. Eis que a discussão, objeto de repercussão geral, trata do conceito de faturamento para fins de composição da base de cálculo do Pis/Cofins. Esta questão realmente possui maior conexão com o tema n.º 1 da tabela de temas de Direito Tributário de repercussão geral perante o STF "Base de cálculo do PIS e da COFINS sobre a importação", recentemente decidida pelo RE 559.937-RS, como citado acima. Deste modo, aguarda-se ainda da jurisprudência do STF uma posição definitiva acerca desta questão.

Importante notar, todavia, que outros julgados sobre o tema não ingressavam verdadeiramente na questão, pois, simplesmente, não se havia concluído, até então, sobre a inconstitucionalidade da inclusão do ICMS na base de cálculo do Pis/Cofins-importação. Utilizava-se ali a analogia até mesmo para confirmar que a inclusão do ISS na base de cálculo do Pis/Cofins-importação sobre serviços era constitucional, pois o mesmo ocorria com relação à inclusão do ICMS na base de cálculo dessas contribuições no caso das importações de mercadorias.

Processo:	AMS 10107 SP 2005.61.04.010107-0
Relator(a):	JUIZ CONVOCADO RUBENS CALIXTO
Julgamento:	16/09/2010
Órgão Julgador:	TERCEIRA TURMA

DIREITO TRIBUTÁRIO. PIS E COFINS INCIDENTES SOBRE A IMPORTAÇÃO DE SERVIÇOS. LEI Nº 10.865/04. INCLUSÃO DO ISS

NA BASE DE CÁLCULO. OFENSA À CONSTITUIÇÃO FEDERAL. INEXISTÊNCIA. Não conheço do agravo convertido em retido, uma vez que não reiterado seu conhecimento, em razões de apelação, como exige o § 1º do artigo 523 do Código de Processo Civil. (...) Em recente julgamento na Terceira Turma desta Corte (AMS n. 2004.61.04.010753-5, j. 01/10/2009, DJF3 20/10/2009, Relatora Des. Fed. Cecília Marcondes) ficou pacificado o posicionamento desse órgão julgador no sentido da constitucionalidade da inclusão do ICMS e do valor das próprias contribuições na base de cálculo do PIS/importação e da COFINS/importação, conforme previsão contida no artigo 7º, inciso I, da Lei nº 10.865/2004, raciocínio que pode ser estendido de forma analógica em relação à inclusão do ISS no caso de importação de serviços, conforme inciso II do mesmo dispositivo legal. Configurada a hipótese de incidência das contribuições sociais, prevista no art. 1º, § 1º, inciso II, da Lei nº 10.865/2004, tendo em vista que o resultado do serviço prestado será verificado no Brasil, no momento do uso do produto - Descarregador de Navio - a ser utilizado no objeto social da impetrante. Agravo retido não conhecido e apelação a que se nega provimento.

A questão acima ainda tem repercussão no assunto a ser abordado no item abaixo (5.4), em que se discorre sobre uma suposta violação das regras do GATS (*General Agreement on Trade in Services*) ou Acordo Geral para o Comércio de Serviços, que determina a proibição de se criarem, quantitativamente ou qualitativamente, tributos não exigidos ou mais onerosos que os incidentes sobre a contratação de serviços no mercado interno[416]. Isso porque a inclusão dessas verbas estranhas ao conceito de valor aduaneiro na base de cálculo dessas contribuições poderiam impor um ônus maior aos serviços originados do exterior em comparação àqueles prestados por empresas locais, como se buscará mostrar adiante.

Já no que tange ao ponto 2 destacado no início do item 5.3 acima, que trata da isenção temporal do ISS e a sua inclusão na base do PIS/COFINS-importação, algumas dúvidas podem restar aos contribuintes importadores de serviços localizados em municípios que conferem isenções fiscais para instalações de empreendimentos mediante termos de compromisso ajustados nas administrações municipais. Sobre esta questão, pode-se

---

[416] CATÃO, Marcos André Vinhas. **Incompatibilidade da Contribuição de Intervenção no Domínio Econômico Cide-Tecnologia (Lei nº 10.168/00), a partir da Instituição do PIS/Cofins – Importação/Serviços (Lei nº 10.865/04). Violação das Regras do GATT e GATS**. In: Revista Dialética de Direito Tributário nº 115. São Paulo: Dialética, 2005, pp. 83 a 96.

entender que a isenção do ISS subtrai uma parcela do campo de abrangência da norma tributária, ou seja, a regra fica impedida de produzir qualquer obrigação principal. Ou seja, mesmo em relação à base de cálculo do PIS/COFINS-importação que contém na sua fórmula a alíquota do ISS, não há a repercussão desse tributo declarado isento por seu próprio sujeito ativo.

A dúvida poderia surgir porque, nesses casos, geralmente o tributo é instituído por lei municipal que determina as alíquotas para as diversas prestações de serviços (de acordo com a lista de serviços anexa à LC 116/03 e às leis municipais). Mas, com relação a determinado contribuinte que decide por instalar empreendimentos no território de um município, a administração confere (mediante outra lei) a isenção nas suas aquisições de serviços (importações inclusive) por determinado período de tempo (em geral por 10 anos). A questão seria então a seguinte:

Seria essa isenção temporária suficiente para excluir o ISS da base de cálculo do PIS/COFINS-importação?

Enquanto não se decide sobre a constitucionalidade da inclusão do ISS na base de cálculo do Pis/Cofins-importação, pode-se entender que sim, e a Receita Federal já adotou este entendimento para excluir tributos objeto de isenção da base de cálculo das contribuições devidas à COFINS[417].

Endereçando o ponto 3 incluído no início do item 5.3 acima que trata sobre a inexistência de previsão legislativa da base de cálculo nos casos em que contratante e beneficiário são pessoas distintas, sendo aquele não-residente, é bastante interessante a observação feita por Cristiano Carvalho e José Augusto Dias de Castro[418]:

> A base de cálculo do PIS e COFINS sobre a importação de serviços é o valor pago, creditado, entregue, empregado ou remetido para o exterior, antes da retenção do imposto de renda, acrescido do ISS e do valor das próprias contribuições.
>
> E a base de cálculo nos casos de mera importação de serviço, quando o importador é meramente um beneficiário, mas não o contratante? A lei é omissa a esse respeito. Cabe lembrar que o princípio da tipologia tributário, corolário da estrita legalidade, exige que todos os critérios da regra-

---

[417] Solução de Consulta nº 69 da 2.ª Região Fiscal, de 30 de Agosto de 2004: "EMENTA: Deixam de compor a base de cálculo da Cofins-Importação os impostos de importação e sobre produtos industrializados que forem objeto de isenção na importação para a Zona Franca de Manaus."

[418] CARVALHO, Cristiano; CASTRO, José Augusto Dias de. Op. cit., pp. 82 e 83.

-matriz sejam veiculados legalmente (ainda que implicitamente, como ocorre muitas vezes em relação ao sujeito ativo – não expresso, mas decorrente do ente federativo que instituiu o tributo), de forma que o destinatário possa compreender a conduta que deve tomar para cumprir com o mandamento normativo.

Realmente, não há como o importador, que é mero beneficiário do serviço, saber qual base de cálculo deve utilizar para calcular o valor das contribuições. Por inferência lógica, pode-se chegar à conclusão de que a base de cálculo é o valor desse serviço proporcionalmente ao beneficiário no Brasil, sendo que tal importância pode ser acertada entre este e o contratante residente ou domiciliado no exterior (cost sharing). O problema é que a lei não especifica como e quando se dará o suporte fático que servirá para a base de cálculo das contribuições. Não há como cumprir com a obrigação tributária.

Na prática, as empresas multinacionais com matriz no exterior por vezes contratam prestadores globais de serviços em suas sedes, e todas as suas subsidiárias ao redor do mundo acabam por se beneficiar dessa contratação. Em alguns casos a matriz solicita o reembolso da parte do serviço que beneficiou cada subsidiária mediante a emissão de uma nota de débito e esse é o valor que serve como "preço do serviço" para fins de cálculo das incidências tributárias[419].

A última questão controversa suscitada no ponto 4 no início do item 5.3 acima, que se levanta no âmbito deste trabalho, diz respeito à confusão causada pela expressão "antes da retenção do imposto de renda" nos casos de importações de serviços nas quais o contratante assume o ônus do imposto de renda retido na fonte. É necessário aqui repetir que a base de cálculo do PIS e COFINS sobre a importação de serviços é o valor pago, creditado, entregue, empregado ou remetido para o exterior, **antes da retenção** do imposto de renda, acrescido do ISS e do valor das próprias contribuições (grifo nosso). Pergunta-se então: qual seria o real alcance dessa expressão? Teria ela o condão de exigir o reajuste da base de cálculo do PIS/COFINS-importação a exemplo do que ocorre com a base de cálculo do IRRF?

---

[419] Para mais detalhes sobre o assunto, consulte o item 3.2 acima e a bibliografia de referência.

Recorde-se que o assunto já foi tratado no item 3.1.6.1 acima em que se menciona que:

> Em certos casos as partes contratantes pactuam que o rendimento será recebido pelo titular "líquido" do imposto de renda na fonte por ele devido.

Ocorre, então, o reajuste da base de cálculo do imposto de renda, cuja previsão legislativa está expressa no art. 725 do RIR/99. Neste passo, busca-se responder se referido reajuste implicaria no reajustamento também das bases do PIS e da COFINS.

Está a parecer que não, também por falta de previsão legislativa a esse respeito.

A legislação competente para que se efetuasse o reajustamento da base de cálculo quanto ao PIS/COFINS-importação seria a sua lei instituidora (Lei 10.865/04). Sendo assim, é necessário observar que não há nenhum comando legal no mesmo sentido em nenhuma das leis que instituem os tributos incidentes sobre importação de serviços (ISS: LC 116/03 e CIDE: Lei 10.168/00).

Alguns princípios constitucionais tributários e outros que decorrem do CTN embasam esse pensamento, dentre os quais:

i) Princípio da Legalidade[420];

---

[420] Em suas obras fundamentais para o ensino do Direito Tributário, Paulo de Barros Carvalho (CARVALHO, Paulo de Barros de. **Curso de Direito Tributário**. São Paulo: Saraiva, 17ª ed., 2005) e Geraldo Ataliba (ATALIBA, Geraldo. **Hipótese de Incidência Tributária**. São Paulo: Malheiros, 6ª ed., 2000) ensinam que o princípio da legalidade constitui uma das garantias do Estado de Direito, desempenhando uma função de proteção dos direitos dos cidadãos, insculpido como autêntico dogma jurídico pela circunstância especial da CF haver estabelecido, como direito e garantia individual que: "Ninguém será obrigado a fazer ou deixar de fazer alguma coisa senão em virtude de lei" (art. 5º, II). Somente com a expedição de normas editadas pelos representantes do próprio povo (Poder Legislativo) é que tem nascimento, modificação ou extinção de direitos e obrigações, competindo à Administração Pública expressa obediência ao princípio da legalidade (art. 37 da CF).
O ordenamento jurídico contempla a reserva formal da lei mediante a fixação precisa e determinada do órgão titular competente para sua expedição; e a reserva material da lei com a característica de ordem abstrata, geral e impessoal. Portanto, a legislação relacionada ao imposto de renda não pode ser utilizada para determinar o que quer que seja em relação aos demais tributos.

ii) Princípio da Estrita Legalidade[421];

iii) Exigência de instituição em lei[422];

iv) Alcance dos Decretos[423];

Ainda, a instituição, majoração e extinção dos tributos (Art. 150, I, III, a e b, da CF), bem como os casos de subsídio, isenção, redução de base de cálculo, concessão de crédito presumido, anistia ou remissão, relativos a impostos, taxas e contribuições (art. 150, § 6º), deve ser sempre prevista em "lei", compreendida como espécie normativa editada pelo Poder Legislativo, contendo preceitos vinculantes.

Além disso, implica o princípio da tipicidade, que tem como caracteres a observância de numerus clausus (vedando a utilização de analogia e a criação de novas situações tributáveis), taxatividade (enumeração exaustiva dos elementos necessários à tributação), exclusivismo (elementos suficientes), determinação (conteúdo da decisão rigorosamente prevista em lei).

[421] Seguindo o ensinamento dos mestres citados, tem-se que o exposto acima pode ser entendido em parte como aplicação do princípio da estrita legalidade consubstanciado no art. 150, I da CF: Sem prejuízo de outras garantias asseguradas ao contribuinte, é vedado à União, aos Estados, ao Distrito Federal e aos Municípios: I – exigir ou aumentar tributo sem lei que o estabeleça.

Em outras palavras, qualquer das pessoas políticas de direito constitucional interno somente poderá instituir tributos, isto é, descrever a regra-matriz de incidência, ou aumentar os existentes, majorando a base de cálculo ou a alíquota, mediante a expedição de lei.

O veículo introdutor da regra tributária no ordenamento jurídico há de ser sempre a lei (sentido lato), porém o princípio da estrita legalidade diz mais do que isso, estabelecendo a necessidade de que a lei adventícia traga no seu bojo os elementos descritores do fato jurídico e os dados prescritores da relação obrigacional.

[422] O CTN em seu art. 3º dispõe: Tributo é toda prestação pecuniária compulsória, em moeda ou cujo valor nela se possa exprimir, que não constitua sanção de ato ilícito, **instituída em lei** e cobrada mediante atividade administrativa plenamente vinculada.

Entendem os doutrinadores citados que com esse requisito, o legislador do CTN afastou da esfera tributária as chamadas obrigações convencionais, isto é, aquelas decorrentes da prática de negócios jurídicos, que requerem a presença do elemento "vontade" a configuração do acontecimento que faz nascer o vínculo obrigacional.

[423] O art. 99 do CTN dispõe: O conteúdo e o alcance dos decretos restringem-se aos das leis em função das quais sejam expedidos, determinados com observância das regras de interpretação estabelecidas nesta lei.

Extrai-se do ensinamento das obras citadas nas notas acima que decreto é o ato baixado pelo Poder Executivo com vistas à regulamentação de uma lei na consideração de que esta apenas fixa os pontos básicos relativos ao assunto sobre o qual trata, cabendo ao decreto a função de tratar de seu detalhamento. Assim, esse art. 99 vem delinear o conteúdo e o alcance dos decretos, ou seja, no âmbito tributário, estes atos oriundos do Poder Executivo, têm como objetivo regrar a aplicação de lei a qual institui tributos de forma específica, tendo como limite os estritos termos da lei, dando condições de executoriedade a esta última.

v) Tipicidade Cerrada[424].

Em conclusão, é possível se compreender que o comando expresso no art. 725 do RIR não é, sob hipótese alguma, o mandamento necessário para que se reajustem as bases de cálculos de outros tributos, porque:

1. Não o faz expressamente;
2. Nem que o fizesse, não seria norma capaz de alterar disposições referentes a outros tributos.

Sobre a base de cálculo dessas contribuições, entendemos com Ricardo Conceição Souza e Maristela Miglioli Sabbag[425], fundados na impossibilidade de se incluir algo irreal à base de cálculo de qualquer tributo, que sem a consciência de que o direito tributário opera em termos de superposição, tornando a norma de incidência reflexiva e não constitutiva, todo

---

[424] O CTN, art. 108, § 1º reza: O emprego da analogia não poderá resultar na exigência de tributo não previsto em lei.
Ainda com base em Geraldo Ataliba e Paulo de Barros Carvalho, aprende-se que um subprincípio corolário da estrita legalidade é a tipicidade cerrada. Como o valor social diretamente atingido pela tributação é a liberdade econômica individual, é mister que qualquer interferência do Estado no patrimônio do cidadão tenha previamente seus limites expressamente demarcados na lei instituidora do tributo de forma a poder ter ciência objetiva de quais condutas gerarão a incidência tributária. Tal conhecimento prévio objetivo satisfaz também o sobreprincípio constitucional da segurança jurídica, que se irradia de forma sobranceira no segmento jurídico da tributação.
De forma a atender a segurança jurídica, é necessário que o tributo esteja expressamente previsto na lei, em todos os seus aspectos, de forma que o contribuinte saiba exatamente quais condutas irão acarretar a obrigação tributária. Nesse contexto, havendo lacuna normativa em relação a determinada conduta, é expressamente vedado pelo dispositivo ora comentado, que o aplicador utilize o raciocínio por analogia para aplicar norma tributária ao caso concreto. Exemplificando com tributo existente em nosso ordenamento, temos a questão da lista de serviços anexa à LC 116/03, que dispõe sobre normas gerais do Imposto Sobre Serviços. Uma vez que a lista enuncia todos os serviços tributáveis pelo imposto e vincula todos os municípios da Federação, não é possível aplicar o ISS a uma atividade na lista, sob o pretexto de ser semelhante a um dos serviços dispostos expressamente.
[425] SABBAG, Maristela Miglioli; SOUZA, Ricardo Conceição. **Os Limites do Legislador quanto à estruturação da base de cálculo. Uma Análise Objetiva das Contribuições – PIS e Cofins – incidentes na importação.** In: Revista Dialética de Direito Tributário nº 105, São Paulo: Dialética, 2004, p. 82.

o sistema de proteção ao contribuinte desmorona, já que não haverá limites para o legislador.

5.4. A instituição do PIS e da COFINS na importação de serviços e violação das regras do GATT e GATS

Vários doutrinadores levantam a questão referente à relação da incidência do PIS/COFINS sobre a importação de bens e serviços em face do princípio da não-discriminação tributária previsto nos acordos multilaterais do comércio firmados pelo Brasil[426]. O princípio da "não-discriminação" em matéria tributária pode ser entendido sob as mais variadas formas, mas está construído com apoio no princípio da igualdade[427]. Além disso, sem prejuízo de sua inserção nos tratados internacionais assinados pelo Brasil, o princípio da não-discriminação encontra-se positivado em nosso ordenamento, em decorrência dos arts. 3º, IV, 145, § 1º e 150, II, todos da Constituição Federal.

Pedagógica a lição de Marcos André Catão[428] nesse aspecto:

> O princípio da "não-discriminação" em matéria tributária, como acima anotado, projeta-se nas mais variadas matizes. Impede, por exemplo, que rendimentos obtidos por não-residentes sejam tributados mais gravosamente que os nacionais, como aliás tem reconhecido a jurisprudência[429].

---

[426] FERNANDES, Edison Carlos. **Incidência da Contribuição para o Pis e Cofins sobre a Importação e o Princípio da Não-Discriminação Tributária dos Acordos Multilaterais do Comércio, Especialmente o Mercosul**. In: GAUDÊNCIO, Samuel Carvalho; PEIXOTO, Marcelo Magalhães. (Orgs.) **Fundamentos do Pis e da Cofins**. São Paulo: MP, 2007, pp. 131 a 155.
Há também uma referência ao assunto em outros textos já citados acima: MACHADO, Hugo de Brito Segundo; MACHADO, Raquel Cavalcanti Ramos. **Breves Anotações sobre a Incidência do Pis e da Cofins na** importação. In: GAUDÊNCIO, Samuel Carvalho; PEIXOTO, Marcelo Magalhães. (Orgs.) **Fundamentos do Pis e da Cofins**. São Paulo: MP Editora, 2007, p. 255 e em: MELO, José Eduardo Soares de. **PIS/PASEP e COFINS na Importação: Polêmicas**. In: FISCHER, Octavio Campos; PEIXOTO, Marcelo Magalhães. (Orgs.) **Pis-Cofins. Questões Atuais e Polêmicas**. São Paulo: Quartier Latin, 2005, p. 144.
[427] . XAVIER, Alberto. **Direito Tributário Internacional do Brasil**. Rio de Janeiro: Forense, 6ª. ed., 2007, p. 279.
[428] CATÃO, Marcos André Vinhas. Op. cit., pp. 85 e 86.
[429] Conferir a esse respeito o REsp 426.945/PR – STJ – Primeira Turma, Rel. para acórdão Ministro José Delgado, por maioria DJU 25.08.2004, Seção 1, p. 141.

Impede por outro lado que haja, quanto ao ingresso de divisas, seja sob a forma de capitalização, seja sob a forma de endividamento, quaisquer formas de obturação do capital estrangeiro.

Desse modo, entende-se, com relação ao PIS/COFINS-importação que não há ofensa ao princípio da não-discriminação tributária, haja vista que tais incidências são impostas às transações internas, não se configurando um tratamento desigual entre os bens e serviços importados e os bens e serviços oferecidos no mercado doméstico[430].

Aliás, a previsão de incidência da Contribuição para o PIS e da COFINS sobre as importações veio a corrigir um caso exemplar de discriminação inversa, pois antes dela, as transações internas eram prejudicadas em relação às importações, uma vez que aquelas sofriam a imposição de tais contribuições enquanto os bens e serviços importados estavam desonerados.

Essa questão pode ser observada até mesmo na Exposição de Motivos da Medida Provisória n° 164/04[431], que desaguou em conversão (ampliada) na Lei n° 10.856/04:

> MP n° 164/04 (Exposição de motivos):
> Excelentíssimo Senhor Presidente da República,
> Tenho a honra de submeter à apreciação de Vossa Excelência a proposta de Medida Provisória, que institui a cobrança de Contribuição para os Programas de Integração Social e de Formação do Patrimônio do Servidor Público – PIS/Pasep-Importação e de Contribuição para o Financiamento da Seguridade Social – Cofins-Importação incidentes sobre as importações de bens e serviços do exterior, previstas no inciso II do § 2.º do art. 149 e no inciso IV do art. 195, da Constituição Federal, com a redação dada pela EC n.º 42, de 19 de dezembro de 2003.
> 2. As contribuições sociais ora instituídas dão tratamento isonômico entre a tributação dos bens produzidos e serviços prestados no País, que sofrem a incidência da Contribuição para o PIS/Pasep e da Contribuição para o Financiamento da Seguridade Social (COFINS), e os bens e serviços importados de residentes ou domiciliados no exterior, que passam a ser tributados às mesmas alíquotas dessas contribuições.

---

[430] FERNANDES, Edison Carlos. Op. cit., p. 154.
[431] Diário da Câmara dos Deputados de 13 de fevereiro de 2004, p. 5617.

3. Considerando a existência de modalidades distintas de incidência da contribuição para o PIS/Pasep e da Cofins – cumulativa e não-cumulativa – no mercado interno, nos casos dos bens ou serviços importados para revenda ou para serem empregados na produção de outros bens ou na prestação de serviços, será possibilitado, também, o desconto de créditos pelas empresas sujeitas à incidência não-cumulativa do PIS/Pasep e da Cofins, nos casos que especifica.

4. A proposta, portanto, conduz a um tratamento tributário isonômico entre os bens e serviços produzidos internamente e os importados: tributação às mesmas alíquotas e possibilidade de desconto de crédito para as empresas sujeitas à incidência não cumulativa. As hipóteses de vedação de créditos vigentes para o mercado interno foram estendidas aos bens e serviços importados sujeitos às contribuições instituídas por esta medida provisória.

A essa altura o leitor pode fazer a seguinte pergunta: se a instituição do PIS/COFINS sobre a importação de bens e serviços não vai de encontro ao princípio da não-discriminação erigido pelos acordos internacionais dos quais o Brasil seja parte, então, qual seria a violação mencionada às regras do GATT e GATS?

A questão em comento gira em torno da incompatibilidade da CIDE-Tecnologia a partir da instituição do PIS/COFINS sobre a importação de serviços[432]. Aí é que está a violação mencionada que vai de encontro ao princípio da não discriminação previsto no GATT e GATS, no art. 3º, I, II e IV que assim dispõem[433]:

> "As partes contratantes reconhecem que os impostos e outras imposições internas, bem como leis, regulamentos e prescrições afetando a compra e venda, colocação à venda, a compra, o transporte, a distribuição ou a utilização de produtos no mercado interno (...) não deverão ser aplicados de maneira a proteger a produção nacional.
>
> Os produtos do território de qualquer parte contratante, importados no território de qualquer parte contratante, não estarão sujeitos, direta ou

---

[432] Preferiu-se para os fins deste trabalho referir-se a esse assunto no capítulo referente ao PIS/COFINS e não à Cide-Tecnologia (Capítulo 4), por causa da variedade de autores que tratam do princípio da não-discriminação tributária no que tange não apenas à instituição, como também à base de cálculo do PIS/COFINS-importação.

[433] CATÃO, Marcos André Vinhas. Op. cit., p. 86. Essa é a tradução feita exposta pelo autor, do GATT.

indiretamente, a impostos ou outras imposições internas, qualquer que seja a sua espécie, superiores aos aplicados, direta ou indiretamente, aos produtos nacionais similares (...)

Os produtos de qualquer parte contratante, importados no território de qualquer outra parte contratante, estarão sujeitos a um tratamento não menos favorável que o concedido aos produtos de origem nacional, no que se refere a todas as leis, regulamentos ou prescrições que afetem a sua venda, colocação à venda, compra, transporte, distribuição ou utilização no mercado interno."

Dentro dessa esfera, ensina o citado autor, que[434]:

> As regras relativas ao comércio internacional, tradicionalmente baseadas na troca de mercadorias, passam a ser estendidas também aos serviços por força da Rodada do Uruguai, firmada em 15 de abril de 1994. (...) Dentro desse cenário, o GATS passa a cuidar também da defesa das partes contratantes, de modo a sustentar a igualdade de condições no mercado internacional de serviços.

Para explicar a tese acima, se faz necessária a revisita ao tema da CIDE-Tecnologia, tratado no capítulo anterior, e em certa parte o IRRF, no Capítulo 3. Nesse passo, tem-se que, após a modificação trazida pela Lei 10.332/01, a CIDE-Tecnologia passou a incidir sobre praticamente todo e qualquer pagamento efetuado ao exterior, quando realizado a título de serviços prestados por não-residentes[435]. Tornou-se, então, a CIDE mais um tributo incidente sobre a importação de serviços.

Todavia, com relação ao IRRF, pode-se deduzir que:

> (...) em relação ao IRRF, sua cobrança está legitimada pelo Direito Tributário internacional, notadamente as convenções contra a dupla imposição e o GATS (art. XIV).
>
> Nesse particular a cobrança do IRRF, a incidir não só sobre serviços, mas a todo e qualquer pagamento feito ao exterior (como, *v.v.*, juros e pela locação de bens) apresenta-se não como um encargo, mas primordialmente como uma forma de repartição das receitas tributárias. Por conseguinte,

---

[434] CATÃO, Marcos André Vinhas. Op. cit., p. 87.
[435] Idem, p. 91.

reconhece-se ao beneficiário, pelo sistema de imputação (*tax credit*), o tributo pago no país da fonte de pagamento.

Porém, com relação à CIDE esse não é o entendimento que se tem. Senão vejamos[436]:

> Este não é o caso, todavia da Cide-Tecnologia, típica exação de direito interno, da qual não cuidam as convenções contra a dupla imposição, até mesmo pela total ausência de contrapartida dessa cobrança em sistemas mais cultos. A Cide-Tecnologia é, assim, sem qualquer resquício de incerteza, um tributo interno a gravar a importação de serviços.
> Ocorre que a atuação da Cide-Tecnologia, como típico tributo sobre a importação de serviços, passa a ser incompatível com a nova cobrança do PIS/COFINS sobre a importação.

Por todo o exposto o autor citado conclui que[437]:

> No caso dos serviços, a introdução do PIS/COFINS sobre serviços importados há de significar automaticamente a retirada de validade e legitimidade da cobrança da Cide-Tecnologia, em face de flagrante violação ao disposto no art. 3º do GATT, estendido ao GATS, em sua primeira parte (segundo parágrafo)[438], o qual não custa reprisar:
> "Os produtos do território de qualquer parte contratante, importados no território de qualquer parte contratante, não estarão sujeitos, direta ou indiretamente, a impostos ou outras imposições internas, qualquer que seja a sua espécie, superiores aos aplicados, direta ou indiretamente, aos produtos nacionais similares (...)"
> Em termos objetivos, observadas as atuais alíquotas do PIS/COFINS--Importação de serviços (9,25%) e da CIDE-Tecnologia (10%), em comparação às alíquotas do PIS/COFINS no mercado interno (9,25%), um simples cálculo algébrico permite identificar uma imposição mais onerosa que recairá sobre os contratantes de serviços de não-residentes, flagrantemente violatória das regras do GATT/GATS.
> E como tal violação está fundada essencialmente na manutenção da cobrança de um tributo (CIDE-Tecnologia), que não possui similar interno, é de se constatar que tal infração normativa se faz não somente por razões

---

[436] CATÃO, Marcos André Vinhas. Op. cit., p. 92.
[437] Idem, pp. 94 e 95.
[438] Nota do autor.

quantitativas (onerosidade em 10%), mas essencialmente qualitativa, com a previsão de cobrança de um tributo adicional que ofende diretamente as regras do GATT/GATS.

A renitência em se manter no nosso sistema dois tributos federais (contribuições) sobre a mesma materialidade (serviços) impõe o afastamento da Cide-Tecnologia, uma vez que os serviços passam a ser gravados, tanto nas prestações internas quanto nas importações de serviços, pelo PIS/COFINS, de acordo com as disposições da Lei 10.865/04.

Apesar de se tratar de interessante tese que mereceria melhor debate doutrinário e quiçá jurisprudencial, é importante que se note que o tema da constitucionalidade da CIDE *Royalties* já foi amplamente debatido nas cortes superiores e pacificado pela jurisprudência do STF, ao menos no que diz respeito à questão da referibilidade desta contribuição, como exposto acima no item 4.4.

Uma tese embasada nos fundamentos acima parece inovar nesta discussão. O argumento contrário a esta tese diria, muito provavelmente, que seria no sentido de que a instituição da CIDE *Royalties* sobre as importações de serviço não feriria o princípio da não discriminação, pois, do ponto de vista econômico, a instituição desta contribuição não trouxe gravame maior aos importadores de serviços, pois já arcavam com uma parcela dos mesmos 10% deste imposto, mas dentro do âmbito de incidência do IRRF. Ou seja, ao contrário da ideia central, haveria uma tentativa de se enfocar a discussão no ponto quantitativo neutro da inclusão da CIDE no âmbito de tributos que recaem sobre as importações de serviços.

Restaria ao contribuinte buscar o afastamento da cobrança da CIDE-Tecnologia nas importações de serviços por violação ao princípio da não discriminação, sob o argumento de que essa seria incompatível com a neutralidade do comércio internacional[439], o que ainda pode ser tido como uma tese pouco amadurecida e que demandaria um aprofundamento maior sobre o tema.

---

[439] Vale aqui citar a jurisprudência do STF, em que se reconhece a prevalência das regras do GATT em face da legislação interna: RE nº 84.545/SP, RE nº 85.092/RS, RE nº 84.768/SP, além da Súmula nº 20 do STJ que reza: A mercadoria importada de país signatário do GATT é isenta do ICMS, quando contemplada com esse favor o similar nacional.

5.5. Local do resultado do serviço: consumação material vs. consumação utilidade

Uma das questões que merecem o maior destaque ao se tratar de PIS/COFINS-importação é o aspecto relativo ao local do resultado do serviço. Essa importante informação é capaz de decidir pela incidência (ou não) desses tributos numa importação de serviços. A discussão que se trava sobre o tema gira em torno das expressões contidas nos incisos do parágrafo 1º do art. 1º da Lei 10.865/04.

Anteriormente, é preciso que se saiba que a lei no artigo e parágrafos citados define a incidência dessas contribuições na importação de serviços, estipulando que os serviços sobre os quais deve haver a incidência são aqueles prestados por pessoa física ou pessoa jurídica residente ou domiciliada no exterior, nas seguintes hipóteses:

> I - executados no País; ou
> II - executados no exterior, cujo resultado se verifique no País.

De início cumpre lembrar que a efetiva execução de serviços por não-residentes no país pode caracterizar o que se chama por *"Doing Business in Brazil"*[440], situação em que resta caracterizado um estabelecimento permanente de uma empresa estrangeira no país e nessa circunstância, em se constatando a presença de unidade econômica ou profissional (CTN, art. 126) haveria a capacidade tributária passiva do prestador do serviço e ele teria sua empresa submetida à tributação incidente sobre os negócios de um residente. Neste caso, não se estaria diante de uma importação de serviço, mas da prestação local de um serviço por uma empresa que, em tese, mesmo não estando formalmente constituída no País, deveria arcar com os tributos como se fosse uma.

Superado o problema acima e verificada a situação de que o prestador do serviço não-residente não tem presença tributável no País, cumpre entender o real conceito de serviço importado para os fins dessa incidência. A doutrina explica que deve haver uma movimentação (ainda que abstrata)[441]

---

[440] Assunto abordado tanto no Capítulo 2, item 2.3, quanto no Capítulo 3, item 3.1 acima e mencionado na obra de Ricardo Mariz de Oliveira ora citada.
[441] OLIVEIRA, Ricardo Mariz de. Op. cit., p. 409. Nessa obra o autor ensina que: "Uma vez fincada a ideia de que a importação envolve sempre e necessariamente a noção de um

dos serviços do exterior para o País para que seja caracterizada a importação do serviço. Ou seja, deve haver a introdução (ou internação) no País de algo (no caso os serviços) precedente de outro[442].

Essa caracterização é mais complexa do que nos tributos anteriormente analisados nesta obra (IRRF e CIDE) em que a hipótese de incidência vincula o fato gerador à remessa financeira ao exterior. O IRRF, por exemplo, conecta a sua incidência ao pagamento, crédito, entrega, emprego ou remessa dos rendimentos por fonte situada no País à pessoa jurídica residente no exterior.

A essa altura, devemos estar atentos aos seguintes conceitos[443]:

> - que a expressão "executados no País", constante do inciso I do parágrafo 1.º do art. 1.º, necessariamente envolve a concretização final de um serviço no Brasil, mas cuja execução se tenha iniciado no exterior e tenha sido trazida para ser completada aqui, associando-se, portanto, a essa idéia de movimento físico ou virtual de fora para dentro;
> - que a expressão "cujo resultado se verifique no País", constante do inciso II do parágrafo 1.º do art. 1.º, também está associada a essa ideia de movimento físico ou virtual de fora para dentro, refletindo-se sobre um serviço executado inteiramente no exterior e enviado para uso dentro do território nacional.
>
> Estas duas conclusões estão assentadas solidamente em todos os fundamentos retro-expostos, mas principalmente no inquebrantável vínculo existente entre os dois incisos e a disposição da cabeça do parágrafo, que alude a "serviços ... provenientes do exterior" e assim ilumina a correta compreensão das duas hipóteses enfeixadas no dispositivo.
>
> Isto significa que para a Lei nº 10.865, se o serviço for executado no Brasil a tributação depende de ter sido iniciado fora das suas fronteiras, e se for executado inteiramente no exterior, a tributação depende do local da fruição da utilidade derivada do serviço, que deve ser dentro do País.
>
> Estes, pois, os sentidos das expressões legais *"executados no País"* e *"cujo resultado se verifique no País"*.

---

movimento originando-se no exterior e findando no País, não se pode deixar de notar que tal movimento tanto pode ser físico como pode ser meramente ideal, pois na hipótese de incidência está envolvida uma prestação de serviço".
[442] Idem.
[443] Idem, p. 409.

Dada a lição acima, é possível se refletir e constatar que a primeira situação descrita não traz maiores necessidades de aprofundamento, pois, verifica-se que a prestação de serviços é executada fisicamente no Brasil, ainda que tenha sido iniciada no exterior, porém, por um não-residente. Neste passo, deve-se separar a tênue linha que divide os prestadores de serviços com presença tributável no País daqueles que, por não realizarem suas atividades com uma grande frequência no País, ou por não terem no País o núcleo de suas atividades, continuam com o *status* de não-residentes e, portanto, realizam um serviço que se adquirido por um residente no Brasil será enquadrado como uma importação. É o caso, por exemplo, de uma empresa estrangeira que envia seus profissionais para ministrarem um treinamento ou palestra no País, ou que vierem ao País prestar serviços de consultoria a cliente aqui residente ou ainda que venham ao território nacional com o intuito de cederem o uso de estruturas como andaimes, palcos ou coberturas a contratante local (item 3.05 da lista de serviços da Lei Complementar 116/03).

Já em relação às prestações de serviços em que o contratado execute o serviço no exterior, em se tratando de Pis/Cofins-importação e ISS (como se verificará no capítulo seguinte) a legislação requer a configuração do resultado no País para que reste configurada a hipótese de importação. Adiante não se buscará um esgotamento da matéria, mas apenas trazer reflexões que podem auxiliar o operador do Direito na interpretação da legislação e eventual enquadramento de situações e casos reais na hipótese de incidência. O leitor poderá verificar que a expressão "cujo resultado se verifique no País" dá azo a uma série de hipóteses de interpretação para caracterização ou não de uma importação de serviço, como se buscará explorar em maiores detalhes adiante.

Realizando uma análise sobre o assunto, Sérgio André Rocha faz uma interessante relação entre a incidência do PIS/COFINS-importação e a regra exonerativa do ISS nas exportações[444]. Demonstra o autor que o conceito do resultado da prestação do serviço apresenta duas vertentes. A primeira[445] seria no sentido de que este significa a *utilidade* que o ser-

---

[444] ROCHA, Sergio André. **O Resultado do Serviço como Elemento da Regra de Incidência do PIS/Cofins-Importação e da Regra Exonerativa do ISS sobre Exportações**. In: Revista Dialética de Direito Tributário, nº 155, São Paulo: Dialética, 2008, pp. 110 a 116.
[445] A essa corrente filia-se a maior parte da doutrina. Nesse sentido (entre outros): SCHOUERI, Luís Eduardo. **ISS sobre a Importação de Serviços do Exterior**. In: Revista Dialética

viço proporciona para o seu contratante e a segunda[446] seria na linha de que este (o resultado) corresponderia à *consumação material* da atividade desenvolvida pelo prestador de serviços.

Para facilitar o entendimento o autor cita o seguinte exemplo[447]:

> Imaginemos que uma empresa brasileira contrate uma empresa francesa para lhe prestar um serviço de reparo de um equipamento utilizado pela mesma aqui no Brasil. Tratando-se da contratação de um serviço do exterior, há que se questionar se a operação estará sujeita à incidência do PIS/COFINS-importação.

Em tal exemplo o prestador do serviço reside no exterior e lá executa os serviços. Porém, busca-se entender onde se dará o resultado dessa atividade. O autor continua seu raciocínio dessa maneira[448]:

> Caso se entenda que o resultado do serviço de reparo consiste na consumação material de tal atividade, concretizada no fato de que o equipamento que antes estava com defeito encontra-se novamente operacional, será possível sustentar que neste caso não há que se cogitar da incidência das contribuições, já que teríamos um serviço prestado no exterior cujo resultado também ocorreu no exterior.
>
> De outra parte, em se entendendo que o resultado do serviço é a utilidade pelo mesmo gerada, teríamos no exemplo acima a incidência do PIS/COFINS-importação, na medida em que tal utilidade foi gerada no Brasil, onde a máquina será posta em uso.

Então, podemos ter em mente que a primeira corrente entende que se a conclusão do serviço se dá no exterior não haverá importação de serviço. É o caso, por exemplo de alguns serviços realizados em bens de terceiros como reparo, retoques, costura, entre outros. A análise de determinadas hipóteses de serviços prestados no exterior que envolvam bens de tercei-

---

de Direito Tributário nº 100, São Paulo: Dialética, 2004, p.100; CARRAZZA, Roque Antonio. ISS – **Serviços de Reparação de Turbinas de Aeronaves, para Destino no Exterior – Não--incidência – Exegese do art. 2º, I e seu parágrafo único, da Lei Complementar nº 116/06**. In: Revista de Direito Tributário nº 93, São Paulo: Malheiros, 2006, pp. 24-39.

[446] A esta segunda corrente tem se filiado a Receita Federal e o STJ, como restará demonstrado abaixo.
[447] ROCHA, Sérgio André. Op. cit., p. 112.
[448] Idem.

ros leva à conclusão de que uma vez concluída a atividade e estando o bem pronto para uso, independentemente de onde o contratante o utilize, o resultado do serviço se dá no exterior. Em sendo assim, se uma pessoa que reside no Brasil necessita realizar consertos em uma peça de roupa e precisa que o mesmo seja feito por uma empresa localizada em determinado local no exterior, o fato de o bem estar pronto para uso no exterior no local da realização do serviço indica que não há uma importação de serviços, pois a consumação da atividade de conserto da peça ocorreu no estrangeiro.

O jurista acima mencionado segue explorando a questão e cogita naquela hipótese que semelhante serviço de reparo seja efetuado no Brasil. Utilizando a situação inversa de uma aparente exportação de serviços, o doutrinador busca uma maior compreensão sobre qual seria o efeito da regra exonerativa do ISS nesta prestação. Além disso, compara as citadas hipóteses a decisões emitidas em soluções de consulta[449] exaradas pela Receita Federal no exame do PIS/COFINS-importação e a uma decisão do STJ[450] em que se analisa uma exportação de serviços.

Uma dessas soluções de consulta trata da contratação por empresa nacional de agente de logística no exterior encarregado de lidar com despesas com documentação, desembaraço aduaneiro, armazenagem, seguro e transporte de carga, necessárias à entrega da mercadoria no local designado pelo importador. Entendeu o Fisco no caso em concreto que as importâncias pagas não se submeteriam à incidência do Pis/Cofins-importação "por não se enquadrarem na hipótese prevista no §1º, II, do art.1º da Lei nº 10.865, de 2004".

> Processo de Consulta nº 31/06
> Órgão: Superintendência Regional da Receita Federal - SRRF / 8a. Região Fiscal
> (...)
> Contribuição para o Financiamento da Seguridade Social - Cofins
> REMESSAS AO EXTERIOR - Serviços de Desembaraço, Entrega, Armazenamento, Seguro e Transporte de Carga (Contrato com Cláusula DDU).
> As importâncias pagas, creditadas, entregues, empregadas ou remetidas pelo exportador a agente de logística no exterior, a título de despe-

---

[449] Soluções de Consulta nº 31/2006 e 189/2005 da 8.ª Região Fiscal; nº 64/2006 da 10.ª Região Fiscal e 122/2005 da 7.ª Região Fiscal.
[450] REsp nº 831.124 (DJU de 25/09/2006).

sas com documentação, desembaraço aduaneiro, armazenagem, seguro e transporte de carga, necessárias à entrega da mercadoria no local designado pelo importador (contrato com cláusula DDU), apesar de serem consideradas remuneração de serviços, não estão sujeitas à incidência da Cofins - Importação, por não se enquadrarem na hipótese prevista no §1º, II, do art.1º da Lei nº 10.865, de 2004.

(...)

Contribuição para o PIS/Pasep REMESSAS AO EXTERIOR - Serviços de Desembaraço, Entrega, Armazenamento, Seguro e Transporte de Carga (Contrato com Cláusula DDU).

As importâncias pagas, creditadas, entregues, empregadas ou remetidas pelo exportador a agente de logística no exterior, a título de despesas com documentação, desembaraço aduaneiro, armazenagem, seguro e transporte de carga, necessárias à entrega da mercadoria no local designado pelo importador (contrato com cláusula DDU), apesar de serem consideradas remuneração de serviços, não estão sujeitas à incidência da contribuição para o PIS/Pasep - Importação, por não se enquadrarem na hipótese prevista no §1º, II, do art.1º da Lei nº 10.865, de 2004.

Apesar de solucionar a questão de maneira até certo ponto simplista, o Fisco indica ali que o resultado daquela prestação de serviço se dá no exterior. Parece indicar que se preocupa apenas com a consumação do resultado e não com sua utilidade. De fato, no exemplo ventilado acima, ainda que se estivesse estudando a questão sob a ótica da teoria do resultado-utilidade, não haveria importação de serviço, vez que o serviço restou fruído e tornou-se útil no território estrangeiro. Ou seja, o agente de logística realizou os trâmites necessários para que a mercadoria chegasse ao importador no país de destino, não no Brasil. Não haveria no caso a ideia de movimento físico, ainda que virtual, para o território nacional. Ainda assim, o Fisco não se preocupou em explicar que a utilidade do serviço ocorreu no exterior.

O mesmo posicionamento ocorreu na solução de consulta n.º 64/2006 da 10ª Região Fiscal que dispunha sobre prestação de serviços na captação e intermediação de negócios de venda e exportação de mercadorias para o exterior.

Já a referida decisão do STJ criou, de forma um pouco mais elaborada, um precedente no sentido de que o resultado da prestação de serviços deve corresponder à consumação material da atividade desenvolvida. O caso tratou de mandado de segurança preventivo impetrado por uma empresa com a finalidade de obstar eventual ato do Secretário Municipal de Fazenda do município de sua residência, que importasse na cobrança de ISS sobre exportação de serviços consubstanciada em operações de retificação, reparo e revisão de motores e turbinas de aeronaves, contratadas por empresas aéreas do exterior. Entendeu o STJ que o resultado ocorreu apenas em solo nacional, nos termos abaixo:

> RECURSO ESPECIAL No 831.124 - RJ
> EMENTA
> 4. Nos termos do art. 2o, inciso I, parágrafo único, da LC 116/03, o ISSQN não incide sobre as exportações de serviços, sendo tributáveis aqueles desenvolvidos dentro do território nacional cujo resultado aqui se verifique, ainda que o pagamento seja feito por residente no exterior. In casu, a recorrente é contratada por empresas do exterior e recebe motores e turbinas para reparos, retífica e revisão. Inicia, desenvolve e conclui a prestação do serviço dentro do território nacional, exatamente em Petrópolis, Estado do Rio de Janeiro, e somente depois de testados, envia-os de volta aos clientes, que procedem à sua instalação nas aeronaves.
> 5. A Lei Complementar 116/03 estabelece como condição para que haja exportação de serviços desenvolvidos no Brasil que o resultado da atividade contratada não se verifique dentro do nosso País, sendo de suma importância, por conseguinte, a compreensão do termo "resultado" como disposto no parágrafo único do art. 2º.
> 6. Na acepção semântica, "resultado" é conseqüência, efeito, seguimento. Assim, para que haja efetiva exportação do serviço desenvolvido no Brasil, ele não poderá aqui ter conseqüências ou produzir efeitos. A contrário senso, os efeitos decorrentes dos serviços exportados devem-se produzir em qualquer outro País. É necessário, pois, ter-se em mente que os verdadeiros resultados do serviço prestado, os objetivos da contratação e da prestação.
> 7. O trabalho desenvolvido pela recorrente não configura exportação de serviço, pois o objetivo da contratação, o resultado, que é o efetivo conserto do equipamento, é totalmente concluído no nosso território. É inquestionável a incidência do ISS no presente caso, tendo incidência o disposto no parágrafo único, do art. 2º, da LC 116/03: "Não se enquadram no disposto no inciso I os serviços desenvolvidos no Brasil, cujo resultado aqui se verifique, ainda que o pagamento seja feito por residente no exterior."

Fica claro nesse julgado que os julgadores do STJ não se preocuparam com a utilidade dos serviços. Indicam ainda que na acepção semântica "resultado" é consequência, efeito, seguimento. De fato, se o leitor se socorrer do dicionário para obter o significado do verbete "resultado" encontrará o seguinte[451]:

> **Resultado** (grifo nosso)
> substantivo masculino *(1527)*
> ato ou efeito de resultar
> **1** *o que resulta, o que é a consequência, o efeito de uma ação, de um princípio*
> **1.1** *efeito ou produto de uma operação matemática*
> **2** *qualquer espécie de resolução sobre algum assunto*
>   ‹ *os r. do encontro não foram conhecidos* ›
> **3** *momento ou ponto em que se interrompe uma ação, um fenômeno etc.; termo, fim*
>   ‹ *o r. do episódio foi desastroso* ›
> **4** *saldo da conta de lucros e perdas*
> **5** *jur consequência de um ato ou fato, praticado ou ocorrido*
> **6** *jur lucro obtido na prática de um negócio*

Para o tema em exame, entendemos que as definições mais adequadas são as de número 1 e 5 supra referidas e que trazem a noção de consequência, efeito de um ato praticado. O intérprete do Direito deve se questionar então qual a consequência ou efeito da prestação de serviços em análise. O STJ deu a entender que no reparo e retífica de motores realizado no município de Petrópolis o efeito ou a consequência foram o fato de que os motores estavam aptos ao uso após a conclusão do serviço que ocorreu em território fluminense, portanto, que não houve o movimento físico da prestação ao exterior. Isso porque não importa aos julgadores se os motores serão utilizados no Brasil ou não. Não importa o conceito de resultado-utilidade, como ensinado por boa parte da doutrina.

Em seguindo a linha do STJ e extrapolando essa ideia para outras hipóteses, pode-se concluir que certos serviços que envolvam bens de terceiros jamais serão objeto de importação ou exportação, pois o resultado do serviço se dá mediante a conclusão das tarefas que tornam o bem apto, pronto para uso, independentemente do local em que o contratante efetivamente utilizará o bem. O mesmo se dará, por exemplo, com alguns serviços que envolvam a própria pessoa do contratante. São os casos dos tratamentos de saúde, estéticos ou odontológicos realizados no exterior. Não se pode

---

[451] HOUAISS, Antônio; VILLAR, Mauro de Salles. **Dicionário Houaiss da língua portuguesa**. Rio de Janeiro: Objetiva, 2009, p. 1657.

cogitar ali onde o serviço se tornará útil ao contratante, pois aquele se consuma e já se torna útil imediatamente após a conclusão do serviço.

A análise do caso a caso poderá ser mais útil para se entender os deslindes deste tema. Veja que se cogitarmos a hipótese de contratação de serviços educacionais no exterior em que um residente no Brasil toma aulas no exterior mediante a contratação de uma empresa lá residente, jamais se cogitaria de uma importação de serviços, mesmo que o contratante só venha a usar seus conhecimentos em território nacional. Ainda que o serviço se torne útil apenas em território nacional. Isso porque o serviço se torna útil de imediato. Porém, se o mesmo curso tem suas aulas ministradas por vídeo-conferência em que o aluno participa de sua casa no território nacional a partir de um computador conectado com seus professores localizados no exterior via internet, já se pode cogitar que houve o movimento físico da prestação do serviço e que ocorreu sua importação.

Sobre o assunto Ricardo Mariz[452] entende que:

---

[452] OLIVEIRA, Ricardo Mariz de. Op. cit., p. 412. Nessa passagem o autor analisa em face do "resultado" se deveria haver a incidência dessas contribuições sobre uma série de hipóteses de prestações de serviços. Para os fins deste trabalho não se pode olvidar de alguns desses trechos: "(...) se bastasse qualquer benefício ou contribuição (...), todo e qualquer serviço prestado a uma pessoa física ou jurídica residente ou domiciliada no Brasil, qualquer que fosse o local de produção e de uso do mesmo, seria considerado importação desse serviço. Assim ocorreria, por exemplo, quando alguém fosse tratar da sua saúde em hospital no exterior e retornasse curado ao nosso país.
Todavia, não é assim, pois, ao contrário, **o resultado do serviço é o ato de obter o produto do mesmo, ou a constatação da sua própria existência completa e da sua entrega para consumo e utilização pelo respectivo destinatário.**
Assim, **quando o serviço é produzido e utilizado no exterior, é lá que ele é executado e é lá que se verifica o resultado do mesmo.**
Destarte, os dois incisos do parágrafo 1.º do art. 1.º se completam para explicar as duas possibilidades em que se manifesta a importação de serviços, uma delas cobrindo serviços iniciados fora e concluídos dentro do Brasil, e a outra atingindo serviços realizados inteiramente fora do País, mas com resultados aqui utilizados...
(...) Outros gastos que podem envolver serviços, mas não importação de serviços, são aqueles relacionados a congressos e outros eventos realizados no estrangeiro, tais como a participação em feiras de exposição e promoção de produtos e serviços brasileiros.
Ainda que haja benefícios para futuras exportações de produtos e serviços nacionais, os fatos se realizam fora das nossas fronteiras, e os serviços prestados pelos organizadores desses certames ou por terceiros se materializam lá fora, onde são executados e onde ocorre a verificação dos respectivos resultados.
(...), por exemplo, serviços de consultoria prestados fora do Brasil ao estabelecimento no exterior não representam importação de serviços, embora em alguns casos de consultoria

(...) o elemento-chave para a incidência da contribuição em apreço é a entrada física ou virtual, no território brasileiro, do resultado gerado pelos serviços, e é exatamente neste sentido que se deve entender e aplicar a expressão contida no inciso II do parágrafo 1.º do art. 1.º da Lei n.º 10.865, quando alude a que ocorre a incidência quanto a serviço *"cujo resultado se verifique no País"*, e também é este o sentido em que se deve entender a expressão do inciso I, que alude a serviços *"executados no País"* (grifos do original).

No exame do caso concreto o contribuinte deve estar atento para identificar corretamente o local em que o resultado dos serviços se verifica – se no Brasil, o que resulta na incidência das contribuições; ou no exterior, o que afasta a incidência[453]. Desse modo e como já cravado acima[454]:

> O vocábulo "resultado" pode ser considerado em seu sentido físico, tangível – o elemento material, tangível, resultante da prestação do serviço (por exemplo, o laudo produzido em serviço de perícia prestado por empresa não-residente), ou no sentido de resultado utilidade, benefício resultante da prestação do serviço (no exemplo correspondente ao uso que se fará do laudo produzido – por exemplo, a produção da prova em ação judicial em curso no Brasil).

Entendem Gustavo Lian Haddad e Carolina Santos Vidigal que a interpretação que melhor se coaduna com a sistemática das contribuições sobre a importação é a de resultado no sentido de utilidade, benefício advindo para o contratante do serviço[455].

Entretanto, podemos concluir que apenas a análise de cada caso poderá dar maior clareza para se definir qual sentido da expressão "cujo resultado se verifique no País", contida na Lei e suas consequências para uma importação de serviços.

---

prestada no exterior à empresa no Brasil possa haver importação de serviço, quando haja a entrada virtual do resultado da mesma".
[453] HADDAD, Gustavo Lian; VIDIGAL, Carolina Santos. Op. Cit., p. 261.
[454] Idem.
[455] Idem

5.6. Não-cumulatividade: direito ao crédito sobre serviços adquiridos do exterior

Após severas reclamações do empresariado nacional, a legislação inseriu a sistemática de compensação de créditos nas aquisições de bens e serviços adquiridos do exterior. Em verdade, antes da instituição dessas contribuições sobre o comércio exterior, arguia-se sobre se o desconto desses créditos era permitido para aquisições feitas de países estrangeiros.

Isso porque o art. 3º, § 3º, I das Leis 10.833/03 e 10.637/02 dispunha (e continua dispondo) que:

> Art. 3º Do valor apurado na forma do art. 2º a pessoa jurídica poderá descontar créditos calculados em relação a:
> (...)
> § 3º O direito ao crédito aplica-se, **exclusivamente**, em relação:
> I - aos bens e serviços **adquiridos de pessoa jurídica domiciliada no País** (grifo nosso);

A grande reclamação se fazia em torno da ausência de qualquer disposição que tratasse do direito a crédito para compras internacionais[456]. Porém, à época, as referidas contribuições ainda não incidiam sobre bens e serviços importados, pois passaram a sê-lo apenas a partir de 1º de maio de 2004, data da entrada em vigor da Lei 10.865/04.

Especificamente no que tange ao crédito de Pis/Cofins-importação sobre importações de serviços, sua previsão legal consta do art. 15, inciso II da Lei 10.865/04, que vincula o crédito à sujeição das pessoas jurídicas importadoras à apuração do PIS/PASEP e da COFINS sobre o faturamento nos termos dos arts. 2.º e 3.º das leis de instituição dessas contribuições. Ou seja, o crédito sobre as importações será admitido às pessoas jurídicas que apurarem Pis/Cofins sobre faturamento. É permitido o creditamento apenas se o serviço for considerado insumo na prestação de serviços e na produção ou fabricação de bens ou produtos destinados à venda.

---

[456] DIAS, Roberto Moreira. **PIS e Cofins pela Sistemática da Não-cumulatividade: é Válida a Restrição de Créditos em Relação aos Bens e Serviços Adquiridos de Pessoas Jurídicas Domiciliadas no Exterior?** In: Revista Dialética de Direito Tributário, nº 103, São Paulo: Dialética, 2004, pp. 150 a 155.

A contenda sobre quais insumos geram o direito ao crédito gira, em resumo, em torno de se saber se a redação das leis instituidoras do Pis/Cofins (Leis 10.833/03, 10.637/02 e 10.864/04) utiliza a palavra insumo (i) dentro de um conceito econômico (em conformidade com o princípio da não cumulatividade inserto no art. 195, §12 da CF), segundo o qual os produtos e serviços adquiridos pela pessoa jurídica que produz, manufatura e vende, ou apenas comercializa produtos, ou presta serviços e que contribuem direta ou indiretamente para a obtenção de receitas devem dar direito ao creditamento das contribuições anteriormente recolhidas por seus fornecedores ou por si próprios nos casos de importação; ou (ii) apenas com o sentido de insumo direto ou que contribui diretamente para a produção com comercialização de bens ou na prestação de serviços e, nesse caso, apenas a compra de bens e serviços relacionados estritamente ao processo produtivo seriam abarcados como garantidores do crédito destas contribuições.

Eis a redação que traz os contornos legais do tema em questão:

> **Art. 15.** As pessoas jurídicas sujeitas à apuração da contribuição para o PIS/PASEP e da COFINS, nos termos dos arts. 2º e 3º das Leis nºs 10.637, de 30 de dezembro de 2002, e 10.833, de 29 de dezembro de 2003, poderão descontar crédito, para fins de determinação dessas contribuições, em relação às importações sujeitas ao pagamento das contribuições de que trata o art. 1º desta Lei, nas seguintes hipóteses:
> (...)
> II - bens e serviços utilizados como insumo na prestação de serviços e na produção ou fabricação de bens ou produtos destinados à venda, inclusive combustível e lubrificantes;
> (...)
> § 1º O direito ao crédito de que trata este artigo e o art. 17 desta Lei aplica-se em relação às contribuições efetivamente pagas na importação de bens e serviços a partir da produção dos efeitos desta Lei.
> § 2º O crédito não aproveitado em determinado mês poderá sê-lo nos meses subsequentes.
> § 3º O crédito de que trata o caput deste artigo será apurado mediante a aplicação das alíquotas previstas no caput do art. 2º das Leis nºs 10.637, de 30 de dezembro de 2002, e 10.833, de 29 de dezembro de 2003, sobre o valor que serviu de base de cálculo das contribuições, na forma do art. 7º desta Lei, acrescido do valor do IPI vinculado à importação, quando integrante do custo de aquisição.

Em sendo assim, a partir dessa lei, caso os serviços contratados do exterior sejam caracterizados como insumos utilizados na atividade industrial de produção de bens da empresa contratante, ela poderá registrar crédito correspondente às contribuições pagas na importação, compensável com o PIS e a COFINS incidentes sobre as suas receitas[457].

O grande problema aqui é saber o que são "insumos" e caracterizá-los caso a caso. Necessário se distinguir também que uma coisa é a contratação de serviços tidos como insumos para empresas que se dedicam à atividade industrial, pois bem mais fácil sua caracterização, dada a concretude das atividades. Porém, quando a atividade central da empresa é dedicar-se a prestar serviços essa caracterização é um pouco mais complexa, por conta da abstração característica das prestações de serviços.

É cristalino, por exemplo, que a contratação de um serviço de *design* é insumo da industrialização de automóveis, pois não existiria um automóvel sem que antes ele fosse concebido. Ou ainda, os serviços de reparos de máquinas e equipamentos para manutenção das atividades, ou serviços técnicos com transferência de tecnologia específica para produção de eletrônicos.

Mesmo assim, há controvérsias a esse respeito, porque não existe uma lista exaustiva do que o legislador pretendeu caracterizar como insumo. Abaixo, veremos alguns exemplos de respostas a consulta à Receita Federal sobre esse tópico.

Antes, porém, torna-se relevante reforçar que os casos apresentados abaixo representam contratações de serviços feitas no Brasil, mas que auxiliarão na contextualização desse subtópico por conta do impacto que podem ter em contratações de serviços internacionais em contratações análogas. Ainda que o crédito das contribuições em comento seja um fato posterior à importação de serviços *per se*, é deveras relevante ao tema que se aborde esse assunto ao menos de modo a informar as tendências discutidas em âmbito judicial e administrativo e para que os contribuintes possam se planejar de forma mais apropriada.

O primeiro exemplo vem de uma solução de consulta respondida pela Superintendência da RFB da 8.ª Região Fiscal e que admite o crédito relativo a despesas de conserto e restauração em máquinas e equipamentos utilizados no setor produtivo, por entender que tais serviços se enquadram no conceito de insumo:

---

[457] HADDAD, Gustavo Lian; VIDIGAL, Carolina Santos. Op. cit., p. 262.

Processo de Consulta nº 6/04
Órgão: Superintendência Regional da Receita Federal - SRRF / 8a. Região Fiscal
Assunto: Contribuição para o PIS/Pasep
Ementa: PIS NÃO-CUMULATIVO - Crédito. As pessoas jurídicas fabricantes de embalagens podem descontar da contribuição apurada mensalmente, crédito calculado em relação aos valores das aquisições de materiais de reposição para equipamentos e máquinas, bem como dos serviços de conserto e restauração em máquinas e equipamentos utilizados no setor produtivo, por configurarem bens e serviços, utilizados como insumos na fabricação de produtos destinados à venda, nos termos do inciso II do art. 3º da Lei nº 10.637, de 2002 (...).

Já o segundo caso rechaça o crédito relativo à aquisição de serviços de vigilância e limpeza da fábrica, por entender que não encaixam no conceito de insumos:

Processo de Consulta nº 45/03
Órgão: Superintendência Regional da Receita Federal - SRRF / 2a. Região Fiscal
Assunto: Contribuição para o PIS/Pasep
(...)
SERVIÇOS UTILIZADOS COMO INSUMO NA FABRICAÇÃO DE BENS.
De igual modo, geram direito ao crédito os serviços prestados por pessoa jurídica contribuinte do PIS/Pasep, domiciliada no País, que sejam utilizados na linha de produção da empresa, deixando de se enquadrar dentre estes os serviços que, apesar de serem despesas necessárias, não são aplicados ou consumidos na produção ou fabricação do produto, tais como vigilância e limpeza da fábrica.

Interessante notar ainda o entendimento da solução de consulta abaixo que não admite créditos de Pis/Cofins sobre certos serviços adquiridos na prestação de serviços de pesquisa de mercado, dentre os quais os gastos com viagens dos funcionários da empresa. Se o intérprete entender que o insumo de uma atividade é algo necessário para a prestação do serviço, como um ingrediente de uma receita, por exemplo, é muito difícil, senão impossível de se imaginar uma pesquisa de mercado que não envolva gastos com telefonia ou viagens.

Processo de Consulta nº 135/12
Órgão: Superintendência Regional da Receita Federal - SRRF / 8a. Região Fiscal
Assunto: Contribuição para o PIS/Pasep.
Ementa: NÃO CUMULATIVIDADE. CRÉDITO. NÃO CUMULATIVIDADE.
CRÉDITO. O termo insumo não pode ser interpretado como todo e qualquer bem ou serviço que gera despesa necessária para a atividade da empresa, mas, sim, tão somente, como aqueles, adquiridos de pessoa jurídica, que efetivamente sejam aplicados ou consumidos diretamente na prestação do serviço que constitua a atividade-fim da empresa. Na prestação de serviços de pesquisa de mercado não podem, portanto, ser descontados créditos relativos a gastos com telefone e serviços de voz; com combustíveis e lubrificantes; com despesas de hospedagem e com passagens terrestres e aéreas pagas a pessoas jurídicas, uma vez que não configuram pagamento por bens ou serviços enquadrados no conceito de insumos dessa prestação (...).

Existe uma vasta gama de soluções de consulta[458] que podem servir de embasamento para uma tomada de decisão sobre o tema, cuja análise mais aprofundada não caberia ao escopo desta obra, de qualquer maneira, o questionamento que pode ser feito aqui diz respeito ao critério que distingue serviços que devem e os que não devem ser admitidos como insumo.

A esse respeito, ensina a doutrina o seguinte[459]:

Ao se utilizar da expressão "insumos" para a definição do direito ao crédito de PIS e COFINS, o legislador preferiu utilizar expressão que ao menos na acepção econômica tem sentido mais amplo do que aquele de custo[460]. Na acepção usual do termo encontra-se definição do Dicionário

---

[458] Processos de consulta n.ºs: 17/10 (armazenagem e manueio) da 2.ª RF, 30/12 (assistência médica) da 3.ª RF, 117/10 (recondicionamento de brocas utilizadas no processo fabril), 337/12 (serviços de armazenagem), 342/12 (serviços de impressão), 362/12 (transporte de profissionais consultores), da 7.ª RF, 233/12 (marketing), 436/10 (comissões a representantes autônomos), 96/11 (contratação de mão de obra), 78/11 e 143/11 (telefonia), 220/11 e 238/11 (manutenção), 80/12 (movimentação de insumos) e 181/12 da 8.ª RF (publicidade e propaganda), 52/12 e 98/12 (serviço de corte e baldeio de toras de madeira), 89/12 da 10.ª RF (frete).
[459] HADDAD, Gustavo Lian; VIDIGAL, Carolina Santos. Op. cit., p. 262.
[460] Os autores lembram que a legislação do IRPJ socorre-se da técnica contábil para definir o sentido de custo ao tratar de dispêndios que têm relação direta com a produção de bens e serviços.

Houaiss[461] da língua portuguesa, segundo o qual "insumo é cada um dos elementos (matéria-prima, equipamentos, capital, horas de trabalho, etc.) necessários para produzir mercadorias ou serviços".

Os autores citados lembram que a legislação do IRPJ (arts. 289 e ss. do RIR/99) socorre-se da técnica contábil para definir o sentido de custo ao tratar de dispêndios que têm relação direta com a produção de bens e serviços.

Cabe aqui ainda lembrarmos a já clássica lição de Aliomar Baleeiro no que tange ao conceito de insumos[462]:

> "Insumos", no parágrafo único do obscuro art. 10, I, do AC nº 34 é uma algaravia de origem espanhola, inexistente em português, empregada por alguns economistas para traduzir a expressão inglesa *input*, isto é, o conjunto de fatores produtivos, como matérias-primas, energia, trabalho, amortização do capital, etc., empregados pelo empresário para produzir o *output*, ou produto final.... "Insumos" são os ingredientes da produção, mas há quem limite a palavra aos "produtos intermediários" que, não sendo matéria-primas, são empregados ou se consomem no processo de produção.

Define-se, assim, o conceito léxico de insumos como um conjunto de fatores necessário para que a empresa desenvolva sua atividade[463]. Persiste, no entanto, a dúvida sobre qual a extensão desse conceito, pois a Receita Federal fez publicar Instruções Normativas[464] onde se leem que devem ser entendidos como insumos:

> I - utilizados na fabricação ou produção de bens destinados à venda:
> a) as matérias-primas, os produtos intermediários, o material de embalagem e quaisquer outros bens que sofram alterações, tais como o desgaste, o dano ou a perda de propriedades físicas ou químicas, em função

---

[461] HOUAISS, Antônio; VILLAR, Mauro de Salles. **Dicionário Houaiss da língua portuguesa**. Rio de janeiro: Objetiva, 2009, p. 1093.
[462] BALEEIRO, Aliomar. Ob. cit., p. 405.
[463] NATANAEL, Martins. **O Conceito de Insumos na Sistemática Não-Cumulativa do PIS e da COFINS**. In: **Pis-Cofins. Questões Atuais e Polêmicas**. São Paulo: Quartier Latin, 2005, p. 199-209.
[464] IN 247/02, art. 66, § 5º, I e II e IN 404/04, art.8º, § 4º, I e II.

da ação diretamente exercida sobre o produto em fabricação, desde que não estejam incluídas no ativo imobilizado;

b) os serviços prestados por pessoa jurídica domiciliada no País, aplicados ou consumidos na produção ou fabricação do produto;

II - utilizados na prestação de serviços:

a) os bens aplicados ou consumidos na prestação de serviços, desde que não estejam incluídos no ativo imobilizado; e

b) os serviços prestados por pessoa jurídica domiciliada no País, aplicados ou consumidos na prestação do serviço.

Buscou-se com isso, talvez, equiparar a sistemática de créditos de PIS/COFINS às sistemáticas do IPI e ICMS[465], mesmo que através de atos infralegais.

Em contraponto a essa ideia e comparando o aspecto material da hipótese de incidência desses tributos, Natanael Martins[466] conclui que:

> (...) a toda evidência, o conceito de insumo erigido pela nova sistemática do PIS e da COFINS não guarda simetria com aquele delineado pelas legislações do IPI e do ICMS, visto não estar limitado apenas a operações realizadas com mercadorias ou produtos industrializados, sendo, inclusive, aplicado aos prestadores de serviços.
>
> (...)
>
> O conceito de insumo em face do PIS e da COFINS, mesmo sem busca de seu maior elastério, sem sombra de dúvidas está encetado à ideia de consumo de determinado bem ou serviço utilizado, ainda que de forma indireta, na atividade de fabricação do produto ou com a finalidade de prestar um determinado serviço.

Esse conceito pode também ser entendido como[467]:

> (...) relativo a consumo de todos os fatores de produção, vale dizer, não apenas o relativo à produção ou execução de bens, strictu sensu, mas também como compreensível (consumo) dos demais fatores necessários à obtenção de receitas.

---

[465] Conferir em: Decreto nº 7.212/10, art. 226 (RIPI) e Lei Complementar 87/96, arts. 20 e 21.
[466] MARTINS, Natanael. Op. cit., pp. 204 a 209.
[467] Idem, p. 209.

Ao que parece, também segundo a interpretação deste doutrinador, o conceito de insumo para fins de creditamento de Pis/Cofins-importação se aproxima mais do entendimento do conceito de custo e despesa necessária da legislação do IRPJ do que das hipóteses de crédito permitidas pela legislação do IPI.

Uma pesquisa da jurisprudência administrativa do CARF[468] sobre o tema revela que esta análise vem sendo feita caso a caso e que não há, até o momento uma tese dominante sobre a real extensão do conceito de insumo. Parece sim que o CARF irá se situar no meio termo entre a conceituação da legislação de IPI e IRPJ.

A decisão abaixo denota esse posicionamento, assim como o caráter casuístico que essa conceituação deve tomar:

> Resolução n.º 3402000.488 de 27/11/2012 – 4.ª Câmara - CARF
> (...)
> Ao meu sentir, o conceito de insumo utilizado pelo Legislador na apuração de créditos a serem descontados da contribuição para o PIS/Pasep e da Cofins denota uma abrangência maior do que MP, PI e ME relacionados ao IPI. Por outro lado, tal abrangência não é tão elástica como no caso do IRPJ, a ponto de abarcar todos os custos de produção e as despesas necessárias à atividade da empresa.
> Por isso, entendo que em todo processo administrativo que envolver créditos referentes a nãocumulatividade do PIS ou da Cofins, deve ser analisado cada item relacionado como "insumos" e o seu envolvimento no processo produtivo, para então definir a possibilidade de aproveitamento do crédito.

Já alguns julgados denotam uma tendência mais restritiva ao crédito. Entretanto, tal linha não parece ser tão restritiva quanto à defendida pela RFB, pois expõe que os bens ou serviços devem ser os intrínsecos à atividade e efetivamente aplicados ou consumidos na produção de bens destinados à venda ou na prestação de serviço e não que estes insumos tenham contato direto e sofram desgaste, como preceitua a legislação do IPI:

---

[468] Conferir a respeito: MORENO, Antônio e MENDONÇA, Raquel Borba de. **O Conflito na Conceituação** de "Insumos" e as Recentes Decisões do CARF sobre os Créditos das Contribuições do "PIS" e da "COFINS". Disponível em: http://bibliotecadigital.fgv.br/ojs/index.php/revdiscentegv/article/view/19601/18323. Acesso em 25 de fevereiro de 2015.

Acórdãos 3301-00.423, 3301-00.427 e 3301-00.428 de 03/02/10 - CARF – 3ª Seção – 1ª Turma da 3ª Câmara.

O conceito de "insumo" (...) não pode ser interpretado como todo e qualquer bem ou serviço que gera despesa necessária à atividade da empresa, mas tão somente aqueles adquiridos de pessoa jurídica, intrínsecos à atividade, que efetivamente sejam aplicados ou consumidos na produção de bens destinados à venda ou na prestação do serviço.

Vale notar, também, que a exemplo de algumas soluções de consulta exaradas pela RFB, o CARF também já emitiu decisões que de certa forma "fatiam" o processo produtivo de modo a verificar qual serviço empregado em cada etapa deve ser tido como insumo:

Acórdãos 3402-00.259 (de 17/09/09), 3402-00.505 (de 18/03/10) e 3402-00.506 (de 18/03/2010) - 2º Conselho de Contribuintes – 1ª Câmara.
A expressão 'bens e serviços utilizados como insumo', empregada pelo legislador designa cada um dos elementos necessários ao processo de produção de bens ou serviços, o que obviamente exclui a possibilidade de crédito relativamente aos custos incorridos nas etapas posteriores à produção, como é o caso dos serviços utilizados na comercialização e cobrança dos bens e serviços produzidos, cujo crédito é desautorizado.

Todavia, outro acórdão do mesmo CARF demonstra uma abrangência mais próxima àquela desejada pela doutrina aqui estudada no sentido de aderência do conceito de insumo ao mesmo conceito de custo e despesa necessária trazidos da legislação do IRPJ:

Acórdão 3202-00.226 (de 08/12/10) - CARF – 3ª Seção – 2ª Turma da 2ª Câmara.
O conceito de insumo dentro da sistemática de apuração de créditos pela não cumulatividade de PIS e COFINS deve ser entendido como todo e qualquer custo ou despesa necessário a atividade da empresa, nos termos da legislação do IRPJ, não devendo ser utilizado o conceito trazido pela legislação do IPI, uma vez que a materialidade de tal tributo é distinta da materialidade das contribuições em apreço.

Algumas decisões da jurisprudência judicial se aprofundam na questão e também se notam decisões pendentes para os dois lados: algumas no sentido de se ampliar o conceito de insumos, equiparando-se essa análise à questão da dedutibilidade de despesas para fins de imposto de renda e com isso afastando a incidência das contribuições ao Pis/Cofins em cascata e outras na direção oposta, restringindo o direito ao crédito para insumos mais estritamente conectados ao processo de produção[469].

Dentre os acórdãos estudados, alguns merecem destaque, dentre os quais os que são favoráveis à ampliação do conceito de insumos em comento:

> Apelação Cível n.º 0029040-40.2008.404.7100/RS da 1ª Turma do TRF-4
> EMENTA
> (...)
> 1. O regime constitucional da não cumulatividade de PIS e COFINS, à míngua de regramento infraconstitucional, serve, no máximo, como objetivo a ser atingido pela legislação então existente. (...)
> 2. Não há paralelo entre o regime não cumulativo de IPI/ICMS e o de PIS/COFINS, justamente porque os fatos tributários que os originam são completamente distintos. (...) Assim, a técnica empregada para concretizar a não cumulatividade de PIS e COFINS se dá mediante redução da base de cálculo, com a dedução de créditos relativos às contribuições que foram recolhidas sobre bens ou serviços objeto de faturamento em momento anterior.
> (...)
> 4. Conquanto o legislador ordinário não tenha definido o que são insumos, os critérios utilizados para pautar o creditamento, no que se refere ao IPI, não são aplicáveis ao PIS e à COFINS. É necessário abstrair a concepção de materialidade inerente ao processo industrial, porque a legislação também considera como insumo os serviços contratados que se destinam à produção, à fabricação de bens ou produtos ou à execução de outros serviços. Serviços, nesse contexto, são o resultado de qualquer atividade humana, quer seja tangível ou intangível, inclusive os que são utilizados para a prestação de outro serviço.
> 5. As Instruções Normativas SRF **nº 247/2002 e 404/2004, que admitem apenas os serviços aplicados ou consumidos na produção ou fabricação do produto como insumos, não oferecem a melhor interpretação ao art. 3º, inciso II, das Leis nº 10.637/2002 e 10.833/2003.** A

---

[469] Interessante apanhado sobre o assunto pode ser encontrado em: HOMSY, Leonardo e ANDRADE, Ana Carolina Granda Piá de. **Conceito de Insumos para fins de Créditos de PIS e de COFINS**. Disponível em: http://www.camposmello.adv.br/pt_BR/novidades-recursos/recursos/conceito-de-insumos-para-fins-de-credito-de-pis-de-cofins.html. Acesso em 25 de fevereiro de 2015.

> concepção estrita de insumo não se coaduna com a base econômica de PIS e COFINS, cujo ciclo de formação não se limita à fabricação de um produto ou à execução de um serviço, abrangendo outros elementos necessários para a obtenção de receita com o produto ou o serviço (grifo nosso).
> 6. O critério que se mostra consentâneo com a noção de receita é o adotado pela legislação do imposto de renda. Insumos, então, são os gastos que, ligados inseparavelmente aos elementos produtivos, proporcionam a existência do produto ou serviço, o seu funcionamento, a sua manutenção ou o seu aprimoramento. Sob essa ótica, o insumo pode integrar as etapas que resultam no produto ou serviço ou até mesmo as posteriores, desde que seja imprescindível para o funcionamento do fator de produção.
> 7. As despesas com serviços de armazenagem, expedição de produtos e controle de estoques, enquadram-se no conceito de insumos, uma vez que **são necessárias e indispensáveis** para o funcionamento da cadeia produtiva (grifo nosso).

Observa-se a total aderência desse decisório à corrente defendida pela maioria da doutrina aqui exposta.

Já no STJ algumas decisões buscam afastar a competência para o STF no tocante à questão da não cumulatividade destas contribuições por tratarem de tema eminentemente constitucional. E, no que diz respeito ao ponto central da discussão tem prevalecido sem uma pacificação, todavia, a tese restritiva do direito ao crédito destas contribuições. O fundamento destas decisões em certa medida decorre, a nosso ver, de falha de interpretação do art. 111 do CTN, como restará demonstrado abaixo:

> Recurso Especial n.º 1.020.991 – RS
> (...)
> 1. A análise do alcance do conceito de não-cumulatividade, previsto no art. 195, § 12, da CF, é vedada neste Tribunal Superior, por se tratar de matéria eminentemente constitucional, sob pena de usurpação da competência do Supremo Tribunal Federal.
> 2. As Instruções Normativas SRF 247/02 e SRF 404/04 não restringem, mas apenas explicitam o conceito de insumo previsto nas Leis 10.637/02 e 10.833/03.
> 3. Possibilidade de creditamento de PIS e COFINS apenas em relação aos bens e serviços empregados ou utilizados diretamente sobre o produto em fabricação.

4. Interpretação extensiva que não se admite nos casos de concessão de benefício fiscal (art. 111 do CTN).
Precedentes: AgRg no REsp 1.335.014/CE, Rel. Ministro Castro Meira, Segunda Turma, DJe 8/2/13, e REsp 1.140.723/RS, Rel. Ministra Eliana Calmon, Segunda
Turma, DJe 22/9/10.
5. Recurso especial a que se nega provimento.

O grande equívoco do acórdão acima se revela na citação ao art. 111 do CTN no intuito de concluir que interpretação extensiva não se admite nos casos de concessão de benefício fiscal. Isso porque o crédito conferido pela legislação originado de aquisição de bens e serviços não pode ser tido como um benefício fiscal, mas apenas como uma consequência da aplicação da não cumulatividade destas contribuições necessária à composição de suas bases de cálculo. Benefícios fiscais como isenções, imunidades e não incidências dos tributos buscam afastar determinados sujeitos passivos da obrigação principal de recolhimento por motivos de interesse dos entes tributantes, quer por razões de cunho social ou econômico. Tanto é que o voto divergente do recurso especial citado acima, de autoria do Ministro Napoleão Nunes Maia Filho, discorre com maestria exatamente no sentido aqui exposto, nestes termos:

> Recurso Especial n.º 1.020.991 – RS – Voto Vencido
> 3. A expressão insumo vem de uma expressão inglesa in put, que quer dizer tudo que ingressa na elaboração de um produto. O exemplo que os autores econômicos trazem como, por exemplo, Nilson Holanda e outros, é o de um bolo; esse bolo de cozinha, comum - que as nossas mães faziam e que deles, infelizmente, hoje só resta a saudade - que é a massa de trigo, a manteiga, a perícia da pessoa que faz bolo, as proporções da mistura, do fermento, da água, da farinha de trigo etc. E, finalmente, a própria fôrma, Ministro ARNALDO ESTEVES LIMA, na própria fôrma onde aquele material é lançado e até mesmo a energia elétrica ou energia radiante, qualquer que seja, do forno que assa aquela massa. Tudo isso é insumo.
>
> 4. A separação entre insumos diretos e insumos indiretos é absolutamente conceitual; rigorosamente conceitual. Eu sei que o intuito da legislação é só contemplar com o rótulo de insumos aqueles que são diretamente empregados na produção do bem e nesse sentido faz o conceito de insumo coincidir com o de matéria prima. Penso que nesse terreno

dos insumos se pode dizer que, para fins da tributação, insumo direto é matéria prima, por exemplo, o calor do forno não seria insumo do bolo; nem também a perícia da pessoa que faz o bolo não seria insumo, porque é indireto. Mas, é claro que sem o calor do forno e ou sem a perícia, não se faz o bolo. Então, no sentido realístico, tudo é insumo, tudo que entra na composição de um produto é insumo. Esse é um ponto. Concordo com o Relator com relação a que apenas os insumos diretos sejam considerados nessa operação.

5. Agora, quanto a não cumulatividade, Senhor Ministro ARI PARGENDLER, penso que ser coisa mais complicada, porque na aquisição de insumos indiretos há incidência desse tributo. Muitos insumos indiretos, e uso aqui a palavra abusivamente, porque, para mim, insumo é tudo que entra na composição. Não interessa se foi direta ou indiretamente, participou é insumo. A não cumulatividade, Ministro Presidente, contempla, a meu ver - aqui ouso discordar brandamente do Relator - aqueles insumos sobre os quais na sua aquisição incidiu essa exação. Senão, o produtor vai pagar duas vezes essa exação. Paga quando adquire o insumo chamado indireto e paga quando vende seu produto, porque está dentro do seu faturamento.

6. Penso que, pelo princípio da não cumulatividade, se deveria excluir da base de cálculo aqueles insumos diretos ou indiretos em cuja aquisição incidiu o tributo. O critério jurídico, penso eu, Senhor Presidente, com todo respeito, deve ser este: indagar-se se na aquisição o adquirente pagou este tributo. Se pagou, deve-se creditar; se não pagou, evidentemente não se vai creditar. Se pagou e não se creditou, houve uma superoneração e uma ofensa à não cumulatividade. A não cumulatividade é exatamente isto: retirar-se da operação seguinte o que se pagou na operação anterior.

7. Então, se restou provado, como percebi, que na operação de certos insumos o produtor pagou este tributo, esta exação, como exigir que ele continue pagando-a na sequência da produção? Com relação a esse ponto, faço essa ressalva.

8. E, finalmente, também, com relação ao entendimento de que a não cumulatividade seria um incentivo, nutro uma breve divergência com relação ao Senhor Ministro Relator sobre essa conceituação, realmente interpreta-se literalmente, e aí há uma contradição em termos: ou não se interpreta e apenas se lê, ou se lê e se extrai da leitura uma conclusão diferente do que o som das suas palavras. Pois bem, mas aceitando, para não discutir, a expressão do art. 111, do CTN.

9. Então, tenho para mim que os incentivos são imunidades, isenções ou não incidências, quando vinculadas a um projeto, geralmente projeto de desenvolvimento social como, por exemplo, os projetos que favoreciam a Amazônia, o Nordeste, o Centro-Oeste etc. Este é um conceito de incentivo. A não cumulatividade, penso eu, não é um incentivo, é uma metodologia de cálculo da base do tributo.

10. Acompanho o voto do Senhor Ministro Relator, Senhor Presidente, fazendo essas observações, e votando - aí em divergência com o eminente Senhor Ministro SÉRGIO KUKINA - de que aqueles insumos, em cuja aquisição incidiu este tributo aqui cogitado, não outros tributos, mas este, deve haver o crédito.

11. Dou parcial provimento para contemplar na pretensão de crédito não de todos os insumos, mas somente aqueles sobre nos quais houve uma incidência anterior, em respeito à não cumulatividade, pois, então, teremos de admitir, pelo menos nesses casos, que haverá, mais de uma vez, a exigência da mesma exação, e aí estaria ofendida a não cumulatividade, a meu ver.

Já em sede de recurso extraordinário, a maioria dos casos até então decididos (sua quase totalidade composta de decisões monocráticas) busca afastar a competência do STF do âmbito da controvérsia, por entenderem os Ministros que a ofensa constitucional é apenas reflexa e também por rechaçarem os recursos extraordinários sob o argumento de que não foi comprovada a repercussão geral da tese[470].

Deveras, tal discussão seria evitada e haveria uma simplificação muito maior da legislação e consequente redução dos custos envolvidos em discussões intermináveis, tanto por parte dos particulares como do Estado, se houvesse uma interpretação do termo insumo nos mesmos moldes do que na legislação do IRPJ e em conformidade com o espírito da não cumulatividade do Pis e da Cofins insertos na CF e como indicam os mais conceituados juristas.

É, por fim, necessário que se alerte o contribuinte que tenha cuidado ao realizar a apuração desses créditos, pois muitas vezes os valores relativos a determinado serviço importado são computados nos custos de uma máquina ou equipamento e com isso, para fins de PIS/COFINS, se não

---

[470] Neste sentido: AI 859905-RS (decisão monotrática), AgR no RE n.º 707.179-SC e AgR no RE 648475-RS.

houver atenção, o serviço agregado pode gerar duplamente a tomada dos créditos. Portanto, deve o contribuinte ou aproveitar o crédito relativo ao serviço importado, de maneira que este esteja agregado ao custo do equipamento, ou que o serviço importado gere o crédito isoladamente.

6. ISS SOBRE IMPORTAÇÕES DE SERVIÇOS

6.1. A regra de incidência do ISS sobre serviços contratados do exterior

Introduzida a partir de 2003 no cenário nacional, a incidência do ISS sobre as importações de serviços é um tema que gera controvérsias entre os doutrinadores do Direito Tributário no tocante à sua constitucionalidade, como veremos adiante. Entretanto, antes de adentrar nessa discussão é preciso lembrar que a tributação sobre serviços (excluídos os serviços de transporte intermunicipal e telecomunicação, tributados pelo ICMS) é regida pelo art. 156 da Constituição Federal, pelo Decreto-Lei nº 406/68[471], pela Lei Complementar 116/03 e pelas leis ordinárias municipais instituidoras do tributo.

A CF dispõe dessa forma sobre esse imposto:

> **Art. 156.** Compete aos Municípios instituir impostos sobre:
> (...)
> III - serviços de qualquer natureza, não compreendidos no artigo 155, II, definidos em lei complementar.
> (...)
> § 3º Em relação ao imposto previsto no inciso III, cabe à lei complementar:
> I - fixar as suas alíquotas máximas e mínimas;
> II - excluir da sua incidência exportações de serviços para o exterior.

---

[471] Alguns dos artigos deste Decreto-lei ainda permanecem em vigor, tendo, todavia, a maior parte de seu texto sido revogada pela LC 116/03.

III - regular a forma e as condições como isenções, incentivos e benefícios fiscais serão concedidos e revogados.

Portanto, cabe às legislaturas municipais a instituição do Imposto sobre Serviços de Qualquer Natureza (ISS), observados os contornos constitucionais delineados acima.

Discussões sobre a agressão ao princípio da autonomia dos municípios e sobre a taxatividade da lista de serviços à parte[472], o que importa para o escopo deste trabalho é que a LC 116/03 inovou ao prever que:

> Art. 1º O Imposto Sobre Serviços de Qualquer Natureza, de competência dos Municípios e do Distrito Federal, tem como fato gerador a prestação de serviços constantes da lista anexa, ainda que esses não se constituam como atividade preponderante do prestador.
> § 1º O imposto incide **também sobre o serviço proveniente do exterior do País ou cuja prestação se tenha iniciado no exterior do País** (grifo nosso).

A essa altura vale recordar ao leitor, que as definições e conceitos relacionados ao sentido da locução "prestações de serviços", extremamente importante no que diz respeito a esse imposto, já foram feitas no Capítulo 2 acima[473].

6.1.1. O aspecto material

Tem-se que, em geral, o fato gerador do ISS é a prestação de serviços. Todavia, nos parece que com relação aos serviços provenientes do exterior ou cuja prestação se tenha iniciado no exterior há uma exceção à regra, já que ocorre a incidência desse tributo sobre o consumo (ou aquisição) dos serviços.

Há, desse modo, uma inclusão do ato de consumir ou adquirir serviços no aspecto material da incidência do ISS, o que trará consequências de ordem prática por influenciar todas as demais características abaixo delineadas.

A crítica aqui (que será tratada em tópico específico deste capítulo) se dá ao fato de que a CF não teria expressamente autorizado a legislação

---

[472] Para mais detalhes sobre este assunto, conferir: MELO, José Eduardo Soares de. **ISS – Aspectos Teóricos e Práticos**. São Paulo: Dialética, 2005, pp. 53 e ss.
[473] V. item 2.1. Conteúdo do conceito de serviços no direito privado.

inferior a criar imposto sobre o consumo ou aquisição de serviços, o que daria azo ao questionamento sobre a constitucionalidade dessa hipótese de incidência. Tal tese ganha ainda mais peso se compararmos a matriz constitucional desse imposto com as respectivas regras constituidoras dos demais tributos que recaem sobre a importação de serviços, pois nestes há previsão constitucional expressa acerca da tributação sobre o consumo ou aquisição de serviços do exterior, traduzidas no texto constitucional pelas expressões "importação" ou "importador" de serviços[474].

Em sendo assim, buscaremos com maior precisão o aspecto material do ISS sobre serviços importados no próprio texto da LC 116/03, art. 1.º, § 1.º, que merece ser aqui reprisado:

> § 1º O imposto incide também **sobre o serviço proveniente do exterior do País ou cuja prestação se tenha iniciado no exterior do País** (Grifei).

O raciocínio acima que conclui pela existência do consumo ou aquisição de serviços originários do exterior na regra de incidência do ISS, encontra apoio na leitura do art. 114 do CTN, que define o fato gerador da obrigação principal como sendo a situação definida em lei como necessária e suficiente à sua ocorrência. Pois, já que o imposto incide também sobre serviço proveniente do exterior do País ou cuja prestação se tenha iniciado no exterior do País, como disposto no § 1.º da LC 116/03, isso quer dizer que não importa apenas que o serviço seja prestado, mas consumido, ou adquirido por um residente. Portanto, deve-se entender que o consumo, ou a aquisição de serviços do exterior devem fazer parte da hipótese de incidência em comento.

6.1.2. O aspecto espacial

Sobre o aspecto espacial da regra matriz do ISS sobre serviços prestados por residentes, tem-se que o serviço considera-se prestado e o imposto devido no local do estabelecimento prestador ou, na falta do estabelecimento, no local do domicílio do prestador, conforme o art. 3.º, caput da LC 116/03. Uma das exceções contidas no mandamento deste artigo é justa-

---

[474] Vide art. 149, § 2.º, II, com respeito à CIDE e art. 195, IV, com respeito ao Pis/Cofins--importação.

mente aquela inserta no seu inciso I, relativa às importações de serviços, na qual o imposto se torna devido no local:

> I – do estabelecimento do tomador ou intermediário do serviço ou, na falta de estabelecimento, onde ele estiver domiciliado, na hipótese do § 1º do art. 1º desta Lei Complementar;

Portanto, para o estudo em questão, devemos depreender que o local onde se torna devido o imposto, caracterizando assim o aspecto espacial do ISS sobre importações de serviços, é o município de residência do tomador ou intermediário do serviço, ou caso inexista um estabelecimento do tomador, o município onde ele estiver domiciliado.

O texto legal busca com isso eximir as dúvidas acerca da competência entre os municípios onde possa estar localizado o importador de serviços, mesmo na ausência de um estabelecimento.

Este ponto específico será mais profundamente abordado adiante, quando se discorrerá sobre o local do resultado dos serviços, mas, cumpre, desde já observar que, segundo nosso entendimento, a legislação além de prever a incidência do ISS sobre a prestação de serviço ocorrida integralmente no exterior, inclui também as prestações de serviços cuja prestação tenha apenas se iniciado no estrangeiro e se concluído no território nacional. Essa é a leitura que se faz do trecho final do §1.º do art. 1.º da lei quando dispõe:

> O imposto incide também **sobre o serviço proveniente do exterior do País ou** cuja prestação se tenha iniciado no exterior do País (grifo nosso).

6.1.3. O aspecto temporal

Com relação ao aspecto temporal, a legislação complementar nada dispõe a respeito, podendo-se entender que o momento em que ocorre o fato gerador é o da conclusão da prestação dos serviços, o que poderia se equiparar à tradição, no caso de uma compra e venda de bem móvel. A esse respeito a ementa de acórdão exarado pelo STF[475] dispõe o seguinte:

---

[475] DJ 12-02-1982 pp-00789 Ement Vol-01241-01 pp-00096.

Agravo de Instrumento n.º 84008
Relator(a): Min. DECIO MIRANDA, SEGUNDA TURMA.
TRIBUTÁRIO. IMPOSTO SOBRE SERVIÇOS. CONTRATO DE CONSTRUÇÃO CELEBRADO COM AUTARQUIA, QUE SE TRANSFORMOU EM EMPRESA PÚBLICA. NÃO É O MOMENTO DA CELEBRAÇÃO DO CONTRATO QUE CONTA PARA A INCIDÊNCIA, MAS O DA PRESTAÇÃO DOS SERVIÇOS AO DONO DA OBRA.

Não se pode olvidar, contudo, que algumas contratações de serviços permitem a entrega da prestação em partes. A entrega de cada parte do serviço prestado, se possível uma divisão, por si só já pode ensejar a ocorrência do fato gerador do imposto. Esse "fatiamento" na entrega dos serviços pode ocorrer pelos mais variados motivos, a depender do tipo de prestação ou atividade envolvida.

Pode exemplificar esta questão a hipótese de manutenção por prestadores internacionais da totalidade dos computadores de uma empresa em que o serviço é entregue de acordo com o término dos trabalhos relativos a cada máquina.

É problemático, neste ponto, se cogitar como se daria a fiscalização com relação ao momento em que deve incidir o ISS no caso de uma importação de serviço de cunho divisível, por exemplo. Isso porque não é de tão simples aferição o momento em que se dá a entrega de determinado serviço importado no todo ou em parte, pois ao contrário das importações de bens não ocorre o desembaraço aduaneiro de uma importação de serviços, apenas o seu pagamento mediante a emissão de uma fatura pelo contratado[476].

Interessa ainda checar o que dispõe a legislação municipal sobre o assunto. A Lei 13.701/03 do Município de São Paulo disciplina que:

> Art. 9º São responsáveis pelo pagamento do Imposto sobre Serviços de Qualquer Natureza - ISS, desde que estabelecidos no Município de São Paulo, devendo reter na fonte o seu valor:
> I – os tomadores ou intermediários de serviços provenientes do exterior do País ou cuja prestação se tenha iniciado no exterior do País;

---

[476] V. **OECD International VAT/GST Guidelines on Neutrality**: The nature of services and intangibles is such that there are no customs controls that can confirm their exportation and no customs controls to impose the VAT at importation. Disponível em: http://www.oecd.org/ctp/consumption/guidelinesneutrality2011.pdf. Página 5. Acesso em 25 de fevereiro de 2015.

Dada, portanto, a obrigação expressa do importador do serviço de reter o valor do ISS fonte, nosso entendimento é o de que o aspecto temporal deste imposto ocorre a partir do aperfeiçoamento da conclusão da prestação do serviço, mas apenas se consubstancia mediante o pagamento em troca da obrigação de fazer realizada.

6.1.4. O aspecto pessoal

Em se tratando de um imposto de competência municipal, o sujeito ativo do ISS será um Município ou o Distrito Federal e em território federal a União. Para determinar o sujeito ativo de uma importação de serviço o legislador faz uso da regra sobre o local onde se encontra o estabelecimento do tomador, ou, na ausência de estabelecimento, no local onde o tomador estiver domiciliado. Importante notar que quando os serviços se considerem prestados no exterior, o sujeito ativo do ISS será determinado a partir do local em que ocorra o resultado: se o resultado ocorrer no Brasil, incidirá a norma do ISS sobre a importação e o sujeito ativo será o Município do tomador; se o resultado ocorrer no exterior, o fato será, do ponto de vista tributário, irrelevante[477].

Deve, então, estar presente um vínculo material entre o serviço e o território da entidade tributante. Essa é a lição de Heleno Torres quando ensina que[478]:

> Como regra geral do ISS, a competência dos Municípios somente pode ser exercida, seja o serviço prestado por residente ou não-residente, quando possa, o serviço, ser materialmente vinculado ao território da entidade tributante, mesmo que se tenha iniciado no exterior, mas sempre quando fazer do serviço seja concluído em tal território.

---

[477] FORTES, Maurício Cezar Araújo. **A regra-matriz de incidência do Imposto Sobre Serviços de Qualquer Natureza. Dissertação de Mestrado.** São Paulo: Faculdade de Direito, Universidade de São Paulo, 2009, p. 190.
[478] TÔRRES, Heleno Taveira Taveira. **Prestação de serviços provenientes do exterior ou cuja prestação se tenha iniciado no exterior.** In: TÔRRES, Heleno Taveira Taveira (org.). ISS na Lei Complementar n. 116/2003 e na Constituição. Barueri: Manole, 2004, p. 284.

Já o sujeito passivo do ISS sobre importações de serviços é o tomador dos serviços, pois a legislação o vincula de forma inexorável à prestação de serviços oriunda do exterior.

Eis que, a redação da LC 116/03, por seu turno, pode até dar azo a uma interpretação contrária nesse sentido, pois diz taxativamente em seu art. 5.º que:

> Art. 5º Contribuinte é o prestador do serviço.

Para dirimir dúvidas, o intérprete deve se socorrer do fato de que se entende que o elemento subjetivo do fato gerador de um tributo, ou sujeito passivo da obrigação tributária é o devedor dessa obrigação. Trata-se de pessoas cuja identificação geralmente é feita em função do aspecto material[479]. No caso em questão, todavia, o art. 6.º da LC 116/03 desloca o papel de devedor do tributo ao tomador do serviço, nesses termos:

> Art. 6º Os Municípios e o Distrito Federal, mediante lei, poderão atribuir de modo expresso a responsabilidade pelo crédito tributário a terceira pessoa, vinculada ao fato gerador da respectiva obrigação, excluindo a responsabilidade do contribuinte ou atribuindo-a a este em caráter supletivo do cumprimento total ou parcial da referida obrigação, inclusive no que se refere à multa e aos acréscimos legais.
> § 1º Os responsáveis a que se refere este artigo estão obrigados ao recolhimento integral do imposto devido, multa e acréscimos legais, independentemente de ter sido efetuada sua retenção na fonte.
> § 2º Sem prejuízo do disposto no caput e no § 1º deste artigo, são responsáveis:
> I – o tomador ou intermediário de serviço proveniente do exterior do País ou cuja prestação se tenha iniciado no exterior do País;

Sendo assim, numa importação de serviços podemos considerar o tomador dos serviços não como mero responsável tributário por substituição, mas como contribuinte do imposto.

Essa questão não é das mais tranquilas, pois uma parte da doutrina entende que o prestador de serviços ainda no caso importações continua sendo o prestador, neste caso, não-residente. Essa parte da doutrina

---

[479] AMARO, Luciano. **Direito Tributário Brasileiro**. São Paulo: Saraiva, 2007, p. 263.

é também a mesma que se filia à tese da inconstitucionalidade do ISS nas importações de serviços.

Um dos que entende que se trata de uma incidência constitucional, mas que continua a entender que o sujeito passivo do imposto é o prestador dos serviços é Heleno Tôrres, que a partir da interpretação do art. 3.º, I da LC 116/03, conclui que[480]:

> Numa interpretação apressada, poderíamos entender que o critério mais importante para autorizar a competência municipal a exigir o tributo seria a localização do tomador do serviço prestado no seu domínio territorial, tendo em vista o regime de *destino*, passando tal sujeito definido como responsável, a uma verdadeira condição de *contribuinte*. De tão epidérmico esse entendimento, sequer merece maiores comentários. Em nenhum momento quis a Lei Complementar n. 116/03 tal mudança, o que está bem descrito no art. 5.º, sem qualquer exceção, que só reconhece como contribuinte do ISS o respectivo *prestador* do serviço (grifos do original).

Somos, porém, da opinião que o sujeito passivo é o tomador dos serviços, em que pese a falta de alusão a ele de maneira expressa na condição de contribuinte na LC 116/03. A razão disso é o fato de que se pode interpretar que sem a presença do tomador de serviços residente no Brasil na relação jurídica obrigacional, nem mesmo se daria a incidência do ISS.

As razões desse entendimento são (i) a inexorável relação do tomador dos serviços com o fato gerador do ISS sobre as importações e (ii) o fato de que o destinatário dos serviços prestados no exterior, ou cujas prestações tenham se iniciado no exterior sobre os quais recaem o ICMS (serviços de transporte interestadual, intermunicipal e comunicação) é tido como contribuinte deste imposto. Desta forma, em que pese a ausência de menção expressa na LC 116/03, o tomador de serviços deve ser tido como sujeito passivo.

Desenvolvendo melhor o pensamento, pode-se perceber que a ligação do tomador dos serviços com o fato gerador do ISS nas importações é a de sujeito passivo, pois o art. 121, I reza que o sujeito passivo da obrigação principal se reveste do caráter de contribuinte quando tenha relação pessoal e direta com a situação que constitua o fato gerador. Essa interpretação se dá também a partir da leitura da redação do art. 1.º, § 1.º da LC 116/03,

---

[480] TÔRRES, Heleno Taveira Taveira. Op. cit., pp. 283 e 284.

que dispõe que "o imposto incide também sobre o serviço proveniente do exterior do País ou cuja prestação se tenha iniciado no exterior do país". Assim, devemos aprender com Thiago Miranda que[481]:

> Neste dispositivo, o que se percebe é a ênfase dada no ato de tomar serviço, o que fica claro pelo uso do termo "proveniente", ficando visível a alteração do aspecto material do fato gerador nessa hipótese.

A ligação entre o tomador de serviços e o fato gerador que o caracteriza como contribuinte é também analisada por Schoueri que assim preceitua[482]:

> Confirmando, aliás, a assertiva de que o tomador do serviço do exterior é verdadeiro contribuinte, tem-se que enquanto o art. 6.º e seu § 1.º tratam de responsabilidade, atribuída a "terceira pessoa, vinculada ao fato gerador da respectiva obrigação, excluindo a responsabilidade do contribuinte ou atribuindo-a a este em caráter supletivo do cumprimento total ou parcial da referida obrigação" (...), o § 2.º trata de definir, ele mesmo, a "responsabilidade", não deixando qualquer brecha para o legislador ordinário.
> Ora, a regra do *caput* e seu § 1.º está em perfeita consonância com o art. 128 do Código Tributário Nacional (o trecho reproduzido é idêntico em ambos os dispositivos), relevando tratar-se de caso de responsabilidade. Já o caso do tomador, que é "responsável" por definição do próprio legislador complementar, enquadra-se com perfeição na definição de contribuinte, prevista pelo parágrafo único, I, do art. 121 do Código Tributário Nacional (...).

O outro aspecto que deve levar o intérprete a considerar o tomador dos serviços como contribuinte é a similitude que ocorre entre o ICMS e o ISS como impostos que gravam de maneira indireta o consumo de bens e serviços. Eis que ambos guardam características, ainda que não perfeitas, de um imposto sobre valor agregado (IVA) e, se no caso do ICMS o importador das mercadorias ou destinatário dos serviços é tido como contribuinte,

---

[481] MIRANDA, Thiago de Oliveira Cunha. **O Direito Tributário Internacional brasileiro e a incidência do ISS nas importações de serviços.** Disponível em http://www.ejef.tjmg.jus.br/home/files/publicacoes/artigos/112010.pdf. Acesso em 25 de fevereiro de 2015.
[482] SCHOUERI, Luís Eduardo. **ISS sobre a Importação de Serviços do Exterior.** In: Revista Dialética de Direito Tributário nº 100. São Paulo: Dialética, 2004, p. 47.

não faria sentido tratar o tomador de serviços sobre os quais recaem o ISS de outra maneira. É certo, todavia, que a LC 87/96 é expressa nesse sentido[483], mas podemos entender que considerar o tomador dos serviços constantes da lista anexa à LC 116/03 como contribuinte, seria o mesmo que considerar o exportador de bens, mercadorias ou serviços sobre os quais recaem o ICMS como contribuinte, o que não é o caso.

6.1.5. O aspecto quantitativo

A base de cálculo do ISS é o preço do serviço, como disposto tanto no DL 406/86, art. 9º, caput, como na LC 116/03, art. 7º, caput. E, por preço do serviço, deve-se entender a receita bruta obtida a partir da sua prestação.

Receita Bruta, como ensina a doutrina, é expressão que designa todos os valores integrantes do preço cobrado, sem qualquer dedução, ou seja, a receita total auferida, sem quaisquer abatimentos sobre a importância entrada para o patrimônio do contribuinte, proveniente da prestação dos serviços, do contrário seria receita líquida.[484]

Relevante salientar que ausente a onerosidade da prestação do serviço, restará ausente o seu preço e por conseguinte a própria materialidade de sua norma de incidência. Isso porque[485]:

> (...) a inexistência de remuneração – serviços filantrópicos gratuitos, cortesia, familiar - implica ausência de base de cálculo, e, por decorrência, a impossibilidade de ser exigido o ISS.

---

[483] Lei Complementar n.º 86 de 13 de setembro de 1996.
Art 4º Contribuinte é qualquer pessoa, física ou jurídica, que realize, com habitualidade ou em volume que caracterize intuito comercial, operações de circulação de mercadoria ou prestações de serviços de transporte interestadual e intermunicipal e de comunicação, ainda que as operações e as prestações se iniciem no exterior.
Parágrafo único. É também contribuinte a pessoa física ou jurídica que, mesmo sem habitualidade ou intuito comercial:
I – importe mercadorias ou bens do exterior, qualquer que seja a sua finalidade;
II - seja destinatária de serviço prestado no exterior ou cuja prestação se tenha iniciado no exterior.
[484] MORAES, Bernardo Ribeiro de. **Doutrina e Prática do ISS**. São Paulo: Revista dos Tribunais, 1975, p. 520. Vide também: MARTINS, Sérgio Pinto. **Manual do Imposto Sobre Serviços**. São Paulo: Atlas, 2004 p. 91.
[485] MELO, José Eduardo Soares de. Ob. cit., p. 134.

Por menos provável que possa parecer que se ocorra uma situação de prestação internacional de serviços gratuitos, vale esta menção, até por conta de jurisprudência do STJ no sentido de autorizar o arbitramento do imposto em situação em que houve a prestação de serviços entre empresas do mesmo grupo. Em uma importação de serviços essa situação deve ser tida ainda com maior cautela, dadas as disposições legislativas tanto locais quanto internacionais sobre preços de transferência.

O elemento que deve ser levado em consideração para se ponderar a respeito da não incidência do ISS é a bilateralidade do contrato, pois em não havendo no caso uma relação bilateral, não deverá incidir o imposto.

Algumas causas foram julgadas pelo STJ com esse entendimento, como é possível observar na ementa abaixo:

> Recurso Especial 234.498-RJ
> TRIBUTÁRIO. ISS. INCIDÊNCIA. ARBITRAMENTO. SERVIÇO GRATUITO. 1 - O ISS só não incide nos serviços prestados gratuitamente pelas empresas sem qualquer vinculação com a formação de um contrato bilateral. 2 - Serviços de intermediação de propaganda, objetivo principal da empresa, devem ser tributados pelo ISS. 3 - Alegação de gratuidade não reconhecida. 4 - Arbitramento adotado pelo Fisco. Regularidade. 5 - Recurso improvido.

Outro julgado do mesmo STJ tratou dessa temática em prestação de serviços por instituição bancária, no qual também se pode observar a questão da bilateralidade dos contratos:

> Recurso Especial 121.2026-MG
> PROCESSUAL CIVIL E TRIBUTÁRIO. ISS. FORNECIMENTO DE TALÃO DE CHEQUES. INEXISTÊNCIA DE PREVISÃO NA LEGISLAÇÃO MUNICIPAL. OFENSA A NORMAS CONSTITUCIONAIS DE COMPETÊNCIA TRIBUTÁRIA. NÃO-CONHECIMENTO. GRATUIDADE DO SERVIÇO. RELEVÂNCIA DA QUESTÃO. BASE DE CÁLCULO DO IMPOSTO. RETORNO DOS AUTOS À ORIGEM.
> 1. Sendo incontroversa a previsão na norma nacional (item 96 da lista anexa ao DL 406/1968), eventual omissão da legislação municipal relativamente à incidência do ISS sobre o fornecimento de talão de cheques diz respeito às disposições constitucionais de competência tributária, de cuja violação não se pode conhecer em Recurso Especial.

2. Quanto à gratuidade do serviço, alegada pela instituição financeira, o TJ consignou que seria irrelevante para a incidência do ISS.

3. Ocorre que a inexistência de preço afasta, em tese, a possibilidade de quantificação do tributo, pois corresponde à base de cálculo do ISS (art. 9º do DL 406/1968).

4. Por outro lado, é cediço que as instituições financeiras não prestam serviços gratuitos a seus clientes (como nos lembram os economistas, não há almoço grátis - "there's no free lunch").

5. O STJ já se manifestou pela impossibilidade de cobrança de ISS nos serviços efetivamente gratuitos, ou seja, na ausência de formação de contrato bilateral. Não se trata, evidentemente, dos serviços prestados pelos bancos, em que a bilateralidade é essencial (o consumidor tem direito de exigir a prestação, apesar da alegada "gratuidade").

6. O preço relativo ao fornecimento dos talões de cheque está embutido nas tarifas bancárias cobradas. Para que o imposto municipal seja impingido, é necessário sua aferição e distinção, até para evitar dupla tributação (o ISS não pode incidir sobre o total da tarifa bancária genérica e, novamente, sobre o preço do talão de cheques).

7. Assim, embora o TJ/MG erre quanto à premissa de que a gratuidade seria irrelevante para a cobrança do ISS, não há como o STJ apreciar imediatamente a demanda. Os autos devem retornar para que a Corte Estadual verifique, efetivamente, o preço do serviço, que será a base de cálculo para o imposto municipal.

8. Caso descaiba essa identificação, é inexigível o ISS sobre esse serviço específico, considerando que a base de cálculo é, repito, exatamente o preço cobrado.

9. Recurso Especial parcialmente conhecido e, nessa parte, parcialmente provido.

Em suma, em havendo uma relação contratual bilateral na qual uma parte realiza determinado fazer e a outra espera esta determinada ação, em que pese a gratuidade do serviço, ocorrerá a incidência do imposto sobre base de cálculo arbitrada.

Ainda no que diz respeito à base de cálculo do ISS, deve o contribuinte atentar para determinadas exclusões que não se coadunam com a ideia de preço, pretendida pela legislação. Devemos, portanto, recordar que[486]:

---

[486] MELO, José Eduardo Soares de. Ob. cit., p. 135.

A expressão "preço" significa a remuneração pela prestação de serviços, em razão do que não ofereceria nenhuma dificuldade para ser apurado (previsão de elementos contratuais). Entretanto, nem todos os valores auferidos pelo prestador de serviço deveriam ser considerados para a quantificação do tributo.

Esses outros valores que simplesmente transitam pelas contas do prestador de serviço em geral são despesas tomadas no interesse do tomador dos serviços ou parte de subcontratações realizadas também por conta e ordem do contratante. Tais valores não devem ser considerados preço para o prestador de serviços, pois não lhe acarretam aumento patrimonial, ao contrário dos recebimentos tidos como receita bruta. É imperioso termos em mente que[487]:

> Diversos valores não mantêm conexão com a quantia acordada como forma de remuneração de serviços, podendo tratar-se de simples recebimentos temporários, ou ingressos de distinta natureza, uma vez que só pode ser considerada como receita aquele valor que integra o patrimônio do prestador.

Vale também neste ponto a lembrança de que em geral uma prestação de serviços internacional envolve deslocamentos com viagens que podem ser objeto de reembolso por parte do contratante. Também em sede de ISS a questão sobre se o reembolso de despesas deve ou não ser incluído como preço do serviço gera controvérsias, pois os Municípios podem defender a inclusão destas despesas argumentando que se trata de custo do prestador, buscando afastar a ideia de que o reembolso é um gasto tomado no interesse de terceiro que simplesmente transita pelos livros contábeis do prestador de serviço.

A legislação de instituição do ISS pode levar à interpretação que existe uma intenção de se restringir as deduções da base de cálculo do imposto, como se pode observar a partir da leitura do art. 14 da Lei 13.701/03 que institui o ISS no município de São Paulo:

> Art. 14. A base de cálculo do imposto é o preço do serviço, como tal considerada a receita bruta a ele correspondente, sem nenhuma dedução,

[487] Idem, p. 138.

excetuados os descontos ou abatimentos concedidos independentemente de qualquer condição.

Todavia, a leitura acima deve levar o contribuinte a buscar a correta conceituação dos termos "preço do serviço" e " receita bruta", pois, qualquer gasto que não possa ser incluído nestes conceitos deve ser excluído da base de cálculo do imposto. Aqui, o intérprete pode ser auxiliado pelo ensinamento da doutrina de que[488]:

> (...) receita é um plus jurídico, de qualquer natureza ou origem, que agrega um elemento positivo ao patrimônio, dependendo de específico tratamento legal; e que não atribua a terceiro qualquer direito contra o adquirente, represente simples direito à devolução de direito anteriormente existente, capital social ou reserva de capital.

Interessante lição pode ser extraída da leitura do Recurso Ordinário julgado pelo Conselho Municipal de Tributos da Prefeitura de São Paulo que assim dispõe sobre o tema[489]:

> Processo Administrativo nº 2012-0.348.936-2
> Todos os empresários têm seus custos. Todo prestador de serviços tem seus custos necessários e indispensáveis para empreender sua atividade. Assim também se dá com a recorrente, que tem custos e gastos indispensáveis à sua atividade, dos quais se recupera, ao formular o preço do serviço prestado.
> Se fosse facultado ao contribuinte deduzir todas as suas despesas "reembolsáveis", a base de cálculo do ISS seria a margem de lucro da empresa e o fato gerador do imposto deixaria de ser a prestação de serviços e passaria a ser o auferimento de lucro, confundindo-se com a CSSL e IRPJ. O ISS incide sobre a receita bruta, que é a soma de despesas mais o lucro, não podendo a recorrente alterar tal sistemática, ao deduzir despesas em desacordo com a legislação.

---

[488] Oliveira, Ricardo Mariz de. **Conceito de Receita como Hipótese de Incidência das Contribuições para a Seguridade Social (para efeito da Cofins e da Contribuição ao PIS).** In: Repertório IOB de Jurisprudência, n.º 1, IOB, 1.ª quinzena de janeiro/01, caderno 1, p. 1.
[489] Recurso Ordinário emitido pela 3.ª Câmara Julgadora Efetiva sob nº 2012-0.348.936-2, p. 12.

Isto posto, cabe ao contribuinte analisar a situação caso a caso para buscar excluir da base de cálculo do ISS valores que efetivamente se enquadrem no conceito de despesa reembolsável não integrante do custo.

Este tema já foi objeto de análise pelo STJ por ocasião do julgamento do REsp 621067 interposto pelo Município de São Paulo contra decisão do tribunal que havia admitido a tese do contribuinte. Referido recurso especial julgou prestação de serviços de consultoria na qual a recorrida excluiu da base do ISS despesas com telefonemas, cópias reprográficas, transporte e hospedagem tomadas no interesse do cliente. Abaixo trecho do voto do relator que foi acompanhado unanimemente pelos demais Ministros:

> Na espécie, entendeu-se, no voto condutor do acórdão impugnado (fls. 97/98), não ser possível tributar valores decorrentes de reembolso de despesas, tais como telefonemas, cópias reprográficas, transporte e hospedagem realizados no interesse de cliente. Ponderou-se no julgado que a referida quantia não integrava o preço – consoante determinado pelo art. 9º do Decreto-Lei 406/68 – já que não constituíam receitas auferidas pela autora, ora recorrida, em razão da prestação de serviços de consultoria. Com efeito, afastou-se a pretensão do ente municipal, ora recorrente, de tributar a autora por serviços prestados por terceiros em outro Município e por atividade diversa da prestação de serviços de consultoria.
> O acórdão recorrido não merece reparos.
> Quanto ao tema, adoto o entendimento desta Corte de que "a base de cálculo do ISS é o preço do serviço, não sendo possível incluir nesse valor importâncias que não serão revertidas para o prestador, mas simplesmente repassadas a terceiros, mediante posterior reembolso. Precedentes: REsp nº 411.580/SP, Rel. Min. Luiz Fux, DJ de 16/12/02 e REsp nº 224.813/SP, Rel. Min. José Delgado, DJ de 28/02/00" (Recurso Especial 618.772, relator Ministro Francisco Falcão, DJ de 19/12/2005).

Além disso, é necessário que se atente que[490]:

> No cálculo do tributo também não devem ser incluídos os valores pertinentes a seguro, juros e quaisquer outras importâncias recebidas ou debilitadas como multas e indenizações - pois tais verbas têm natureza diversa do respectivo preço contratual.

---

[490] MELO, José Eduardo Soares de. Ob. cit., p. 138.

Na mesma situação devem ser considerados os valores relativos a descontos/abatimentos (condicionais ou incondicionais), porque caracterizam diminuição do preço dos serviços e consequente redução da base de cálculo (...).

A doutrina trata também da não cumulatividade do ISS que, como nos casos acima, é consubstanciada a partir de exclusões de valores da base de cálculo do imposto. Essa é a conclusão que se pode extrair da leitura da redação do art. 9.º, § 2.º do DL 406/68:

> § 2º Na prestação dos serviços a que se referem os itens 19 e 20 da lista anexa o impôsto será calculado sôbre o preço deduzido das parcelas correspondentes:
> a) ao valor dos materiais fornecidos pelo prestador dos serviços;
> b) ao valor das subempreitadas já tributadas pelo impôsto.

Similar é o texto da LC 116/03, art. 7.º, § 2.º, que neste ponto que estabelece que:

> § 2.º Não se incluem na base de cálculo do Imposto Sobre Serviços de Qualquer Natureza:
> I - o valor dos materiais fornecidos pelo prestador dos serviços previstos nos itens 7.02 e 7.05 da lista de serviços anexa a esta Lei Complementar.

Em que pese essa ser uma situação faticamente impossível de ocorrer numa importação de serviços, pois não se cogita uma importação de serviços de construção civil, é importante que se saliente o seguinte[491]:

> Interessa-nos a técnica utilizada para evitar a duplicidade de cobrança do ISS sobre a mesma base de cálculo, mediante a exclusão dos serviços subcontratados (subempreitadas já tributadas).
> Por subcontratação de serviços queremos exprimir a existência de uma cadeia de prestadores de serviço, na qual um prestador de serviços, doravante denominado prestador principal, subcontrato outros prestadores de serviço (que por sua vez podem subcontratar outros prestadores e assim

---

[491] MORAES; Allan. **ISS – Base de Cálculo e Não-cumulatividade**. In: ISS LC 116/03, org. PEIXOTO, Marcelo Magalhães e MARTINS, Ives Gandra da Silva. Curitiba: Juruá e APET, 2004, p. 57.

por diante), para a realização de uma determinada parcela da obrigação de fazer que fora contratada *in totem* pelo prestador principal.

Aqui releva ressaltar, sobre a pretensa (ou parcial) não cumulatividade do ISS, que essa premissa é válida apenas para prestadores de serviços que subcontratam outros serviços e que no caso, por exemplo, de uma empresa não contribuinte do ISS (que desenvolve atividade industrial ou comercial), o ISS será um imposto cumulativo, pois não poderá ser compensado de forma a reduzir a base de cálculo do ICMS das respectivas vendas geradoras de receita. E nesse caso a recíproca é verdadeira, pois o prestador de serviços também não terá sua base de cálculo de ISS sobre vendas reduzida por conta do ICMS pago nas aquisições de mercadorias que integraram o seu custo.

Ao contrário do que acontece em outros países como, por exemplo, na Argentina[492], Chile[493], e Portugal[494], apenas para citar alguns, o imposto sobre valor agregado (IVA ou VAT nas siglas em espanhol e inglês) incide indiscriminadamente tanto sobre vendas de bens como de serviços e a não-cumulatividade do imposto é mais ampla, pois permite a compensação do imposto pago nas compras de bens e serviços locais ou importados com o imposto a pagar nas vendas tanto de bens como de serviços, desde que haja conexão entre os bens ou serviços adquiridos e os bens ou serviços sujeitos à venda, algo similar ao que dispõe a regra de dedutibilidade do IRPJ.

Ademais, é preciso que se observe que outras despesas eventuais incorridas por um importador de serviços também não fazem parte do preço do serviço, tais como juros, seguros, multas ou indenizações e descontos ou abatimentos. Todas essas verbas não guardam relação com o conceito de preço acima exprimido. Especificamente no tocante aos descontos o STJ já decidiu o seguinte:

> Recurso Especial 622807-BA
> Ementa
> TRIBUTÁRIO - IMPOSTO SOBRE SERVIÇOS - BASE DE CÁLCULO - DESCONTO NO VALOR DO SERVIÇO PRESTADO.

---

[492] Ley 23.349/86 e Decreto 280/97 (arts. 12 e ss)
[493] Decreto Ley 825/77, arts. 23 e ss.
[494] Decreto-Lei n.º 394-B/84, arts. 19º e ss.

1. Segundo o artigo 9º do DL 406/68, a base de cálculo do ISS é o valor do servido prestado, entendendo-se como tal o correspondente ao que foi recebido pelo prestador.
2. Se o abatimento no preço do serviço fica condicionado a uma condição a cargo do tomador do serviço, tal desconto deve-se agregar à base de cálculo.
3. Diferentemente, se o desconto não é condicionado, não há base econômica imponível para fazer incidir o ISS sobre valor não recebido pelo prestador.
4. Recurso especial improvido.

Assim, sendo, necessário que o importador de serviços faça uma análise minuciosa das despesas que eventualmente se pretendam excluir da base de cálculo para evitar problemas a esse respeito junto ao fisco municipal de competência.

Avançando nesta questão, outro intrigante tema que deve ser trazido à baila a essa altura e que pode estar afeto aos importadores de serviços é a prestação de serviços mediante trabalho pessoal ou de sociedades uniprofissionais. Trata-se de redução da base de cálculo do imposto criada pela legislação como forma de diferenciar a carga tributária incidente sobre serviços prestados sob caráter pessoal, ou seja, no qual o contratado assume responsabilidade pessoal perante o contratante com relação à prestação e consequentemente ao resultado do serviço.

Veja-se o comando do artigo 9.º, § 1.º do DL 406/68:

> § 1º Quando se tratar de prestação de serviços sob a forma de trabalho pessoal do próprio contribuinte, o impôsto será calculado, por meio de alíquotas fixas ou variáveis, em função da natureza do serviço ou de outros fatores pertinentes, nestes não compreendida a importância paga a título de remuneração do próprio trabalho.

O artigo em comento, ao contrário de outros preceitos específicos do DL 406/68 não foi expressamente revogado pela LC 116/03 e o STF já se manifestou pela adequação e conformidade deste decreto-lei à CF, tendo firmado posição de que o mesmo houvera sido recepcionado como lei complementar. O acórdão exarado no julgamento do RE 236.604-6/PR reza o seguinte:

Ementa
Constitucional. Tributário. ISS. Sociedades Prestadoras de Serviços Profissionais. Advocacia. DL 406/68, art. 9.º, §§ 1.º e 3.º. CF, art. 151, III, art. 150, II, art. 145, § 1.º.
1- O art. 9.º, §§ 1.º e 3.º, do DL 406/68, que cuidam da base de cálculo do ISS, foram recebidos pela CF/88: CF/88, art. 146, III, *a*. Inocorrência de ofensa ao art. 151, III, art. 34, ADCT/88, art. 150, II e 145, § 1.º, CF/88
2- RE não conhecido.

Daí decorreu também a edição da Súmula n.º 663 do STF que assim dispõe:

Os §§ 1.º e 3.º do art. 9.º do DL 406/68 foram recebidos pela Constituição.

Algumas vozes da doutrina entendem que estes dispositivos seriam uma distinção inconstitucional, por ferirem os princípios da isonomia e igualdade tributária[495]:

Os preceitos estabeleceram uma diferenciação de carga tributária (minorada) para serviços prestados por profissionais liberais (estabelecidos individualmente, ou agrupados em sociedades civis), em que se tem considerado basicamente um valor tributário determinado, independente do volume de receitas (preços) que auferem em razão de suas atividades.
A exigência do ISS, segundo um valor previamente estipulado, não guarda consonância e adequação à estrutura das normas de incidência, uma vez que a base de cálculo do imposto está fundamentada, decorre e se condiciona ao princípio da capacidade contributiva, atrelado aos princípios da isonomia e da vedação de confisco.

Outros, porém, vislumbram adequação do preceito às normas constitucionais, por conta do caráter pessoal do serviço[496]:

Entendemos que se harmoniza perfeitamente com a Constituição Federal o benefício da tributação fixa anual determinada nos §§ 1.º e 3.º

---

[495] MELO, José Eduardo Soares de. Ob. cit., p. 148.
[496] SANTOS, Angelita de Almeida Vale; SANTOS, Ailton. **ISS – Comentários e Jurisprudência**. São Paulo: Legislação Brasileira em co-edição com o IBDT, 1998, p. 87.

do art. 9.º do Decreto-lei n.º 406/68, sem ferir o princípio da isonomia, uma vez que beneficia os profissionais que prestam serviços de caráter pessoal. Trata-se, na verdade, não de uma distinção de classes, mas da natureza da prestação do serviço que envolve a personalidade, ou seja, o profissional que assume pessoalmente a responsabilidade pela prestação do serviço.

Obscura é, no entanto, a temática da importação de serviços de profissionais autônomos ou sociedades uniprofissionais estrangeiros. A razão disso encontra-se no fato de que a legislação não dispõe nada específico a esse respeito. Também não se encontram decisões judiciais ou administrativas, nem mesmo respostas a consultas sobre o tema. Ocorre que a legislação dos municípios concedem tratamento diferenciado aos prestadores de serviços autônomos, concedendo bases de cálculo diferenciadas, conforme o comando da legislação complementar acima exposta. A título exemplificativo, pode-se notar essa questão na análise da Lei 13.701/03 do Município de São Paulo:

> Art. 15 - Adotar-se-á regime especial de recolhimento do Imposto:
> I - quando os serviços descritos na lista do "caput" do artigo 1º forem prestados por profissionais autônomos ou aqueles que exerçam, pessoalmente e em caráter privado, atividade por delegação do Poder Público, estabelecendo-se como receita bruta mensal os seguintes valores:
> a) R$ 800,00 (oitocentos reais), para os profissionais autônomos ou aqueles que exerçam, pessoalmente e em caráter privado, atividade por delegação do Poder Público, cujo desenvolvimento que exija formação em nível superior;
> (...)
> II - quando os serviços descritos nos subitens 4.01, 4.02, 4.06, 4.08, 4.11, 4.12, 4.13, 4.14, 4.16, 5.01, 7.01 (exceto paisagismo), 17.13, 17.15, 17.18 da lista do "caput" do artigo 1º, bem como aqueles próprios de economistas, forem prestados por sociedade constituída na forma do parágrafo 1º deste artigo, estabelecendo-se como receita bruta mensal o valor de R$ 800,00 (oitocentos reais) multiplicado pelo número de profissionais habilitados.
> § 1º - As sociedades de que trata o inciso II do "caput" deste artigo são aquelas cujos profissionais (sócios, empregados ou não) são habilitados ao exercício da mesma atividade e prestam serviços de forma pessoal, em nome da sociedade, assumindo responsabilidade pessoal, nos termos da legislação específica.
> (...)

§ 4º - Para os prestadores de serviços de que tratam os incisos I e II do "caput" deste artigo, o Imposto deverá ser calculado mediante a aplicação da alíquota determinada no artigo 16, sobre as importâncias estabelecidas nos incisos I e II do "caput" deste artigo.

§ 5º - As importâncias previstas nos incisos I e II do "caput" deste artigo serão atualizadas na forma do disposto no artigo 2º e seu parágrafo único da Lei nº 13.105, de 29 de dezembro de 2000.

§ 6º - Aplicam-se aos prestadores de serviços de que trata este artigo, no que couber, as demais normas da legislação municipal do Imposto sobre Serviços de Qualquer Natureza - ISS.

Além disso, a legislação do Município de São Paulo concede isenção do ISS aos profissionais liberais e autônomos inscritos no Cadastro de Contribuintes Mobiliários (CCM) do Município:

Lei nº 14.864 de 23 de Dezembro de 2008
(...)
Art. 1º Ficam isentos do pagamento do Imposto sobre Serviços de Qualquer Natureza - ISS, a partir de 1º de janeiro de 2009, os profissionais liberais e autônomos, que tenham inscrição como pessoa física no Cadastro de Contribuintes Mobiliários - CCM, quando prestarem os serviços descritos na lista do "caput" do art. 1º da Lei nº 13.701, de 24 de dezembro de 2003, com as alterações posteriores, não se aplicando o benefício às cooperativas e sociedades uniprofissionais.

E por último, o Decreto que regulamenta o ISS deste Município:

Art. 19. Adotar-se-á regime especial de recolhimento do Imposto quando os serviços descritos nos subitens 4.01, 4.02, 4.06, 4.08, 4.11, 4.12, 4.13, 4.14, 4.16, 5.01, 7.01 (exceto paisagismo), 17.13, 17.15 e 17.18 da lista do "caput" do artigo 1º deste regulamento, bem como aqueles próprios de economistas, forem prestados por sociedade constituída na forma do § 1º deste artigo, estabelecendo-se como receita bruta mensal o valor de R$ 1.221,28 (um mil duzentos e vinte e um reais e vinte e oito centavos) multiplicado pelo número de profissionais habilitados.

§ 1º. As sociedades de que trata o "caput" deste artigo são aquelas cujos profissionais (sócios, empregados ou não) sejam habilitados ao exercício da mesma atividade e prestem serviços de forma pessoal, em nome da sociedade, assumindo responsabilidade pessoal, nos termos da legislação específica.

(...)

§ 3º. Para os prestadores de serviços de que trata o "caput" deste artigo, o Imposto deverá ser calculado mediante a aplicação da alíquota determinada no artigo 18 deste regulamento, sobre a importância estabelecida no "caput" deste artigo.

§ 4º. Quando não atendido qualquer dos requisitos fixados no "caput" e no § 1º deste artigo ou quando se configurar qualquer das situações descritas no § 2º deste artigo, o Imposto será calculado com base no preço do serviço, mediante a aplicação da alíquota determinada no artigo 18 deste regulamento.

(...)

§ 10. Aplicam-se aos prestadores de serviços de que trata este artigo, no que couber, as demais normas da legislação municipal do Imposto.

De qualquer maneira resta praticamente inviável, ao menos diante da legislação analisada, que o importador de um serviço de caráter pessoal ou autônomo receba o mesmo tratamento tributário que receberia se adquirisse um serviço de um prestador autônomo local. Em que pese a ausência de proibição legal neste sentido, é possível de se vislumbrar que o intuito da legislação é conceder tratamento diferenciado ao prestador autônomo estabelecido ou inscrito como prestador de serviço em determinado município.

Restaria, entretanto, aos tomadores de serviços do exterior, o questionamento administrativo ou judicial da questão. Em resumo é possível a argumentação de que o cerceamento da aplicação do tratamento favorável concedido ao prestador de serviços autônomo estrangeiro acaba por ferir tanto o princípio da isonomia ínsito no art. 5, *caput,* como o princípio da igualdade tributária constante do art. 150, II, ambos da CF, assim como o princípio da não discriminação, inserto no art. 3.º do GATT e art. 5.º do GATS. Pode-se arguir também que estas disposições ferem a assim chamado cláusula da "Nação Mais Favorecida", constante do art. 2.º do GATS:

> 1. Com respeito a qualquer medida coberta por este Acordo, cada Membro deve conceder imediatamente e incondicionalmente aos serviços e prestadores de serviços de qualquer outro Membro, tratamento não menos favorável do aquele concedido a serviços e prestadores de serviços similares de qualquer outro país.

Alguns poderiam, entretanto, defender o cabimento da situação de "discrimen", como Alcides Jorge Costa[497]:

> (...) a igualdade exige que se dispense tratamento desigual a quem se encontra em situação desigual. O art. 150, II da CF, veda instituir tratamento desigual entre contribuintes que se encontram em situação equivalente proibida qualquer distinção em razão de ocupação profissional ou função por eles exercida. Não se encontra nesse dispositivo qualquer proibição em razão da residência no país ou fora dele. E a pergunta é se este fator não possibilita ou até mesmo por vezes aconselha um tratamento diferente. A meu ver a resposta é positiva.

Como vimos acima, o contribuinte de uma importação de serviços é o tomador e responsável tributário. Quando a legislação permite ao contribuinte prestador de serviços autônomo pagar o ISS mediante um regime tributário diferenciado ou até mesmo o isenta do imposto, o mesmo tratamento deveria ser dispensado ao contribuinte tomador / importador de um serviço de um profissional autônomo estrangeiro.

Superado este tema, cumpre ao contribuinte calcular o imposto devido sobre a importação de serviços e cabe-lhe então observância a dois aspectos finais: (i) inclusão do ISS na própria base de cálculo e (ii) alíquotas aplicáveis.

Em se tratando da inclusão do próprio valor ISS na sua base de cálculo na importação de serviços, deve-se entender que por fazer parte do preço (receita bruta) do serviço, o imposto deve estar ali contido. Por mais estranho que possa soar esse entendimento, é o que se tem admitido também em nível jurisprudencial. A estranheza desse entendimento vem do fato de que o contribuinte estaria pagando imposto sobre imposto ao incluir o ISS em sua própria base de cálculo. A esse respeito há doutrinadores de renome amplamente contrários a isso[498]:

> Inaceitável entendimento no sentido de que "integra a base de cálculo do imposto o montante do próprio imposto" (...)

---

[497] COSTA, Alcides Jorge. **Os acordos para evitar a bitributação e a cláusula de não-discriminação.** In: Revista Dialética de Direito Tributário n.º 6. São Paulo: Dialética, 1996, p. 10.
[498] MELO, José Eduardo Soares de. Ob. cit., p. 141.

Essa discussão já foi objeto de julgamento em sede de REsp por parte do STJ na direção de que deve haver a inclusão do imposto na base de cálculo, pois aquele faz parte do preço do serviço. Eis a ementa exarada:

> REsp 688 / SP
> TRIBUTÁRIO. ISS. BASE DE CÁLCULO. INCLUSÃO DO VALOR A SER RECOLHIDO A TITULO DE ISS. - A INCLUSÃO DO VALOR DO ISS NO PREÇO DO SERVIÇO PRESTADO, COMPONDO POIS A BASE DE CÁLCULO DO PROPRIO ISS, NÃO OFENDE A LEGISLAÇÃO FEDERAL. - RECURSO IMPROVIDO.

Por último, devemos nos ater à alíquota aplicável, sendo que esta varia de acordo com a legislação de cada Município, prevendo o Ato das Disposições Constitucionais Transitórias (ADCT) o piso mínimo de 2%.

O ADCT teve a inserção dos arts. 84 a 88 dada pela EC 37/02 e seu artigo 88 dispõe que:

> Art. 88. Enquanto lei complementar não disciplinar o disposto nos incisos I e III do § 3º do art. 156 da Constituição Federal, o imposto a que se refere o inciso III do caput do mesmo artigo:
> I - terá alíquota mínima de dois por cento, exceto para os serviços a que se referem os itens 32, 33 e 34 da Lista de Serviços anexa ao Decreto-Lei no 406, de 31 de dezembro de 1968 (...).

Pode-se questionar se a EC 37/02 feriu o pacto federativo e a autonomia dos municípios ao fixar a alíquota mínima. Entendemos, todavia, que não, ancorados nos ensinamentos de que[499]:

> A Emenda Constitucional n.º 37, ao alterar a Constituição para estabelecer que a lei complementar fixe alíquotas mínimas, não interfere na autonomia municipal, pois esta tem de ser analisada dentro do contexto da federação e nos termos da Constituição (art. 18 da Lei Maior).

A LC 116/03 não traz nada em sua redação a respeito do piso mínimo da alíquota de ISS, dispondo apenas sobre o teto máximo de 5%:

---

[499] MARTINS, Sergio Pinto. **Manual do imposto sobre serviços**. São Paulo: Atlas, 2006, p. 98.

Art. 8.º As alíquotas máximas do Imposto Sobre Serviços de Qualquer Natureza são as seguintes:
I – (VETADO)[500]
II – demais serviços, 5% (cinco por cento).

Enfim, a respeito das alíquotas, entende-se que[501]:

> (...) a partir de 2003, os Municípios devem observar a alíquota mínima de 2%, e, a partir de 2004, já deveriam dispor sobre a alíquota máxima de 5% (esta não se aplica aos serviços relativos à construção civil, previstos nos itens 32, 33 3 34 da lista anexa à LC 56/87, que correspondem, basicamente, aos itens 7.02, 7.04 e 7.05 da lista anexa à LC 116/03).

Alguns casos, entretanto, de alíquotas minoradas estabelecidas pelas legislações municipais merecem atenção. Em muitos destes, é sabido que os municípios criaram disposições, reduzindo as alíquotas abaixo até dos 2% estabelecidos na legislação federal. Porém, é necessário que se observe se tais reduções foram criadas antes ou depois da entrada em vigor da EC 37/02. Isso porque esta emenda introduziu o inciso II no próprio art. 88 do ADCT, citado acima, criando regra para coibir a guerra fiscal municipal de forma a limitar a criação de isenções ou incentivos fiscais que reduzissem a alíquota do ISS abaixo do piso estabelecido. Referido inciso reza que o ISS:

> II - não será objeto de concessão de isenções, incentivos e benefícios fiscais, que resulte, direta ou indiretamente, na redução da alíquota mínima estabelecida no inciso I.

De qualquer forma, há quem entenda na doutrina que, se a previsão legal de alíquota inferior ao piso estabelecido houvera sido instituída antes da edição da EC 37/02, esta deve prevalecer mesmo após o mandamento constitucional, por observância ao princípio que salvaguarda o direito adquirido dos contribuintes afetados. Veja-se abaixo o entendimento mencionado[502]:

---

[500] O inciso I do art. 8.º da Lei Complementar n.º 116/03 tratava da alíquota máxima para jogos e diversões públicas, exceto cinema. Foi fixada em 10%. Entretanto, o presidente da República vetou o citado dispositivo. Cf. MARTINS, Sergio Pinto. Ob. cit,, p. 98.
[501] MELO, José Eduardo Soares de. Ob. cit., p. 157.
[502] MELO, José Eduardo Soares de. Ob. cit., p. 158.

Entretanto, esta regra não deve prevalecer caso a legislação do Município haja estabelecido (ex.: ano de 2000) alíquota inferior (ex.: 0,5%) à prevista na EC 37/02 (ex.: 2%), para um período de 10 (dez) anos (ex.: 2001 a 2010, inclusive), relativamente às empresas que tenham se fixado naquela localidade.

Nesta situação, os contribuintes estarão garantidos por direito adquirido, incorporado ao seu patrimônio jurídico, nos termos do art. 5.º, XXXVI, da CF, em razão da postura do STF (Sum 544), consoante o disposto no art. 178 do CTN.

Além disso, entende o referido doutrinador que caso o Município não tenha alterado sua legislação no sentido de adequar a alíquota do imposto ao mínimo constitucional, mantendo alíquota inferior, esta deverá continuar sendo observada[503]:

No caso do Município (com previsão de alíquota de 1%) não ter procedido à elevação da alíquota para o mínimo constitucional (2%), os contribuintes continuarão sujeitos ao ISS minorado (princípio da legalidade).

Em verdade, é inevitável que as normas instituidoras de tributos devam observância aos princípios constitucionais de maneira irrestrita. Todavia, é necessário que haja o cotejamento entre os diversos preceitos e mandamentos constitucionais também para que não haja prejuízo ao erário público e nem que se mantenham leis em vigor que causem distorções econômicas entre os entes federados, estimulando a guerra fiscal[504]. De qualquer maneira, é necessário que se frise que[505]:

---

[503] Idem.
[504] Dada essa realidade, aos municípios que se sintam prejudicados por eventuais alíquotas minoradas instituídas por outro município, resta a possibilidade de apresentar uma representação junto ao Ministério Público e ao Tribunal de Contas Estaduais para que buscassem a comprovação de que o outro município estava violando a legislação tanto tributária, como de responsabilidade e improbidade administrativa. Cf. SILVA, Ricardo Almeida Ribeiro da. **Alíquota mínima do ISSQN: roteiro de medidas jurídicas para combate à guerra fiscal entre Municípios. Jus Navigandi**, Teresina, ano 10, n. 801, 12 set. 2005. Disponível em: <http://jus.com.br/artigos/7263>. Acesso em: 25 de fevereiro de 2015.
[505] MARTINS, Sergio Pinto. Ob. cit., p. 98.

Se o município não adequar sua legislação à regra constitucional, continuando com a guerra fiscal, caberá responsabilidade da pessoa que praticou o ato.

Recentemente, o Projeto de Lei do Senado, PLS n.º 386/12[506], pretende eliminar as distorções criadas por legislações municipais que ainda fomentam a guerra fiscal entre os municípios e que não observem o piso mínimo estabelecido pela EC 37/02.

Importante salientar aqui que, exceção feita às prestações de serviços de caráter pessoal, autônomo ou unipessoal que, como visto acima, redundam em uma espécie de alíquota fixa resultante de uma presunção de sua base, a alíquota do ISS deve ser *ad valorem*. Este é também o endendimento da doutrina[507]:

---

[506] A ementa deste PLS dispõe: Altera a Lei Complementar nº 116/2003 (dispõe sobre o Imposto Sobre Serviços de Qualquer Natureza – ISS, de competência dos Municípios e do Distrito Federal, e dá outras providências); acrescenta o § 4º ao art. 3º da referida Lei Complementar para estabelecer que o imposto será devido no local do estabelecimento do tomador ou intermediário do serviço; acrescenta o art. 8-A e os §§ 1º e 2º para dispor que a alíquota mínima do imposto Sobre Serviços de Qualquer Natureza é de 2%, que o imposto não será objeto de concessão de isenções, incentivos e benefícios tributários ou financeiros, inclusive de redução de base de cálculo ou de crédito presumido ou outorgado, ou qualquer outra forma que resulte, direta ou indiretamente, em uma carga tributária menor que a decorrente da aplicação da alíquota mínima de 2% e que é nula a lei ou ato do Município que não respeite as referidas disposições; altera a lista de serviços anexa à Lei Complementar nº 116/2003; altera a Lei nº 8.429/1992 (dispõe sobre as sanções aplicáveis aos agentes públicos nos casos de enriquecimento ilícito no exercício de mandato, cargo, emprego ou função na administração pública direta, indireta ou fundacional e dá outras providências) para estabelecer que constitui ato de improbidade administrativa qualquer ação ou omissão no sentido de conceder, aplicar ou manter benefício financeiro ou tributário contrário ao que dispõe o "caput e o § 1º do art. 8-A da Lei Complementar nº 116/2003, com perda de função pública, suspensão dos direitos políticos de cinco a oito anos e multa civil de até três vezes o valor do benefício financeiro ou tributário concedido; dispõe que os entes federados deverão, no prazo de 2 anos, contado da publicação desta lei, declarar nulo os dispositivos que contrariem os disposto no "caput" e no § 1º do art. 8º-A da Lei Complementar 116/2003; revoga as disposições em contrário do Decreto-lei nº 406/1968, que estabelece normas gerais de direito financeiro, aplicáveis aos impostos sobre operações relativas à circulação de mercadorias e sobre serviços de qualquer natureza, e dá outras providências.

[507] MELO, José Eduardo Soares de. Ob. cit., p. 155.

Assim, injurídica a exigibilidade de ISS segundo valores fixos, que não têm qualquer conotação com a figura da alíquota (percentuais aplicáveis à base de cálculo) para quantificar os exatos valores da obrigação tributária.

A título exemplificativo tem-se que a legislação do Município de São Paulo prevê as seguintes alíquotas:

> Art. 16 - O valor do Imposto será calculado aplicando-se à base de cálculo a alíquota de 5% (cinco por cento) para os serviços descritos na lista do "caput" do artigo 1º, salvo para os seguintes serviços, em que se aplicará a alíquota de 2% (dois por cento):
> I - serviços descritos nos itens 4 e 5 da lista do "caput" do artigo 1º; II - serviços descritos nos subitens 1.04, 1.05, 2.01, 6.04, 11.02, 11.03, 12.05, 13.04, 15.09, 17.05 e 17.09 da lista do "caput" do artigo 1º;
> III - serviços de limpeza, manutenção e conservação de imóveis (inclusive fossas);
> IV - serviços descritos no subitem 8.01 (exceto ensino superior) da lista do "caput" do artigo 1º, inclusive ensino profissionalizante;
> V - serviços de transporte de escolares;
> VI - serviços de corretagem de seguros.
> Parágrafo Único - O valor do Imposto para os serviços de administração de fundos quaisquer será calculado aplicando-se à base de cálculo a alíquota de 2,5% (dois e meio por cento).

6.2. Os princípios da origem e do destino

Na tributação da prestação de serviços, a legislação brasileira historicamente elegeu como regra o critério de conexão do local do estabelecimento prestador ou da origem do serviço. A lição de German Alejandro Fernández é importante para situar o contexto da importação de serviços no sistema tributário do Brasil[508]:

> (...) Sob a égide do Decreto-lei nº 406/68, art. 12, "a", o município competente para tributar o Imposto Sobre Serviços era aquele onde se encontrava localizado o estabelecimento prestador. A única exceção existente à época era a prestação de serviços de construção civil, cujo elemento de conexão escolhido era o local da prestação ou o destino do serviço.

[508] FERNÁNDEZ, German Alejandro San Martín. Op. cit., p. 47.

Dentre várias inovações, a Lei Complementar n° 116/03 previu a autorização aos municípios para criação de hipótese de incidência tributária do imposto na importação de serviços do exterior e previsão de isenção heterônoma do ISS, na exportação de serviços para o exterior[509].

A tributação de serviços do exterior, complementada por sua não-incidência sobre as "exportações de serviços para o exterior do País" (artigo 2°, I da LC 116/03), reflete a opção feita pelo legislador complementar, pela tributação dos serviços segundo o regime do destino[510].

No que concerne ao regime tributário a ser adotado por um país para regular o comércio internacional, a prática mostra que os Estados optam pelo princípio da origem (exportações tributáveis e importações isentas) ou pelo princípio do destino (exportações isentas e importações tributáveis), assinalando, a esse respeito, o Professor Schoueri que:[511]

> A adoção do princípio do destino apresenta a virtude de contribuir para evitar eventual guerra fiscal entre os Estados, decorrente de diferença de alíquotas, uma vez que a determinação das alíquotas de um país não afeta o valor dos serviços por ele exportados.
> Situação diferente dá-se quando adotado o princípio do país de origem, pelo qual as altas alíquotas adotadas no país que exportará o serviço contribuirão para encarecê-lo.

6.3. Teoria do resultado: local da prestação vs. local do resultado

Ao analisar a questão do resultado do serviço, como elemento necessário para caracterização da hipótese de incidência do ISS sobre importações de serviços, a doutrina costuma fazer uma relação entre a regra exonerativa das exportações de serviços com a regra impositiva das importações. Como restou demonstrado acima, o legislador complementar elegeu o regime do destino ao tratar da desoneração nas exportações. Essa é a dicção que se faz do art. 2.º, I c/c parágrafo único da LC 116/03, que dispõe que o ISS não incide sobre:

---

[509] Idem.
[510] SCHOUERI, Luís Eduardo. **ISS sobre a Importação de Serviços do Exterior**. In: Revista Dialética de Direito Tributário nº 100. São Paulo: Dialética, 2004, p. 39.
[511] Idem, pp. 39 e 40.

I - as exportações de serviços para o exterior do País;
(...)
Parágrafo único. Não se enquadram no disposto no inciso I os serviços desenvolvidos no Brasil, cujo resultado aqui se verifique, ainda que o pagamento seja feito por residente no exterior.

O mesmo critério foi adotado na eleição sobre a instituição do imposto nas importações. Neste passo, podemos entender que, se foi eleito um princípio (destino), é lícito esperar que o legislador complementar tenha sido coerente em sua opção. Ou seja: na ausência de indicação em contrário, importação e exportação são uma única espécie de operação, vista a partir de dois ângulos (se um país exporta, outro importa). É assim que o mesmo princípio de destino que desonera a exportação exige, em seu reverso, a tributação das importações. Daí que, se uma operação é considerada uma exportação, o seu oposto será uma importação, e vice-versa. Vale, portanto, frisar que a reflexão sobre a regra das exportações ajuda o intérprete a descobrir se de fato há a ocorrência de uma importação de serviço ou não, na medida em que é possível fazer um raciocínio às avessas para conferir quando se dá a incidência do imposto no território nacional. Desse modo, para que venha a ocorrer a exportação de serviços é irrelevante a fonte de pagamento, podendo-se constatar o seguinte:[512]

> (...) para que se descaracterize a exportação, é necessário, *cumulativamente*, que os serviços se desenvolvam no País e também aqui se verifique o resultado. Assim, ainda que o serviço se desenvolva no País, não fica descaracterizada a exportação, desde que seu resultado se verifique no exterior. De igual modo, o serviço desenvolvido no exterior por empresa sediada no País será considerado exportação, ainda que seu resultado se verifique no País.
> Ora, para a importação de serviços, pode-se aplicar o dispositivo acima, *mutatis mutandis*, para concluir-se que ali não se incluem os *serviços desenvolvidos no exterior, cujo resultado ali se verifique, ainda que o pagamento seja feito por residente no Brasil* (grifos do original).

Pode-se observar com isso que a legislação local não buscou, por exemplo, vincular a incidência do imposto sobre a importação à nacionalidade ou residência nem do prestador de serviços, nem mesmo do responsável

---

[512] SCHOUERI, Luís Eduardo. Op. cit., p. 45.

pelo pagamento, mas apenas ao local onde se dá o resultado, o que pode tornar a sua aferição um pouco mais complicada. Em outras palavras[513]:

> (...) no caso do ISS, o que vale é o local onde se produziu o rendimento: não há importação de serviço se este não se desenvolveu no território nacional nem tampouco se verificam aqui seus resultados.

A leitura acima deve ser feita, entretanto, lembrando-se que o rendimento citado é aquele originário do pagamento por uma prestação de serviços, dado que o aspecto material da hipótese de incidência do ISS, como visto, guarda relação com a prestação em si, não isoladamente com o rendimento produzido. Ademais, o § 1º do art. 1º determina a incidência do imposto sobre o serviço proveniente do exterior do País ou cuja prestação se tenha iniciado no exterior do País. Devendo haver, assim, um movimento de fora para dentro para que reste configurada a importação.

Com relação aos serviços cuja prestação tenha iniciado no exterior e num momento seguinte tenha a prestação sido concluída no Brasil a compreensão é mais fácil, já que é simples de se observar o referido movimento. Isso pode ocorrer, entre outras situações, no caso de uma empresa nacional contratar um prestador estrangeiro de serviços de pesquisas e desenvolvimento de qualquer natureza (item 2.01 da lista de serviços) em que as atividades têm início no exterior, porém a conclusão dos serviços se dê em território nacional.

Todavia, com relação aos serviços que sejam executados exclusivamente no exterior, nem sempre é fácil de se auferir o resultado no Brasil. No caso, por exemplo, em que um turista brasileiro recebe um tratamento dentário emergencial no exterior é simples de se verificar que o serviço foi prestado e o mal curado no exterior, tendo ali se dado o seu resultado[514], o que afasta a tributação do serviço no território nacional. O mesmo ocorre no tocante aos serviços prestados no exterior por agentes de exportação, pois eles se completam – são executados – no exterior através da localização dos adquirentes das exportações brasileiras[515].

---

[513] Idem.
[514] Cf. SCHOUERI, Luís Eduardo. Op. cit., p. 46.
[515] OLIVEIRA, Ricardo Mariz de. **Cofins-Importação e Pis-Importação**. In: ROCHA, Valdir de Oliveira. **Grandes Questões Atuais do Direito Tributário** – 8º v. São Paulo: Dialética,

Sobre o local em que o serviço tem seu resultado, parece certo entender que a ideia de proveito econômico é uma das que melhor se enquadra nesse contexto.

Fazendo um paralelo entre as legislações argentinas e uruguaias que expressam a ideia de proveito econômico e causa da contraprestação, Schoueri conclui:

> A ideia de causa da contraprestação é fundamental para que se encontre o resultado. Afinal, se um contrato de prestação de serviços é sinalagmático, deve-se compreender que do tomador do serviço é exigido o pagamento do seu preço em virtude de uma utilidade que lhe é prometida. Assim, importa, para cada contrato de prestação de serviço, examinar, a partir de seu objeto, a causa do contrato. Não é, pois, *qualquer* vantagem que será suficiente para se considerar o resultado do serviço alcançado no território. Importará investigar *aquela* vantagem ou proveito que foi o próprio objeto: o que o serviço deveria proporcionar pelo seu tomador (grifos do original).

Não é de fácil aferição o local em que se dá a mencionada vantagem ou utilidade econômica do serviço. Como visto acima, uma das principais fontes para se buscar essa resposta é o próprio contrato firmado entre as partes e que em tese contém detalhes sobre as atividades e o seu local de execução. Dessa análise pode-se buscar compreender o local de seu resultado. Assim é que, na contratação de um advogado em juízo, a utilidade dar-se-á no lugar onde ocorre a lide; num serviço de um topógrafo, no lugar onde estiver o terreno etc.[516]

Um caso concreto pode servir para ilustrar com maior precisão a dificuldade de se encontrar o local do resultado do serviço. A leitura do acórdão da Apelação Cível número 642.845.5/6-00 originário da Comarca de Itatiba/SP é interessante nesse mister. No caso em questão houve a contratação por uma empresa de empreendimentos imobiliários de uma empresa especializada norte-americana para realizar o desenvolvimento de um projeto para implementação de um campo de golfe em um clube na cidade de Itatiba. Ou seja, o projeto e o planejamento do clube foram feitos nos

---

2004. Também disponível em: http://www.marizsiqueira.com.br/Artigos.html, p. 21. Acesso em 25 de fevereiro de 2015.
[516] Idem acima.

Estados Unidos da América e sua construção em Itatiba. Utilizando-se o entendimento de Schoueri, indicado acima, sem a devida cautela, poder-se-ia concluir que a vantagem ou utilidade econômica do serviço se daria no município onde foi construído o clube e o campo de golfe e não apenas onde foi concebido o seu projeto.

Confiram-se abaixo alguns trechos desse acórdão que deu provimento ao recurso de apelação interposto pela importadora dos serviços e declarou a inexistência de relação jurídico-tributária entre aquela e o Município de Itatiba:

> (...) os serviços contratados, conforme enumerados na sentença (fls. 283/284) foram: 1) realização de projeto de campo de golfe com a assinatura "Jack Nicklaus", incluindo a preparação de plantas, desenhos, especificações e métodos de construção de acordo com o seu padrão de qualidade, 2) desenvolvimento de "Unidades Nicklaus" no Brasil e assessoria e supervisão do trabalho de design, relativo ao contrato mencionado no item 1, incluindo aconselhamento para o desenvolvimento e implementação daquelas unidades e avaliação e assessoramento no desenvolvimento dos serviços, 3) consultoria relacionada à administração da "Academia Jack Nicklaus" de golfe, programa de ensino de golfe de alta qualidade, com assistência específica.
>
> (...)
>
> Com efeito, em se tratando de realização de projeto para construção de campo de golfe, pode-se afirmar que a característica principal do serviço é o know-how desenvolvido pela empresa prestadora da atividade. Ademais, o objeto do contrato é exatamente o conhecimento detido pela empresa estrangeira no ramo da construção do campo de golfe e exploração deste esporte.
>
> Portanto, não há como negar que o serviço, qual seja, elaboração de todo o projeto necessário para implementação do campo de golfe, fora prestado no exterior, haja vista que o cerne do projeto e, portanto, a prestação do serviço contratado fora desenvolvida nos Estados Unidos, mais especificamente, na Flórida.
>
> (...)
>
> Sendo assim, tendo em vista que a obrigação de fazer principal era de natureza intelectual, inquestionável que o fato gerador do imposto em comento ocorreu nos Estados Unidos da América, uma vez que referida obrigação – prestação de serviço intelectual – fora desempenhada naquele país.

Neste diapasão, trago à baila os ensinamentos do ilustre jurista Sérgio Pinto Martins, em sua festejada obra Manual do imposto Sobre Serviço, 7.ª Edição, página 66, "*in verbis*":

> "*Se o serviço já foi completado no exterior, não está sendo prestado no Brasil. A legislação municipal não pode alcançá-lo, diante da regra da territorialidade da lei brasileira, mesmo que haja importação de serviços. O exportador está no exterior, não podendo sujeitar-se à lei tributária brasileira*" (grifos do original).

Fazendo-se uso dos conceitos expostos acima sobre a necessidade de verificação da utilidade e causa da contratação dos serviços, o leitor pode questionar por que os desembargadores do TJ/SP entenderam que o resultado dos serviços prestados acima não se deu em solo nacional. É possível se entender que a causa da contratação era a construção do campo de golfe. Uma análise mais detida, porém, leva à conclusão de que, ao menos no entendimento dos desembargadores do TJ/SP, esta causa era a de se *aprender* a construir o campo de golfe nos moldes indicados e utilizando-se o *know-how* da empresa estrangeira. Neste passo, como todas as atividades foram realizadas no exterior, (conforme os autos do processo), não há que se falar da "internação" dos serviços no município de Itatiba, pois aqueles transmitiram esses conhecimentos o fizeram exclusivamente em solo estrangeiro.

Entenderam os julgadores desse caso que o objeto do contrato eram os conhecimentos técnicos do projetista e que não houve o necessário movimento do exterior ao País nem durante nem após a prestação dos serviços, portanto, concluíram que não se configurou a hipótese de incidência do ISS nessa contratação.

Ousamos discordar. A interpretação dada acima ao caso fático deve ser tida como equivocada em primeiro lugar porque olvidou de observar um parágrafo do próprio texto citado no acórdão de autoria do professor Sergio Pinto Martins, já referida acima, nos seguintes termos[517]:

> A regra mostra que o serviço não pode ser iniciado no Brasil, mas no exterior, sendo terminado em nosso país. São serviços iniciados no exterior e concluídos no Brasil.
> Exemplo pode ser a hipótese de uma empresa encomendar um projeto no exterior, que é realizado todo lá e depois implantado no Brasil. Outro

---

[517] MARTINS, Sergio Pinto. Op. cit., p. 65.

exemplo pode ser de parte do projeto ser feito no exterior e a conclusão é feita no Brasil.

Além disso, deve-se entender que o resultado do serviço se deu no Brasil, já que o campo de golfe objeto do projeto em referência foi aqui construído, mais especificamente no Município de Itatiba/SP. O projeto em questão não produziu efeitos nos Estados Unidos, mas no Brasil, devendo ser considerado como serviço proveniente do exterior, nos termos do art. 1.º, § 1.º da LC 116/03, mesmo se a preponderância das atividades relacionadas ao projeto tenha sido executada na Flórida. Não é o fato de que o prestador do serviço estava fisicamente no exterior que impede que se esteja a tratar de uma importação de serviços. O que importa é o local onde ocorreu efetivamente o uso dos serviços adquiridos.

Neste caso pode-se notar, ao menos pelas palavras constantes da decisão sob análise, que existem elementos que demonstrem uma conexão material com o território do Município de Itatiba, tais como a realização de assessoria e supervisão do trabalho de design, relativo ao contrato incluindo aconselhamento para o desenvolvimento e implementação das unidades em questão; a avaliação e assessoramento no desenvolvimento dos serviços; a consultoria relacionada à administração da academia e o programa de ensino de golfe, com assistência específica. Essas são atividades que cruzaram as fronteiras do território do município referido. É como se uma pessoa estivesse na Flórida transmitindo orientações à outra em Itatiba sobre como proceder na implementação desse projeto. É uma situação diferente, por exemplo, da relatada abaixo[518]:

> Se um brasileiro vai ao exterior e ali solicita a confecção de um certo projeto de cozinha, sendo o serviço concluído integralmente no exterior, nenhuma relação se estabelece entre o arquiteto e o Fisco do Município de residência do tomador de serviços.

A razão disso está no fato de que o projeto de cozinha referido acima foi simplesmente elaborado e entregue ao adquirente dos serviços no exterior. A entrega e conclusão do projeto não "tocou" o território nacional, ao contrário do projeto do campo de golfe que demonstra na descrição dos

---

[518] TÔRRES, Heleno Taveira. Op. cit., p. 285.

fatos uma trasladação das atividades realizadas atravessando as fronteiras do território do Município de Itatiba.

Ademais, a determinação aqui do local onde se dá o uso dos serviços deve levar em conta a localização do adquirente e o propósito da aquisição dos serviços. Seguimos aqui as orientações da OCDE para a determinação do local onde se dá o uso dos serviços objetos de transação *"cross boarder"*, corolário do princípio do destino. Tais diretrizes rezam que[519]:

> 1.4 (...) Como explicado no Capítulo 1, o princípio do destino é designado para garantir que o imposto sobre serviços e intangíveis comercializados internacionalmente seja em última análise arrecadado apenas na jurisdição onde o consumo final ocorre, mantendo, desse modo a neutralidade com o sistema do IVA, aplicável ao comércio internacional. (...) No contexto de transações *business-to-business*, o princípio do destino é geralmente implementado de forma a alocar os direitos de tributar sobre suprimentos (leia-se: serviços e intangíveis) internacionalmente comercializados à jurisdição onde o uso comercial deve ocorrer, pois isso facilita o objetivo final de garantir que o imposto é pago e a receita reverta para a jurisdição onde a oferta ao consumidor irá ocorrer. Isto garante que serviços e intangíveis supridos entre fronteiras sejam tributados de acordo com as regras da jurisdição do consumidor independentemente da jurisdição de onde eles são supridos. Isto também garante igualdade de condições para fornecedores (de serviços e intangíveis), de modo que os negócios tendentes a adquirir tais serviços sejam orientados por motivações econômicas e não tributárias.

Sendo assim, entendemos que, neste caso, como o uso do projeto desenvolvido no exterior se deu no Município de Itatiba/SP, onde foi construído o campo de golfe e dadas todas as outras características e atividades desenvolvidas que mostram a presença de uma conexão material entre as atividades realizadas e o território do município, esse serviço deve ser tido como importado e, por conta disso, deveria ter sido declarada a existência do fato gerador a obrigar a incidência do ISS.

---

[519] Texto extraído e traduzido livremente do site da OCDE.
Disponível em http://www.oecd.org/ctp/consumption/international-vat-gst-guidelines.pdf.
Versão original: **International VAT/ GST Guidelines**, p. 24. Acesso em 25 de fevereiro de 2015.

ISS SOBRE IMPORTAÇÕES DE SERVIÇOS

Semelhante foi o entendimento do TRF da 3.ª Região ao analisar recurso de apelação interposto pelo mesmo contribuinte acima citado que houvera questionado o Pis/Cofins-importação incidente na importação deste mesmo projeto. Em que pese a expressa menção da legislação do Pis/Cofins-importação ao fato de que o resultado do serviço deve ocorrer no país (art. 1.º, II da Lei 10.865/04), é interessante aqui a lembrança da decisão exarada como forma de melhor ilustrar o tema[520].

Vale salientar ainda que o caso acima analisado já foi objeto de decisão monocrática exarada em exame de recurso especial no STJ, que negou seguimento ao recurso especial nestes termos:

> RESP n.º 1.291.805
> (...)
> Como se percebe, o conhecimento do mérito do presente recurso não prescinde de revolvimento fático-probatório, o que é vedado pela Súmula 7/STJ: "A pretensão de simples reexame de prova não enseja recurso especial".
> O STJ aplica o direito ao caso concreto tomando como referência a premissa fática delineada pelas instâncias ordinárias, soberanas na apreciação do contexto probatório.

---

[520] Eis a redação do despacho exarado pelo Desembargador Nery Júnior na Apelação Cível n.º 0025009-36.2004.4.03.6100/SP:
"Em relação à ocorrência do fato gerador, no presente caso, a autora contratou a empresa norte-americana Nicklaus Design para projetar o campo de golfe a ser construído no Brasil e, em decorrência dos serviços prestados, a autora remete valores a título de pagamento dos serviços, sobre os quais incidem as contribuições em comento.
Dispõe o artigo 1º da Lei nº 10.865/2004:
Art 1º. Ficam instituídas a Contribuição para os Programas de Integração Social e de Formação do Patrimônio do Servidor Público incidente na Importação de Produtos Estrangeiros ou Serviços - PIS/PASEP-Importação e a Contribuição Social para o Financiamento da Seguridade Social devida pelo Importador de Bens Estrangeiros ou Serviços do Exterior - COFINS-Importação, com base nos arts. 149, § 2º, inciso II, e 195, inciso IV, da Constituição Federal, observado o disposto no seu art. 195, § 6º.
§ 1º Os serviços a que se refere o *caput* deste artigo são os provenientes do exterior prestados por pessoa física ou pessoa jurídica residente ou domiciliada no exterior, nas seguintes hipóteses:
I - executados no País; ou
II - executados no exterior, **cujo resultado se verifique no País.**
Da leitura do dispositivo citado, depreende-se que as remessas de valores efetuadas pela autora para pagamento da contratada americana pelo serviço de projeto, assessoria e consultoria, sofrem a incidência do PIS-Importação e da COFINS-Importação, uma vez que, embora executados no exterior, o resultado se verificará no Brasil".

A pretendida tributação teria suporte no art. 1°, § 1°, da LC 116/2003, verbis:

Art. 1.º O Imposto Sobre Serviços de Qualquer Natureza, de competência dos Municípios e do Distrito Federal, tem como fato gerador a prestação de serviços constantes da lista anexa, ainda que esses não se constituam como atividade preponderante do prestador.

§ 1.º O imposto incide também sobre o *serviço proveniente do exterior do País ou cuja prestação se tenha iniciado no exterior do País* (Grifei).

A norma autoriza a incidência do ISS sobre serviço proveniente do exterior ou cuja prestação tenha início fora do país. Uma vez que o Tribunal a quo negou que a prestação do serviço tenha sido, ao menos parcialmente, executada no Brasil, o acolhimento da pretensão do recorrente exigiria ampla investigação dos fatos.

Diante do exposto, nos termos do art. 557, caput, do CPC, nego seguimento ao Recurso Especial.

6.4. A inconstitucionalidade da incidência do ISS na importação de serviço proveniente do exterior ou que nele tenha iniciado

Como já introduzido acima, o debate acerca da constitucionalidade da incidência do ISS na importação de serviços tem gerado posições doutrinárias em ambos os sentidos. Como se verá adiante em maiores detalhes, alguns entendem que sua regra extrapola os limites da territorialidade sem embasamento constitucional, enquanto outros defendem que há presença de elementos de conexão que justificam essa incidência.

Um dos expoentes da corrente que defende a inconstitucionalidade da incidência do ISS sobre importações de serviços é José Eduardo Soares de Melo, que entende que nesta situação não existe contribuinte do imposto, vez que o não-residente não poderia ser enquadrado como tal, pois domiciliado em território estrangeiro. Esse, resumidamente, é o entendimento do autor sobre essa questão[521]:

> É cediço que as competências estabelecidas na CF tomam em conta o local onde se verifica o fato gerador tributário, e onde se revela a respectiva riqueza. A extraterritorialidade tem sido considerada em situações peculiares, com expressa determinação constitucional. Diante dessa circunstância excepcional, é que a legislação pode incidir tanto sobre fatos

---

[521] MELO, José Eduardo Soares de. Op. cit., p. 180.

ocorridos dentro do País, colhendo as pessoas aqui residentes e domiciliadas; como também relativamente a fatos verificados fora do território nacional.

Os nacionais dos países somente deveriam ser tributados pelo país em que residem, e nunca poderiam ser alcançados quando residentes no estrangeiro, segundo concepção clássica do princípio da territorialidade (...).

Em seguida, o autor relaciona os tributos que podem incidir sobre situações ocorridas fora do território nacional e explica a origem da regra da extraterritorialidade nos impostos sobre a renda[522]:

> Constituem elementos de conexão nos impostos sobre o rendimento, e o capital, dois superiores princípios: o da "fonte", em que prevalece o país onde se obtém a renda produzida, e o da "residência", onde reside o titular dos fundos fornecidos e que aufere a renda dos capitais investidos no exterior.
> (...)
> Em razão do cânone da universalidade, esta situação não se caracteriza como agressão à ordem jurídica no tocante ao aspecto espacial da regra de incidência do IR, fixando critérios extraterritoriais de tributação, para alcançar operações e rendimentos pertinentes no exterior.
> Assim, são específicas, excepcionais, e limitadas as previsões de incidências tributárias no que concerne a fatos, estados, negócios, e situações ocorridas no exterior, ou dela decorrentes.

Outros doutrinadores expoentes desta mesma corrente, entendem que a inconstitucionalidade do ISS sobre a importação de serviços pode ser justificada pelos seguintes argumentos[523]:

> a) tal serviço é prestado exclusivamente nos limites territoriais de país estrangeiro, nos termos da legislação pertinente;

---

[522] Idem, pp. 181 e 182. Vide também: ALVES, Anna Emilia Cordelli. **Importação de serviços - impossibilidade de tributação pelo ISS em decorrência do critério constitucional da origem do serviço**. In: Revista Dialética de Direito Tributário n.º 112. São Paulo: Dialética, 2005, pp. 7-15.
[523] BORGES, Eduardo de Carvalho. **O ISS, os Serviços Provenientes do Exterior, e a Jurisprudência**. In: MACHADO, Rodrigo Brunelli (Org.). **ISS na Lei Complementar nº 116/2003**. São Paulo: Quartier Latin e IPT, 2004, p. 138.

b) os municípios brasileiros não têm competência para instituir ISS sobre serviços executados fora de seus limites territoriais, segundo o entendimento do STJ;

c) a fruição do serviço prestado do exterior por tomador situado no País não consiste em fato gerador do ISS, pois a CF/88 atribuiu aos municípios competência para tributar o serviço *prestado no seu território*. Note-se que esta conclusão decorre da seguinte abordagem sistemática da CF/88;

...

c.ii) o parágrafo 3º do art. 156 da CF/88, com a atual redação dada pela EC 37/02, revela que o fato gerador do ISS ocorre no Município em que se dá a prestação do serviço, pois atribui à lei complementar competência para *excluir* da incidência do ISS a exportação de serviço para o exterior. Note-se que tal 'exclusão' somente se justifica caso admita-se que, nos termos da CF/88, o ISS incide apenas no local da prestação do serviço (no caso, em Município brasileiro) e não onde esteja situado o tomador do serviço (no caso, em território estrangeiro), pois, se assim não o fosse, tal exclusão seria desnecessária, em razão da inexistência de fato gerador em Município brasileiro.

Discordamos, com a devida vênia, dos argumentos expostos acima com fundamento nos seguintes pontos:

a. a CF/88 não é expressa em dizer que o ISS incide apenas sobre a prestação de serviços. O texto constitucional reza que o imposto incide sobre "serviços de qualquer natureza". Isso não exclui o consumo, a aquisição ou tomada de serviços provenientes do exterior;

b. apesar de concordarmos com a afirmativa de que os municípios brasileiros não têm competência para instituir ISS sobre serviços executados fora de seus limites territoriais, segundo o entendimento do STJ[524], entendemos que nada no texto constitucional impede a incidência do imposto sobre serviço cuja execução produza efeitos no território nacional, conectando-se a hipótese de incidência ao território de município localizado no país por meio do tomador do serviço. Ou seja, já que o imposto não incide apenas sobre a prestação de serviços, mas também sobre o consumo deste, é possível

---

[524] V. RESP 54002/PE e RESP 41867-4/RS.

que se amplie o seu campo de incidência para serviços cuja prestação tenha ocorrido no exterior;

c. o fato de a CF/88 ter excluído a exportação de serviços do campo de incidência não necessariamente nos deve levar ao raciocínio de que houve a exclusão da importação de serviços. Isso porque entendemos que a incidência do imposto se dá não apenas sobre as prestações de serviço ocorridas em território nacional, mas também sobre a fruição ou tomada de serviços provenientes do exterior;

d. o próprio texto da CF/88, no art. 146, III delega à lei complementar a definição dos fatos geradores e contribuintes dos tributos, o que permitiu, neste caso específico, que se incluísse a tomada de serviços provenientes do exterior no seu campo de incidência;

e. o art. 150 da CF prevê o princípio da igualdade entre as limitações constitucionais ao poder de tributar, do qual se pode depreender que não se impõe o tratamento igual a pessoas que se encontrem em situação idêntica, mas àqueles contribuintes que se encontrem em situação equivalente[525];

f. a atribuição de competência dada pelo art. 155, II da CF, aos Estados e ao DF para instituir imposto sobre "operações relativas à circulação de mercadorias e sobre prestações de serviços de transporte interestadual e intermunicipal e de comunicação, **ainda que as operações e as prestações se iniciem no exterior**" (grifo nosso)[526], não nos faz presumir, por si só, que a omissão destes termos grifados no texto relativos ao ISS significa que este não possa incidir sobre prestações iniciadas no exterior, ou que produzam efeitos no país;

g. com base no art. 108, II do CTN que prevê a utilização dos princípios gerais do direito tributário como critério de integração da

---

[525] Cf. SCHOUERI, Luís Eduardo. Op. cit., p. 43.
[526] Este é, segundo nosso entender, o mais forte argumento em prol da inconstitucionalidade do ISS nas importações de serviços.

lei tributária, não há razão para se excluírem os princípios gerais de direito tributário internacional, dentre os quais o princípio da neutralidade na tributação do comércio exterior (que indica a tributação das transações conforme o destino)[527], pelo qual, sempre que possível deverão ser evitadas situações em que ambos países tributem o serviço ou nenhum dos países tribute o serviço[528];

h. sobre a neutralidade tributária no âmbito do comércio internacional, **é importante lembrar que a** OCDE recentemente publicou orientações internacionais ao IVA, chamado *International VAT/ GST Guidelines*. Ali se pode ler o seguinte[529]:

> Neutralidade: a tributação deve procurar ser neutra e igualitária entre formas de comércio eletrônico e entre formas de comércio convencional e eletrônico. Decisões de negócios devem ser motivadas por considerações econômicas, ao invés de tributárias. Contribuintes em situações similares desenvolvendo transações similares, devem estar sujeitos aos mesmos níveis de tributação.
> (...)
> 1.9 A aplicação do princípio do destino no IVA atinge neutralidade no comércio internacional.

Já, os doutrinadores que defendem a constitucionalidade da incidência do ISS nas importações de serviços entendem que[530]:

> A LC nº 116/2003, ao inovar na tributação da importação de serviços, apenas cumpriu a função atribuída à lei complementar tributária pelo artigo 146, III, "a" m da CF/88 de, em relação aos impostos discriminados

---

[527] Texto extraído e traduzido livremente do site da OCDE. Disponível em http://www.oecd.org/ctp/consumption/international-vat-gst-guidelines.pdf. Versão original: **International VAT/ GST Guidelines**, pp. 7 e 9. Acesso em 25 de fevereiro de 2015.

[528] TROIANELLI, Gabriel Lacerda e GUEIROS, Juliana. **O ISS e exportação e importação de serviços**. In: MARTINS, Ives Gandra da Silva e PEIXOTO, Marcelo Magalhães. Coord. **ISS LC 116/2003 à luz da doutrina e da jurisprudência**. 2.ª edição revista e ampliada. São Paulo: MP , 2008, p. 204.

[529] Texto extraído e traduzido livremente do site da OCDE. Disponível em: http://www.oecd.org/ctp/consumption/international-vat-gst-guidelines.pdf. Versão original: **International VAT/ GST Guidelines**, p. 7. Acesso em 25 de fevereiro de 2015.

[530] FERNÁNDEZ, German Alejandro San Martín. Op. cit., p. 56.

na Constituição Federal, definir a hipótese de incidência, base de cálculo de sujeitos passivos, respeitados os desígnios e as vedações constitucionais expressas e implícitas. Isso sem contar o respeito aos tratados internacionais dos quais o Brasil é signatário (GATS e Mercosul) e aos princípios constitucionais da isonomia e da não discriminação de bens e serviços em razão de sua procedência e destino.

O elemento de conexão escolhido, qual seja, o destino do serviço, é relevante e justifica a sua eleição, em face da natureza do fato escolhido para integrar a hipótese de incidência tributária do ISS. Isso porque, a prestação de serviços, por envolver uma série de atos humanos visando um determinado resultado, somente se aperfeiçoa por ocasião de sua "fruição" ou "consumo" pelo tomador ou destinatário. Do mesmo modo que a venda de coisa móvel somente se consuma com a tradição da coisa, a fruição (resultado) pelo destinatário do serviço contratado é essencial para aperfeiçoar o fato imponível do tributo. Daí a relevância e a justificativa da eleição pelo legislador complementar do critério de conexão do destino do serviço, de modo a escolher na condição de sujeito passivo, residente ou domiciliado no território do município competente para exigir o imposto.

Outro autor que pertence à corrente dos que defendem a constitucionalidade da incidência do ISS sobre importações de serviço, Schoueri, ao apresentar proposições sobre o tema discorre o seguinte[531]:

> a) não há óbice constitucional para a cobrança do ISS na importação de serviços; ao contrário, trata-se de regra mandatória, à luz do princípio da igualdade, tendo em vista a adoção da regra da tributação no destino;
> (...)
> h) a falta de competência material para os Municípios regularem o comércio exterior (dado que o art. 22 da CF/88 confere essa competência à União) impede que eles tratem as importações de serviços de modo diverso dos serviços prestados localmente.

Discussões sobre a constitucionalidade dessa incidência de lado, vale recordar, pelo menos para os fins a que este trabalho se destina, que o ISS é um dos tributos que podem trazer o maior ônus às importações de serviços, principalmente pela restrição ao crédito do imposto pago na importação, ao contrário do que se dá, como visto acima, em outros países, mesmo para empresas industriais ou comercializadores de bens.

---

[531] Cf. SCHOUERI, Luís Eduardo. Op. cit., p. 51.

6.5. O ISS e os acordos internacionais em matéria tributária

A redação dos tratados internacionais para evitar a dupla tributação assinados pelo Brasil, assim como os modelos de convenção para eliminar a bitributação da ONU e da OCDE, contêm na redação do art. 2.º, § 2.º, disposição que trata dos impostos aplicáveis ao tratado no qual se indica que o mesmo será aplicável a quaisquer impostos idênticos ou substancialmente semelhantes que forem posteriormente introduzidos, seja em adição aos impostos originalmente cobertos pela convenção, seja em sua substituição.

É sabido que referidas convenções dispõem sobre formas de evitar a dupla incidência tributária do imposto sobre a renda e tributos similares (como é o caso, no Brasil, da CSLL, que pode ser tida como idêntica ou similar ao imposto sobre a renda). O tratado entre Brasil e Dinamarca pode ser usado como exemplo nessa situação:

> Artigo 2
> Impostos visados
> 1. Os Impostos aos quais se aplica a presente Convenção são:
> a) no caso do Brasil:
> - o imposto federal de renda, com exclusão das incidências sobre remessas excedentes e atividades de menor importância (doravante referido como "imposto brasileiro").
> b) no caso da Dinamarca:
> I - o imposto de renda do Estado e
> II - os impostos comunais (doravante referidos como "imposto dinamarquês").

O parágrafo seguinte do mesmo artigo dispõe que a convenção será também aplicável a qualquer imposto idêntico ou substancialmente semelhante aos impostos indicados acima que forem posteriormente introduzidos pelos Estados contratantes, tanto em adição como em substituição àqueles impostos. Eis o texto em comento:

> 2. Esta Convenção também será aplicável a quaisquer impostos idênticos ou substancialmente semelhantes que forem posteriormente introduzidos, seja em adição aos impostos acima mencionados, seja em sua substituição. As autoridades competentes dos Estados Contratantes noti-

ficar-se-ão mutuamente de qualquer modificação significativa que tenha ocorrido em suas respectivas legislações tributárias.

Dado esse contexto, indaga-se acerca de serem ou não aplicáveis as convenções para evitar a dupla tributação ao ISS incidente sobre prestações internacionais de serviços.

Para enfrentarmos essa dúvida, podemos comparar alguns aspectos das hipóteses de incidência do ISS com os do IRRF e tentarmos obter conclusões na tentativa de iluminar a questão.

A norma instituidora do IRRF sobre remessas internacionais para pagamentos de serviços é, como visto anteriormente, o art. 7.º da Lei 9.779/99, segundo o qual:

> **Art. 7º** Os rendimentos do trabalho, com ou sem vínculo empregatício, e os da prestação de serviços, pagos, creditados, entregues, empregados ou remetidos a residentes ou domiciliados no exterior, sujeitam-se à incidência do imposto de renda na fonte à alíquota de vinte e cinco por cento.

Por seu turno, a LC 116/03, que trata do ISS nas importações de serviços, em seu art. 1.º e § 1.º dispõe que:

> **Art. 1º** O Imposto Sobre Serviços de Qualquer Natureza, de competência dos Municípios e do Distrito Federal, tem como fato gerador a prestação de serviços constantes da lista anexa, ainda que esses não se constituam como atividade preponderante do prestador.
>
> § 1º O imposto incide também sobre o serviço proveniente do exterior do País ou cuja prestação se tenha iniciado no exterior do País.

Nota-se, claramente, no núcleo das hipóteses de incidência indicadas acima, a materialidade do IRRF em torno do "rendimento" e do ISS que orbita sobre o "serviço" (proveniente do exterior) ou sobre a "prestação" (iniciada no exterior do País). Conclui-se rapidamente neste passo que o primeiro tributo incide sobre a renda e o outro sobre o serviço tomado do exterior. Em outras palavras, ambos impostos gravam os serviços importados, porém, o primeiro visa à renda (ou rendimento) obtida e o segundo o consumo do serviço.

Com relação à base de cálculo (aspecto quantitativo), ambos impostos incidem sobre o mesmo montante: a receita bruta obtida pelo exportador a partir da prestação de serviços.

Já, em relação ao contribuinte (aspecto pessoal), temos que o contribuinte do IRRF será aquele que auferiu a renda, ou seja, o prestador dos serviços residente no exterior, sendo o importador mero responsável tributário por substituição. E, no que toca ao ISS, o contribuinte, segundo nosso entender é o tomador ou importador do serviço.

No que diz respeito ao aspecto temporal, tem-se que, em se tratando de IRRF, ocorre a incidência do imposto no momento do pagamento, crédito, emprego, remessa ou entrega da renda ao contratado. Lembrando que entendemos que o sentido do vocábulo "crédito" é o de colocar a renda à disposição do outro, como explicitado no item 3.5 acima. E, no caso do ISS, deve-se entender que a materialidade ocorre a partir da conclusão da prestação do serviço, se perfazendo quando da retenção dos valores mediante o pagamento feito ao prestador.

Por fim, o aspecto espacial do IRRF é a jurisdição da fonte do pagamento e para o ISS é o município onde está localizado o tomador do serviço, mais precisamente, aquele que se beneficiou do uso do serviço em seu negócio.

Desta feita, em que pesem as semelhanças apontadas acima, em especial no que diz respeito à base de cálculo e ao momento de incidência de ambos impostos, entendemos que a origem de instituição desses tributos é bastante diferente, um tributando a renda e outro o consumo de serviços.

Alguns doutrinadores, todavia, entendem de maneira diferente, como se pode ver abaixo[532]:

> Observe-se assim, que (i) se, por um lado, as materialidades dos dois impostos (IR e ISS), individualmente consideradas, são distintas, (ii) analisados os demais aspectos das normas de tributação conclui-se que as hipóteses de incidência são efetiva e substancialmente semelhantes, pois

---

[532] MARQUES, Marcio Severo Marques; CANHADAS, Fernando A. M. **O ISS sobre serviços prestados por não-residentes e os tratados internacionais em matéria tributária: breves reflexões**. In: ISS LC 116/2003 à luz da doutrina e da jurisprudência. 2.ª edição revista e ampliada. MARTINS, Ives Gandra da Silva e PEIXOTO, Marcelo Magalhães. Coord. São Paulo: MP , 2008.

o contribuinte e a base de cálculo são precisamente os mesmos, em relação às duas incidências.

(...) Na incidência examinada, a base - do imposto sobre a renda - representa o próprio valor do rendimento auferido pela prestação de serviços, que é a mesma para o ISS. Não há distinção quanto à perspectiva dimensível do aspecto material da hipótese de incidência, em um e outro imposto.

Como, então, não se questionar se, nessa hipótese objeto de estudo, o ISS é imposto substancialmente semelhante ao IRRF? Base de cálculo e contribuinte confirmam que as hipóteses de incidência se sobrepõem, especialmente se tivermos em vista que o fato imponível só se reputa ocorrido ante a realização concreta, no mundo fenomênico, de todos os aspectos da norma de tributação.

E considerados todos os aspectos das normas de tributação do ISS e do IRRF, quer-nos parecer que o imposto municipal contempla hipótese de incidência substancialmente semelhante ao do imposto federal, e nessa medida, deverá sujeitar-se às disposições de tratados internacionais em sentido contrário.

Porém, nos filiamos aos ensinamentos de Heleno Tôrres que demonstra que não deve haver a equiparação entre IRRF e ISS dessa forma[533]:

> E isso porque, como os tratados internacionais para evitar a dupla tributação não se aplicam a impostos de natureza diversa daqueles inerentes a uma tributação sobre a renda ou o patrimônio, nos termos do item n. 2, do Modelo OCDE, confirmando exaustivamente pelos seus comentários, descabe qualquer alegação a respeito da sua aplicação ao caso em espécie, salvo na hipótese de se reclamar o cumprimento do princípio da não-discriminação, presente no item 24 do Modelo, por ser esse aplicável a qualquer espécie de imposto.

Fazendo uma equiparação entre os regimes do ISS do DL 406/68 que previa a incidência do ISS, apenas sobre serviços prestados localmente, com os regimes do "novo ISS" albergado na LC 116/03, que incluiu a tomada de serviços do exterior em seu bojo e também com o IRRF incidente nas remessas em apreço, Schoueri, aplicando os conhecimentos que lhe foram transmitidos por Vogel de que a ponderação entre os impostos deve se dar

---

[533] TÔRRES, Heleno Taveira Taveira. Op. cit., p. 288.

na totalidade dos tipos tributários historicamente desenvolvidos no Estado em questão, explica que:

> Trazendo o raciocínio tipológico proposto por Vogel ao caso em análise, constata-se que não basta, para entender-se aplicável o acordo de bitributação ao ISS sobre importação de serviços, levar em conta a circunstância de a base de cálculo do novo imposto de renda aproximar-se (ou mesmo se igualar) à do imposto de renda. O fato de o "novo" ISS ser próximo do imposto de renda não exclui o fato de que o imposto também é próximo do "velho" ISS, já existente quando da celebração dos tratados de bitributação, mas ali não incluídos. Afinal, tambem, o "velho" ISS já tinha por base de cálculo o preço dos serviços. Ao mesmo tempo, o valor do serviço já há muito constitui base de cálculo do imposto de renda na fonte, nos casos de serviços profissionais. Assim, tomando em conta, apenas, a base de cálculo, dificilmente se poderia argumentar que o "novo" ISS seria mais próximo do imposto de renda que do "velho" ISS.
>
> Quando, entretanto, leva-se em consideração que se trata de um imposto municipal, o qual exige, para que se considere ocorrido o fato gerador, uma prestação de serviços, ou sua utilização, revela-se estar o "novo" ISS muito mais próximo do "velho" ISS que do imposto de renda.
>
> Assim, se para determinar se um imposto novo é substancialmente semelhante ao imposto de renda (objeto dos acordos de bitributação), deve-se considerar a totalidade do sistema tributário, conclui-se que, conquanto o "novo" ISS tenha alguns pontos de contato com aquele imposto, isto não os torna substancialmente semelhantes.

E, encerrando este tema, é preciso também lembrar-se de que a legislação municipal relativa ao ISS deve observância aos demais acordos internacionais assinados pelo Brasil, em especial ao GATS promulgado pelo Decreto n.º 1.355/94 que prevê observância aos princípios da nação mais favorecida, o qual impõe o dever de conceder, imediata e incondicionalmente, aos serviços e prestadores de serviços de qualquer outro Membro, tratamento não menos favorável do que aquele concedido a similares de qualquer outro país. E, prescreve também, no artigo 5.º, *b*, a obrigação de eliminação das medidas discriminatórias existentes, bem como garantia de ausência de qualquer discriminação aos serviços prestados por residentes de países signatários do Acordo. Merecem o mesmo tratamento todos os demais acordos internacionais que contemplem isenções ou regimes mais vantajosos em matéria de serviços, no seio do Mercosul, Aladi, Alca e outros, por serem estes vinculantes, sem qualquer ofensa ao art. 151, III, da CF, que veda a concessão de isenções heterônomas[534].

---

[534] TÔRRES, Heleno Taveira Taveira. Op. cit., pp. 292 e 298.

7. IOF INCIDENTE SOBRE CÂMBIO

7.1. O IOF câmbio das importações de serviços e sua regra de incidência

Em que pese o fato de o IOF não incidir sobre as importações de serviços, mas sim, sobre as operações de fechamento de câmbio para pagamento daquelas, o tema será aqui desenvolvido, vez que esta obra visa à análise dos aspectos tributários das importações de serviços e não apenas à análise dos tributos incidentes sobre essas operações.

Isto posto, cabe aqui a exposição sobre o imposto incidente sobre as operações de câmbio, apelidado de IOF (imposto sobre operações financeiras), mas que também poderia ser chamado de IO-Câmbio. Em verdade, o apelido IOF recai sobre quatro diferentes impostos incidentes sobre operações de crédito, câmbio, seguro e títulos e valores mobiliários. Operações de empresas não financeiras também se sujeitam ao imposto sobre o crédito, como o mútuo entre empresas não financeiras, por exemplo. De qualquer maneira, o apelido foi mantido desde 1966 após a edição da Lei n.º 5.143 que instituiu o imposto sobre operações financeiras, na época incidente apenas sobre operações de crédito e seguro realizadas por instituições financeiras e seguradoras. Roberto Quiroga Mosquera, por seu turno, rechaça veementemente o apelido "IOF", por entender que a locução "imposto sobre operações financeiras" denomina com um único nome quatro exações tributárias absolutamente distintas e dessemelhantes, assemelhadas apenas por elegerem como fato passível de tributação a realização de "operações". Além disso, entende impróprio o uso do termo "financeiras", pois no bojo dos impostos chamados de IOF, há incidências sobre operações não financeiras também. Veja-se a conclusão do autor sobre esse ponto[535]:

> A expressão *imposto sobre operações financeiras* nada classifica, nada congrega. Nem todas as operações passíveis de tributação pelos impostos sobre operações de crédito, câmbio, seguro ou relativas a títulos ou valores mobiliários podem ser qualificadas e classificadas como operações financeiras. A locução referida só serve para confundir e atrapalhar, ainda mais, a análise correta das regras matrizes de incidência dos impostos previstos no artigo 153, inciso V, do Texto Constitucional.

Apesar das fundamentadas críticas acima, foram utilizadas nessa obra as duas nomenclaturas, tanto IOF, como IO-Câmbio, apenas para manter a coerência temática e melhor identidicação do assunto através dos já consagrados termos.

Historicamente descobre-se que o IOF é um substituto do imposto do selo, tributo exigível sobre documentos e papéis que comprovavam a realização de atos e negócios jurídicos e tinha seus contornos desenhados pela Lei n.º 4.505/64, revogada pela Lei n.º 5.143/66, na esteira da reforma tributária iniciada pela Emenda Constitucional n.º 18/65.

A crítica que a doutrina fazia sobre o imposto do selo e que cabe também ao seu sucessor, o IOF, recai sobre o desrespeito ao princípio da capacidade contributiva de ambas exações. Aliomar Baleeiro, tratando do IOF resume assim a questão[536]:

> O tributo mantém o seu perfil anterior, tradicional. Onera operações financeiras, independentemente de seu resultado, sem retratar a real capacidade econômica do contribuinte. Atingindo atos financeiros, presta-se à perseguição de fins extrafiscais, que são de competência privativa da União, segundo a Constituição (art. 22, I e II).

Como se observará em maiores detalhes adiante, este imposto, cujo principal traço característico é a extrafiscalidade, tem forte função regu-

---

[535] MOSQUERA, Roberto Quiroga. **Tributação no mercado financeiro e de capitais**. 2.ª ed. São Paulo: Dialética, 1999, p. 112 a 115.
[536] BALEEIRO, Aliomar. Ob. cit., p. 462.

latória, permitindo à União fazer uso dessa ferramenta como forma de execução de política fiscal, cambial e monetária.

Nota-se que esta função extrafiscal pode ser observada em dois dispositivos constitucionais:

a. exceção ao princípio da anterioridade geral e nonagesimal e;
b. definição das alíquotas em lei, mas possibilidade de alteração mediante decreto presidencial, observados os limites legalmente estabelecidos.

É o que se observa, da leitura da sua regra de incidência prevista na Constituição Federal no artigo 153 e das vedações e permissões ao poder tributante constante do art. 150, nos seguintes termos:

> Art. 153. Compete à União instituir impostos sobre:
> (...)
> V - operações de crédito, câmbio e seguro, ou relativas a títulos ou valores mobiliários;
> (...)
> § 1º É facultado ao Poder Executivo, atendidas as condições e os limites estabelecidos em lei, alterar as alíquotas dos impostos enumerados nos incisos I, II, IV e V.
> Art. 150. Sem prejuízo de outras garantias asseguradas ao contribuinte, é vedado à União, aos Estados, ao Distrito Federal e aos Municípios:
> (...)
> III - cobrar tributos:
> a) em relação a fatos geradores ocorridos antes do início da vigência da lei que os houver instituído ou aumentado;
> b) no mesmo exercício financeiro em que haja sido publicada a lei que os instituiu ou aumentou;
> c) antes de decorridos noventa dias da data em que haja sido publicada a lei que os instituiu ou aumentou, observado o disposto na alínea b;
> § 1º A vedação do inciso III, *b*, não se aplica aos tributos previstos nos arts. 148, I, 153, I, II, IV e V; e 154, II; e a vedação do inciso III, *c*, não se aplica aos tributos previstos nos arts. 148, I, 153, I, II, III e V; e 154, II, nem à fixação da base de cálculo dos impostos previstos nos arts. 155, III, e 156, I.

Observa-se que dentre as limitações ao poder de tributar listadas nas alíneas do art. 150, III, a única aplicável ao IOF é a da alínea "a", que dispõe sobre a necessidade de a lei instituidora do tributo ter vigência antes que se possa cobrar o mesmo.

Apesar disso, a instituição de impostos com essa característica também deve observância ao princípio da anualidade para que os referidos tributos possam ter sua regular entrada em vigor. A jurisprudência do ano de 1980 (ano da edição do Decreto-lei 1.783) é farta em reconhecer esse aspecto no que guarda relação com o IOF:

> TRF-2 - APELAÇÃO CIVEL RJ 1981.50.01.000337-9
> Ementa: TRIBUTÁRIO. IOF INCIDENTE SOBRE OPERAÇÕES DE CÂMBIO. DECRETO-LEI 1.783 /80. FATO GERADOR. INCONSTITUCIONALIDADE DA COBRANÇA APENAS QUANTO AO EXERCÍCIO DE 1980. CORREÇÃO MONETÁRIA. APLICAÇÃO DOS ÍNDICES PREVISTOS NA TABELA ÚNICA DA JUSTIÇA FEDERAL/RESOLUÇÃO Nº. 561 DO CONSELHO DA JUSTIÇA FEDERAL. HONORÁRIOS ADVOCATICIOS. REDUÇÃO DO PERCENTUAL.
> 1. A jurisprudência pátria é pacífica quanto à inconstitucionalidade da cobrança do Imposto sobre Operações Financeiras - IOF - no exercício de 1980, ano em que foi instituído através do Decreto-lei nº 1783.

Como brevemente exposto acima, a história legislativa dos impostos apelidados de IOF começou, após a extinção do imposto do selo com o delineamento dos seus fatos geradores em sede de Lei Complementar pelo art. 63 do CTN e, em seguida, pela instituição dos impostos sobre operações de crédito e seguro, a partir da Lei 5.143/66. Alguns anos mais tarde, em 1980, o Decreto-lei 1.783/80 instituiu os demais impostos cunhados com esta sigla, dentre os quais o imposto sobre operações de câmbio. A CF recepcionou as incidências anteriormente criadas, mantendo a competência para sua instituição na União. O imposto sobre operações de câmbio está disciplinado, nos dias atuais, na Lei n.º 8.884/94, artigos 5.º e 6.º. A partir desta lei é possível a identificação dos critérios da regra-matriz de incidência desse imposto[537], que se encontra atualmente regulamentado pelo Decreto 6.306/07[538] (Regulamento do IOF ou "RIOF"), que sofreu

---

[537] MOSQUERA, Roberto Quiroga. Op. cit., p. 154.
[538] O preâmbulo desse decreto delimita a seguinte fundamentação legal para esse imposto em todas as suas hipóteses de incidência: Lei nº 5.143, de 20 de outubro de 1966, na Lei nº 5.172, de 25 de outubro de 1966, no Decreto-Lei nº 1.783, de 18 de abril de 1980, e na Lei nº 8.894, de 21 de junho de 1994.

relevantes alterações após a publicação do Decreto nº 6.339/08, a partir do qual as operações de câmbio vinculadas à importação de serviços e à exportação de bens e serviços, anteriormente tributadas pelo IOF-Câmbio à alíquota zero, passaram a sujeitar-se à alíquota de 0,38%.

7.1.1. Aspecto material

O art. 63, II do CTN, dispõe assim sobre o fato gerador do Imposto sobre Operações de Câmbio:

> Art. 63. O imposto, de competência da União, sobre operações de crédito, câmbio e seguro, e sobre operações relativas a títulos e valores mobiliários tem como fato gerador:
> II - quanto às operações de câmbio, a sua efetivação pela entrega de moeda nacional ou estrangeira, ou de documento que a represente, ou sua colocação à disposição do interessado em montante equivalente à moeda estrangeira ou nacional entregue ou posta à disposição por este;

No que diz respeito ao aspecto material, o art. 5.º da Lei 8.894/94 limita-se a descrever a incidência sobre operações de câmbio, devendo ser interpretado em conformidade com o transcrito no inciso II do art. 63 do CTN. Eis a redação em comento:

> Art. 5º O Imposto sobre Operações de Crédito, Câmbio e Seguro, ou relativas a Títulos e Valores Mobiliários (IOF), incidente sobre operações de câmbio será cobrado à alíquota de vinte e cinco por cento sobre o valor de liquidação da operação cambial.

O mesmo se pode dizer do art. 1.º do Decreto-Lei n.º 1.783/80, assim redigido:

> Art 1º O imposto incidente, nos termos do art. 63 do Código Tributário Nacional, sobre operações de crédito, câmbio e seguro, e sobre operações relativas a títulos e valores mobiliários será cobrado às seguintes alíquotas:
> (...)
> IV - operações de câmbio: 130% sobre o valor da operação.

Já em sede regulamentar, a redação do art. 11 do Decreto 6.306/07 reza o seguinte:

> TÍTULO III - DA INCIDÊNCIA SOBRE OPERAÇÕES DE CÂMBIO
>
> CAPÍTULO I - DO FATO GERADOR
>
> Art. 11. O fato gerador do IOF é a entrega de moeda nacional ou estrangeira, ou de documento que a represente, ou sua colocação à disposição do interessado, em montante equivalente à moeda estrangeira ou nacional entregue ou posta à disposição por este (Lei nº 5.172, de 1966, art. 63, inciso II).
>
> Parágrafo único. Ocorre o fato gerador e torna-se devido o IOF no ato da liquidação da operação de câmbio.

Neste passo é necessário que se ressalte, para fins de interpretação legislativa, o real significado de dois substantivos mencionados tanto na CF, como nos demais diplomas legislativos, que trazem consequências para nossa análise. São eles: "operações" e "câmbio".

O fato de o IOF incidir sobre "operações", quer dizer que ele recai sobre negócios jurídicos entabulados entre o contribuinte e terceiro. Em outras palavras, não estamos diante de uma conduta realizada apenas por um indivíduo. Sobre o ponto, esclarece Aires Barreto que[539]:

> (...) o imposto não onera os títulos mobiliários, o câmbio, o seguro etc. Ao contrário, recai sobre as operações que têm esses bens ou valores por objeto. Deveras, do texto constitucional resulta evidente que o IOF não é um imposto sobre seguros, câmbios, títulos ou valores mobiliários, mas sobre as operações a eles relativas..

Por conta do fato de recair sobre operações, o Supremo Tribunal Federal reconheceu a inconstitucionalidade da exigência do IOF sobre operações de crédito (IO Crédito) sobre saques em cadernetas de poupança:

---

[539] BARRETO, Aires. **Natureza Jurídica do Imposto Criado pela Medida Provisória 160/90.** Repertório IOB de Jurisprudência, 2ª quinzena de maio de 1990, nº 10/90, p. 152.

RE 232.467.
EMENTA: TRIBUTÁRIO. IOF SOBRE SAQUES EM CONTA DE POUPANÇA. LEI Nº 8.033, DE 12.04.90, ART. 1º, INCISO V. INCOMPATIBILIDADE COM O ART. 153, V, DA CONSTITUIÇÃO FEDERAL.
O saque em conta de poupança, por não conter promessa de prestação futura e, ainda, porque não se reveste de propriedade circulatória, tampouco configurando título destinado a assegurar a disponibilidade de valores mobiliários, não pode ser tido por compreendido no conceito de operação de crédito ou de operação relativa a títulos ou valores mobiliários, não se prestando, por isso, para ser definido como hipótese de incidência do IOF, previsto no art. 153, V, da Carta Magna. Recurso conhecido e improvido; com declaração de inconstitucionalidade do dispositivo legal sob enfoque.

Já, no que tange ao conceito do termo "câmbio", ou "contrato de câmbio", é necessário que se esclareça que o termo câmbio, definido em dicionário[540], quer dizer:

> 1 troca, permuta
> (...)
> 3 *econ* operação financeira que envolve venda, compra ou troca da moeda de um país pela de outro

Devemos, entretanto, entender que, neste caso, estamos diante de uma compra e venda e não permuta de uma mercadoria, quer seja, a moeda estrangeira. Esta mercadoria, como qualquer outra, tem um preço que varia no tempo, que é justamente a medida que dita em quantas unidades monetárias de determinada moeda se troca a outra[541].

Ainda, especificamente sobre o contrato de câmbio, temos que[542]:

---

[540] HOUAISS, Antônio; VILLAR, Mauro de Salles. **Dicionário Houaiss da língua portuguesa.** Rio de Janeiro: Objetiva, 2009, p. 376.
[541] Sobre a previsão legislativa do contrato de câmbio, devemos recordar que este é disciplinado pela Lei 4.595, de 30 de setembro de 1964 (Lei de Reforma Bancária), e formalizado na Circular 2.231/92 do BC e documentos posteriores.
[542] FORTUNA, Eduardo. Mercado Financeiro: produtos e serviços. 16.ª ed. Rio de Janeiro: Qualitymark 2005, p. 401.

O objetivo principal do contrato de câmbio é a compra e venda de moeda estrangeira, cuja entrega da moeda corresponde à liquidação do contrato.

O contrato de câmbio visa à prestação de um serviço por um banco ao seu cliente. Quando este cliente for um exportador, o serviço bancário será a cobrança, no exterior, de cambiais sacadas pelo exportador nacional contra o importador residente em outro país. Quando for um importador, o serviço bancário prestado será o recebimento, em moeda local, com o respectivo pagamento ao fornecedor no exterior, do valor referente à mercadoria importada.

Além disso, importa o lembrete de que o objeto da operação de câmbio poderá ser a moeda, ou título de crédito que a represente[543]. E isso permite a classificação do câmbio em duas espécies[544]:

a) o câmbio manual, onde a troca de moeda se faz contra moeda, de mão em mão;

b) câmbio trajectício ou sacado, no qual a troca se opera por meio de títulos de crédito representativos da moeda e em praças diferentes. A distância entre o local da entrega e o local do recebimento da moeda impulsiona a emissão de um título de crédito que a represente, a fim de viabilizar a liquidação da operação.

O autor acima citado, antes de propor sua definição sobre "operações de câmbio", lembra ainda que o ouro poderá servir como moeda para fins de operação de câmbio[545]:

Cumpre anotar que o artigo 153, § 5.º, da Constituição Federal indica que o ouro poderá servir como *instrumento cambial*, ou seja, como moeda para fins de operação de câmbio. Nessa hipótese, constituindo-se instrumento cambial, haveria, em tese, a possibilidade de a União Federal fazer incidir sobre tais operações o imposto sobre operações de câmbio. Nos dias atuais, não existe qualquer norma infraconstitucional que atribua

---

[543] COMPARATO, Fábio Konder. **Contrato de câmbio**. In: Revista dos Tribunais, ano 72, volume n.º 575. São Paulo: Revista dos Tribunais, 1983, p. 55.
[544] MOSQUERA, Roberto Quiroga. Op. cit., p. 121.
[545] Idem.

ao ouro a qualidade de instrumento cambial antes referida e faça incidir sobre ele o IO/Câmbio.

Portanto, pelo acima exposto, podemos definir as operações de câmbio como os negócios de compra e venda de moeda estrangeira ou nacional ou, ainda, os negócios jurídicos consistentes na entrega de uma determinada moeda a alguém em contrapartida de outra moeda recebida. Em síntese, o câmbio traduz um comércio de dinheiro, no qual este se torna mercadoria e, como tal, tem custo e preço.

Verdade ainda, que pouco importa o negócio jurídico que deu origem ao fechamento de câmbio, vez que a incidência do IO-Câmbio independe de quaisquer outros atos ou negócios jurídicos que venham a dar azo ao fechamento do contrato de câmbio[546].

Delineados esses contornos, mister o destaque para um intrigante debate jurisprudencial, em torno do aspecto material do IO-Câmbio. Trata-se da discussão em torno de uma remessa de valores feita por exportador nacional em razão de desconto concedido em contrato de exportação, diante da queda de preço do produto no mercado internacional. Dito pagamento que buscava ressarcir o cliente estrangeiro de uma queda de preço acabou sendo equiparado pelo Banco Central a uma importação de serviços (perdas em transações mercantis com o exterior). Fora então feita a remessa financeira ao exterior a título de garantia contra a queda do preço do produto e mantida a cobrança pelo tribunal superior, pois em que pese não se tratar de uma importação de serviços, houve o nascimento da obrigação tributária na ocasião do fechamento do contrato de câmbio, não interessando a natureza do negócio subjacente. Eis a ementa deste acórdão:

---

[546] Nesse aspecto conferir a seguinte decisão:
TRF-3 - APELAÇÃO CÍVEL-SP 2001.03.99.056748-7
Ementa: IOF - OPERAÇÕES DE CÂMBIO - NEGÓCIO JURÍDICO CANCELADO - RESTITUIÇÃO INDEVIDA - HONORÁRIOS ADVOCATÍCIOS. O fato gerador do IOF em operações de câmbio consiste na entrega de moeda nacional ou estrangeira ou documento que a represente, ou sua colocação à disposição do interessado, em montante equivalente à moeda estrangeira ou nacional entregue ou posta à sua disposição por este, nos termos do art. 63, II do CTN. Posterior cancelamento de negócio jurídico celebrado não desnatura a operação tributária, visto ter havido sua liquidação, fato imponível do IOF incidente em operações de câmbio.

TRF-3 - APELAÇÃO CÍVEL 71063 SP 95.03.071063-4
DIREITO TRIBUTÁRIO. IOF. DECRETOS-LEIS NºS 1.783/80 E 1.844/80. CONTRATO DE CÂMBIO. EXPORTAÇÃO. BAIXA DO PREÇO DO PRODUTO EXPORTADO NO MERCADO INTERNACIONAL. REMESSA A TÍTULO DE GARANTIA OFERECIDA PELO EXPORTADOR CONTRA A QUEDA DO PREÇO. LEGALIDADE DA AUTUAÇÃO.

1. O imposto sobre operações de crédito, câmbio e seguro, e sobre operações relativas a títulos e valores mobiliários, comumente chamado de imposto sobre operações financeiras - IOF, integra a competência da União, que o utiliza como instrumento de gestão de várias políticas, principalmente as de crédito, câmbio e seguro, tendo função essencialmente extrafiscal, muito embora se preste, também, à função fiscal ou arrecadatória.

2. O CTN, no seu artigo 63, inciso II, estabelece que o imposto tem como fato gerador, quanto às operações de câmbio, a sua efetivação pela entrega de moeda nacional ou estrangeira, ou de documento que a represente, ou sua colocação à disposição do interessado, em montante equivalente à moeda estrangeira ou nacional entregue ou posta à disposição por este.

3. Com supedâneo na norma contida no referido inciso, foi, posteriormente, editado o Decreto-Lei nº 1.783, de 18 de abril de 1980, que definiu as alíquotas no caso de operações de câmbio, definindo, ainda, os contribuintes do imposto como os tomadores de crédito, os segurados, os compradores de moeda estrangeira e os adquirentes de títulos e valores mobiliários. Após, veio a lume o Decreto-lei nº 1.844, de 30 de dezembro de 1980, que, dando nova redação ao Decreto-lei nº 1.783/80, majorou a alíquota do IOF incidente sobre operações de câmbio.

(...)

5. No caso dos autos, a impetrante entende que não incide o IOF sobre a liquidação de contrato de câmbio, referente à remessa de valores em razão de desconto concedido pelo exportador, em contrato de exportação, diante da queda de preço do produto no mercado internacional, sob o argumento de ausência de norma legal que trate de tal incidência do tributo, sendo inaplicável a analogia para criar obrigação tributária, sendo o caso de decretar a nulidade do auto de infração em que o auditor do Banco Central do Brasil equiparou a operação de câmbio como sendo "importação de serviços - perdas em transações mercantis com o exterior".

6. Contudo, reitere-se, o fato gerador do tributo em questão, nas operações de câmbio, ocorre quando da sua efetivação pela entrega de moeda nacional ou estrangeira, ou de documento que a represente, ou sua colocação à disposição do interessado, em montante equivalente à moeda estrangeira ou nacional entregue ou posta à disposição. Portanto, nasce a obrigação tri-

butária na ocasião do fechamento do contrato de câmbio, não interessando a natureza do negócio subjacente, se a operação destina-se ao pagamento do exportador no estrangeiro, ou à devolução de parte do pagamento para o importador no país alienígena, com o objetivo de honrar garantia estabelecida para a hipótese de queda do produto no mercado internacional.

7. Ademais, não há como não entender, do ponto de vista econômico e financeiro, que uma variação para baixo na cotação do produto no mercado internacional não expresse uma perda, mormente como no caso dos autos, onde foi oferecida garantia ao comprador de que a empresa vendedora da mercadoria - fibra ou fio de sisal -, suportaria a variação nas cotações das commodities.

8. Não bastasse, realmente o Manual de Normas e Instruções do Banco Central, vigente à época dos fatos, determinava que a autuação deveria ser feita em face da falta de recolhimento do IOF nos contratos de câmbio do tipo 04, caracterizadas como de importação de serviços - perdas em transações mercantis com o exterior, restando claro que tais prejuízos poderiam sim decorrer de garantia oferecida ao importador estrangeiro contra eventual queda de preço do produto que lhe foi vendido, o que, infelizmente veio a ocorrer.

9. Apelação a que se nega provimento.

Em suma, independentemente do enquadramento da operação nas normas e instruções ditadas pelo Banco Central, o aspecto material da regra de incidência do IO-Câmbio é realizar operações de câmbio, segundo os moldes acima delineados.

7.1.2. Aspecto espacial

A legislação não é específica com relação ao aspecto espacial da regra-matriz do IO-Câmbio. Por dedução lógica o intérprete conclui que a incidência ocorrerá nos limites do território nacional, vez que se trata de um imposto de competência da União Federal. Então, são juridicamente relevantes a efetivação do câmbio pela entrega da moeda ou pela sua colocação à disposição do interessado quando ocorridas, uma ou outra, no território nacional. Ainda assim, o STJ tem entendido que a contratação do câmbio no exterior não afasta a incidência[547]:

---

[547] PAULSEN, Leandro; MELO, José Eduardo Soares de. **Impostos federais, estaduais e municipais.** 7.ª ed. rev. e atual. - Porto Alegre: Livraria do Advogado ,2012, p. 168.

STJ, 2.ª T. AgRg no Ag 1155910/SP
2. A liquidação de contrato de câmbio contratado no exterior constitui fato gerador do IOF, de acordo com o artigo 63, II do CTN. Precedentes. No mesmo sentido: STJ, 2.ª T., REsp 1140477/SP, Rel. Ministra Eliana Calmon, mar/2010.

7.1.3. Aspecto temporal

O já examinado art. 11 do RIOF traz a delimitação temporal da regra de incidência do IO-Câmbio quando dispõe em seu parágrafo único que:

> Art. 11. (...)
> Parágrafo único. Ocorre o fato gerador e torna-se devido o IOF no ato da liquidação da operação de câmbio.

Entretanto, o aspecto temporal acima descrito não é objeto da redação da lei ordinária instituidora do imposto, o que pode levar a crer que a lei 8.894/94 é inconstitucional, pois a lacuna existente vicia a exigência do imposto sobre operações de câmbio. Esse é o entendimento de Quiroga que assim demonstra sua indignação[548]:

> Com efeito, por mais que transitemos pela Lei n.º 8.894/94 não identificaremos o momento no qual a Lei considera ocorrido o fato passível de tributação.
> (...)
> Não há definição em lei do momento em que o fato jurídico tributário se considera consumado, ocorrido.
> A referida lacuna legal vicia a exigência do imposto sobre operações de câmbio, de nada adiantando as tentativas do Poder Executivo de suprir o erro por intermédio de Decreto Presidencial.

Concordamos, todavia com José Eduardo Soares de Melo, quando expõe que[549]:

> Na ausência de ficção legal quanto ao momento em que se deva considerar ocorrido o fato gerador do IOF-Câmbio, o aspecto temporal cor-

---

[548] MOSQUERA, Roberto Quiroga. Op. cit., p. 121.
[549] PAULSEN, Leandro; MELO, José Eduardo Soares de. Op. cit., p. 169.

responde ao momento da exata ocorrência do fato gerador, ou seja, da situação descrita no aspecto material da norma.

Assim, entende-se ocorrido no momento da realização da operação de câmbio, ou seja, por ocasião da entrega da moeda nacional ou documento que a represente, ou sua colocação à disposição do interessado. O fato gerador considera-se ocorrido, portanto, com a realização da operação de câmbio, efetivada pela sua liquidação.

Em que pese a relevante menção ao princípio da legalidade tributária, pode-se entender que a interpretação sistemática da legislação leva à compreensão de que o momento de ocorrência do fato gerador só pode ser o momento da liquidação da operação de câmbio.

Eis porque o doutrinador acima citado afirma ainda que[550]:

> Por consequência, o momento da liquidação da operação de câmbio é a referência para a verificação das leis e normas complementares aplicáveis, o que assume importância decisiva na medida em que o IOF-Câmbio pode ter sua alíquota alterada a qualquer momento, com incidência imediata, sem a necessidade de observância das anterioridades de exercício nonagesimal mínima.

Esse entendimento foi corroborado pela jurisprudência, como se pode ver abaixo:

> TRF4, 1.ª T., AMS 95.04.43376-6/RS
> Ementa: TRIBUTÁRIO. MANDADO DE SEGURANÇA. IMPOSTO SOBRE OPERAÇÕES FINANCEIRAS. INCIDÊNCIA. ALÍQUOTA. PORTARIAS PRT-111/94 E PRT-34/94.
> 1. A hipótese de incidência do imposto discutido encontra-se claramente definida no ART- 63 do CTN-66.
> 2. O aspecto temporal do fato gerador encontra-se perfeitamente definido no ART- 63 , INC-2 , do CTN-66.
> 3. Antes da liquidação do contrato de câmbio (troca da moeda) não existe o fato gerador. Ele não é complexivo e sucessivo. Ocorre no momento da entrega da moeda. Quando verificou-se esse fato, no caso dos autos, a alíquota já não era de 3%, mas de 7%, alterada por ato do poder executivo, na forma do permissivo constitucional, para atender interesse nacional.
> 4. Apelação improvida.

---

[550] Idem.

Por fim, com relação ao momento da cobrança e do recolhimento desse imposto, deve-se observar o art. 17 e seu parágrafo único do RIOF que estipulam que:

> Art. 17. O IOF será cobrado na data da liquidação da operação de câmbio.
> Parágrafo único. O IOF deve ser recolhido ao Tesouro Nacional até o terceiro dia útil subsequente ao decêndio da cobrança ou do registro contábil do imposto.

7.1.4. Aspecto pessoal

Não há maiores problemas na identificação dos sujeitos ativo e passivo da relação jurídica que nasce quando da ocorrência do fato gerador do IO--Câmbio. No polo ativo encontra-se a União Federal, enquanto no passivo, o contribuinte é o comprador ou vendedor de moeda estrangeira nas operações referentes às transferências financeiras para o ou do exterior, respectivamente, conforme inteligência do art. 6.º da Lei 8.894/94 e do Decreto 6.306/07, art. 12.

O Decreto 6.306/07 cuida de deixar clara a aplicação do critério legal inclusive nas operações de câmbio manual, bem como de esclarecer o que se considera por "transferências financeiras"[551].

> Art. 12. São contribuintes do IOF os compradores ou vendedores de moeda estrangeira nas operações referentes às transferências financeiras para o ou do exterior, respectivamente.
> Parágrafo único. As transferências financeiras compreendem os pagamentos e recebimentos em moeda estrangeira, independentemente da forma de entrega e da natureza das operações.

Já a responsabilidade tributária é deslocada pelo art. 6.º da Lei 8.894/94, às instituições autorizadas a operar em câmbio, sendo que cabe a essas o recolhimento do imposto aos cofres públicos.

7.1.5. Aspecto quantitativo

---

[551] PAULSEN, Leandro; MELO, José Eduardo Soares de. Op. cit., p. 169.

O art. 5.º da lei ordinária instituidora do IO-Câmbio é bastante claro ao delinear tanto a base de cálculo, como a alíquota sobre as quais deve recair o imposto:

> Art. 5º O Imposto sobre Operações de Crédito, Câmbio e Seguro, ou relativas a Títulos e Valores Mobiliários (IOF), incidente sobre operações de câmbio **será cobrado à alíquota de vinte e cinco por cento sobre o valor de liquidação da operação cambial** (grifo nosso).

Deve-se reprisar aqui o caráter de extrafiscalidade do IO-Câmbio, pois, justamente no que tange ao aspecto quantitativo de sua regra matriz é que a União coloca em prática a ferramenta que a permite exercer política cambial. Tudo isso com a autorização dada pela CF, no texto do art. 153, § 1.º, que confere ao Poder Executivo a prerrogativa de alterar as alíquotas do IO-Câmbio sem necessidade de edição ou alteração de lei junto ao Poder Legislativo.

Alguns entendem que a alíquota de 25% instituída em lei mostra-se indiscutivelmente confiscatória, dada a sua demasiada onerosidade, que atenta contra o patrimônio do contribuinte. O percentual não se justifica, incorrendo em violação aos princípios da vedação do excesso e da proporcionalidade[552].

Na prática, todavia, essa alíquota não é aplicada e, especificamente no tocante às importações de serviços, a alíquota aplicada é a de 0,38%, por força do art. 15-B[553] do RIOF, que não inclui as importações de serviços dentre as exceções da alíquota de 0,38% descritas nos incisos do citado art. 15-B:

> 15-B. A alíquota do IOF fica reduzida para trinta e oito centésimos por cento, observadas as seguintes exceções:

Uma das exceções à alíquota acima são as aquisições de serviços pagas com cartão de crédito no exterior, na qual há uma maior onerosidade nessas compras dos particulares (6,38%) e uma redução a zero da alíquota em compras pagas com cartão de crédito, cujos usuários sejam a União, os

---

[552] Cf. PAULSEN, Leandro; MELO, José Eduardo Soares de. Op. cit., p. 170.
[553] Acrescentado pelo Decreto n.° 8.325/14, que revogou o art. 15-A, que anteriormente regulamentava a matéria.

Estados, os Municípios, o Distrito Federal, suas fundações e autarquias. Eis as exceções atualmente previstas no art. 15-B do RIOF para pagamentos de importações de serviços:

> VII - nas operações de câmbio destinadas ao cumprimento de obrigações de administradoras de cartão de crédito ou de bancos comerciais ou múltiplos na qualidade de emissores de cartão de crédito decorrentes de aquisição de bens e serviços do exterior efetuada por seus usuários, observado o disposto no inciso VIII: seis inteiros e trinta e oito centésimos por cento; e
> VIII - nas operações de câmbio destinadas ao cumprimento de obrigações de administradoras de cartão de crédito ou de bancos comerciais ou múltiplos na qualidade de emissores de cartão de crédito decorrentes de aquisição de bens e serviços do exterior quando forem usuários do cartão a União, Estados, Municípios, Distrito Federal, suas fundações e autarquias: zero.

7.2. Pretendida isenção do IO-Câmbio sobre importações de serviços

A análise do aspecto quantitativo do IO-Câmbio sobre importações de serviços leva o intérprete a comparar a exação desse imposto à alíquota de 0,38% (exceção feita às importações pagas com cartão de crédito) com a isenção dada ao importador de mercadorias pelo art. 6.º, I do Decreto-Lei n.º 2.434/1988, nos termos seguintes:

> Art. 6° Ficam isentas do Imposto sobre Operações de Crédito, Câmbio e Seguro e sobre Operações relativas a Títulos e Valores Mobiliários as operações de câmbio realizadas para o pagamento de bens importados, ao amparo de Guia de Importação ou documento as semelhado, emitida a partir de 1° de julho de 1988.

A já excessivamente onerada operação de importação de serviços, cuja carga efetiva varia de cerca de 41% a mais de 51%, deveria merecer o mesmo tratamento, ao menos no tocante ao IO-Câmbio e para tanto deveria ser proposta a isenção desse imposto mediante lei, a exemplo do que ocorre com relação à isenção concedida às importações de bens[554] ou ao menos

---

[554] Referida isenção é objeto do art. 16, I do RIOF e foi instituída pelo art. 6.° do Decreto-Lei n.° 2.434/88 e reafirmada pelo art. 1.°, XIII da Lei n.° 8.402/92.

de início que se propusesse a redução a zero de sua alíquota mediante decreto para minimizar o impacto financeiro dessa distorção, o que de tudo não seria ideal, pois mantida a possibilidade de alteração da alíquota meramente por decreto[555]. Essa medida seria uma forma de equalização de tratamento entre os importadores de bens e de serviços, pois estes últimos acabam por diversas vezes onerados em quantias muito superiores àqueles por conta não apenas do aspecto quantitativo das incidências tributárias que lhe recaem, mas também porque sofrem maiores restrições no que tange ao aproveitamento do crédito fiscal sobre suas aquisições de serviços no exterior.

Referida igualdade de tratamento, ainda que não suscite grandes discussões no âmbito doutrinário, se justificaria como corolário do princípio da isonomia em matéria tributária, inserto no art. 150, II da CF. Eis que, sob a ótica econômica, tanto mercadorias como serviços são tidos como meios de produção, sendo o seu maior fator de distinção a questão material / física, sendo as mercadorias bens palpáveis física e materialmente, ao contrário dos serviços, imateriais por natureza.

Em princípio não se justificaria a não isenção do IO-Câmbio sobre importações de serviços pelo argumento da extrafiscalidade desse imposto, vez que se assim o fosse, deveria ser mantida a hipótese de incidência sobre a importação de mercadorias. Em outras palavras, se a justificativa da hipótese de incidência é regular o mercado e controlar o fluxo internacional de divisas (aspecto extrafiscal), a isenção ou a não isenção deveria ser aplicada para os dois meios de produção, tanto os tangíveis (mercadorias), como os intangíveis (serviços).

Esta breve análise não pretende esgotar, mas apenas jogar luzes sobre este tema, que se mostra bastante intrigante, assim como os demais assuntos envolvendo a tributação sobre a importação de serviços.

---

[555] Confederação Nacional da Indústria. **Tributação sobre importação de serviços: impactos, casos e recomendações de políticas**. Brasília: CNI, 2013, p. 12.

REFERÊNCIAS BIBLIOGRÁFICAS

Sítios da Internet:

INPI - Instituto Nacional da Propriedade Industrial:

Textos extraídos do sítio do INPI. Disponível em:

http://www.inpi.gov.br/images/docs/dicig_contratos_estat_portal_ago_13_tabela_7.pdf. Acesso em 24 de fevereiro de 2015.

http://www.inpi.gov.br/portal/acessoainformacao/artigo/contrato_de_tecnologia_1351692514525#4. Acesso em 24 de fevereiro de 2015.

http://www.inpi.gov.br/portal/artigo/guia_basico_contratos_de_tecnologia. Acesso em 24 de fevereiro de 2015.

http://www.inpi.gov.br/images/docs/resolucao_54-2013_0.pdf. Acesso em 24 de fevereiro de 2015.

Ministério do Desenvolvimento:

Textos extraídos do sítio do Ministério do Desenvolvimento, Indústria e Comércio Exterior (MDIC). Disponível em:

http://www.desenvolvimento.gov.br/arquivos/dwnl_1377202302.pdf. Acesso em 24 de fevereiro de 2015.

http://www.desenvolvimento.gov.br/portalmdic/arquivos/dwnl_1257786965.pdf. Acesso em 24 de fevereiro de 2015.

http://www.desenvolvimento.gov.br/sitio/interna/noticia.php?area=4&noticia=9050. Acesso em 24 de fevereiro de 2015.

http://www.desenvolvimento.gov.br/portalmdic/sitio/interna/noticia.php?area=4&noticia=8974. Acesso em 24 de fevereiro de 2015.

OCDE - Organização para Cooperação e Desenvolvimento Econômico:

Textos extraídos do sítio da OCDE:

International VAT/ GST Guidelines. Disponível em:
http://www.oecd.org/ctp/consumption/international-vat-gst-guidelines.pdf. Acesso em 25 de fevereiro de 2015.

OECD International VAT/GST Guidelines on Neutrality: Disponível em:

http://www.oecd.org/ctp/consumption/guidelinesneutrality2011.pdf. Página 5. Acesso em 25 de fevereiro de 2015.

OECD, The Committee on Fiscal Affairs. **Transfer Pricing Guidelines for Multinational Enterprises and Tax Administrations.** Part II: Applications: Discussion Draft, Paris, 1995. Disponível em: http://www.oecd.org/officialdocuments/publicdisplaydocumentpdf/?cote=OCDE/GD(95)31&docLanguage=En. Acesso em 25 de fevereiro de 2015.

OECD (2012), **R(8). Tax treaty override.** In: Model Tax Convention on Income and on Capital 2010 (Full Version), OECD Publishing. Disponível em: http://dx.doi.org/10.1787/9789264175181-101-en. Acesso em 25 de fevereiro de 2015.

Organização Mundial do Comércio:

Site da Organização Mundial do Comércio. Disponível em http://www.wto.org/english/tratop_e/serv_e/gsintr_e.pdf. Versão original: **The General Agreement on Trade in Services. An Introduction.** Acesso em 24 de fevereiro de 2015.

Site da Organização Mundial do Comércio. Disponível em: http://www.wto.org/english/tratop_e/serv_e/gatsfacts1004_e.pdf. **GATS - Fact and Fiction.** Acesso em 24 de fevereiro de 2015.

REFERÊNCIAS BIBLIOGRÁFICAS

PGFN - Procuradoria Geral da Fazenda Nacional

Texto extraído do sítio da PGFN: VALADÃO, Marcos Aurélio Pereira e BARROSO, Regina Maria Fernandes. **O valor aduaneiro como base de cálculo das contribuições para o PIS/PASEP e a COFINS – importação.** In: Revista da PGFN, Ano I, número III, 2012. Disponível em:

http://www.pgfn.fazenda.gov.br/revista-pgfn/ano-i-numero-iii-2012/H%20C2%20o%20 valor%20aduaneiro.pdf. Acesso em 25 de fevereiro de 2015.

The Economist:

Textos extraídos do sítio da revista The Economist. Disponível em:

http://www.economist.com/printedition/displayStory.cfm?Story_ID=14845197. Acesso em 25 de fevereiro de 2015.

http://www.economist.com/news/leaders/21586833-stagnant-economy-bloated-state--and-mass-protests-mean-dilma-rousseff-must-change-course-has. Acesso em 25 de fevereiro de 2015.

Última Instância:

Texto extraído do sítio Última Instância: PEREIRA, Fabio Caon. **Cobrança de IRRF sobre importação de serviços.** Disponível em:

http://ultimainstancia.uol.com.br/conteudo/artigos/4582/cobranca+de+irrf+sobre+importacao+de+servicos.shtml. Acesso em 25 de fevereiro de 2015.

Valor Econômico:

Texto extraído do sítio do jornal Valor Econômico: Momento é favorável para que Brasil e EUA firmem acordo contra bitributação Empresários de Brasil e EUA pedem avanços contra bitributação. Disponível em:

http://www.valor.com.br/brasil/3051450/empresarios-de-brasil-e-eua-pedem-avancos--contra-bitributacao. Acesso em 25 de fevereiro de 2015.

Outros sítios da internet:

HOMSY, Leonardo e ANDRADE, Ana Carolina Granda Piá de. **Conceito de Insumos para fins de Créditos de PIS e de COFINS**. Disponível em: http://www.camposmello.adv.br/pt_BR/novidades-recursos/recursos/conceito-de-insumos-para-fins-de-credito-de-pis-de-cofins.html. Acesso em 25 de fevereiro de 2015.

MIRANDA, Thiago de Oliveira Cunha. **O Direito Tributário Internacional brasileiro e a incidência do ISS nas importações de serviços**. Disponível em http://www.ejef.tjmg.jus.br/home/files/publicacoes/artigos/112010.pdf. Acesso em 25 de fevereiro de 2015.

MORENO, Antônio e MENDONÇA, Raquel Borba de. **O Conflito na Conceituação de "Insumos" e as Recentes Decisões do CARF sobre os Créditos das Contribuições do "PIS" e da "COFINS"**. Disponível em: http://bibliotecadigital.fgv.br/ojs/index.php/revdiscentegv/article/view/19601/18323. Acesso em 25 de fevereiro de 2015.

SILVA, Ricardo Almeida Ribeiro da. **Alíquota mínima do ISSQN: roteiro de medidas jurídicas para combate à guerra fiscal entre Municípios**. Jus Navigandi, Teresina, ano 10, n. 801, 12 set. 2005. Disponível em: <http://jus.com.br/artigos/7263>. Acesso em: 25 fevereiro de 2015.

Referência bibliográficas:

ALVES, Anna Emilia Cordelli. **Importação de serviços - impossibilidade de tributação pelo ISS em decorrência do critério constitucional da origem do serviço**. In: Revista Dialética de Direito Tributário n.º 112. São Paulo: Dialética, 2005.

AMARAL, Antonio Carlos Rodrigues. **Comentários ao Código Tributário Nacional**. Vol. 2, coord. Ives Gandra da Silva Martins. Saraiva: São Paulo, 1998.

AMARO, Luciano. **Direito Tributário Brasileiro**. São Paulo: Saraiva, 2007.

ANDRADE FILHO, Edmar Oliveira. **Imposto de Renda das Empresas**. São Paulo: Atlas, 2008.

ATALIBA, Geraldo. **Hipótese de Incidência Tributária**. São Paulo: Malheiros, 6ª edição, 2000.

BAKER, Philip. **Double Taxation Conventions and International Tax Law**. Londres: Sweet & Maxwell, 2.ª edição, 1994.

BALEEIRO, Aliomar. **Direito Tributário Brasileiro**, 11ª Edição, atualizada por DERZI, Misabel Abreu Machado. Rio de Janeiro: Forense, 2009.

REFERÊNCIAS BIBLIOGRÁFICAS

BALEEIRO, Aliomar. **Direito Tributário Brasileiro**, 11ª Edição, Atualizado por DERZI, Misabel Abreu Machado. Rio de Janeiro: Forense, 2008.

BALZANI, Francesca. **Il Transfer Pricing**. In: UCKMAR, Victor (coord.) Diritto Tributario Internazionale. Milão: Cedam, 3.ª edição, 2005, pp. 565-632.

BARRETO, Aires F. **ISS – Atividade-meio e Serviço-fim**. In: Revista Dialética de Direito Tributário n° 5. São Paulo: Dialética, 1996.

BARRETO, Aires. **ISS – Não Incidência sobre Cessão de Espaço em Bem imóvel**. In: Revista de Direito Tributário n° 76. São Paulo: Malheiros, 1999, pp. 45 a 55.

BARRETO, Aires. **ISS na Constituição e na Lei**. São Paulo: Dialética, 2003.

BARRETO, Aires. **Natureza Jurídica do Imposto Criado pela Medida Provisória 160/90**. Repertório IOB de Jurisprudência, 2ª quinzena de maio de 1990, nº 10/90.

BASSANEZE, João Marcello Tramujas. **Pluritributação Internacional: Origem, Conceito e Medidas Unilaterais Destinadas à sua** Eliminação. In: TÔRRES, Heleno Taveira (coord.). **Direito Tributário Internacional Aplicado**. São Paulo: Quartier Latin, 2003.

BENÍCIO, Sérgio Gonini; BENÍCIO JR., Benedicto Celso. **As Principais Questões do Pis e Cofins Não-Cumulativos e sua Incidência sobre as Importações**. In: FISCHER, Octavio Campos; PEIXOTO, Marcelo Magalhães. (Orgs.) **Pis-Cofins. Questões Atuais e Polêmicas**. São Paulo: Quartier Latin, 2005.

BEVILÁQUA, Clóvis. **Direitos das Obrigações**. Edição histórica. Rio de Janeiro, Editora Rio, 1977.

BIFANO, Elidie Palma. **Apuração de Preços de Transferência em Intangíveis, Contratos de Prestação de Serviços, Intragrupo e Cost Sharing Agreements**. In: Schoueri, Luís Eduardo e outros, Tributos e Preços de Transferência, 3° volume. São Paulo: Dialética, 2009.

BORGES, Eduardo de Carvalho. **O ISS, os Serviços Provenientes do Exterior, e a Jurisprudência**. In: MACHADO, Rodrigo Brunelli (Org.). **ISS na Lei Complementar n° 116/2003**. São Paulo: Quartier Latin e IPT, 2004.

BRANCO, Vinicius. **Convênios de Rateio de Despesas – Disciplina Tributária**. In: Revista Dialética de Direito Tributário n.º 107. São Paulo: Dialética, 2004.

BRIGIDO, Eveline Vieira. **Bitributação internacional da renda: as cláusulas de tax sparing e matching credit**. In: Revista Amicus Curiae. V. 9, n. 9. Criciúma: Universidade do Extremo Sul Catarinense, 2012. Disponível em: http://periodicos.unesc.

net/index.php/amicus/article/viewFile/869/824. Acesso em 25 de fevereiro de 2015.

CANTO, Gilberto Ulhôa. **Estudos e Pareceres de Direito Tributário**. São Paulo: Revista dos Tribunais, 1975.

CARRAZZA, Roque Antônio. **Curso de Direito Constitucional Tributário**. São Paulo: Malheiros, 29ª edição, 2013.

CARRAZZA, Roque Antonio. ISS – **Serviços de Reparação de Turbinas de Aeronaves, para Destino no Exterior – Não-incidência – Exegese do art. 2°, I e seu parágrafo único, da Lei Complementar n° 116/06**. In: Revista de Direito Tributário n° 93, São Paulo: Malheiros, 2006.

CARVALHO, Paulo de Barros de. **Curso de Direito Tributário**. São Paulo: Saraiva, 17ª edição, 2005.

CARVALHO, Cristiano; CASTRO, José Augusto Dias de. **Pis e Cofins na Importação – Aspectos Controvertidos de suas Regras Matrizes**. In: GAUDÊNCIO, Samuel Carvalho; PEIXOTO, Marcelo Magalhães. (Orgs.) **Fundamentos do Pis e da Cofins**. São Paulo: MP Editora, 2007.

CATÃO, Marcos André Vinhas. **Incompatibilidade da Contribuição de Intervenção no Domínio Econômico Cide-Tecnologia (Lei n° 10.168/00), a partir da Instituição do PIS/Cofins – Importação/Serviços (Lei n° 10.865/04). Violação das Regras do GATT e GATS**. In: Revista Dialética de Direito Tributário n° 115. São Paulo: Dialética, 2005.

COÊLHO, Sacha Calmon Navarro e MOREIRA, André Mendes. **Inconstitucionalidades da Contribuição de Intervenção no Domínio Econômico Incidente sobre Remessas ao Exterior – CIDE Royalties**. In: Revista Dialética de Direito Tributário n° 89. São Paulo: Dialética, 2003.

COMPARATO, Fábio Konder. **Contrato de câmbio**. In: Revista dos Tribunais, ano 72, volume n.º 575. São Paulo: Editora Revista dos Tribunais, 1983.

CONFEDERAÇÃO NACIONAL DA INDÚSTRIA. **Tributação sobre importação de serviços: impactos, casos e recomendações de políticas**. Brasília: CNI, 2013.

COSTA, Alcides Jorge. **Os acordos para evitar a bitributação e a cláusula de não-discriminação**. In: Revista Dialética de Direito Tributário n.º 6. São Paulo: Dialética, 1996.

CUNHA GONÇALVES, Luiz da. **Tratado de direito civil em comentário ao código civil português**. Coimbra Editora, 1934, v. VIII, pp. 539 e 540.

DIAS, Roberto Moreira. **PIS e Cofins pela Sistemática da Não-cumulatividade: é Válida a Restrição de Créditos em Relação aos Bens e Serviços Adquiridos de Pessoas Jurídicas Domiciliadas no Exterior?** In: Revista Dialética de Direito Tributário, n° 103. São Paulo: Dialética, 2004.

DINIZ, Maria Helena em **Curso de Direito Civil Brasileiro**, 2° volume. São Paulo: Saraiva, 2005.

DINIZ, Maria Helena. **Dicionário Jurídico**. São Paulo, Saraiva, 1998, v. 4.

DOERNBERG, Richard L. **International Taxation in a Nutshell**. 8th ed. Saint Paul: Thomson West, 2009, pp. 120-121.

EFING, Antonio Carlos. **Prestação de Serviços – uma análise jurídica, econômica e social a partir da realidade brasileira**: São Paulo, RT, 2005.

FERNANDES, Edison Carlos. **Incidência da Contribuição para o Pis e Cofins sobre a Importação e o Princípio da Não-Discriminação Tributária dos Acordos Multilaterais do Comércio, Especialmente o Mercosul**. In: GAUDÊNCIO, Samuel Carvalho; PEIXOTO, Marcelo Magalhães. (Orgs.) **Fundamentos do Pis e da Cofins**. São Paulo: MP Editora, 2007.

FERNÁNDEZ, German Alejandro San Martín. **O ISSQN incidente sobre importação de serviços e o alcance da expressão "cujo resultado se verifique no País" e a isenção (heterônoma) na exportação prevista na LC 116/03**. In: Revista de Direito Tributário Internacional no 6. São Paulo: Quartier Latin, 2007.

FILHO, Marçal Justen. **O Imposto Sobre Serviços na Constituição. Dissertação de Mestrado**. São Paulo: Pontifícia Universidade Católica de São Paulo, 1983.

FORTES, Maurício Cezar Araújo. **A regra-matriz de incidência do Imposto Sobre Serviços de Qualquer Natureza. Dissertação de Mestrado**. São Paulo: Faculdade de Direito, Universidade de São Paulo, 2009.

FRANÇA, Rodrigo Marques. **A Inconstitucionalidade da Incidência da Contribuição ao PIS/PASEP e COFINS na Importação de Serviços e sua Violação ao Princípio do Federalismo: Aspectos das Competências Federal e Municipal**. In: PEIXOTO, Marcelo Magalhães; FISCHER, Octavio Campos. (Orgs.) **Pis-Cofins. Questões Atuais e Polêmicas**. São Paulo: Quartier Latin, 2005.

GALHARDO, Luciana Rosanova. **Serviços técnicos prestados por empresa francesa e imposto de renda na fonte**. In: Revista Dialética de Direito Tributário n° 31. São Paulo: Dialética, 1998.

GALHARDO, Luciana Rosanova. **Rateio de Despesas no Direito Tributário**. São Paulo: Quartier Latin, 2004.

GAUDÊNCIO, Samuel Carvalho; PEIXOTO, Marcelo Magalhães. (Orgs.) **Fundamentos do Pis e da Cofins**. São Paulo: MP Editora, 2007.

GIARDINO, Cléber. **Conflitos entre ICM, ISS e IPI**. In: Revista de Direito Tributário n.ºs. 7/8, Ano III: Editora Revista dos Tribunais, 1979.

GOMES, Orlando. **Contratos**. 8ª edição, Rio de Janeiro: Forense, 1986.

GOUVÊA, Marcus de Freitas. **A Base de Cálculo do PIS e da Cofins na Importação de Mercadorias e Serviços**. In: Revista Dialética de Direito Tributário nº 134. São Paulo: Dialética, 2006.

GRAU, Eros Roberto. **A Ordem Econômica da Constituição de 1988**. 4.ª ed. São Paulo: Malheiros, 1998.

GRECO, Marco Aurélio. **Contribuições (uma figura "sui generis")**, São Paulo: Dialética, 2000.

GRUPENMACHER, Betina Treiger. **Tratados Internacionais em Matéria Tributária e Ordem Interna**. São Paulo: Dialética, 1999.

HADDAD, Gustavo Lian e VIDIGAL, Carolina Santos. **Importação de Serviços – Aspectos Tributários**. In: SANTI, Eurico Marcos Diniz de e outros, **Tributação Internacional** – Série GV Law. 1ª ed. São Paulo: Saraiva, 2007.

HIGUCHI, Hiromi. **Imposto de Renda das Empresas, Interpretação e Prática**. São Paulo: IR Publicações, 30ª ed., 2005.

HOUAISS, Antônio e VILLAR, Mauro de Salles. **Dicionário Houaiss da língua portuguesa**. 1ª ed. Rio de Janeiro: Objetiva, 2009.

LEHNER, Moris. **Europarechtliche Perspektiven für das Internationale Steuerrecht**. In: Europarecht und internationales Steuerrecht. Coordenado por Moris Lehner. Mit Diskussionsbeitrag eines Münchener Symposions. Münchener Schriften zum Internationalen Steuerrecht, Heft 19. München: Beck, 1994, pp. 19-28.

LEONARDOS, Gabriel Francisco. **O imposto de renda na fonte sobre os pagamentos ao exterior por serviços técnicos: análise de um caso de renúncia fiscal do Brasil**. In: Revista Dialética de Direito Tributário nº 40. São Paulo: Dialética, 1999.

MACHADO, Hugo de Brito Segundo; MACHADO, Raquel Cavalcanti Ramos. **Breves Ano-

REFERÊNCIAS BIBLIOGRÁFICAS

tações sobre a Incidência do Pis e da Cofins na importação. In: FORTUNA, Eduardo. **Mercado Financeiro: produtos e serviços**. 16.ª ed. Rio de Janeiro: Qualitymark Ed. 2005.

MAIA, Mary Elbe Gomes Queiroz. **Imposto sobre a renda e proventos de qualquer natureza: princípios, conceitos, regra-matriz de incidência, mínimo existencial, retenção na fonte, renda transnacional, lançamento, apreciações críticas**. Barueri: Manole, 2004.

MALHEIRO, Eliete de Lima Ribeiro. **Preços de Transferência – Intangíveis, Serviços e Cost Sharing**. In: SCHOUERI, Luís Eduardo e outros. **Tributos e Preços de Transferência**, 3. volume. São Paulo: Dialética, 2009.

MANEIRA, Eduardo. **Segurança Jurídica e os Limites Necessários para a Instituição de Contribuições de Intervenção no Domínio Econômico**. In: GRUPPENMACER, Betina (org.). **Tributação: Democracia e Liberdade**. São Paulo: Noeses, 2014.

MARQUES, Marcio Severo Marques e CANHADAS, Fernando A. M. **O ISS sobre serviços prestados por não-residentes e os tratados internacionais em matéria tributária: breves reflexões**. In: ISS LC 116/2003 à luz da doutrina e da jurisprudência. 2.ª edição revista e ampliada. MARTINS, Ives Gandra da Silva e PEIXOTO, Marcelo Magalhães. Coord. São Paulo: MP Editora, 2008.

MARTINS, Natanael. **O Contrato de Rateio de Despesas e suas Implicações Tributárias**, In: Direito Tributário, homenagem a Alcides Jorge Costa. Coord. SCHOUERI, Luís Eduardo. São Paulo: Quartier Latin, 1ª edição, 2003.

MARTINS, Sergio Pinto. **Manual do imposto sobre serviços**. São Paulo: Atlas, 2006.

MELO, José Eduardo Soares de. **A importação no direito tributário: impostos, taxas, contribuições**. São Paulo: Editora Revista dos Tribunais, 2003.

MELO, José Eduardo Soares de. **Contribuições Sociais no Sistema Tributário**. 6.ª ed. São Paulo: Malheiros, 2010.

MELO, José Eduardo Soares de. **ISS Aspectos Teóricos e Práticos**. São Paulo: Dialética, 2005.

MELO, José Eduardo Soares de. **PIS/PASEP e COFINS na Importação: Polêmicas**. In: FISCHER, Octavio Campos; PEIXOTO, Marcelo Magalhães. (Orgs.) **Pis-Cofins. Questões Atuais e Polêmicas**. São Paulo: Quartier Latin, 2005.

MORAES; Allan. **ISS – Base de Cálculo e Não-cumulatividade**. In: ISS LC 116/03, org. PEIXOTO, Marcelo Magalhães e MARTINS, Ives Gandra da Silva. Curitiba: Juruá e APET, 2004.

MORAES, Bernardo Ribeiro de. **Doutrina e Prática do ISS**. São Paulo: Revista dos Tribunais, 1975.

MOSQUERA, Roberto Quiroga. **Tributação no mercado financeiro e de capitais**. 2.ª edição. São Paulo: Dialética, 1999.

MÖSSNER, Jörg Manfred. **Steuerhoheit und Doppelbesteuerung**. In: MÖSSNER, Jörg Manfred et al. **Steuerrecht international tätiger Unternehmen**, Köln: O. Schmidt, 1992, p. 42.

NATANAEL, Martins. **O Conceito de Insumos na Sistemática Não-Cumulativa do PIS e da COFINS**. In: **Pis-Cofins. Questões Atuais e Polêmicas**. São Paulo: Quartier Latin, 2005.

NOGUEIRA, Ruy Barbosa. **Curso de direito tributário**. 14. ed., São Paulo: Saraiva, 1995.

OCDE. **Modelo de Convenção Tributária sobre o Rendimento e o Capital – versão condensada**. Tradução: ALMEIDA ADVOGADOS, julho de 2010.

OECD (2012), **R(8). Tax treaty override**. In: Model Tax Convention on Income and on Capital 2010 (Full Version), OECD Publishing. Disponível em: http://dx.doi.org/10.1787/9789264175181-101-en.

OLIVEIRA, Ricardo Mariz de. **Cofins-Importação E Pis-Importação**. In: ROCHA Valdir de Oliveira de. **Grandes Questões Atuais do Direito Tributário – 8º. Volume**. São Paulo: Dialética, 2004.

OLIVEIRA, Ricardo Mariz de. **Conceito de Receita como Hipótese de Incidência das Contribuições para a Seguridade Social (para efeito da Cofins e da Contribuição ao PIS)**. In: Repertório IOB de Jurisprudência, n.º 1, IOB, 1.ª quinzena de janeiro/01, caderno 1.

OLIVEIRA, Ricardo Mariz. **Fundamentos do Imposto de Renda**. São Paulo: Quartier Latin, 2008.

PAULSEN, Leandro e MELO, José Eduardo Soares de. **Impostos federais, estaduais e municipais**. 7.ª ed. rev. e atual. - Porto Alegre: Livraria do Advogado Editora, 2012.

PIOVESAN, Flávia. **Direitos Humanos e o Direito Constitucional Internacional**. São Paulo: Max Limonad, 1996.

RAAD, Kees van. **Materials on International & EC Tax Law**. Vol. 1. Sixth Edition. Leiden: ITC.

ROCHA, Sergio André. **O Resultado do Serviço como Elemento da Regra de Incidência do PIS/Cofins-Importação e da Regra Exonerativa do ISS sobre Exportações. In: Revista Dialética de Direito Tributário, n° 155, São Paulo: Dialética, 2008.

SABBAG, Maristela Miglioli; SOUZA, Ricardo Conceição. **Os Limites do Legislador quanto à estruturação da base de cálculo. Uma Análise Objetiva das Contribuições – PIS e Cofins – incidentes na importação.** In: Revista Dialética de Direito Tributário n° 105, São Paulo: Dialética, 2004.

SANTOS, Angelita de Almeida Vale e SANTOS, Ailton. **ISS – Comentários e Jurisprudência.** São Paulo: Legislação Brasileira em co-edição com o IBDT, 1998.

SCHOUERI, Luís Eduardo. **Contribuições de Intervenção no Domínio Econômico e Figuras Afins.** São Paulo: Dialética, 2001.

SCHOUERI, Luís Eduardo. **ISS sobre a Importação de Serviços do Exterior.** In: Revista Dialética de Direito Tributário n° 100, São Paulo: Dialética, 2004.

SCHOUERI, Luís Eduardo. **Preços de Transferência no Direito Tributário Brasileiro.** Dialética: São Paulo, 3.ª edição, 2013.

SHAW, Malcom N. **International law.** 6. ed. New York: Cambridge University Press, 2008.

SILVA, De Plácido e, FILHO, Nagib Slaibi e CARVALHO, Gláucia (atualizadores). **Vocabulário jurídico conciso.** 2.ª edição. Rio de Janeiro: Forense, 2010.

SILVA PEREIRA, Caio Mário da. **Instituições de Direito Civil.** Rio de Janeiro: Forense, 2006, v. 3, 12.ª edição.

SILVEIRA, Rodrigo Maitto da. **Aplicação de Tratados Internacionais contra a Bitributação – Qualificação de Partnership Joint Ventures.** Série Doutrina Tributária. Vol. I – São Paulo: Quartier Latin, 2006.

TEIXEIRA, Alessandra Machado Brandão. **A Disciplina dos Preços de Transferência no Brasil: uma Avaliação.** In: Revista Direito Tributário Atual n.º 22. São Paulo: Dialética/IBDT, 2008, pp. 108-121.

TÔRRES, Heleno Taveira. **Direito Tributário Internacional: Planejamento Tributário e Operações Transnacionais.** São Paulo: RT, 2001.

TÔRRES, Heleno Taveira. **Pluritributação Internacional sobre as Rendas das Empresas.** 2. ed. São Paulo: RT, 2001.

TÔRRES, Heleno Taveira Taveira. **Prestação de serviços provenientes do exterior ou cuja prestação se tenha iniciado no exterior.** In: TÔRRES, Heleno Taveira Taveira (org.). **ISS na Lei Complementar n. 116/2003 e na Constituição.** Barueri: Manole, 2004.

TÔRRES, HELENO TAVEIRA. **Princípio da territorialidade e tributação de não-residentes no Brasil. Prestações de serviços no exterior. Fonte de produção e fonte de pagamento.** In: Idem (org.). Direito Tributário Internacional Aplicado, São Paulo: Quartier Latin, 2003.

TROIANELLI, Gabriel Lacerda. **O Âmbito de Incidência da Contribuição de Intervenção do Domínio Econômico Instituída pela Lei n° 10.168/00.** In: Revista Dialética de Direito Tributário n° 121. São Paulo: Dialética, 2005.

TROIANELLI, Gabriel Lacerda e GUEIROS, Juliana. **O ISS e exportação e importação de serviços.** In: MARTINS, Ives Gandra da Silva e PEIXOTO, Marcelo Magalhães. Coord. **ISS LC 116/2003 à luz da doutrina e da jurisprudência.** 2.ª edição revista e ampliada. São Paulo: MP Editora, 2008.

TROYA JARAMILLO, José Vicente. **Interpretación y aplicación de los tratados en material tributaria.** In: Foro: Revista de Derecho, Número 4, Quito: UASB / Corporación Editora Nacional, 2005 pp. 113 - 128.

VASCONCELLOS, Roberto França de e RIBEIRO, Ricardo Pereira. **Aspectos Tributários da Transferência de Tecnologia.** In: SANTI, Eurico Marcos Diniz de e outros, **Tributação Internacional** – Série GV Law. 1ª ed. São Paulo: Saraiva, 2007.

VEDDER, Cristoph. **Einwirkungen des Europarechts auf das innerstaatliche Recht und auf internationale Verträge der Mitgliedstaate: die Regelung der Doppelbesteuerung.** In: Münchener Schriften zum Internationalen Steuerrecht. Coordenado por Moris Lehner, Otmar Thömmes e outros. München: C.H. Beck, 1994, p. 1-18.

VILANOVA, Lourival. **As estruturas lógicas e o sistema do direito positivo.** São Paulo: Max Limonad, 1997.

VOGEL, Klaus. **Klaus Vogel on Double Taxation Conventions.** Third Edition. London: Kluwer Law International, 1997.

VOGEL, Klaus. **Problemas na interpretação de acordos de bitributação.** In: Direito tributário: homenagem a Alcides Jorge Costa. Coordenado por Luís Eduardo Schoueri. São Paulo: Quartier Latin, 2003.

XAVIER, Alberto. **Aspectos Fiscais de 'Cost-Sharing Agreement'.** In: Revista Dialética de Direito Tributário n° 23. São Paulo: Dialética, 1997.

XAVIER, Alberto. **Direito Tributário Internacional do Brasil.** 6.ª ed. Rio de Janeiro: Forense, 2007.

ZILVETTI, Fernando Aurélio, TORO, Carlos Eduardo Costa M.A. e BRITTO, Bianca Maia de. **Interpretação de tratados internacionais**. In: SANTI, Eurico Marcos Diniz de e outros, **Tributação Internacional** – Série GV Law. 1ª ed. São Paulo: Saraiva, 2007.

ÍNDICE

AGRADECIMENTO 7

NOTA DO AUTOR 9

PREFÁCIO 11

1. A CONTRATAÇÃO INTERNACIONAL DE SERVIÇOS 15
1.1. Comércio exterior e importação de serviços 15
1.2. A importância do comércio de serviços 18

2. CONSIDERAÇÕES E CONCEITOS PRELIMINARES 23
2.1. Conteúdo do conceito de serviços no direito privado 23
2.2. Distinção entre serviços pessoais e não pessoais 33
2.3. Serviços "cross boarder" ou serviços prestados por não-residentes 34
2.4. Diferenciação dos "serviços puros" de figuras afins 44
2.5. Tributos incidentes na importação de serviços 52

3. IMPOSTO DE RENDA 55
3.1. Imposto retido na fonte sobre importação de serviços
 e seu âmbito de incidência 55
3.1.1. Tributação sobre a renda dos serviços técnicos e dos serviços "puros" 68
3.1.2. O aspecto material 70
3.1.3. O aspecto espacial 76
3.1.4. O aspecto temporal 77
3.1.5. O aspecto pessoal 84
3.1.6. O aspecto quantitativo 88

3.1.6.1. O reajuste da base de cálculo – "gross up" 90
3.2. Breves considerações sobre o reembolso de despesas 94
3.2.1. Reembolso a não-residente por pagamento de prestação de serviços feito a terceiro no exterior em benefício de residente 96
3.2.2. Contrato de rateio de custos e despesas entre empresas multinacionais ... 98
3.2.3. Prestação de serviços que constituem a atividade-fim da empresa controladora 101
3.3. A dedutibilidade fiscal dos pagamentos contratuais efetuados 101
3.4. A aplicação de tratados internacionais para evitar a bitributação e a importação de serviços 116
3.4.1. Introdução ao tema 116
3.4.2. Interpretação dos tratados contra a dupla tributação 119
3.4.3. Tratados internacionais e o direito interno 122
3.4.4. A sujeição das remunerações de serviços ao art. 7º 125
3.4.5. Passado, presente e futuro das interpretações do Fisco e da Justiça sobre o tema 131
3.4.6. Tax Treaty Override 157
3.5. Métodos de eliminação da dupla incidência tributária internacional 160
3.5.1. A isenção tributária 161
3.5.2. Crédito de imposto 163
3.5.2.1. *Tax sparing* 165
3.5.2.2. *Matching credit* 166
3.5.3. Dedução do imposto pago no exterior 166
3.6. Preços de transferência nas importações de serviços intragrupo 168
3.6.1. Conceitos introdutórios 168
3.6.2. Pessoa vinculada 169
3.6.3. O princípio arm's length e a configurabilidade dos serviços adquiridos de empresas vinculadas 171
3.6.3.1. Do preço arm's length ou do "preço de transferência" 175
3.6.4. Da alocação de resultados entre estabelecimentos 176
3.6.5. Dos métodos de controle dos preços de transferência 178
3.6.6. Da similaridade 183
3.6.7. Da margem de divergência e das divergentes margens presuntivas de lucro 184

4. CONTRIBUIÇÃO DE INTERVENÇÃO NO DOMÍNIO ECONÔMICO – CIDE 189
4.1. As contribuições interventivas – um panorama 189
4.2. A natureza tributária da CIDE Royalties 192
4.3. A CIDE instituída pela Lei 10.168/00 e seu âmbito de incidência 195

4.3.1. O aspecto material 196
4.3.2. O aspecto espacial 199
4.3.3. O aspecto temporal 199
4.3.4. O aspecto pessoal 200
4.3.5. O aspecto quantitativo 200
4.4. A referibilidade ou objeto tributado das contribuições 205
4.5. Não repartição da receita 211

5. PIS E COFINS INCIDENTES NA IMPORTAÇÃO DE SERVIÇOS 215
5.1. Detalhe terminológico das exações 215
5.2. A incidência do PIS/COFINS sobre importação de serviços 218
5.2.1. O aspecto material 218
5.2.2. O aspecto espacial 221
5.2.3. O aspecto temporal 223
5.2.4. O aspecto pessoal 225
5.2.5. O aspecto quantitativo 226
5.3. A base de cálculo do PIS e da COFINS na importação de serviços 226
5.4. A instituição do PIS e da COFINS na importação de serviços
     e violação das regras do GATT e GATS 242
5.5. Local do resultado do serviço: consumação material
     vs. consumação utilidade 248
5.6. Não-cumulatividade: direito ao crédito sobre serviços adquiridos
     do exterior 258

6. ISS SOBRE IMPORTAÇÕES DE SERVIÇOS 273
6.1. A regra de incidência do ISS sobre serviços contratados do exterior 273
6.1.1. O aspecto material 274
6.1.2. O aspecto espacial 275
6.1.3. O aspecto temporal 276
6.1.4. O aspecto pessoal 278
6.1.5. O aspecto quantitativo 282
6.2. Os princípios da origem e do destino 300
6.3. Teoria do resultado: local da prestação vs. local do resultado ... 301
6.4. A inconstitucionalidade da incidência do ISS na importação
     de serviço proveniente do exterior ou que nele tenha iniciado ... 310
6.5. O ISS e os acordos internacionais em matéria tributária 316

7. IOF INCIDENTE SOBRE CÂMBIO 323
7.1. O IOF câmbio das importações de serviços e sua regra de incidência 323
7.1.1. Aspecto material 327

7.1.2. Aspecto espacial 333
7.1.3. Aspecto temporal 334
7.1.4. Aspecto pessoal 336
7.1.5. Aspecto quantitativo 337
7.2. Pretendida isenção do IO-Câmbio sobre importações de serviços 338

REFERÊNCIAS BIBLIOGRÁFICAS 341